Studien zur Kindheits- und Jugendforschung

AF147951

Herausgegeben von
Heinz-Hermann Krüger, Halle
Werner Helsper, Halle
Merle Hummrich, Flensburg
Nicolle Pfaff, Essen
Rolf-Torsten Kramer, Kassel
Cathleen Grunert, Halle
Wilfried Breyvogel, Essen

In dieser Buchreihe werden neben aktuellen empirischen Studien auch Forschungs-überblicke und theoretische Diskurse zur Kindheits- und Jugendforschung veröf-fentlicht. Dabei werden Veränderungen kindlicher und jugendlicher Lebenslagen und Biografieverläufe in pädagogischen Institutionen wie Kindergarten, Schule, Berufsausbildung, Hochschule, aber auch in der Welt der Familie, der Peers, der Medien und der jugendkulturellen Szenen in den Blick genommen. Besonders berücksichtigt werden sollen zudem Aspekte der sozialen Ungleichheit, der Migra-tion und Transmigration sowie internationale Vergleichshorizonte.

Herausgegeben von
Heinz-Hermann Krüger, Halle
Werner Helsper, Halle
Merle Hummrich, Flensburg
Nicolle Pfaff, Essen
Rolf-Torsten Kramer, Kassel
Cathleen Grunert, Halle
Wilfried Breyvogel, Essen

Jörg Eulenberger

Migrationsbezogene Disparitäten an der ersten Schwelle

Junge Aussiedler im
Übergang von der Hauptschule
in die berufliche Bildung

 Springer VS

Dr. Jörg Eulenberger
Martin-Luther-Universität Halle-Wittenberg
Deutschland

ISBN 978-3-658-01081-2   ISBN 978-3-658-01082-9 (eBook)
DOI 10.1007/978-3-658-01082-9

Die Deutsche Nationalbibliothek verzeichnet diese Publikation in der Deutschen Natio-
nalbibliografie; detaillierte bibliografische Daten sind im Internet über http://dnb.d-nb.de
abrufbar.

Springer VS
© Springer Fachmedien Wiesbaden 2013

Springer VS ist eine Marke von Springer DE. Springer DE ist Teil der Fachverlagsgruppe
Springer Science+Business Media.
www.springer-vs.de

Danksagung

In den verschiedenen Phasen der Erarbeitung dieses Buches habe ich viel Unterstützung von Personen und Institutionen erfahren, denen ich an dieser Stelle ganz herzlich danken möchte.

Sehr herzlich bedanke ich mich bei der Hans-Böckler-Stiftung, die diese Arbeit mit einem Promotionsstipendium im Rahmen des Promotionskollegs „Bildung und soziale Ungleichheit" überhaupt erst ermöglicht hat.

Mein besonderer Dank gilt meiner Betreuerin Frau PD Dr. Iris Bednarz-Braun, die jederzeit mit Geduld und herzlicher Offenheit die Arbeit über den gesamten Zeitraum begleitet hat.

Auch Herrn Prof. Dr. Heinz-Hermann Krüger danke ich für die offene und freundliche Aufnahme in den Kreis seiner Doktoranden.

Ebenso danke ich allen anderen Professorinnen und Professoren, Doktorandinnen und Postdoktorandinnen des Promotionskollegs für ihre konstruktive Kritik, die hilfreichen Anregungen sowie ihre Kollegialität.

Gleiches gilt für die Mitarbeiter des Deutschen Jugendinstitutes. Besonders möchte ich hier Frau Dr. Nora Gaupp danken- für die Möglichkeit mein qualitatives Sample direkt aus dem Pool der Jugendlichen des DJI-Übergangspanels rekrutieren zu können.

Der größte Dank gilt meiner Frau und meiner Mutter, da sie über so viele persönliche Unzulänglichkeiten hinweggesehen und mich stets unterstützt haben.

Widmen möchte ich diese Arbeit jedoch meinem Sohn Finn, das er nie aufhören möge zu fragen: warum?

Inhaltsverzeichnis

Tabellenverzeichnis

Abbildungsverzeichnis

1 Einleitung

„Eine zukunftstaugliche Bildung und Berufsausbildung ist zweifellos ein Grundstein der gesellschaftlichen Integration" (Hradil 2005, S. 172). Die Chancen für eine zukunftstaugliche Bildung bzw. Berufsausbildung sind in Deutschland entgegen der meritokratischen Ideologie ungleich verteilt. „We define the meritocracy as those who have an earned status or have achieved positions of rational authority by competence" (Bell 1972, S. 65). Nach diesem Prinzip wird soziale Ungleichheit nicht aufgrund von Zugehörigkeit zu sozialen Gruppen reproduziert, sondern allein anhand der individuellen Leistung (vgl. Hadjar 2008; Solga 2008). Studien zu Bildungsbeteiligungen der Gruppe von Jugendlichen mit Migrationshintergrund zeigten, dass dieses Prinzip eher einer Ideologie entspricht, die strukturelle Benachteiligungen dieser Jugendlichen ausblendet. Mit Richard D. Alba, Johann Handl und Walter Müller soll von Benachteiligung gesprochen werden, wenn Kinder und Jugendliche mit Migrationshintergrund „systematisch geringere Chancen haben, in vorteilhafte Bildungsgänge zu gelangen und dort günstige Abschlüsse zu erreichen als Kinder deutscher Eltern" (Alba/Handl/Müller 1994, S. 211).

Obwohl es durchaus Gruppen von Kindern und Jugendlichen mit Migrationshintergrund gibt, die sich im deutschen Bildungssystem erfolgreich durchsetzen können (vgl. Hummrich 2002), ist die durchschnittlich schlechtere Platzierung von Kindern und Jugendlichen mit Migrationshintergrund mittlerweile ein empirisch gut dokumentierter Tatbestand. Sie sind in niederen Bildungsgängen über- und in höheren unterrepräsentiert. Sie weisen den höchsten Anteil an Schulabgänger/innen ohne Schulabschluss und ohne Berufsausbildung auf (vgl. Herwartz-Emden 2005; Bundesministerium für Bildung und Forschung 2006; Alba/Handl/Müller 1994; Diefenbach 2010b; Granato 2011; Boos-Nünning 2006). Hinzu kommt, dass sich die Unterschiede zwischen den Jugendlichen nicht auf individuelle Eigenschaften bzw. Leistungen reduzieren lassen. „So lagen die Erfolgsaussichten von Lehrstellenbewerbern und –bewerberinnen mit Migrationshintergrund selbst mit den gleichen Schulabschlüssen weit unter denen Jugendlicher ohne Migrationshintergrund und stiegen zudem kaum mit besseren schulischen Voraussetzungen" (Bundesministerium für Bildung und Forschung 2006, S. 118). Dadurch erhöht sich für diese Gruppe das Risiko gesellschaftlicher Exklusion. Stefan Hradil schreibt weiter: „Ausländischen Jugendlichen ohne Berufsausbildung droht angesichts ständiger Erhöhung des Bildungsniveaus, immer höherer Qualifikationsanforderungen im Berufsleben und hoher Arbeitslosigkeit die Randständigkeit in unserer Gesellschaft" (Hradil 2005, S. 172). Dies ist in doppelter Hinsicht problematisch. Zum einen zeigt die

Statistik, dass die Zuwanderung einen „verjüngenden Effekt" auf die Altersstruktur Deutschlands hat (Bundesministerium des Inneren 2005, S. 46). Die Mitglieder dieser Gruppe, die helfen könnten, die durch den demografischen Wandel belasteten sozialen Sicherungssysteme zu entlasten, finden sich jedoch immer häufiger in diesen wieder. Zum anderen erzeugt die zunehmende Exklusion von Menschen mit Migrationshintergrund erheblichen sozialen Sprengstoff:

> „Werden die legitimen Erwartungen [z. B. der Chancengleichheit auf eine zukunftstaugliche Bildung und Berufsausbildung d.A.] von Menschen permanent frustriert, so nimmt die Tendenz zu aggressivem Handeln zu, wobei über öffentliche und private Diskurse, soziale Rahmung, politische Aktivierungsprozesse und Konflikthandeln isolierte Konfliktwahrnehmungen und Konflikthandlungen kollektiviert werden und als gesellschaftliche Konfliktrealität auf ihre Erzeuger zurückwirken" (Volken 2004, S.7).

Vor dem Hintergrund der wachsenden Bedeutung von Menschen mit Migrationshintergrund in der Bevölkerung wird dieses Problem immer mehr zu einem Legitimationsproblem des Sozial- und Wohlfahrtsstaates an sich. Eine Gesellschaft kann es sich nicht ohne größere soziale Spannungen leisten, dauerhaft ihre legitimatorischen Grundlagen wie die der Chancengleichheit ad absurdum zu führen. Die Lösung dieses Problems liegt nach Uwe Oelkers weder in „[...] Appellen nach sozialer Gerechtigkeit [...]", noch kann es darum gehen, „[...] Chancengleichheit künstlich herzustellen, sondern nur darum, soziale Benachteiligungen zu minimieren" (Oelkers 2006, S. 242/243).

Dafür sind aber Kenntnisse über die Erscheinungsformen und Verteilungen von sozialen, geschlechtlichen und migrationsbezogenen Ungleichheiten und Benachteiligungen sowie deren Verschränkungen, Wechselwirkungen und kontextuellen Bedingtheiten Voraussetzung. In diesem Bereich ist in Deutschland noch immer ein erhebliches Informationsdefizit festzustellen. Nicht zuletzt ist dies der Tatsache geschuldet, dass bis vor wenigen Jahren in der amtlichen Statistik - wie auch in weiten Bereichen der wissenschaftlichen Forschung - das Staatsangehörigkeitskonzept zur Erfassung des Migrationshintergrundes vorherrschte (vgl. Gresch/Kristen 2011). Dieses Konzept blendet jedoch systematisch diejenigen aus, die zwar die deutsche Staatsangehörigkeit besitzen, aber dennoch entweder unmittelbar infolge eigener Zuwanderung (z. B. bei Aussiedler/innen) oder mittelbar infolge einer familialen Zuwanderungsgeschichte (z. B. bei in Deutschland geborenen und eingebürgerten Kindern von Zugewanderten) von den Folgen der Migration betroffen sind. Erst in jüngster Zeit kommt zunehmend das Konzept des Migrationshintergrundes in der amtlichen Statistik und der Forschung zum

Einsatz, welches die eben genannten Gruppen ebenso berücksichtigt wie Menschen ohne deutsche Staatsangehörigkeit.

Neben der Feststellung einer systematischen Benachteiligung ist das wohl bedeutendste Ergebnis dieser neueren Studien, dass die Gruppe der Menschen mit Migrationshintergrund in Deutschland eher von Heterogenität als von Homogenität geprägt ist. So wurde z. B. in mehreren Studien festgestellt, dass die Migrantengruppe der Aussiedler/innen eine Zwischenposition bezüglich der Bildungsbeteiligungen zwischen den Jugendlichen ohne Migrationshintergrund einerseits und denjenigen mit einem anderen Migrationshintergrund andererseits einnimmt (vgl. Kristen 2002; Fuchs/Sixt 2008; Eberhard/Ulrich 2010; Granato/Ulrich 2006; Kuhnke/Schreiber o.J; Eberhard/Ulrich 2010). Die Ursachenstruktur für diese sozialen Phänomene konnte bis heute nicht restlos geklärt werden (vgl. Granato 2011). Das Konsortium Bildungsberichterstattung konstatiert, „[...] dass kaum verlässliche Daten vorliegen, die etwas darüber aussagen, welche Art von Förderung bei welchen Personen welche Wirkung entfalten" (Konsortium Bildungsberichterstattung 2006, S. 179). Dringend benötigt werden zielgruppenspezifische Analysen.

Diese Forschungsarbeit möchte einen Beitrag zur Behebung dieses wissenschaftlichen Defizits leisten, indem sie speziell die Gruppe der Aussiedler/innen - eine der größten Migrantengruppen Deutschlands - beim Übergang von der allgemeinbildenden Schule in die berufliche Ausbildung fokussiert. Es sind solche Gelenkstellen im Bildungssystem, die die Orte für die Entstehung und Persistenz von Ungleichheiten sind (Ditton 1992; Becker 2007; 2007a; Müller/Pollak 2007; Maaz/Baumert/Trautwein 2010). Der Gelenkstelle an der sogenannten ersten Schwelle (vgl. Mertens 1976), dem Übergang von der Schule in eine berufliche Ausbildung, kommt dabei eine zentrale Rolle zu. „Im Gesamtkontext des deutschen Bildungssystems hat das berufliche Bildungssystem, und hier insbesondere das duale System, eine entscheidende Funktion im Hinblick auf die Verteilung von Lebenschancen" (Konietzka 2007, S. 296). Dabei ist festzustellen, dass vor allem der Zugang zum beruflichen Bildungssystem den entscheidenden Übergang darstellt, welcher weitere Laufbahnen maßgeblich prädisponiert. „Der wichtige Selektionsschnitt [...] findet beim Zugang in Ausbildung statt" (Boos-Nünning 2011, S. 243). Hinzu tritt der Umstand, dass der Übergang in eine berufliche Ausbildung für Jugendliche mit Migrationshintergrund aufgrund ihrer geringeren Quoten bei den Studierenden „eine besonders wichtige Eintrittspforte in eine qualifizierte Tätigkeit" (Diehl/Friedrich/Hall 2009, S. 65) darstellt.

Für die Gruppe der Aussiedler/innen zeigt sich genau an diesem Übergang eine paradoxe Situation. Einerseits orientiert sich die Gruppe wie keine andere an dem „normalen" Übergang von der Schule ins Erwerbsleben, der über den Weg einer dualen Berufsausbildung verläuft. Andererseits gelingt ihr der unmittelbare Einstieg in die angestrebte Ausbildung am wenigsten (Reißig/Gaupp/Lex 2004; Reißig u.a. 2006; Kuhnke/Schreiber o.J.). Die Diskrepanz von objektiven Bedingungen und subjektiv wahrgenommenen Chancen der jugendlichen Aussiedler/innen ist auch von Rainer Strobl beobachtet worden. Im konkreten Übergang von der Schule zum Beruf sind die Jugendlichen gezwungen, ihre Wünsche zum Teil mehrfach zu revidieren. „Dass in diesem Zusammenhang Befindlichkeitsstörungen und Problemverhalten entstehen bzw. verstärkt werden können, ist eine nahe liegende Vermutung, die jedoch genauer untersucht werden müsste" (Strobl 2006, S. 99). Auch Ralf Kuhnke und Elke Schreiber fragen nach dem „Preis", den die Jugendlichen für die Flexibilisierung ihrer beruflichen Ziele zahlen (vgl. Kuhnke/Schreiber o.J., S. 27). Claudia Diehl, Michael Friedrich und Anja Hall konstatieren nach einer Analyse der Übergänge Jugendlicher ausländischer Herkunft in eine Berufsausbildung: „Gerade für die [...] Gruppe [der Aussiedler/innen d.A.] mangelt es angesichts der desolaten Datenlage an empirischen Studien zur strukturellen Eingliederung" (Diehl/Friedrich/Hall 2009, S. 65).

Genau an diesem Punkt setzt die vorliegende Arbeit an. Anhand einer komparativen Herangehensweise, die zwischen Jugendlichen mit unterschiedlichen Migrationshintergründen unterscheidet, wurde die Spezifik der jugendlichen Aussiedler/innen beim Übergang von der allgemeinbildenden Schule in die berufliche Ausbildung/Lehre herausgearbeitet. Fokussiert wurden dabei die in diesem Kontext wirkenden sozialen, geschlechtlichen und migrationsbezogenen Faktoren und deren wechselseitige Bedingtheit.

Zunächst gilt es den Untersuchungsgegenstand näher zu spezifizieren (Kapitel 2 und 3) und auf dieser Basis ein dem Gegenstand angemessenes Analysemodell zu generieren (Kapitel 4.1). Anschließend wird die methodische Umsetzung diskutiert (4.2) und in Kapitel 5, 6 und 7 die Analyse und deren Ergebnisse präsentiert. Abschließend erfolgt eine Zusammenfassung und Diskussion der zentralen Befunde (Kapitel 8).

2 Gegenstandsbestimmung

Im folgenden Kapitel werden die verschiedenen Facetten des Gegenstandes beleuchtet, um so Ableitungen für die Konzeption der vorliegenden Untersuchung herauszuarbeiten. Zunächst wird die Spezifik der Gruppe der Aussiedler/innen allgemein und bezüglich ihrer Ausbildungs-/Arbeitsmarktbeteiligungen im Besonderen dargestellt. Durch die Spezifik der Gruppe der Aussiedler/innen ergibt sich die Notwendigkeit, sich eingehender mit den Konzepten Migrationshintergrund und Ethnie zu beschäftigen. Dies erfolgt bevor der Übergang von der Schule in die berufliche Ausbildung in seiner bundesdeutschen Verfasstheit erörtert wird. Aufgrund der Tatsache, dass es sich bei dem Untersuchungssample um jugendliche Hauptschüler/innen bzw. Schüler/innen an Hauptschulzügen von Gesamtschulen handelt, wird abschließend auf die Spezifik dieser im allgemeinbildenden Schulsystem als niedrig qualifiziert geltenden Schülergruppe eingegangen. Aus den Erörterungen der verschiedenen Aspekte des Untersuchungsgegenstandes werden jeweils Ableitungen für die Erarbeitung des Forschungsdesigns deduziert.

2.1 Aussiedler/innen und ihre Platzierung auf dem Ausbildungs-/Arbeitsmarkt

„Migration ist eine allgemeine Sammelbezeichnung für den Umstand, dass Personen für einen längeren oder unbegrenzten Zeitraum einen früheren Wohnort verlassen haben und in der Gegenwart in einem anderen Land als ihrem Herkunftsland leben" (Hamburger 2005b, S. 1212). Dies trifft auch auf die Gruppe der Aussiedler/innen zu, dennoch stellen sie eine spezifische Migrantengruppe in der Bundesrepublik Deutschland dar. Sie unterscheiden sich von anderen Migranten vor allem durch den Modus der Erlangung ihrer Staatsangehörigkeit zur Bundesrepublik Deutschland, welche sie in der Regel direkt nach ihrer Einreise erhalten. Dies ist in Artikel 116 Grundgesetz geregelt und bezieht sich auf eine zugewanderte Person „deutscher Volkszugehörigkeit oder [...] dessen Ehegatte oder Abkömmling" (vgl. Hesselberger 2000).

„Volkszugehörigkeit
(1) Deutscher Volkszugehöriger im Sinne dieses Gesetzes ist, wer sich in seiner Heimat zum deutschenVolkstum bekannt hat, sofern dieses Bekenntnis durch bestimmte Merkmale wie Abstammung, Sprache, Erziehung, Kultur bestätigt wird.

> (2) Wer nach dem 31. Dezember 1923 geboren worden ist, ist deutscher Volkszugehöriger, wenn er von einem deutschen Staatsangehörigen oder deutschen Volkszugehörigen abstammt und sich bis zum Verlassen der Aussiedlungsgebiete durch eine entsprechende Nationalitätenerklärung oder auf vergleichbare Weise nur zum deutschen Volkstum bekannt oder nach dem Recht des Herkunftsstaates zur deutschen Nationalität gehört hat" (Bundesvertriebenengesetz (BVFG) §6 Abs.1).

Als Aussiedler/innen gelten diejenigen, welche selbst die deutsche Volkszugehörigkeit besitzen oder mindestens ein Eltern- und/oder Großelternteil mit deutscher Volkszugehörigkeit haben und auf dieser Grundlage nach Deutschland eingereist sind. Mit der automatischen Einbürgerung stehen Aussiedler/innen nach vollzogener Migration sämtliche im Grundgesetz geregelten sozialstaatlichen Rechte zu. Damit geht für sie im Vergleich zu anderen Migrationsgruppen eine deutlich bessere Rechtssicherheit und vor allem eine relative hohe soziale Absicherung einher.

Somit wird diese Migrantengruppe nicht primär über ihr Herkunftsland definiert, sondern über einen generational an die deutsche Volkszugehörigkeit gebundenen rechtlichen Zuwanderungsmodus.

Tabelle 2-1: Bevölkerung mit Migrationshintergrund

Herkunft	Anteil an Gesamtbevölkerung	Anteil der Gruppe an allen Personen mit Migrationshintergrund	Anteil mit eigener Migrationserfahrung	Anteil deutsche Staatsangehörigkeit
		%		
Personen mit Migrationshintergrund	19	-	68	54
darunter:				
Aussiedler	4,9	26	79	100

Datenbasis: Mikrozensus SUF 2006
(Quelle Noll/Weick 2011, S. 2)[1]

Zurzeit ist diese Gruppe mit einem Anteil von 4,9% an der Gesamtbevölkerung eine der größten Migrantengruppen in Deutschland, je nachdem, welches Differenzkriterium zur Unterscheidung von Migrantengruppen herangezogen wird. Wird der Zuwanderungsmodus zugrunde gelegt, sind sie nach der Gruppe der Arbeitsimmigranten und ihren Nachfahren die zweitstärkste Gruppe (vgl. Bade/Oltmer 1999, S. 9). Wird die Herkunftsregion zugrunde gelegt,

---

[1]   Diese und alle folgenden Tabellen mit dem Quellenverweis Noll/Weick 2011 sind in ihrem Aufbau und Inhalt den Originaltabellen nachempfunden. Aus theoretischen Gründen (vgl. Kapitel 2.2) wurden die Angaben bezüglich weiterer Migrantengruppen entfernt.

differenziert sich die Gruppe der Aussiedler/innen weiter aus (vgl. Abbildung 2-1).

Dies ist historisch begründet. Motiviert durch die Zusicherung von wirtschaftlichen und kulturellen Sonderrechten setzte ab dem 12. Jahrhundert eine Abwanderung von Personen aus den damaligen deutschsprachigen Gebieten ein, die dazu führte, dass in Südost- und Osteuropa deutschsprachige Siedlungsgebiete entstanden. Während und nach dem zweiten Weltkrieg kam es zu massiven Einschränkungen dieser Sonderrechte, was zu einer verstärkten Rückkehrbewegung führte.[2]

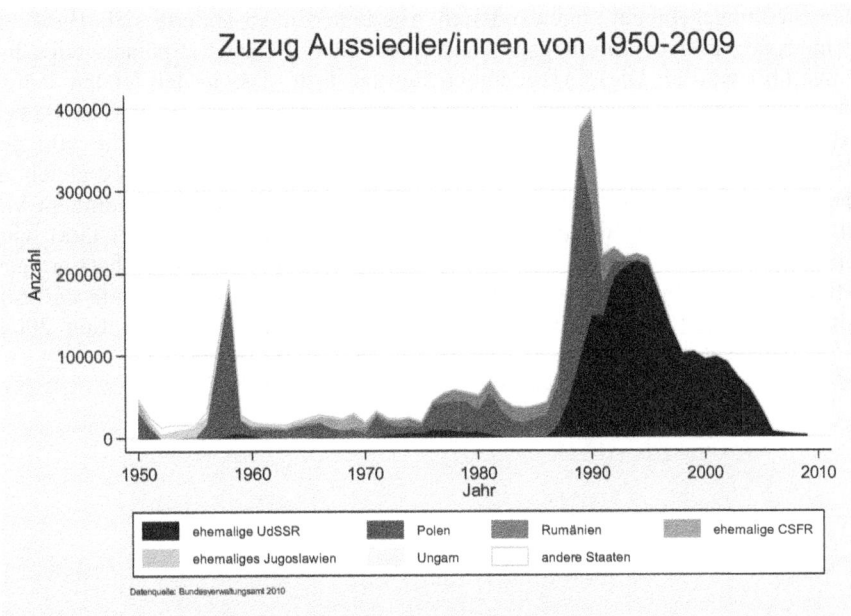

Abbildung 2-1: Zuzug Aussiedler/innen von 1950-2009

Vor 1989 gestaltete sich jedoch die Ausreise aus den Siedlungsgebieten bzw. die Rückkehr nach Deutschland wegen bestehender Restriktionen in jenen Herkunftsländern. die dem Warschauer Pakt angehörten, schwierig. Dadurch hielt sich die Zureise quasi „natürlich" in Grenzen. Zu dieser Zeit wanderten vor allem Menschen mit einer ausgeprägten deutschen Identität und deutschen

---

[2] Zur historischen Entstehung und Entwicklung der Gruppe(n) der Aussiedler/innen vgl. Schmitt-Rodermund 1999.

Sprachkenntnissen ein und die Eingliederung in die Gesellschaft und in den Arbeitsmarkt gestaltete sich relativ unproblematisch (vgl. Dietz/Roll 1998, S. 17ff.). In der Folge von Perestroika und Glasnost kam es schließlich zu einem Abbau der Ausreiserestriktionen, was zu erheblichen Einreiseschüben in die Bundesrepublik Deutschland führte. Diese Entwicklung veranlasste die damalige bundesdeutsche Regierung ihrerseits zu Maßnahmen der Begrenzung der Einreisemöglichkeiten. Die daraufhin eingeführten Regelungen haben bis auf geringfügige Modifikationen bis zum heutigen Tage Bestand. Vor allem die Kontingentierung, Sprachtests und die Prüfung der Rechtssicherheit in den Herkunftsstaaten sind hier zu nennen. Auch die offizielle Bezeichnung der aus den Siedlungsgebieten zugewanderten Aussiedler/innen änderte sich 1993 mit dem Kriegsfolgebereinigungsgesetz, indem der Begriff „Spätaussiedler/in" eingeführt wurde[3]. Diese Maßnahmen führten dazu, dass in den letzten Jahren fast ausschließlich Menschen aus den ehemaligen Sowjetstaaten einreisten (vgl. Abbildung 2-1). Diese sind aber nicht mehr die gleichen, wie die von der deutschen Kultur geprägten Personen, die vor 1989 einreisten. Im Vergleich zu den vorangegangenen Zuwanderungsgenerationen handelt es sich nunmehr vor allem um Menschen mit ausschließlich russischer Sozialisation. Verstärkt wird dies durch den Umstand, dass sich das Verhältnis von „deutschstämmigen Migranten und ihren nicht-deutschstämmigen Angehörigen" im Laufe der Zeit umgekehrt hat (Sachverständigenrat für Zuwanderung und Integration 2004, S. 27; vgl. Abbildung 2-2).

---

[3]   Aufgrund der besseren Lesbarkeit wird in der Arbeit der Begriff Aussiedler/innen verwendet, welcher gleich bedeutend gehandhabt wird wie Spätaussiedler/innen.

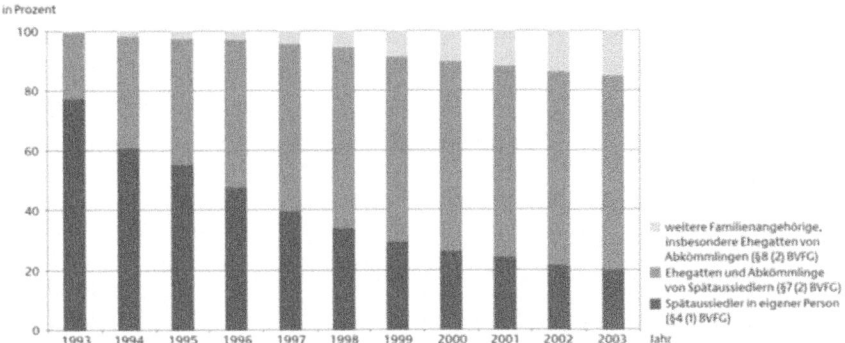

Daten nach Angaben des Bundesverwaltungsamtes

Abbildung 2-2: Anteilsverhältnis von "deutschstämmigen" Aussiedler/innen und "nichtdeutschstämmigen" Angehörigen (Sachverständigenrat für Zuwanderung und Integration 2004, S. 27)

Diese Veränderungen in der Zusammensetzung der aus Siedlungsgebieten stammenden Zugewanderten lässt es fragwürdig erscheinen, von Aussiedler/innen als einer eigenen Ethnie mit überwiegend gemeinsamen Merkmalen zu sprechen. Zum einen kommen sie aus unterschiedlichen Ländern mit unterschiedlichen kulturellen Prägungen. Zum anderen verstärkte sich die Diversität innerhalb der Gruppe der Aussiedler/innen dadurch, dass laut Grundgesetz (GG) auch diejenigen Angehörigen, die nicht notwendigerweise die deutsche Volkszugehörigkeit besitzen müssen, eine Einreiseberechtigung haben.

> „Ein Russlanddeutscher zieht etwa vier mitreisende Angehörige mit sich. Damit geht es nicht mehr hauptsächlich um die Eingliederung in ein ′anderes Deutschsein′, sondern um das Einbinden in einen komplett neuen sozialen, ökonomischen, zwischenmenschlichen und politischen Kontext. […] Dann kommen sie nicht zurück in ihre alte Heimat, sondern landen in einer für sie höchst riskanten Fremde" (Rabe 2005, S. 125).

Aber nicht nur die strukturellen Merkmale auf Seiten der Einreisenden haben sich über die Jahre geändert.

> „[…] vor dem Hintergrund der allgemeinen wirtschaftlichen Situation und der finanziellen Belastungen im Zuge der Wiedervereinigung betrachtete man die steigenden Aussiedlerzahlen immer mehr als Bedrohung für den deutschen Wohlfahrtsstaat. So erschienen die nun ins Land kommenden Aussiedler auch aufgrund ihrer kulturellen

Prägung eher als Wirtschaftsflüchtlinge denn als heimkehrende Deutsche" (Strobl/Kühnel 2000, S. 14).

Dies führte zu einer paradoxen Situation, denn auch ihr Status in den Herkunftsländern war nicht unproblematisch, da sie trotz ihrer herkunfts-kulturellen Sozialisation und Sprache gleichwohl meist als Deutsche wahr-genommen wurden.

In den 1990er Jahren verschlechterte sich die Chance, einen adäquaten Arbeitsplatz in Deutschland zu finden (Herwartz-Emden/Westphal 1997, S. 198). „Aussiedler mit beruflichem Ausbildungsabschluss, die in Deutschland nicht im erlernten Beruf tätig werden (können), werden (...) im Großen und Ganzen so behandelt, als verfügten sie über keine berufliche Ausbildung. Ihre Arbeitsmarktchancen unterscheiden sich nicht von denen ungelernter Arbeitskräfte" (Konietzka/Kreyenfeld 2001, S. 279). Davon besonders betroffen waren und sind vor allem die Aussiedlerfrauen. Sie haben große Probleme, überhaupt einen Arbeitsplatz zu finden. Die Männer, die etwas häufiger einen Arbeitsplatz finden, befinden sich jedoch eher in den unteren Arbeitsmarktsegmenten für Un- bzw. Geringqualifizierte (Koller 1993, S. 214; Janikowski 1999 ,S. 139; Konietzka/Kreyenfeld 2001, S. 279/280; Greif/Gedinga/Janikowski 2003, S. 102; Brück-Klingberg u.a. 2007). Diese Unterschichtung - sowohl der Frauen wie auch der Männer - belegen auch aktuelle Zahlen des SOEP 2009. Mit einem Anteil von 35% ist die Gruppe der un/-angelernten Arbeiter die stärkste innerhalb der Gruppe der Aussiedler/innen (vgl. Tabelle 2-2) und ihr Anteil ist fast dreimal so groß wie der Anteil an un- und angelernten Arbeitern, die keinen Migrationshintergrund haben.

Für die meisten Aussiedler und Aussiedlerinnen geht die Übersiedlung mit einer massiven Entwertung ihrer Abschlüsse einher. Waren 1988 noch 43,7% der in der SOEP-Erhebung befragten Aussiedler/innen in ihrem erlernten Beruf tätig, so waren es 2002 nur noch 38,8%.

Tabelle 2-2: Stellung im Beruf

Herkunft	un-/an-gelernte Arbeiter	Facharbeiter, Vorarbeiter, Meister	einfache Ange-stellte	quali-fizierte Ange-stellte	Beamte	Selbst-ständ-ige
			%			
Personen ohne Migrations-hintergrund	12	15	4	47	7	10
Personen mit Migrations-hintergrund darunter:	34	13	4	35	1	7
Aussiedler	35	20	4	34	2	5

Kategorie Anteil von Auszubildenden nicht ausgewiesen
Datenbasis: SOEP 2009
Quelle: Noll/Weick 2011, S. 4

Für die Deutschen[4] ohne Migrationshintergrund verbesserte sich im gleichen Zeitraum der Anteil von 49,0 auf 59,8% (Frick 2004, S. 43). Diese Diskrepanz zwischen Abschluss und dessen Verwertung zeigt sich auch in den Analysen von Heinz-Herbert Noll und Stefan Weick.

Tabelle 2-3: Höchster schulischer und beruflicher Abschluss von Erwachsenen (25-49 Jahre)

Herkunft	Schulabschluss				beruflicher Abschluss[1]	
	(noch) keinen Abschluss	Haupt-schule	Real-schule	(Fach-) Abitur	(noch) keinen Abschluss	Uni-versität/ FH
	%				%	
Personen ohne Migrationshinter-grund	2	25	40	35	12	19
Personen mit Migrationshinter-grund darunter:	12	34	23	31	40	15
Aussiedler	4	35	35	27	26	12

[1] Die Kategorien Lehre/Fachschule und Meister/Techniker sind nicht ausgewiesen
Datenbasis: Mikrozensus SUF 2008
Quelle: Noll/Weick 2011, S. 4

Obwohl die Gruppe der Aussiedler/innen einen bedeutend geringeren Anteil von Personen ohne Schul- bzw. beruflichen Abschluss aufweisen als die die Gruppe der Menschen mit Migrationshintergrund insgesamt (vgl. Tabelle 2-3), ist ihr

---

[4] Diese Angaben beziehen sich lediglich auf Menschen aus den so genannten „alten" Bundesländern.

Anteil bezüglich einer un-/angelernten Arbeit sogar geringfügig höher als bei allen Menschen mit Migrationshintergrund (vgl. Tabelle 2-2).

Die niedrige Arbeitsmarktposition von Aussiedler/innen in den unteren Arbeitsmarktsegmenten für Un- bzw. Geringqualifizierte zieht weitere Risiken nach sich. Dies dokumentiert sich z. B. in der Armutsrisikoquote (vgl. Tabelle 2-4). Sie liegt für Aussiedler/innen deutlich über dem Wert der Personen mit Migrationshintergrund allgemein und ist mehr als doppelt so hoch wie bei Personen ohne Migrationshintergrund.

Tabelle 2-4: Haushaltseinkommen und Armutsrisikoquote

Herkunft	Relative Einkommensposition[1]	Armutsrisiko[2]
Personen ohne Migrationshintergrund	104	12
Personen mit Migrationshintergrund darunter:	83	21
Aussiedler	86	26

[1] Äquivalenzgewichtetes verfügbares Haushaltseinkommen des Vorjahres (mod. OECD-Skala; Median Gesamtdeutschland = 100)
[2] Anteil (in %) mit weniger als 60% des äquivalenzgewichteten verfügbaren Haushaltseinkommens des Vorjahres
Datenbasis: SOEP 2009
Quelle: Noll/Weick 2011, S. 4

Während die Entwertung beruflicher Qualifikationen bei erwachsenen Aussiedler/inne/n auf dem deutschen Arbeitsmarkt gut belegt ist, bestehen immer noch Wissensdefizite im Hinblick auf die Bildungsbeteiligung von Aussiedlerkindern und -jugendlichen, die noch nicht das (Aus-)Bildungssystem verlassen haben. Da es sich bei der Gruppe der Aussiedler/innen im Vergleich zur deutschen Bevölkerung ohne Migrationshintergrund um eine altersbezogen „junge Population mit einem hohen Anteil an Kindern und Jugendlichen" (Dietz 2003, S. 156) handelt, besteht ein erheblicher Forschungsbedarf über die Bildungsentwicklung der heranwachsenden Generation an in Deutschland lebenden Aussiedler/innen. In den wenigen Studien zu den Bildungsbeteiligungen allgemein gibt es Hinweise darauf, dass die Gruppe der Aussiedler/innen eine Zwischenposition unter den Jugendlichen ohne Migrationshintergrund und anderen Jugendlichen mit Migrationshintergrund einnimmt. Dies zeigte sich sowohl in der Untersuchung von Cornelia Kristen beim Übergang zwischen Grundschule und Sekundarstufe I anhand von Daten der Schulstatistik des Landes Baden-Württemberg (vgl. Kristen 2002), als auch bei den schulischen und hochschulischen Bildungsabschlüssen, die Marek Fuchs und Michaela Sixt anhand der Daten des Sozioökonomischen Panels (SOEP) untersuchten (vgl. Fuchs/Sixt 2008).

Auch beim Übergang von der Schule in die Ausbildung gibt es Belege für diese Zwischenstellung. Die BA/BIBB-Bewerberbefragung - eine repräsentative Befragung von Lehrstellenbewerber/inne/n durch das Bundesinstitut für Berufsbildung (BIBB)[5] - konnte „signifikant schlechtere Ausbildungschancen für Aussiedler/innen gegenüber Jugendlichen ohne Migrationshintergrund feststellen, während aber die Aussiedler/innen zugleich signifikant bessere Chancen als Bewerber mit sonstigem Migrationshintergrund aufweisen" (Eberhard/Ulrich 2010, S. 157).

Wie zuvor bereits ausgeführt (vgl. Kapitel 1), zeigen demgegenüber Daten des DJI-Übergangspanels eine paradoxe Situation der jugendlichen Aussiedler/innen beim direkten Übergang von der Schule in eine Ausbildung. Einerseits orientiert sich die Gruppe wie keine andere an dem „normalen" Übergang von der Schule ins Erwerbsleben über die duale berufliche Ausbildung. Andererseits gelingt ihr der unmittelbare Einstieg in die angestrebte Ausbildung am wenigsten (Reißig/Gaupp/Lex 2004; Reißig u.a. 2006; Kuhnke/Schreiber o.J.).

Vor diesem Hintergrund und aufgrund der Tatsache, dass die meisten Aussiedler/innen die Migration selbst vollzogen haben, werden die Fragestellung und der Gegenstand der hier vorgelegten Forschungsarbeit zum einen konzeptionell in den generellen Kontext von Migrationsforschung eingebettet und zum anderen auf das Thema der Bildungsbeteiligung von Kindern und Jugendlichen mit Migrationshintergrund fokussiert. Aus diesem Grund ist es bei der Untersuchung von identifizierten Disparitäten sinnvoll, an bereits bestehende Erklärungsmodelle zu Disparitäten in der Bildungsbeteiligung von Jugendlichen mit Migrationshintergrund anzuschließen. Dabei ist - wie oben bereits ausgeführt - zu berücksichtigen, dass die Besonderheit der Aussiedler/innen als einer nach Deutschland übergesiedelten Migrantengruppe darin besteht, dass sie sich in vielfältiger Weise ausdifferenziert und ihr keine homogene Ethnie im Sinne einer kulturellen Gemeinschaft zugrunde liegt. Dies soll im Folgenden näher erörtert werden.

2.2 Migrationsbezogene Disparitäten - eine Begriffsbestimmung

Zu den Menschen mit Migrationshintergrund zählen „alle nach 1949 auf das heutige Gebiet der Bundesrepublik Deutschland Zugewanderten, sowie alle in Deutschland geborenen Ausländer und alle in Deutschland als Deutsche Geborenen mit zumindest einem zugewanderten oder als Ausländer in Deutschland geborenen Elternteil" (Statistisches Bundesamt 2010, S. 6). Diese Definition wurde erstmals 2005 der amtlichen Statistik im Mikrozensus

---

[5] Zur Anlage und Methode der BIBB-Bewerberstudie vgl. Beicht/Friedrich 2008.

zugrunde gelegt. Dies resultierte aus der zunehmenden Einsicht, dass das zuvor verwendete Konzept der Staatsangehörigkeit, welches ausschließlich zwischen In- und Ausländern unterschied, unzureichend ist, um die soziale Realität einer sich zunehmend divers gestaltenden Bevölkerungszusammensetzung angemessen zu erfassen und abzubilden (vgl. Gresch/Kristen 2011). Nach dem Mikrozensus 2005 lebten 7,3 Millionen Ausländerinnen und Ausländer in Deutschland. Nach Verwendung des erweiterten (Erhebungs-)Konzepts „Migrationshintergrund" lebten im Jahr 2005 mit 15,3 Millionen zugewanderten Personen fast doppelt so viele Menschen mit einem Migrationshintergrund in Deutschland im Vergleich zu Personen mit ausländischer Staatsbürgerschaft. Obwohl die Erhebungs- und Analysekategorie „Migrationshintergrund" klar definiert ist, hat sich aber in der Praxis der Datenanalyse ebenfalls gezeigt, dass eine vorrangig dichotome Unterscheidung nach dem Vorliegen bzw. Nicht-Vorliegen eines Migrationshintergrundes der herkunftskulturellen Heterogenität der Bevölkerungsgruppe mit Migrationshintergrund nicht gerecht wird. „Vor diesem Hintergrund empfiehlt es sich, anstelle einer aggregierten und damit homogenisierenden Kategorie „Migrantenjugendliche" den je spezifischen Migrationskontext im Hinblick auf seine Bedeutung für den Grad an Teilhabechancen zu untersuchen und zu analysieren" (Bednarz-Braun/Hess-Meining 2004, S. 250).

Aber genau diese weitere Differenzierung stößt mit Blick auf die Gruppe der Aussiedler/innen analytisch auf Probleme. Da nach dem Migrationskonzept die nationalitäten-spezifischen Herkunftsländer von Zugewanderten zu deren Differenzierung herangezogen werden, ist eine Analyse, die die Aussiedler/innen als eine aggregierte eigenständige Migrationsgruppe fasst, nicht möglich, weil sie aus Siedlungsgebieten ganz unterschiedlicher Länder bzw. Nationen stammen (vgl. Abbildung 2-1). Eine Möglichkeit bestünde darin, die zugewanderte Gruppe und deren Nachfahren nach Ethnien zu differenzieren. Dies wirft aus einer analytischen Perspektive betrachtet jedoch ebenfalls Probleme auf.

Innerhalb der Ethnizitätsforschung lassen sich zwei Positionen unterscheiden: die primordialistische bzw. essentialistische Position und die konstruktivistische Position. Erstere basiert auf der Annahme, dass Ethnizität eine objektive Eigenschaft darstellt. Diese Eigenschaft sei quasi naturgegeben und somit geeignet, Menschen zu differenzieren (vgl. Shils 1957). Die andere Richtung argumentiert aus einer konstruktivistischen Perspektive. Diese Position geht davon aus, dass Ethnizität in interaktiven Prozessen erst hergestellt wird und somit sozial konstruiert ist (vgl. z. B. Glenn 1999). Der letztgenannten Position wird in dieser Arbeit gefolgt.

„Ethnizität konstituiert also nicht unbedingt eine Gruppe, sondern ist zunächst nur eine Form der Kategorisierung von Personen in Prozessen der Interaktion. Man kann als Mitglied einer Ethnie behandelt werden, ohne dass damit tatsächlich eine Integration in eine ethnische Gruppe verbunden ist und/oder dass man für sich selbst eine ethnische Identität repräsentiert" (Grönemeyer 2003 S. 29).

Die Problematik der Verwendung der Kategorie Ethnie besteht darin, dass heuristische Kategorien, welche dazu dienen, den Gegenstand überhaupt erst aufschließen zu können, sich durch unreflektierte Rezeption schnell in determinierende Wesenskategorien verwandeln können (vgl. Imdorf 2005, S. 38). Ein Beispiel für einen solchen Mechanismus formuliert Franz Hamburger. Die heuristische Analyse, wie Deutschland bei PISA abschneiden würde, wenn man das Merkmal Migrationshintergrund kontrolliere, führt in der nichtwissenschaftlichen Rezeption zu einer Stigmatisierung der Jugendlichen mit diesem Merkmal. Sie werden in den „nicht-formalen und nicht-offiziellen Kommunikationen [...] nicht nur für ihr eigenes Versagen, sondern auch für den Rückstand des Systems verantwortlich gemacht werden" (Hamburger 2005a, S. 7).

Ein Verzicht auf die Verwendung von derartigen Kategorien ist aber ebenso wenig unproblematisch. So konstatiert Reiner Gleißer in Bezug auf sozioökonomische Ungleichheit:

„Mit der unkritischen Fokussierung auf die dynamische Vielfalt der Lagen, Milieus und Lebensstile wird der kritische Blick für weiterhin bestehende vertikale Ungleichheitsstrukturen getrübt. Es besteht die Tendenz, dass vertikale Strukturen wegdifferenziert, wegpluralisiert, wegindividualisiert und wegdynamisiert werden" (Geißler 1996, S. 323).

Gleiches lässt sich für die Migrationsforschung feststellen. Im Grunde handelt es sich hier um ein klassisches Dilemma. Ein Dilemma ist eine Wahlmöglichkeit von mehreren Optionen, von denen eine ergriffen werden muss, aber alle zu einem unerwünschten Resultat führen (vgl. Hügli/Lübcke 1997, S. 151). So ist mit Christian Imdorf zu fragen: „Wie weiter so, angesichts der Tatsache, dass Unterscheidungen zwischen Gruppen vorzunehmen sind, um wichtige Aspekte lebenspraktischer Ungleichheit nicht zu übersehen?" (Imdorf 2005, S. 43).

Eine Möglichkeit des Umgangs mit diesen Dilemma besteht darin, in den Forschungsprozess reflexive Schleifen einzubauen. „Reflexion wendet sich nicht nur den Intentionen, sondern auch den Folgen der Realisierung von Intentionen zu und kann zu einer 'bescheideneren Formatierung' des ursprünglichen Programms führen" (Hamburger 2009, S. 129).

Zum einen gilt es darauf zu achten, keine impliziten kulturalistischen und identitätstheoretischen Annahmen über die Homogenität von Gruppen zu treffen (vgl. Imdorf 2005, S. 46). Vor allem qualitative Verfahren können hierbei helfen, indem sie die Sinnwelten von Gruppen rekonstruieren und dabei Hinweise liefern, ob die zugeschriebenen Merkmale innerhalb der Gruppe überhaupt empirisch vorzufinden sind. Die Studie zum Ethnozentrismus bei Aussiedlerjugendlichen von Frank Greuel zeigte z. B., dass Aussiedler/innen auch Aussiedler/innen aus anderen Herkunftsregionen abwerten und sich somit von diesen abgrenzen (Greuel 2009, S. 236). Damit ist ein zentrales Element, das der Ethnie als eine Form des „Sozialtypus der Wir-Gruppen" (Elwert 2007, S. 269), für die Gruppe der Aussiedler/innen fragwürdig.

Zum anderem ist im Forschungsprozess die Doppelaspekthaftigkeit der sozialen Konstruktion von Gruppen stets zu berücksichtigen. Nicht nur die Gruppe selbst konstruiert sich als solche, sondern auch die Nichtgruppenmitglieder sind an dem sozialen Konstruktionsprozess beteiligt. Frank Greuel stellte ebenfalls fest, dass die Aussiedler/innen bei der „Abwertung anderer Einwanderergruppen die „Vorgaben" der deutschen Migrationsgesetzgebung mit ihren unterschiedlichen Klassifikationen der Einwanderergruppen aufnahmen" (Greuel 2009, S. 236). Abweichungen davon gehen nach Greuel auf Klassifikationen aus den Herkunftsländern zurück. Gerade bei der Gruppe der Aussiedler/innen konvergiert eine ethnische Klassifikation mit einer spezifischen Rechtsposition (Körber 2011, S. 140). Der Deutsche Staat als Wohlfahrtsstaat ist somit unmittelbar bei der Konstruktion der ethnischen Kategorie Aussiedler/innen beteiligt (vgl. Neckel/Körber 1997). Hinzu kommt der Umstand, dass die externe Zuschreibung, also von Seiten der Nichtgruppenmitglieder, nicht identisch sein muss mit der Selbstzuschreibung der Gruppenmitglieder. Vielmehr ist hier von einem Interdependenzprozess auszugehen, der durchaus Formen annehmen kann, die unter dem Begriff des Labeling-approach bekannt sind. Merkmale, die von Nichtgruppenmitgliedern an die Gruppe herangetragen werden, sind durch diese Prozesse in das Selbstbild der Gruppe übernommen worden (vgl. Lamnek 1990).

Vor dem Hintergrund der oben wiedergegebenen Diskussion wird in der vorliegenden Arbeit auf eine Differenzierung nach Ethnie verzichtet und stattdessen der Migrationsmodus, im Sinne der Art und Weise der Zuwanderung, herangezogen. Dabei geht es nicht nur die rechtlich privilegierte Stellung gegenüber anderen Migrant/inn/en, sondern es ist nicht ausgeschlossen, dass der spezifische Zuwanderungsmodus einen gemeinsamen Erfahrungs-raum - im Sinne Karl Mannheims (vgl. Mannheim 1980) - konstituiert, der sozialstrukturbildend wirkt. In diesen ist nicht nur der rechtliche Aspekt eingelassen, sondern vor allem auch die eben beschriebenen Ko-Konstruktionen der Nichtgruppenmitglieder.

Nicht die Vorstellung der Zugehörigkeit der Aussiedler/innen zu einer gemeinsamen Ethnie ist somit leitend für die vorliegende Analyse, sondern es wird der Standpunkt vertreten, dass der gemeinsame „konjunktive Erfahrungs-raum" (Mannheim 1980, S. 211ff.) der spezifischen Zuwanderungssituation eine analytische Gruppeneinteilung legitimiert. Eine solche Einteilung hat den Vorteil, dass keine spezifischen ethnischen oder kulturellen Annahmen impliziert werden.

Mit der Fokussierung auf den Migrationsmodus geht im Folgenden einher, dass nicht mehr von ethnischen, sondern von migrationsbezogenen Disparitäten gesprochen wird. Auch wenn die Migration nicht selbst von Aussiedlern und Aussiedlerinnen vollzogen wurde, sondern deren Eltern bzw. Großeltern nach Deutschland übergesiedelt sind, so werden die Lebenswelten der betroffenen Jugendlichen dennoch von der Migration geprägt. Da Aussiedler/innen vorrangig über einen ausschließlich auf sie bezogenen rechtlichen Zuwandermodus definiert werden, der sie demzufolge von anderen Gruppen unterscheidet, wird dieses ausschließliche Konstruktionsmerkmal in der vorliegenden Forschungsarbeit als dominantes Differenzierungsmerkmal herangezogen.[6] Daraus ergeben sich insbesondere mit Blick auf eine in die Tiefe gehende vergleichende Analyse der Lebens- und Bildungssituation von Aussiedlerjugendlichen mit jenen der anderen Migrantenjugendlichen bzw. mit Jugendlichen ohne Migrationshintergrund Restriktionen.

Eine wesentliche Restriktion besteht darin, dass andere Gruppen von Jugendlichen mit Migrationshintergrund durchaus aufgrund ihrer unter-schiedlichen nationalitätenspezifischen Herkunftsländer im Rahmen von vergleichenden Analysen differenziert betrachtet werden können. Dann müsste aber auch die Gruppe der Aussiedler/innen nach Herkunftsland differenziert werden. Würde zum Zweck eines vertiefenden analytischen Vergleichs die Gruppe der Jugendlichen mit anderem Migrationshintergrund nach ihrem jeweiligen Herkunftsland differenziert und die Gruppe der Aussiedler/innen nicht, so hätte dies eine analytisch unzulässige Vermengung ungleicher Kategorisierungsmodi zur Folge und wäre somit ein Kategorienfehler[7]. Um dies zu vermeiden, wird in der vorliegenden Ausarbeitung explizit darauf verzichtet,

---

[6] Es könnte eingewendet werden, dass auch sogenannte jüdische Kontingenzflüchtlinge ähnliche Zureisebedingungen haben wie Aussiedler/innen. Dies mag zutreffen, aber in der vorliegenden Untersuchung befinden sich lediglich zwei Personen aus den Aussiedlungsgebieten, die angaben der jüdischen Glaubensgemeinschaft anzugehören.

[7] Ein Kategorienfehler ist die Vermengung unterschiedlicher logischer Kategorien (vgl. Ryle 2002).

die Gruppe der Jugendlichen mit anderem Migrationshintergrund zusätzlich nach ihrem nationalen Herkunftsland zu differenzieren. Vielmehr wird im Folgenden nach Jugendlichen ohne Migrationshintergrund, nach Aussiedlerjugendlichen sowie nach Jugendlichen mit anderem Migrationshintergrund unterschieden.

Aber auch die Verwendung des Begriffs Disparitäten erfolgt nicht zufällig und resultiert aus theoretischen Überlegungen zum Verhältnis der theoretischen Traditionen, die mit den Begriffen soziale Ungleichheit und Diskriminierung verbunden sind.

Reinhard Kreckel konstatiert:

> Soziale Ungleichheit „liegt überall dort vor, wo die Möglichkeiten des Zugangs zu allgemein verfügbaren und erstrebenswerten sozialen Gütern und/oder zu sozialen Positionen, die mit ungleichen Macht- und/oder Interaktionsmöglichkeiten ausgestattet sind, dauerhafte Einschränkungen erfahren und dadurch die Lebenschancen der betroffenen Individuen, Gruppen oder Gesellschaften beeinträchtigt oder begünstigt werden" (Kreckel 2005, S. 1731).

Die Betonung liegt hierbei auf dauerhaft. Auch wenn dem Konzept der sozialen Ungleichheit ein moralischer Impetus der Herstellung von Gleichheit innewohnt, muss berücksichtigt werden, dass damit keine Unterschiede gemeint sind, die aufgrund von sozialen Differenzierungsprozessen entstehen, wie z. B. der Arbeitsteilung oder aus „bloßer physisch bedingter körpergebundener Verschiedenartigkeit" der Menschen (Kreckel 2005, S. 1730f.).

Von der theoretischen Tradition her bezieht sich der Terminus soziale Ungleichheit vor allem auf sozioökonomische bzw. schichtspezifische Ungleichheit, die auch als „vertikale Ungleichheit" bezeichnet wird. In den letzten Dekaden erlangten aber zunehmend andere „nicht-vertikale Ungleichheiten [...] strukturprägendes Gewicht" (Kreckel 2005, S. 1732). Reinhard Kreckel ordnet hier geschlechtsbezogene Ungleichheiten ebenso ein wie auch Ungleichheiten, die aus der Zugehörigkeit zu unterschiedlichen Migrantengruppen resultieren (vgl. Kreckel 2005, S. 1732). Insofern kommt es hier zu einer Erweiterung der zuvor vor allem als sozioökonomische Ungleichheit aufgefassten Struktur um weitere Aspekte, die bis dato eher anhand des Terminus der Diskriminierung diskutiert wurden.

Der Begriff Diskriminierung bedeutet laut Duden „trennen, absondern". In diesem Sinne wird er auch in der Statistik verwendet, wenn z. B. von Diskriminanzanalyse gesprochen wird (vgl. Brosius 2006, S. 719 ff.). Im Allgemeinen ist der Begriff jedoch konnotiert im Sinne der Benachteiligung von Gruppen und ihren Mitgliedern, gleichgültig, ob die Individuen tatsächlich oder vermeintlich dieser Gruppe angehören. In Bezug auf den Diskriminierungsbegriff ist die personale von der strukturellen Diskriminierung zu unterscheiden. Eine personale Diskriminierung liegt vor, wenn die Benachteiligung direkt von Personen ausgeht. Eine strukturelle Diskriminierung liegt dann vor, wenn die Ursachen der Diskiminierung nicht auf Präferenzen Einzelner oder Gruppen, sondern auf gesellschaftliche Strukturen zurückzuführen sind. Die Gemeinsamkeit von personaler und struktureller Diskriminierung besteht in folgendem Aspekt:

> „[D]iskriminierende Unterscheidungen sind nicht allein als Begründungen und Legitimationen von Positionszuweisungen in vorgängig bzw. unabhängig von ihnen existierenden sozialen Hierarchien bedeutsam; sie artikulieren zudem gesellschaftlich einflussreiche Ordnungs- und Normalitätsvorstellungen, denen als Regulierungen legitimer sozialer Teilhabe und als Grundlage sozialer Positionszuweisungen eine eigenständige Bedeutung zukommt. Darüber hinaus gehen diskriminierende Personenkategorien und Gruppenkonstruktionen mit Identitätszuschreibungen einher, die auch unabhängig von ihrer potenziellen Verknüpfung mit sozialen Benachteiligungen als Beschädigungen der Selbstachtung sowie der Möglichkeiten erlebt werden können, die eigene Identität eigensinnig zu bestimmen. Diskriminierungsforschung kann folglich nicht zureichend als Erweiterung und Ergänzung einer auf Klassen, Schichten und Milieus fokussierten Ungleichheitsforschung verstanden und weiterentwickelt werden" (Scherr 2010, S. 56).

Geht es in der Ungleichheitsforschung vor allem um die Mechanismen der Legitimation von Unterschieden zwischen prinzipiell Gleichgestellten, fokussiert die Diskriminierungsforschung auf die Mechanismen, die Personen bzw. Gruppen von dem Anspruch auf Gleichberechtigung von vornherein ausschließen (vgl. Scherr 2010, S. 45). Damit handelt es sich um „zwei zu unterscheidende, aber nicht voneinander unabhängige Formen gesellschaftlicher Hierarchiebildung" (Scherr 2010, S. 36).

Bezieht sich der Terminus soziale Ungleichheit eher auf die Verteilungsgerechtigkeit und somit auf Aspekte wie Klasse bzw. Schicht, fokussiert der Diskriminierungsbegriff auf Fragen der sozialen Anerkennung von Minderheiten wie z. B. Migrantengruppen. Diese Trennung ist jedoch analytischer Art. So sind auch in Bezug auf Klassen bzw. Schichten diskriminierende Sachverhalte zu identifizieren. Diese werden zunehmend unter dem Begriff des „Klassismus" diskutiert (vgl. Leiprecht/Lutz 2009, S. 186). Auf der anderen Seite erfolgt die soziale Positionierung von Menschen mit Migrationshintergrund nicht nur über Formen der Diskriminierung, sondern auch über Mechanismen der sozioökonomisch bedingten Ungleichheit. So ist die systematische Unterschichtung ein empirisch gut dokumentierter Tatbestand (Esser 2006; Solga 2005; Schneekloth/Leven 2007; Geißler/Weber-Menges 2008).

Es bleibt somit eine empirische Frage, inwiefern sich die unterschiedlichen Formen gesellschaftlicher Hierarchiebildung in den zu untersuchenden Phänomenen bedingen, verstärken, abschwächen oder ausschließen. Um dieser Analyse den nötigen Raum zu geben, soll demzufolge nicht von vornherein von migrationsbezogener Ungleichheit oder migrationsbezogener Diskriminierung gesprochen werden, sondern von migrationsbezogenen Disparitäten.

Eine Forschung, die vor allem auf den Diskriminierungsaspekt fokussiert, gerät schnell in Gefahr, Disparitäten, die sich meritokratisch legitimieren lassen, zu deproblematisieren. Die Feststellung, dass sich migrationsbedingte Unterschiede auf sozioökonomische Unterschiede zurück-führen lassen, enthebt nicht der Notwendigkeit, die Konvergenz von migrationsbedingten und sozioökonomischen Ungleichheiten als erklärungs-bedürftig zu betrachten. Ob Diskriminierungsmechanismen vermittelt über den sozioökonomischen Status wirken, ist damit noch nicht ausgeschlossen.

Auf der anderen Seite verlieren Forschungen zur sozialen Ungleichheit schnell die spezifischen Wirkungen von Diskriminierung aus dem Blick, wenn unberücksichtigt bleibt, dass diskriminierendes Handeln in unterschiedlichen sozialen Kontexten unterschiedlich zur Anwendung gebracht wird bzw. werden kann.

> „Vor dem Hintergrund eines Verständnisses moderner Gesellschaften als funktional differenzierte [...] kann auch nicht postuliert werden, dass das gesellschaftlich verfügbare Repertoire diskriminierender Gruppenkonstruktionen und Personenkategorien in unterschiedlichen sozialen Kontexten, etwa in Betrieben, Schulen und Hochschulen, direkt und in einheitlicher Weise aufgegriffen und verwendet wird" (Scherr 2010, S. 56).

Um zu vermeiden, allein durch die verwendete Terminologie Vorent-scheidungen zu fällen, inwieweit sozioökonomische Aspekte die Ungleichheiten produzieren oder aber Diskriminierungen verantwortlich zu machen sind, soll im Weiteren der Terminus „Disparität" Verwendung finden. Dieser neutralere Begriff ermöglicht es zum einen, die Identifizierung von Unterschieden von deren Erklärung analytisch zu trennen, und ist zum anderen sowohl an die Forschungslinie der sozialen Ungleichheit, wie auch an diejenige der Diskriminierungsforschung anschlussfähig.

Inwieweit es sich bei Benachteiligungen um eher sozioökonomische bzw. schichtbezogene Ungleichheit oder Diskriminierungen handelt, wird damit zu einer empirisch zu bearbeitenden Frage. Mit dem Begriff der Disparität wird ein analytischer Raum eröffnet, in dem der Verschränkung unterschiedlicher Differenzierungslinien bzw. -modi Rechnung getragen werden kann. Des Weiteren umgeht der Terminus Disparität eine einseitige Defizitkonzentration und den damit verbundenen „Elendsdiskurs" (Hamburger 2005a, S. 61).

Disparitäten sind weder positiv, noch negativ konnotiert. Somit ermöglicht diese Begrifflichkeit die Anschlussfähigkeit an die eher qualitativ-orientierte Migrationsforschung, die Migration als Ermöglichungsraum begreift (vgl. Hummrich 2002; 2009; Gogolin 2000; Steinbach 2004; Apitzsch 2010; vgl. auch Kapitel 4.1.1).

2.3 Der Übergang Schule-Beruf

„Der Begriff Übergang betrifft [...] nicht eine einzelne Institution oder ein individuelles Ereignis, sondern bezieht sich auf den komplexen Zusammenhang institutionalisierter Beziehungen zwischen Individuen und gesellschaftlich organisierten Einrichtungen an der Schnittstelle des dauerhaften Wechsels von einer zur anderen Einrichtung" (Kutscha 1991, S. 115). In modernen Gesellschaften ist der Lebenslauf als Institution[8], der Rahmen und Orientierung für individuelles Handeln zugleich darstellt, um den zentralen Bereich der Erwerbsarbeit und Existenzsicherung herum organisiert. Dabei kommt es zu einer Dreiteilung des Lebenslaufs: einen Abschnitt, der vom Bildungssystem bestimmt wird, einen zweiten, der durch das Erwerbssystem gerahmt wird, und einen dritten, in dem das Alterssicherungssystem maßgeblich wirkt (vgl. Kohli 1985; Kohli 2003). Der Übergang vom Bildungssystem über das Ausbildungs-system zur Erwerbsarbeit stellt somit eine zentrale Übergangsabfolge in den Lebensverläufen von Menschen in modernen Gesellschaften dar. Davon unberührt bleibt der Umstand, dass sich die jeweiligen Bedingungen historisch unterscheiden. Insgesamt lässt sich festhalten, dass die derzeitigen Übergänge flexibler, länger und brüchiger geworden sind (vgl. Christe 2009). Es lässt sich ein deutlicher Anstieg diskontinuierlicher Erwerbsverläufe und Lebens-biografien gerade bei jüngeren Kohorten feststellen (vgl. Blossfeld u.a. 2005; Blossfeld 2006; Müller/Shavit 1998). Ebenso zeichnet sich ein deutlicher Anstieg im Anforderungsniveau von Ausbildung ab (vgl. Baethge/Solga/Wieck 2007). Dieser Anstieg steht in Verbindung mit dem Übergang von der Industrie-zur Wissens-/-Dienstleistungsgesellschaft („Tertiarisierung") (vgl. Ulrich/Eberhard 2008, S.23).

> „In Bezug auf die für die Erwerbsarbeit erforderlichen fachlichen Qualifikationen nehmen die Anforderungen zu. Damit ist nicht nur ein guter Schulabschluss - vor allem ein guter Realschulabschluss - gemeint, sondern auch Basisqualifikationen wie die Beherrschung der Grundrechenarten, Konzentrationsfähigkeit, Lernbereitschaft, bestimmte Umgangsformen etc. [...] Inzwischen ist auch bei einfachen Tätigkeiten immer häufiger eine Berufsaus-bildung notwendige Voraussetzung" (Christe 2009, S. 77).

---

[8] „Institutionen sind [...] Regeln mit erwartetem Geltungsanspruch" (Esser 2000, S. 5).

Ein Übergang gestaltet sich jedoch nicht nur als ein einfacher Wechsel zwischen zwei verschiedenen Zuständen. Er ist ein Prozess, der bereits weit vor dem faktischen Übertritt - z. B. dem Übertritt von der Schule ins Erwerbssystem - anfängt und meist deutlich in den neuen Zustand hineinreicht. Oft wird auch der Terminus Statuspassage verwendet (vgl. Behrens/Rabe-Kleberg 2000; Heinz 2001; Mowitz-Lambert 2001; Glaser/Strauss 2010). In dieser Arbeit soll aber am Begriff des Übergangs festgehalten werden. Fokussiert wird ein spezifischer Bereich des Gesamtübergangs Schule-Beruf - nämlich der Teilübergang allgemeinbildende Schule - berufliche Ausbildung.

> „Individuelle Arbeitsmarktchancen sind in der Bundesrepublik stark vom Erfolg einer vorangegangenen beruflichen Ausbildungsphase abhängig. Soziale Schließungsprozesse sind an formellen beruflichen Ausbildungsabschlüssen orientiert und operieren überwiegend auf der berufsspezifischen Ebene. Für die Frage nach der Reproduktion sozialer Ungleichheit haben daher die Mechanismen des Ausbildungszugangs – und nicht erst des Arbeitsmarktzugangs – eine entscheidende Bedeutung" (Konietzka 2007, S. 284).

Der Zugang zur Ausbildung wiederum ist in einem „konservativen Wohlfahrtsstaat" wie Deutschland (vgl. Sesselmeier/Somaggio 2009, S.10) durch ein stratifiziertes Bildungssystem determiniert. Durch die langjährige Dreigliedrigkeit des allgemeinbildenden Schulwesens und die damit einhergehende frühe Selektion und Aufteilung der Schüler/innen auf unterschiedlich qualifizierende Schulformen kommt es bereits im Schulsystem zu wesentlichen Vorentscheidungen über die spätere Platzierung auf dem Ausbildungs- und somit auch auf dem Arbeitsmarkt (vgl. Allmendinger/Hinz 1997, S. 257-278). Dies lässt sich empirisch bereits an der sogenannten ersten Schwelle, dem Übergang vom allgemeinbildenden Schulsystem in die Ausbildung, belegen. Die vertiefenden Ausführungen dazu bedürfen zunächst einiger Begriffsdefinitionen.

Unter dem Terminus *duales System* - „ein Flaggschiff des deutschen Bildungssystems und eine tragende Säule der ökonomischen Stärke Deutschlands" (Bundesministerium für Bildung und Forschung 2010, S. 3) - werden Ausbildungen im Rahmen des Berufsbildungsgesetzes (BBiG) oder der Handwerksordnung (HandwO) verstanden, die zu einem anerkannten Ausbildungsberuf führen. Dual meint, dass der praxisorientierte Teil der Ausbildung vornehmlich innerhalb eines Betriebs stattfindet, während der eher theoretische Teil der Ausbildung im Rahmen eines begleitenden Berufsschulunterrichts außerhalb des Ausbildungsbetriebes erfolgt.

Das *Schulberufssystem* umfasst eine Ausbildung, welche ebenfalls zu einem anerkannten Berufsabschluss führt, aber in Vollzeit an einer beruflichen Schule absolviert wird. Das *Übergangssystem* umfasst Bildungsangebote, die zu keinem anerkannten qualifizierten Berufsabschluss führen, sondern auf eine qualifizierte Ausbildung vorbereiten (vgl. Konsortium Bildungsberichterstattung 2006, S. 79).

Aus dem Bildungsbericht 2010 geht hervor, dass über die Hälfte der Jugendlichen mit Hauptschulabschluss und über Dreiviertel der Jugendlichen ohne Schulabschluss *nicht* in eine vollqualifizierte Ausbildung einmünden können (Autorengruppe Bildungsberichterstattung 2010, S. 98). Dies „stellt eine der großen Stärken des dualen Systems in Frage, gerade Kinder aus bildungsschwächeren Gruppen durch Ausbildung beruflich integrieren zu können" (Konsortium Bildungsberichterstattung 2006, S. 83).[9]

Um so eindrücklicher wird diese Kritik am dualen System vor dem Hintergrund, dass formal keinerlei qualifikationsbezogene Aufnahme-bedingungen beim Zugang zur dualen Ausbildung existieren (vgl. Hillmert 2007, S. 87). Damit rückt die Rekrutierungspraxis der betrieblichen Ausbildungsplatzanbieter in den Fokus. Sie sind es, die den Zugang zur knappen Ressource Ausbildung maßgeblich bestimmen. Die Ausbildungsplatzanbieter sind zumindest im dualen System Unternehmen, die vor allem nutzenmaximierend operieren. Dieser Umstand führte in der wissenschaftlichen Analyse dazu, dass ökonomische Theorien allgemein bzw. Theorien zum Arbeitsmarkt im Speziellen auch auf den Bereich der Ausbildung übertragen wurden. Grundlage der Anwendung dieser Theorien auf den Gegenstand der Ausbildung ist eine angebots- und nachfrageorientierte Analogie, nach der der Zugang zur Ausbildung, weil er durch Unternehmen und Verwaltungen stark reglementiert wird, als ein Marktgeschehen analog dem Marktgeschehen auf dem allgemeinen Arbeitsmarkt aufgefasst werden kann und somit analoge Mechanismen zu unterstellen sind (vgl. Boos-Nünning/Granato 2008, S. 71/72). Hieraus leitet sich für die Analyse von Übergängen an der Schwelle Schule - Berufsausbildung auch die Berücksichtigung ökonomischer Theorien ab.

2.4 Geringqualifizierte

Die der Forschungsarbeit zugrunde liegende Untersuchung bezieht sich auf die Gruppe von im allgemeinbildenden Schulsystem als gering qualifiziert geltenden Schülerinnen und Schülern. Die Grundgesamtheit sowohl der quantitativen wie auch der qualitativen Untersuchung sind Jugendliche aus

---

[9]   Zwar kommt es von 2006 zu 2008 zu einer Steigerung der Übergangsraten in eine duale Ausbildung von Jugendlichen mit und ohne Hauptschulabschluss, dies ist jedoch eher auf die demografische Verschiebung zurückzuführen und ändert am Gesamtbefund der sich kontinuierlich verschlechternden Chancen für Geringqualifizierte nichts (vgl. Autorengruppe Bildungsberichterstattung 2010, S. 99).

Hauptschulen bzw. Hauptschulzügen an Gesamtschulen. Diese soziale Gruppe unterliegt spezifischen gesellschaftlichen Entwicklungen.

Unter gering qualifizierten Personen sollen im folgenden Personen verstanden werden, „die über kein Bildungszertifikat verfügen oder nur einen Bildungsabschluss besitzen, der nicht den gesellschaftlichen Mindeststandards genügt" (Solga 2005, S. 17). Diese „Mindeststandards" unterliegen jedoch gesellschaftlichen Wandlungsprozessen. Das, was vor Jahrzehnten als ausreichend galt, muss es heute nicht mehr sein. Vor diesem Hintergrund wird die soziale Konstruktion dessen, was und wer als gering qualifiziert bewertet wird, deutlich.

Auch die Verwendung des Terminus Qualifikation weist in diese Richtung, impliziert er doch eine „verstärkte Orientierung auf ökonomischen und gesellschaftlichen Bedarf" (Baethge 1974, S. 479). Die gesellschaftlichen und ökonomischen Bedarfe werden zumeist - wie eingangs bereits angedeutet - im Kontext des Strukturwandels von der Industriegesellschaft zur Wissens- und Dienstleitungsgesellschaft formuliert. Implizit ist dabei die These, dass Qualifikationsniveaus, welche noch vor einigen Jahrzehnten für eine stabile Erwerbstätigkeit ausreichend waren, heute nicht mehr den Anforderungen an qualifizierte und gesicherte Erwerbsarbeit genügen. Dies kann als empirisch bestätigt angesehen werden, denn insgesamt ist ein Rückgang der Beschäftigung von Geringqualifizierten zu beobachten. „Ihr Anteil an der Gesamt-beschäftigung ist von 30% im Jahr 1980 auf rund 17% im Jahr 2002 zurück-gegangen" (Kalina 2005, S. 17). Bei einer Untersuchung zur Arbeitsplatz-mobilität kommen Johannes Giesecke und Jan Paul Heisig auf der Grundlage empirischer Daten des Sozioökonomischen Panels (SOEP) zu dem Schluss, dass im Gegensatz zur weit verbreiteten Meinung, dass „Erwerbsverläufe immer instabiler und unberechenbarer würden", sich seit Mitte der 80er Jahre für die meisten Beschäftigten kaum Veränderungen bezüglich der Stabilität von Erwerbsverläufen ergeben haben (Giesecke/Heisig 2010, S. 1). Dies gilt jedoch nicht für alle. „Sorge bereiten muss allerdings die Lage der gering qualifizierten Menschen, für die sich das Szenario zunehmender Unsicherheit tatsächlich bewahrheitet hat und die damit Gefahr laufen, gesellschaftlich weiter abgehängt zu werden" (Giesecke/Heisig 2010, S. 5).

Die viel beachtete Studie von Ulrich Brinkmann u.a. aus dem Jahr 2006 zeigt, dass die zunehmende Destabilisierung der Erwerbssituation dieser Bevölkerungsgruppe nicht ausschließlich auf die sich insgesamt verschlechternde konjunkturelle Lage zurückzuführen ist. Sie konstatieren: „Geringqualifizierte gehören nach wie vor zu den Problemgruppen am Arbeitsmarkt, ihre Arbeitslosenquoten sind mit Abstand die höchsten. Selbst bei hohen Wachstumsraten - wie Ende der 1980er oder 1990er Jahre - ging ihre

Beschäftigung kontinuierlich zurück" (Brinkmann u.a. 2006, S. 39). Alexander Reinberg und Markus Hummel kommen zu den gleichen Ergebnissen und titeln einen ihrer Beiträge „Geringqualifizierte. In der Krise verdrängt, sogar im Boom vergessen" (vgl. Reinberg/Hummel 2003). In einem anderen Beitrag zeigen die beiden Autoren den kontinuierlichen Anstieg der Arbeitslosenquoten Geringqualifizierter im Zeitverlauf (Reinberg/Hummel 2007b, S. 1)

Auch die vom Institut zur Zukunft der Arbeit vorgelegten Prognosen bis zum Jahre 2035 bestätigen, dass der Rückgang des Arbeitsmarktbedarfes an gering qualifizierten Personen ein genereller Trend ist.

> „Auch in der langfristigen Perspektive ist der Trend zur Nachfrage nach einem höheren Ausbildungsniveau eindeutig festzustellen. Während der Anteil der Personen ohne bzw. mit Berufsabschluss bis 2035 um jeweils rund drei Prozent zurückgeht, legen die Personen mit Meister-/Techniker-/Fachschulabschluss, die Fachhochschul- und die Universitätsabsolventen/-innen zum Teil kräftig zu (bis zu über 3 Prozent)" (vgl. Bonin u.a. 2007, S. 100).

Weiterbildung, Umschulungen etc., also alle Maßnahmen, die das Qualifikationsniveau steigern, werden somit perspektivisch an Bedeutung gewinnen. Diese Maßnahmen wiederum sind jedoch im Wesentlichen im Rahmen des Arbeitsmarktes geregelt. On-the-Job-Trainings als eine der Hauptmöglichkeiten, das Qualifikationsniveau nachträglich ohne größere formale Zugangsbeschränkungen zu erhöhen, finden üblicherweise berufsbegleitend statt.

Neben der Frage nach der Stabilisierung bestehender Erwerbsverhältnisse von Geringqualifizierten stellt sich künftig vor allem die Frage nach ihrem Zugang zum Arbeitsmarkt an sich. Vor diesem Hintergrund rückt der Arbeitsmarktzugang als möglicher Ansatzpunkt für praktische Interventionen in den Mittelpunkt. Dieser ist in Deutschland hauptsächlich über das Ausbildungssystem geregelt und i.d.R. an einen vollqualifizierenden Berufsabschluss gebunden. „Die Personen mit Berufsabschluss bleiben [...] weiterhin mit einem Anteil am Gesamtbedarf von über 55 Prozent im Jahr 2035 die dominierende Gruppe" (vgl. Bonin u.a. 2007, S. 100; vgl. Leszczensky u.a. 2009, S. 3).

Von den eben genannten Entwicklungen und Konstellationen sind überdurchschnittlich die Menschen mit Migrationshintergrund betroffen. Vorliegende Untersuchungen kommen zu dem Ergebnis, dass Menschen mit Migrationshintergrund einer systematischen sozialen Unterschichtung unterliegen (Esser 2006; Solga 2005; Schneekloth/Leven 2007; Geißler/Weber-Menges 2008; vgl. Tabelle 2-4). Aber nicht nur dieser Umstand spricht für eine

Fokussierung auf die Geringqualifizierten für die Analyse von migrationsbezogenen Disparitäten.

Die Gruppe der Geringqualifizierten ist aufgrund ihrer sozial-
ökonomischen Lebenslage eine Gruppe, die eine relativ hohe soziale
Homogenität aufweist (Trautwein/Baumert/Maaz 2007; Solga/Wagner 2007).
Analysen, die das gesamte Spektrum der Sozialstruktur berücksichtigen haben
das Problem, dass durch die systematische Unterschichtung der Menschen mit
Migrationshintergrund eine analytische Trennung von sozioökonomischen und
migrationsbedingten Faktoren schwierig wird. Die Fokussierung auf die
sozialhomogene Gruppe der Geringqualifizierten ermöglicht es somit die
migrationsbezogenen Disparitäten schärfer herauszuarbeiten.

Doch zunächst gilt es bestehende Erklärungsansätze für migrationsbezogene Disparitäten zu sichten und zu erörtern.

3 Erklärungsansätze für migrationsbezogene Disparitäten

Wie die Annäherung an den Gegenstand in Kapitel 2 gezeigt hat, ist die Problematik des Übergangs von der allgemeinbildenden Schule in die berufliche Ausbildung sowohl aus ökonomischer wie auch aus soziologischer Perspektive zu betrachten. Obwohl die Zuwanderung der Gruppe der Aussiedler/innen unter privilegierten Zuwanderungsbedingungen stattfindet, legen empirische Untersuchungen nahe, dass Aussiedler/innen mit analogen Problemen wie andere zugewanderte Menschen konfrontiert sind (vgl. Kapitel 2.1). Aus diesem Grund sind sowohl ökonomische wie auch soziologische Theorien darauf zu prüfen, inwiefern sie die niedrigeren Ausbildungsmarktchancen der Menschen mit Migrationshintergrund im Allgemeinen und der Aussiedler/innen im Besonderen aufklären können.

3.1 Ökonomische Erklärungsansätze

„Für die *Ökonomik* stellt der Arbeitsmarkt neben dem Güter- und dem Geldmarkt einen von drei abstrakten Teilmärkten eines Wirtschaftssystems dar. Die Funktionsweise dieser drei Teilmärkte wird grundsätzlich als identisch betrachtet und kann daher im Rahmen eines integrierten theoretischen Modells analysiert werden" (Hinz/Abraham 2008, S. 17). Dies wird ebenfalls für den Ausbildungsmarkt in Anspruch genommen. Die Begründung hierfür ist, dass der größte Sektor im deutschen Berufsbildungssystem, die duale Berufsausbildung, hauptsächlich von Marktakteuren - den Unternehmen, die nutzenmaximierend operieren - bestimmt wird und somit auch dieser Bereich der Dynamik von Angebot und Nachfrage unterliegt (vgl. Eberhard/Ulrich 2010, S. 101).

Das Marktgeschehen auf dem Ausbildungsmarkt kann somit analog dem Marktgeschehen auf dem allgemeinen Arbeitsmarkt aufgefasst werden und dieser wiederum analog dem allgemeinen Geschehen auf Märkten. Unter einem Markt wird dabei die „Gesamtheit der ökonomischen Beziehungen zwischen Anbietern und Nachfragern hinsichtlich eines Gutes innerhalb eines bestimmten Gebietes und eines bestimmten Zeitraums" verstanden (Pepels 1997, S. 189).

Zentrales Element eines Marktes ist dabei die Konkurrenz um knappe Ressourcen (Hinz/Abraham 2008, S. 20). Dem folgend wären die knappen Ressourcen auf dem Arbeitsmarkt die Verfügungsrechte über Arbeit und in Bezug auf den Ausbildungsmarkt die Verfügungsrechte über Ausbildung. Die Arbeitsmarkt- bzw. Ausbildungschancen von Personen resultieren aus ökonomischer Sicht somit aus der Kapazitätsfrage des Verhältnisses von

Angebot und Nachfrage und einer Optimierungsaufgabe zwischen Unternehmen und Beschäftigten (vgl. Solga 2005, S. 52).

Dies allein entspräche der neoklassischen Modellvorstellung eines abstrakten Marktes, welcher von einer „unsichtbaren Hand" (Smith 2004, S. 458) im Gleichgewicht gehalten wird. Das neoklassische Modell hat jedoch weitere Axiome, die sich nur bedingt mit der empirischen Realität auf dem Ausbildungs- bzw. Arbeitsmarkt vereinbaren lassen. Beispielhaft seien hier lediglich die Annahmen des vollständig rational handelnden und vollständig informierten Akteurs mit eindeutigen Präferenzen oder die Annahme vollkommener Flexibilität von Preisen/Löhnen genannt. Für eine ausführlichere Diskussion der Axiome sei auf die Arbeit von Thomas Hinz und Martin Abraham verwiesen (Hinz/Abraham 2008, S. 21).

Wichtig für die hier vorgelegte Arbeit sind vor allem die theoretischen Weiterentwicklungen des neoklassischen Modells. Dies wären allen voran die *Humankapitaltheorie*, die *Signaling- Theorie*, das *Job-Competition-Modell* sowie der *Segmentationsansatz*. In diesem Kontext betonen Thomas Hinz und Martin Abraham, dass sich diese Theorien insgesamt eher ergänzen als widersprechen (Hinz/Abraham 2008, S. 60).

Im Folgenden sollen diese Ansätze kurz angerissen und auf ihre Erklärungskraft bezüglich der Ausbildungschancen für jugendliche Aussiedler/innen im Besonderen sowie für Jugendliche mit anderem Migrationshintergrund im Allgemeinen diskutiert werden.

3.1.1 Humankapitaltheorie

Nach Thomas Hinz und Martin Abraham kann die Bedeutung der Humankapitaltheorie „kaum hoch genug" eingeschätzt werden (Hinz/Abraham 2008, S. 38). Obwohl sie vielfach, wie im Folgenden dargestellt wird, kritisiert und als unzureichend deklariert wurde, bildet sie dennoch die Grundlage fast aller ökonomischen Arbeitsmarkttheorien. Die Kernthese des human-kapitaltheoretischen Ansatzes ist, dass die Differenzen in Einkommen und der Platzierung auf dem Arbeitsmarkt in direkter Verbindung zu der Produktivität des einzelnen Individuums stehen. Unternehmen bzw. allgemein gesprochen, die Akteure auf dem „freien Arbeitsmarkt", operieren gewinnmaximierend und dem folgend werden diejenigen mit der höchsten Produktivität für das gesuchte Feld ausgewählt. Die Produktivität eines Individuums leitet sich direkt von seiner Humankapitalausstattung ab und den daraus resultierenden Kenntnissen und Fähigkeiten. „Diese können jedoch nicht als gegeben betrachtet werden, sondern müssen von dem Arbeitnehmer unter Kosten erworben werden. [...] Allgemeine Bildung und berufliche Qualifikationen werden damit zu Kapitalgütern, in die ein Akteur investieren kann" (Hinz/Abraham 2008, S. 33).

Die Produktivität variiert somit aufgrund des unterschiedlichen individuellen Investitions- bzw. Akkumulationsverhaltens.

> „Schooling, a computer training course, expenditures on medical care, and lectures on the virtues of punctuality and honesty are capital too in the sense that they improve health, raise earnings, or add to a person's appreciation of literature over much of his or her lifetime. Consequently, it is fully in keeping with the capital concept as traditionally denned to say that expenditures on education, training, medical care, etc., are investments in capital. However, these produce human, not physical or financial, capital because you cannot separate a person from his or her knowledge, skills, health, or values the way it is possible to move financial and physical assets while the owner stays put" (Becker 1993, S. 15/16).

Der Annahme, dass der Markt produktivitätsorientierte Löhne zahlt, folgt, dass die Unterschiede in Gehalt und Platzierung den Unterschieden in der Humankapitalausstattung entsprechen.

Wird dieser eher generell konzeptualisierte Theorieansatz auf den Gegenstand des Übergangs Schule – Beruf an der ersten Schwelle übertragen, ergeben sich folgende hypothetische Überlegungen: Die besten Platzierungen erreichen diejenigen Jugendlichen mit der höchsten Produktivität. Das Produktivitätsniveau wird gemessen an den erlangten Bildungsabschlüssen und den erreichten Zensuren. Je besser die Zensuren und je höher die Abschlüsse sind, desto bessere Platzierungen auf dem Ausbildungsmarkt sind zu erreichen. Die Bildungsabschlüsse und Zensuren hängen aber nicht nur von den Leistungen der Jugendlichen selbst ab, sondern auch von dem Investitionsverhalten ihrer Eltern. Je höher die Kapitalausstattung der Eltern ist, umso mehr Möglichkeiten der Investition in ihre Kinder haben sie. Wenn jedoch die Kinderzahl steigt, muss das vorhandene Investitionskapital aufgeteilt und es kann weniger bei jedem Einzelnen investiert werden (vgl. Becker 1993, S. 21-23). Auf Seiten der betrieblichen Anbieter von Ausbildungs- und Arbeitsplätzen erweist sich als zentrales Merkmal einer humankapital-orientierten Handlungsstrategie „eine Personalrekrutierung auf der Basis individueller Produktivität unter Verwendung von Bildungsleistung und Erwerbserfahrung als messbarem und damit beobachtbarem Indikator für die Beschäftigten" (Solga 2005, S. 62).

Aus der Perspektive einer solchen Axiomatik des freien Marktes, auf dem alle Akteure gewinnmaximierend tätig sind, kann es keine Diskriminierung von Migrant/inn/en geben. Es sei denn, es existieren vom human-kapitaltheoretischen Ansatz abweichende ethnische Präferenzen, die im Rahmen von Personalauswahl seitens der Betriebe Bedeutung erlangen. Becker nennt dies *tasts of discrimination* (Becker 1971, S. 16f.). Eine widersprüchliche Folge des Konzepts der *tasts of discrimination* im Rahmen von Rational-Choice-Modellen ist, dass für alle Beteiligten, sowohl für Diskriminierte als auch für

Diskriminierende, monetäre Kosten entstehen. Dem Betroffenen entstehen Kosten, weil er keine Zusage für einen Ausbildungs-/Arbeitsplatz erhält. Aber auch dem Ausbildungs-/Arbeitsplatzanbieter entstehen Kosten in der Form, dass durch den systematischen Ausschluss ganzer Gruppen auch potenzielle Bewerber/innen mit hoher Produktivität exkludiert werden. Der Logik des freien Marktes folgend, dürfte ein solches Verhalten langfristig zur Wettbewerbsunfähigkeit eines (Ausbildungs-)Betriebes oder zur Abwendung von ethnischen Präferenzen in der Personalpolitik führen, um die eigene betriebliche Existenz und Marktposition zu sichern.

Folgt man diesem klassischen Ansatz wären die Bildungs-benachteiligungen von Kindern und Jugendlichen mit Migrationshintergrund entweder Ausdruck eines defizitären individuellen bzw. familiären Investitionsverhaltens oder Ausdruck eines dem ökonomischen Prinzip widersprechenden Resultats von irgendwie gearteten psychologischen ethnischen Präferenzen, die nicht nur als diskriminierendes Element in die Ausgestaltung der personalpolitischen Entscheidungsprozesse einfließen, sondern auf der Outcome-Seite positiv diskriminierte Bewerber/innen mit hoher Einstellungsoption sowie negativ diskriminierte Bewerber/innen mit verweigerter Einstellungsoption hervorbringen. Auf diese Weise vollzieht sich die Konstruktion von migrationsbezogener Diskriminierung im Sinne von Benachteiligung, wenn sich die Präferenz in der betrieblichen Personalpolitik auf den bewussten oder unbewussten Ausschluss von Jugendlichen mit Migrationshintergrund richtet (vgl. Becker 1971, S. 16ff.).

Eine nicht unerhebliche Anzahl von Untersuchungen weist nach, dass Disparitäten in der Bildungs- und Erwerbsbeteiligung von Migrant/inn/en allein mit der klassischen Humankapitaltheorie nicht erklärbar sind (Lehmann u.a. 2005, S. 108ff; Ulrich 2005, S. 17ff; Haeberlin/Imdorf/Kronig 2005). Auf einen weiteren neuralgischen Punkt innerhalb der Humankapitaltheorie verweisen vor allem Holger Seibert und Heike Solga mit ihrer Untersuchung zu Disparitäten in der Verwertbarkeit von Ausbildungsabschlüssen zwischen deutschen und ausländischen jungen Erwachsenen, die in Deutschland ihre Ausbildung absolvierten. Sie kritisieren die Annahme „[...] dass Beschäftigte bei der Einstellung von Bewerbern deren tatsächliche Produktivität kennen [...]" (Seibert/Solga 2005, S. 366). Vor diesem Hintergrund schlagen sie die *Signaling-Theorie* als Weiterentwicklung der Humankapitaltheorie vor, um migrationsbezogene Disparitäten erklären zu können.

3.1.2 Signaling-Theorie

Die Signaling-Theorie geht auf Arbeiten von Michael Spence zurück. Er akzeptiert in seinem Theorieansatz die Unvollkommenheit der Information bezüglich der Leistungsfähigkeit von Bewerber/inne/n und rückt damit vom Axiom des monokausalen Zusammenhangs von formaler Bildung und Produktivität ab. „The idea behind the job market signaling model is that there are attributes of potential employees that the employer cannot observe and that affect the individual's subsequent productivity and, hence, value to the employer on the job" (Spence 2002, S. 436). Dementsprechend geht er von einem strukturellen Informationsdefizit aus. Dabei unterscheidet er zwei Arten von Zeichen, welche dem Arbeitgeber bzw. Ausbildungsplatzanbieter bei der personalpolitischen Bewerber/innen/auswahl zur Verfügung stehen. Zum einen nennt er *Signale*, die mit veränderbaren individuellen Eigenschaften von Bewerber/inne/n korrespondieren wie z. B. Bildungsabschlüsse und Zensuren. Zum anderen nennt er *Indizes,* die nicht veränderbare Personeneigenschaften wie Geschlecht, Ethnie, Alter etc. ausweisen (Spence 1973, S. 357).

Der Arbeitgeber/Ausbildungsplatzanbieter hat verschiedene Handlungsmöglichkeiten, um mit dieser Ungewissheit umzugehen. Er kann versuchen, die Produktivität genauer zu erfassen, indem er z. B. Eignungstests durchführt. Diese sind aber meist zeit- und kostenintensiv. Um die Informationsbeschaffungskosten für das erste Screening-Verfahren gering zu halten, wird neben den individuellen (humankapitaltheoretischen) Signalen wie dem Schulabschluss und Zensuren auch auf Gruppenmerkmale zurückgegriffen. Werden „Entscheidungen über das einzelne Individuum auf der Grundlage der Verhaltenswahrscheinlichkeit von Beschäftigungsgruppen" getroffen, spricht man von statistischer Diskriminierung (Blossfeld/Mayer 1988, S. 265). Das Konzept der statistischen Diskriminierung geht vor allem auf Arbeiten von Edmund S. Phelps (1972) und Kenneth J. Arrow (1998) zurück und wird vor allem im Kontext der differenten Arbeitsmarkt- bzw. Ausbildungsmarktchancen nach Geschlecht und Ethnie diskutiert (vgl. Seibert/Solga 2005; Kalter 2006a; Kalter 2006b; Seibert/Solga 2006). Der Ausbildungsplatzanbieter/Arbeitgeber hat nur unvollständige Informationen zur Produktivität des Individuums, aber zusätzliche Informationen zur durchschnittlichen Produktivität von Gruppen. Um seine Kosten zu minimieren und seinen Nutzen zu maximieren, zieht er zur Bewertung des Einzelnen die Gruppenmittelwerte der Gruppen heran. Liegt nun ein/e Bewerber/in über dem Gruppenmittelwert, kommt es durch dieses Auswahlverhalten zu einer individuellen Diskriminierung.

Diskriminierung kann auch in Form der sogenannten Fehlerdiskriminierung auftreten. Diese beruht auf einer unzureichenden Einschätzung der tatsächlichen Produktivität eines Bewerbers bzw. einer Bewerberin. „Error

Discrimination is a term I use to describe the situation where employers underestimate the relative average productivity of a group and, based upon this mistaken belief, are unwilling to hire group members or will hire them only for a lower wage" (England 1992, S. 60).

Zeitlich lang dauernde Disparitäten aufgrund von Fehler-diskriminierung sind jedoch theoretisch ebenso wenig plausibel wie die *tasts of discrimination*. Die ökonomische Sichtweise „implies that beliefs contradicted by experience will not survive" (Arrow 1998, S. 96). Kalter kommt zu dem Schluss: „Es zeigt sich aber insgesamt, dass Diskriminierungsargumente bei einem genauen Blick in die ökonomische Theorie doch sehr voraus-setzungsreich" und somit eher unplausibel sind (Kalter 2006a, S. 147).

Claudia Diehl, Michael Friedrich und Anja Hall argumentieren gegen Frank Kalter, indem sie betonen, dass zum Zeitpunkt des Übergangs in eine Ausbildung fast alle Jugendlichen nur wenig berufliche Erfahrungen und Fertigkeiten aufweisen und somit Produktivitätsunterschiede an dieser Schwelle eher von geringerer Bedeutung für die Personalrekrutierung sind. „Das Argument, dass Diskriminierungspräferenzen auf dem Arbeitsmarkt ineffizient und unter Konkurrenzbedingungen instabil sind […], büßt unter diesen Randbedingungen möglicherweise an Gültigkeit ein" (Diehl/Friedrich/Hall 2009, S. 53). Dennoch ist Frank Kalter zuzustimmen, dass bevor in der statistischen Analyse negative Effekte des Migrationshintergrundes vorschnell als Diskriminierungseffekte interpretiert werden, weitere mögliche Einfluss-faktoren für die geringeren Übergangsraten der jugendlichen Aussiedler/innen und der Jugendlichen mit anderem Migrationshintergrund in Ausbildung zu prüfen sind.

Eine weitere Erklärung in der Diskussion betrifft die Spezifik des regionalen Kontextes. Das Job-Competition-Modell nimmt diesen Aspekt auf und verbindet ihn mit den theoretischen Annahmen der Signaling- und Humankapitaltheorie.

3.1.3 Job-Competition-Modell

Das Job-Competition-Modell geht vor allem auf Arbeiten von Lester C. Thurow (1978) zurück. Der Hauptunterschied dieses Modells zu den Modellen der Humankapitaltheorie und der Signaling-Theorie besteht darin, dass davon ausgegangen wird, dass der Wettbewerb nicht um Löhne, sondern um Arbeitsplätze erfolgt. Ein Arbeiter bewirbt sich nicht um ein bestimmtes Gehalt, sondern um einen Arbeitsplatz. Der Arbeits- bzw. Ausbildungsgeber ist aufgrund von Nutzenmaximierung daran interessiert, die bestmögliche Person zu geringstmöglichen Kosten einzustellen. Dafür werden die Bewerber/innen in eine Rangreihe sortiert und anhand dieser wird anschließend die Auswahl getroffen. Die Bewerber/innen/schlangen sind jedoch nicht überall und immer gleich. Dadurch wird die relative Stellung in der Bewerber/innen/schlange wichtiger als die absolute Qualifikation (Thurow 1978, S. 134).

> „Also zeigen sich konjunkturbedingte Schwankungen bei der Nachfrage nach Arbeitskräften nicht als Veränderung in der Lohnhöhe, sondern als Veränderung bei den verlangten Eigenschaften der Arbeiter. Wenn es einen Überschuss an Arbeitskräften gibt, werden die Einstellungskriterien verschärft, und wenn Arbeitskräfte knapp sind, werden die Kriterien gelockert" (Thurow 1978, S. 133/134).

Die Konsequenz daraus ist, dass Personen mit den gleichen Merkmalen je nach Struktur der Bewerber/innen/schlange unterschiedliche Chancen haben können. Ein/e jugendliche/r Hauptschüler/in mit Migrationshintergrund in einem Gebiet mit positiven Ausbildungsmarktdaten hat bessere Chancen auf eine Ausbildungsstelle als ein/e jugendliche/r Hauptschüler/in mit Migrations-hintergrund und den gleichen Leistungsmerkmalen in einem Gebiet mit schlechteren Ausbildungsmarktdaten.

Der Anteil an Personen mit Migrationshintergrund an der Wohn-bevölkerung variiert räumlich sehr stark.

> „Im Jahr 2008 lebten 96% der Bevölkerung mit Migrationshintergrund (14,9 Mio. Personen) im früheren Bundesgebiet und in Berlin. […] Allerdings fallen die Anteile der Personen mit Migrationshintergrund auch innerhalb der einzelnen Bundesländer je nach Region sehr unterschiedlich aus" (Beauftragte der Bundesregierung für Migration Flüchtlinge und Integration 2010, S. 53).

Ebenso variiert die Struktur des Ausbildungsmarktes. Vor dem Hintergrund des Job-Competition-Modells ist es notwendig, die Umstände und deren Verschränkungen zu berücksichtigen. „Ähnlich wie bei den „Ausländern" sind ihre [die der Aussiedler/innen] Wohnortwahl und die Anerkennung der Gleichwertigkeit ihrer im Auswanderungsland erworbenen Qualifikationen eingeschränkt. Von daher kommt es auch bei ihnen zu residentalen wie arbeitsmarktsektoralen Konzentrationsprozessen" (Solga 2005, S. 265).

In Abbildung 3-1 werden die regionalen Unterschiede deutlich.

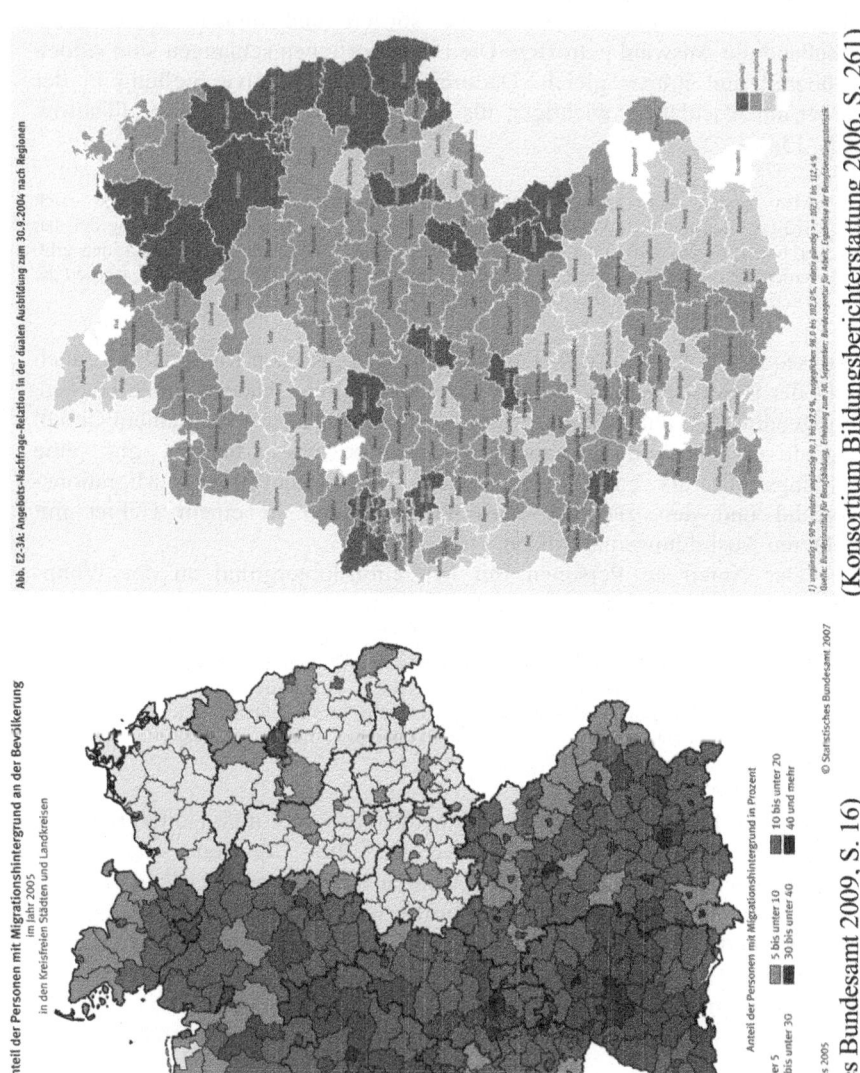

(Statistisches Bundesamt 2009, S. 16)   (Konsortium Bildungsberichterstattung 2006, S. 261)

Abbildung 3-1: Regionale Verteilungen von Personen mit Migrationshintergrund sowie der Angebots-Nachfrage-Relation dualer Ausbildung

3.1.4 Segmentationsansätze

Eine ebenfalls mit dem Postulat des vollkommen freien Marktes brechende Forschungstradition ist die zur Arbeitsmarktsegmentation. Mit dem Begriff der Segmentation ist „die Vorstellung verbunden, dass ein Gesamt-arbeitsmarkt - etwa ein nationaler wie der der Bundesrepublik Deutschland - in eine Reihe von Teilmärkten oder Segmenten zerfällt und diese Teilung nicht nur zufällig und vorübergehend ist. Vielmehr wird Arbeitsmarktsegmentation als ein Ergebnis der im Arbeitsmarktprozess wirksamen Durchsetzung ökonomischer und politischer Kräfte und Interessen gesehen" (Sengenberger 1978, S. 16).

Es werden drei Arbeitsmärkte unterschieden: der (berufs-)fachliche, der betriebsinterne sowie der unspezifisch-unstrukturierte („Jedermanns-") Arbeitsmarkt (Sengenberger 1987). Auf dem „Jedermannsarbeitsmarkt" dominieren Arbeitsplätze, für welche keine spezifischen Qualifikations-anforderungen benötigt werden, wodurch die Arbeitnehmer im hohen Maße austauschbar sind. Diese Arbeitsplätze sind durch geringe Entlohnung, geringe Arbeitsplatzsicherheit und geringe Aufstiegs- und Weiterbildungsmöglichkeiten gekennzeichnet. Dem steht das betriebsinterne Segment gegenüber. Dieses Segment ist durch hohe Arbeitsplatzstabilität und hohe Löhne gekennzeichnet. Selbst bei konjunkturellen Schwankungen halten Unternehmen an dieser "Stammbelegschaft" fest, weil die betriebsspezifischen Qualifikationen der Arbeitnehmer in diesem Bereich nur schwer ersetzbar sind. Aber nicht nur aus Sicht des Arbeitgebers ist ein Arbeitsplatzwechsel dieser Arbeiter nicht wünschenswert. Ein Großteil der Qualifikation des Arbeitnehmers besteht in einem konkreten betriebsspezifischen Wissen. Ein Wechsel in einen anderen Betrieb führt somit zu einer Entwertung des Humankapitals. Anders ist dies beim dritten, dem (berufs-)fachlichen Segment. Dieses Segment ist durch eine überbetriebliche Qualifikation gekennzeichnet, welche von mehreren Betrieben nachgefragt wird und somit auch bei einem Wechsel der Unternehmen keiner Entwertung unterliegt (vgl. Lutz/Sengenberger 1974).

Obwohl diese Theorietradition im Gegensatz zu den vorgängig dargestellten Theorien eher einer empirischen Grundlage als deduktiven Überlegungen entspringt (vgl. Granato 2003, S. 14), lässt sich die Entstehung von Teilarbeitsmärkten als eine Konsequenz der betrieblichen Logik von Humankapitalinvestitionen fassen (vgl. Lex 1997, S. 35).

Dieses Modell lässt sich, wie Tilly Lex zeigt, auch auf das deutsche Ausbildungssystem übertragen (vgl. Lex 1997). Christian Imdorf fasst es folgendermaßen sehr prägnant zusammen:

> „Das berufliche Übergangs- und Ausbildungssystem erfüllt demnach für die Betriebe mehrere Funktionen. Es sichert zum einen den eigenen Nachwuchsbedarf für Fachkräfte, deren Übernahme in den betriebsinternen Arbeitsmarkt i.d.R. angestrebt wird (erstes

Segment des Berufsbildungsmarktes). Es qualifiziert daneben Arbeitskräfte für den Bereich der anspruchsvolleren Tätigkeiten unterhalb des Facharbeiterniveaus – Arbeitskräfte, welche jedoch mangels Stellen im erlernten Beruf vermehrt die Bereitschaft zeigen müssen, Anstellungen zu akzeptieren, die mit ungünstigen Arbeitsbedingungen einhergehen (zweites Segment des Berufsbildungsmarktes). Das der dualen Ausbildung vorgelagerte Fördersystem ermöglicht schließlich eine berufliche Vorqualifizierung, die auch dem Arbeitsmarktsegment der ‚Jedermannstätigkeit' zugute kommt (drittes Segment)" (Imdorf 2005, S. 113).

Diese Theorierichtung lenkt den Blick auf die Kanalisierung der Jugendlichen in die verschiedenen Sektoren. Es ist bei der Analyse von migrationsbezogenen Disparitäten nicht nur zu berücksichtigen, ob ein spezifischer Status - z. B. eine Ausbildung - erreicht wird, sondern ebenfalls, welcher Art dieser Status ist, z. B. eine duale Ausbildung, überbetriebliche Ausbildung oder außerbetriebliche Ausbildung. An der sogenannten zweiten Schwelle - dem Übergang von der beruflichen Ausbildung in Erwerbsarbeit - hat sich gezeigt, dass die Jugendlichen mit einer betrieblichen Ausbildung höhere Chancen für ein Übernahme- oder Vermittlungsangebot haben als die Jugendlichen mit einer außerbetrieblichen Ausbildung (vgl. Granato/Ulrich 2006).

Neben den rein ökonomischen Theorien, die zur Erklärung von migrationsbezogenen Disparitäten herangezogen werden können, existiert auch eine Reihe von soziologischen Erklärungsansätzen, die zum Teil direkt an einzelne ökonomische Theorien anschließen und diese erweitern.

3.2 Soziologische Erklärungsansätze

In der soziologischen Ungleichheitsforschung allgemein, wie auch in der Ungleichheitsforschung zu migrationsbezogenen Disparitäten lassen sich drei Hauptströmungen unterscheiden. Zum einen sind dies die entscheidungs-theoretischen Ansätze, die direkt an die Rational-Choice-Modelle der Ökonometrie anschließen (Kapitel 3.2.1). Zum anderen sind es die kulturtheoretischen Erklärungen, die noch einmal unterschieden werden können in die Strömung der Kulturdifferenzthese und die Strömung, die in der Tradition von Pierre Bourdieu steht und an seinem Habituskonzept anschließt (Kapitel 3.2.2). Die dritte Hauptströmung bezieht sich auf institutionelle Erklärungen (Kapitel 3.2.3).

3.2.1 Rational-Choice-Modelle

Die Rational-Choice-Ansätze argumentieren auf der Grundlage des methodologischen Individualismus. Dieser geht davon aus, dass die Grundbestandteile der sozialen Welt Individuen sind. Aussagen über soziale Prozesse und Institutionen müssen demnach durch individuelles Verhalten bzw. Handeln erklärt werden. Theoretisches Kernelement ist hierbei die Annahme bzw. das Axiom des rationalen Handelns von Individuen unter Berücksichtigung von Nutzen-Kosten-Abwägungen (vgl. Diekmann/Voss 2004).

Die soziologischen Theorien zu migrationsbezogenen Disparitäten, die zwar dem Rational-Choice-Ansatz folgen, geben jedoch das humankapital-theoretische Postulat eines globalen-perfekten Marktes auf. Vielmehr wird in dieser Forschungsrichtung davon ausgegangen, dass das Humankapital nicht universal, sondern kontextsensitiv ist. „[…] Bei einer umfassenden Bewertung des Arbeitsmarkterfolges von Migranten [müssen] nicht nur die individuellen Humankapitalausstattungen, sondern weitere Faktoren wie Transferierbarkeit, Vollständigkeit und Möglichkeiten der Akkumulation berücksichtigt werden […]" (Granato 2003, S. 30).

Die Vollständigkeit des Humankapitals sinkt aber zum Beispiel auch, wenn ziellandspezifische Kenntnisse fehlen. Das sind vor allem die Sprache und die Kenntnisse der Eigenheiten des Bildungssystems und des Arbeitsmarktes. „Wer die Landessprache nicht umfassend beherrscht, kann auch durchaus vorhandene und wertvolle eigene Kenntnisse und Berufserfahrungen kaum nutzen" (Esser 2006, S. iv).

Nach neueren Auswertungen des SOEP sollten die Aussiedler/innen von diesem Entwertungsprozess deutlich weniger betroffen sein als andere Migrantengruppen. Sie liegen deutlich über dem Durchschnitt der Menschen mit Migrationshintergrund, sowohl bei der Schreib- wie auch bei der Sprach-kompetenz. In dieser Gruppe wird auch deutlich seltener in der Herkunfts-sprache kommuniziert.

Tabelle 3-1: Indikatoren zur kulturellen Integration[1]

Herkunft	Sehr gute/gute Sprachkompetenz (deutsch)	Sehr gute/gute Schreibkompetenz (deutsch)	Umgangssprache überwiegend Herkunftssprache
	%		
Personen mit Migrationshintergrund darunter:	75	60	13
Aussiedler	83	72	4

[1]Nur Personen befragt, bei denen Deutsch nicht die Muttersprache beider Eltern ist
Datenbasis: SOEP 2009
Quelle: Noll/Weick 2011, S. 4

Das Problem der Transferierbarkeit von Humankapital aus dem Herkunftsland in das Zielland ist aber nicht nur an die Sprache gebunden. Das Gleiche gilt für die Kenntnisse bezüglich des juristischen oder institutionellen Umgangsverhaltens. Wer nicht weiß, wie eine Institution oder ein Markt funktioniert, dem fällt es schwer, mit den bestehenden Möglichkeiten und Beschränkungen umzugehen. Die Entwertung von Humankapital hängt somit von der mangelnden oder eingeschränkten Transferierbarkeit ab, die umso größer ist, je unähnlicher sich die Verfasstheit und Funktionsweise von Institutionen und Regelungen im Ziel- und Herkunftsland sind. „Migranten aus Ländern mit einer im Vergleich zum Zielland ähnlichen oder höheren Entwicklungsstufe sollten höhere Bildungserträge erzielen als Migranten aus Schwellenländern, da dort die Qualität der Bildung allgemein niedriger ist" (Granato 2003, S. 29). Je unähnlicher sich das Herkunfts- und Aufnahmeland sind - so die These -, desto schwieriger wird eine Transformierbarkeit und desto eher kommt es zu einer Entwertung des Humankapitals. Diese Entwertung wiederum wirkt sich - vermittelt über das Investitionsverhalten der Eltern - negativ auf die Bildungsbeteiligungen der Kinder und Jugendlichen aus.

Heike Diefenbach (vgl. 2010b) konnte bei einer Analyse anhand der Daten des Sozioökonomischen Panels (SOEP) nachweisen, dass dieser Zusammenhang - zumindest für Bildungsbeteiligungen beim Übergang von der Grundschule in die Sekundarstufe - in dieser Pauschalität nicht haltbar ist. Hier weisen die italienischstämmigen mit den türkischstämmigen Kindern die höchsten Übergangsraten auf eine Hauptschule und die niedrigsten Übergangsraten auf ein Gymnasium auf. „[W]eil `die` italienische Kultur gemeinhin als `der` deutschen Kultur ähnlicher betrachtet wird als `die` türkische Kultur" (Diefenbach 2010b, S. 96), steht dieser Befund im Widerspruch zu den theoretischen Überlegungen.

Auch die Migrationssituation selbst kann einen eigenständigen Einfluss auf das humankapitalbezogene Investitionsverhalten haben. Diese Argumentation schließt an die Unterscheidung von Raymond Bourdon (1974) zwischen primären und sekundären Herkunftseffekten an. Unter primären Herkunftseffekten wird der Einfluss der sozioökonomischen Ressourcenausstattung der Familie auf die Leistungsentwicklung des Kindes verstanden. Als sekundären Herkunftseffekt bezeichnet Bourdon die bewussten Bildungsentscheidungen der Eltern. Je nach sozialer Lage ergeben sich unterschiedliche Kosten-Nutzen-Kalküle in Bezug auf die Investition in das Humankapital der Kinder. Migrant/inn/en z. B., die perspektivisch wieder in ihr Herkunftsland zurückkehren wollen, weisen aus rationalen Gründen geringere Bildungsinvestitionen in ihre Kinder auf.

Humankapital ist zu einem gewissen Grade kontextsensitiv, das heißt, dass Kapitalien und deren Bewertung von Kontext zu Kontext variieren. So wenig das gesamte im Herkunftsland erworbene Humankapital 1:1 im Aufnahmeland verwertet werden kann, so wenig wird das im Aufnahmeland erworbene Humankapital 1:1 in anderen (lokalen) Kontexten verwertet werden können. Daraus lässt sich die Annahme ableiten: Je stärker der Rückkehrwille bei Migranten/innen ausgeprägt ist, desto weniger lohnen sich für sie Investitionen in ein aufnahmelandspezifisches Humankapital. Dementsprechend erscheint es im Kalkül rationaler, in (ungelernte) Arbeit mit höchst möglicher Entlohnung zu wechseln, um so den Aufbau der finanziellen Basis für die Rückkehr der Familie zu beschleunigen. Dieses Verhalten kann dem eigenen Wunsch entsprechen und/oder Resultat des elterlichen Drucks sein.

Auch auf Seiten des Arbeitgebers bzw. Ausbildungsplatzanbieters kann der Rückkehrwille der Migrant/inn/en dazu führen, dass er humankapitalbezogene Investitionen in eine Ausbildung nicht in Erwägung zieht, weil er durch die avisierte Rückkehr des/der Migrant/inn/en eine geringere Amortisation seiner Ausbildungskosten bzw. eine geringere Ertragsperiode erwartet. Ein solches personalpolitisches Verhalten ist auch dann wahrscheinlich, wenn ein Personalleiter ein Rückkehrrisiko lediglich antizipiert, obwohl Bewerber/innen mit Migrationshintergrund gar nicht die Absicht haben, in ihr Herkunftsland zurückzukehren. An dieser Stelle schließt sich der Kreis zur oben beschriebenen Fehlerdiskriminierung.

Die migrationsbedingte Entwertung betrifft aber nicht nur die Bildungszertifikate, sondern ebenso die sozialen Beziehungen. Bereits 1973 hatte Mark S. Granovetter auf die Relevanz informeller Netzwerkbeziehungen bei der Vergabe von Arbeitsplätzen hingewiesen (Granovetter 1973; Granovetter 1983). Es ist davon auszugehen, dass Migrant/inn/en aufgrund der Verlagerung ihres Lebensmittelpunkts auf der einen Seite ihre bestehenden herkunftslandbezogenen Netzwerke aufgeben müssen und auf der anderen Seite (noch) nicht über ausreichende aufnahmelandbezogene Netzwerkeinbindungen verfügen wie dies bei Einheimischen der Fall ist.

„Es ist verbreitete Praxis, dass Kinder von Belegschaftsmitgliedern beim Selektionsverfahren bevorzugt behandelt werden, indem ihnen etwa beim Einstellungstest ein Bonus gewährt wird. Von dieser internen Netzwerkrekrutierung profitieren offenbar ebenfalls deutsche Jugendliche häufiger als ausländische. [...] Einige Äußerungen lassen vermuten, dass ausländische Mitarbeiter diesem Netzwerk nur bedingt angehören bzw. nur eingeschränkt davon profitieren, weil sie nicht im gleichen Ausmaß wie ihre deutschen Kollegen über die notwendigen Beziehungen zu maßgeblichen leitenden Angestellten in den Personalabteilungen oder zu Betriebsratsmitgliedern verfügen" (Schaub 1991, S. 128).

Der Ausbildungsplatzanbieter profitiert von dieser Praxis, da er auf diese Weise seine Suchkosten erheblich minimieren kann. Die sich daraus ergebenden migrationsbezogenen Disparitäten sind Resultat eines an betriebswirtschaftlicher Rationalität orientierten Kosten-Nutzen-Kalküls, das zu einer systematischen und damit strukturellen Benachteiligung von Bewerber/inne/n mit Migrationshintergrund führt, auch ohne dass eine individuelle ethnische Diskriminierung intendiert ist.

Die Relevanz von Netzwerken verdeutlicht auch das Ergebnis von Frank Kalter anhand einer Analyse der SOEP-Daten. Er identifizierte die Struktur von Freundschaftsnetzwerken - in diesem Fall bezogen auf den Anteil an autochthonen Jugendlichen innerhalb der von Migrantenjugendlichen gepflegten Freundschaftsbeziehungen - als relevante Einflussgröße beim Zugang zu einer qualifizierten Beschäftigung (vgl. Kalter 2006a). Damit „rücken [...] bei der Erklärung ethnischer Ungleichheiten neben dem Arbeitgeberverhalten insbesondere auch die Such-, Informations- und Investitionsstrategien der Migrantenjugendlichen selbst in den Vordergrund" (Kalter 2006a, S. 157). Der Tabelle 3-2 ist zu entnehmen, dass die Gruppe der Aussiedler/innen ähnlich wie andere Migrantenjugendliche zu ca. 90% Kontakte zu Autochthonen pflegen, mit 94% zu deutlich höheren Anteilen als andere Migrantenjugendliche den Wunsch hegen, für immer in Deutschland zu bleiben sowie den geringsten Anteil an Kontakten zu Personen im Ausland aufweisen.

Tabelle 3-2: Indikatoren zur sozialen und identifikativen Integration

Herkunft	Besuche bei Deutschen in deren Wohnung[1]	Besuche von Deutschen in der eigenen Wohnung[1]	Regelm. Kontakt zu Freunden/ Bekannten im Ausland[1]	Wunsch für immer in Deutschland zu bleiben[1,2]	Anteil Eingebürgerte[3,4]
			%		
Personen mit Migrations- hintergrund darunter:	87	90	74	75	25
Aussiedler	89	90	59	94	-

[1] Datenbasis: SOEP 2009
[2] Nur ausländische und eingebürgerte Befragte
[3] Datenbasis Mikrozensus SUF 2006
[4] Anteil Eingebürgerte unter den Zuwanderern mit eigener Migrationserfahrung
Quelle: Noll/Weick 2011, S. 4

Vor diesem Hintergrund sollten Aussiedler/innen deutlich geringere Differenzen zu den Autochthonen in ihren Ausbildungs- und Arbeitsmarktbeteiligungen aufweisen als andere Migrantengruppen.

Die Bedeutung der individuellen Netzwerkressourcen für die Erklärung von migrationsbezogenen Disparitäten in der Ausbildungsbeteiligung ist aber nicht unwidersprochen geblieben. So kommen Claudia Diehl, Michael Friedrich und Anja Hall bei Sekundäranalysen anhand mehrerer Erhebungen der BIBB-Bewerberstudie zu folgendem Schluss: „Angesichts dieser geringen Unterschiede scheint es unwahrscheinlich, dass Differenzen im Zugang und in der Instrumentalität der Netzwerkressourcen eine entscheidende Rolle bei der Erklärung der substanziellen ethnischen Benachteiligungen beim Zugang zu Ausbildungsplätzen spielen" (Diehl/Friedrich/Hall 2009, S. 62).

Eine mögliche Erklärung für die divergierenden Ergebnisse könnte darin liegen, dass Frank Kalter den Übergang in eine qualifizierte Erwerbsarbeit untersuchte, während sich die Ergebnisse von Claudia Diehl, Michael Friedrich und Anja Hall auf den Übergang in eine Ausbildung beziehen.

3.2.2 Kulturtheoretische Erklärungen
3.2.2.1 Kulturdifferenzthese
Die Kulturdifferenzthese herrschte lange Zeit im wissenschaftlichen Diskurs vor, gilt aber heute als weitestgehend widerlegt. Der Kern dieses Erklärungsansatzes besteht darin, dass die Disparitäten in den Bildungs-beteiligungen zwischen Jugendlichen mit und ohne Migrationshintergrund auf unterschiedliche kulturelle Einstellungen und Verhaltensmuster zurückzuführen seien, die wiederum zu unterschiedlichen Bildungspräferenzen führen. „Betrachtet wurden diese Ausdrucksformen von Fremdheit zunächst als Defizite: als Unzulänglichkeiten gegenüber der Vorstellung darüber, welche ‚normalen' Voraussetzungen in Verhalten, Kenntnissen und Fähigkeiten ein Kind oder Jugendlicher in die Institutionen der Bildung und Erziehung mitbringe" (Gogolin 2009, S. 298). Dabei lassen sich zwei Erklärungsansätze für die Defizite der Jugendlichen mit Migrationshintergrund unterscheiden. Zum einen liegen die Defizite in einer „rückständigen" Herkunftskultur, die mit einer eher ablehnenden Haltung der Werte und Praktiken des deutschen Bildungs-bürgertums einhergeht (vgl. z. B. Leenen/Grosch/Kreidt 1990). Zum anderen wurde argumentiert, dass die Migrant/inn/en bereits in ihrer Herkunftskultur und sodann auch in Deutschland der Unterschicht angehörten/gehören und somit das eher belastete Sozialisationsumfeld der Unterschicht zum Tragen kommt. Diese Theorien und Konzepte sind vielfach diskutiert, kritisiert und widerlegt worden. An dieser Stelle soll auf eine ausführliche Diskussion verzichtet werden. Einen differenzierten und umfangreichen Überblick zu diesem Ansatz und dessen Kritik gibt Heike Diefenbach (2010b, S. 91ff; vgl. 2010a).

Gleichwohl werden im Folgenden einige der Kulturdifferenzthese widersprechende empirische Befunde dargestellt, die sich direkt auf den

Übergang Schule-Beruf beziehen. Birgit Reißig und Frank Braun kommen zu dem Ergebnis:

> „Die beiden größten Gruppen junger Migrantinnen und Migranten in Deutschland identifizieren sich in unterschiedlichem Umfang mit Deutschland: Mit den Jugendlichen deutscher Herkunft gemeinsam haben sie eine grundsätzlich positive Einstellung zur Schule, eine hohe Wertschätzung für weitere Bildung und Ausbildung sowie den Wunsch, über Ausbildung einen sicheren Arbeitsplatz zu finden. Jugendliche türkischer Herkunft setzen dabei eher auf schulische Bildungsgänge, Aussiedlerjugendliche und Jugendliche deutscher Herkunft dagegen eher auf eine betriebliche Ausbildung" (Reißig/Braun 2006, S. 13).

Auch andere Studien belegen, dass die Bildungsaspirationen Jugendlicher mit und ohne Migrationshintergrund sich eher gleichen als unterscheiden (vgl. Bundesministerium für Bildung und Forschung 2007, S. 59f.).

Analoges gilt für die Annahme, dass das Bewerbungs- und Suchverhalten kulturell variiert und eine Erklärung für bestehende migrations-bezogene Disparitäten liefern könnte. Auch dies erweist sich in dieser eindimensionalen Form als unhaltbar. „Was das Bewerbungs- und Such-verhalten angeht, so lassen sich in den meisten Punkten keine wesentlichen Unterschiede zwischen Bewerbern mit und ohne Migrationshintergrund ausmachen" (Ulrich 2005, S. 22).

Dennoch bleibt zu prüfen, ob diese Aspekte eine Erklärungskraft für die Unterschiede zwischen den Gruppen mit unterschiedlichen Migrations-hintergründen haben.

3.2.2.2   Soziokulturelle Ungleichheitstheorie

Die soziokulturelle Ungleichheitstheorie nach Pierre Bourdieu argumentiert aus einer strukturalistischen bzw. relationalen Perspektive. „[J]edes Element [ist] durch die Beziehungen zu charakterisieren, die es zu anderen Elementen innerhalb eines Systems unterhält und aus denen sich sein Sinn und seine Funktion ergeben" (Bourdieu 1993, S. 12).

Pierre Bourdieu geht in seiner Konzeption von einem erweiterten Kulturbegriff aus. Er umfasst neben Bildung und Kunsturteilen auch Kleidungsstile. Zudem ist Kultur bei Bourdieu nicht substanziell - wie z. B. von den Vertretern der Kulturdifferenzthese behauptet -, sondern relational. Jegliche soziale Distinktion - sei sie sozialer, migrationsbezogener oder geschlechtlicher Art - geht auf Verteilungskämpfe um Ressourcen im sozialen Raum zurück (vgl. Bourdieu/Wacquant 1996, S. 178). Zur Beschreibung der Prozesse entwickelt Bourdieu die Begriffstrias Kapital, Feld und Habitus.

Unterschiedliche Positionen im sozialen Raum gehen nach Bourdieu auf unterschiedliche Zugänge zu Machtmitteln zurück. Diese Machtmittel nennt er Kapital. „Kapital ist akkumulierte Arbeit, entweder in Form von Materie oder in verinnerlichter, ‚inkorporierter' Form" (Bourdieu 1983, S. 183). Er unterscheidet ökonomisches, kulturelles und soziales Kapital.

Das ökonomische Kapital meint allgemein den Besitz an Geld und Eigentum. Das „Sozialkapital ist die Gesamtheit der aktuellen und potenziellen Ressourcen, die mit dem Besitz eines dauerhaften Netzes von mehr oder weniger institutionalisierten *Beziehungen* gegenseitigen Kennens oder Anerkennens verbunden sind; oder, anders ausgedrückt, es handelt sich dabei um Ressourcen, die auf der *Zugehörigkeit zu einem Gruppe* beruhen" (Bourdieu 1983, S. 190/191, Hervorhebung im Original).

Das kulturelle Kapital tritt in drei Formen in Erscheinung: als inkorporierter Zustand, d. h. als dauerhaftes Wissen und Kunstgeschmack, als objektivierter Zustand, d. h. als Bücher, Instrumente, technische Ausstattung, sowie als institutionalisierter Zustand, d. h. insbesondere als schulische und akademische Titel. Somit geht es nicht nur um verfügbare Zeit- und Finanzressourcen der Familie, sondern vor allem um die familiale Interaktion an sich. Nicht nur Bildungsentscheidungen im Sinne von sekundären Herkunftseffekten - vgl. Kapitel 3.2.1 - sind bedeutsam, sondern auch das Bildungsverhalten. Hier liegt die zentrale Stelle der „Transmission kulturellen Kapitals in der Familie" (Bourdieu 1983, S. 186). Diese Kapitalien sind weitestgehend ineinander konvertierbar und strukturieren durch ein „Beharrungsvermögen [...] die Erfolgschancen in der Praxis" gleichsam vor (Bourdieu 1983, S. 183). Die Kapitalien sind aber nicht überall im sozialen Raum gleich wirksam. Der soziale Raum kann unterteilt werden in autonome Teilräume, in soziale Felder. Der Begriff des soziales Feldes ist in der Bourdieuschen Konzeption ein offener Begriff (vgl. Bourdieu/Wacquant 1996, S. 125), um materielle und institutionelle Rahmungen zu berücksichtigen, die entscheidend die Verteilungs- und Realisierungsbedingungen von Chancen vorstrukturieren. „[J]edes Feld ist gekennzeichnet durch seine eigene Logik, nämlich durch die erforderlichen Kapitalsorten, die darin im Spiel sind" (Imdorf 2005, S. 26). Positionskämpfe sozialer Gruppen im sozialen Feld definieren, welches die wirksamen Kapitalkonfigurationen sind. So lokalisiert Karin Schittenhelm ein soziales Feld der praktischen Ausbildungsberufe. „Zu den *„praktischen Ausbildungsberufen"* zählen Facharbeiter-, Handwerks- und Dienstleistungsberufe, die keine akademischen Abschlüsse, sondern eine berufspraktische Ausbildung voraussetzen" (Schittenhelm 2005b, S. 90). Dieses Feld ist nach Schittenhelm von dem akademischen Berufsfeld und dem Feld der un- bzw. angelernten Tätigkeiten abzugrenzen (vgl. Schittenhelm 2005b, S. 90). Kernelement ist in diesem Feld, wie bereits in Kapitel 2.3 ausgeführt, die Dominanz der Unternehmen bei der Vergabe von Ausbildungsplätzen. Sie sind es, die maßgeblich bestimmen, welche Kapitalien wirksam eingesetzt werden können und welche nicht.

Während in den Rational-Choice-Modellen der Humankapitalverlust quasi allein durch die Migration bedingt ist, wird die Entwertung im Bourdieuschen Modell als Kampfmittel verstanden. Dass diese Machtkämpfe nicht immer als deutlich wahrnehmbares Diskriminierungs- bzw. Unterdrückungshandeln in Erscheinung treten, liegt im dritten Bourdieuschen Terminus begründet, im Habitus. „Der Habitus ist nicht nur strukturierende [...] Struktur, sondern auch strukturierte Struktur" (Bourdieu 1982, S. 279). Er stellt die unbewusste Verinnerlichung der strukturellen Positionierung dar: eine über Sozialisation erworbene generative Handlungsgrammatik. „Da er ein erworbenes System von Erzeugungsschemata ist, können mit dem Habitus alle Gedanken, Wahrnehmungen und Handlungen, und nur diese, frei hervorgebracht werden, die innerhalb der Grenzen der besonderen Bedingungen seiner eigenen Hervorbringung liegen" (Bourdieu 1993, S. 102). Über diese Konzeption gelingt es Bourdieu, eine Erklärung für die empirisch vorfindbare stabile Reproduktion sozialer Ungleichheit zu formulieren. Die Chancen, die sich über die erlangte soziale Position potenziell eröffnen, werden durch Erfahrungen verinnerlicht. „Die Dialektik von subjektiven Erwartungen und objektiven Chancen ist überall in der sozialen Welt wirksam, und meist sorgt sie tendenziell für eine Anpassung der Erwartungen an die Chancen" (Bourdieu/Wacquant 1996, S. 163). Auch wenn Bourdieu in Anlehnung an Leibniz davon ausgeht, dass drei Viertel der menschlichen Handlungen automatisch und nicht unbedingt rational erfolgen (vgl. Bourdieu 1982, S. 740), stellt der Habitus aber kein völlig starres Dispositionssystem dar, sondern es ist ein offenes Konzept, „das mit neuen Erfahrungen konfrontiert und damit unentwegt von ihnen beeinflusst wird" (Bourdieu/Wacquant 1996, S. 167).

Wie kommt es aber nun zu migrationsbezogenen Disparitäten? Hierfür bedarf die Bourdieusche Konzeption einer Erweiterung. „Migration ist eine allgemeine Sammelbezeichnung für den Umstand, dass Personen für einen längeren oder unbegrenzten Zeitraum einen früheren Wohnort verlassen haben und in der Gegenwart in einem anderen Land als ihrem Herkunftsland leben" (Hamburger 2005b, S. 1212). In diesem Verständnis kann das Verhältnis von Migrant/inn/en und Nichtmigrant/inn/en als eine spezifische Etablierten-Außenseiter-Figuration (vgl. Elias/Scotson 1993) verstanden werden.[10] „Als Figurationen bezeichnet Elias die Interdependenzgeflechte, die die einzelnen Menschen und ihre Motive aneinander binden und sie dazu bringen, in einer

---

[10] Zur theoretischen Nähe bzw. zu theoretischen Übereinstimmungen des Feldbegriffs bei Bourdieu und des Figurationsbegriffs bei Elias sei auf die Arbeit von Herbert Willems (vgl. 2008).

ganz spezifischen Weise zu handeln, in einer Weise, in der sie vielleicht nicht handeln würden, wenn sie völlig frei (von sozialen Abhängigkeiten) wären" (Baumgart/Eichener 1991, S. 103). Die spezifische Etablierten-Außenseiter-Figuration ergibt sich, indem die Außenseiter die Ordnung der Etablierten bedrohen bzw. dies von den Etablierten so empfunden wird. „Während die Zugezogenen bestrebt sind, ihre Position zu verbessern, versuchen Etablierte die gewohnte Ordnung aufrecht und damit ihre Position zu erhalten. Dies erreichen sie durch die Verteidigung monopolisierter Machtquellen und durch Abgrenzungsstrategien gegenüber den Zuzüglern" (Imdorf 2005, S. 47). Vor diesem Hintergrund kann auch die kulturelle Ebene für die Analyse der Disparitäten zwischen Allochthonen und Autochthonen aufgeschlossen werden, ohne die Kulturdifferenzthese zu aktualisieren.

Nicht zuletzt durch die Arbeiten zum Habitus von Norbert Elias (vgl. 1991) und Pierre Bourdieu (vgl. 1999) wurde in der empirischen Forschung die Aufmerksamkeit stärker auf prozessuale Aspekte der Lebenswelt von Individuen gelenkt. So betonen Jürgen Baumert, Rainer Watermann und Gundel Schümer bei der Entwicklung des Untersuchungsmodells zu PISA:

> „Seit geraumer Zeit wird insbesondere in der qualitativ arbeitenden Sozialforschung darauf hingewiesen, dass die Indizierung der familiären Herkunft allein durch Strukturmerkmale wie den sozioökonomischen Status oder den erreichten Bildungsabschluss theoretisch unbefriedigend sei. Um die intergenerationelle Stabilität sozialer Disparitäten und die Wirkungsweise der Herkunft besser zu verstehen, sollten auch andere Aspekte familiärer Lebensverhältnisse berücksichtigt werden, die näher an die eigentlichen Transmissionsprozesse heranreichen" (Baumert/Watermann/Schümer 2003, S. 54).

Familiale Praxen, die sich nicht auf Bildungsentscheidungen reduzieren lassen, rücken somit in den Fokus der Analysen. Aber nicht nur der familiale Erfahrungsraum als Sozialisationskontext spielt bei der Aufklärung der Ursachen von unterschiedlichen Positionierungen im Sozialgefüge eine entscheidende Rolle. So geraten auch zunehmend weitere Sozialisationsinstanzen wie z. B. die Schule in den Blickpunkt der Forschung.

In Anlehnung an Bourdieus Theorie der Kapitalsorten spricht Manuela du Bois-Reymond auch vom „Peerkapital" (du Bois-Reymond 2000, S. 242). Dieses wird hauptsächlich über informelles Lernen erlangt. Durch die Gruppenzugehörigkeit zu einer Schulklasse und die Einbindung in den dortigen gemeinsamen Erfahrungsraum kann es zur Herausbildung von kollektiven Orientierungsmustern kommen, die das individuelle Übergangsverhalten beeinflussen können (vgl. Bohnsack 2006b).

Cornelia Kristen (vgl. 2002) hat in ihrer Untersuchung zu den Chancen des Wechsels von ausländischen Grundschüler/inne/n in eine Hauptschule, eine

Realschule oder ein Gymnasium festgestellt, dass der Migrantenanteil innerhalb
der Grundschulklasse eine Rolle spielt. Je höher die ethnische Konzentration
von zugewanderten Kindern in den Klassen war, desto geringer fielen ihre
Chancen auf einen Wechsel in die Realschule oder das Gymnasium aus.[11]

Auch die an Grundschulen anschließenden Schulformen, in denen sich
aufgrund vorausgegangener Selektionsentscheidungen am Ende der Primarstufe
die Schülerschaft nach sozialen, migrationsbezogenen und geschlechtlichen
Kriterien in unterschiedlicher Weise zusammensetzt, stellen „differenzielle
Lernumwelten mit unterschiedlichen kognitiven Anregungsniveaus [dar]
und eröffnen dadurch unterschiedliche Entwicklungsmöglichkeiten"
(Maaz/Neumann/Trautwein 2009, S. 171). Im Kontext von migrationsbezogenen Disparitäten interessiert demnach nicht nur, welcher Abschluss
erreicht wurde, sondern es muss auch die Schulform als solche berücksichtigt
werden. Eine ausführliche Diskussion, ob die Disparitäten zwischen
Jugendlichen mit und ohne Migrationshintergrund an integrativen
Gesamtschulen (IGS) geringer sind oder nicht, findet sich bei Heike Diefenbach
(2010b, S. 128ff.). Zusammenfassend stellt sie fest:

> „Insgesamt kann festgehalten werden, dass IGS für ausländische Kinder tatsächlich eine
> Chance darstellen, höherwertige Schulabschlüsse zu erreichen als ihnen dies im
> gegliederten System möglich ist. Allerdings erreichen ausländische Kinder auch auf IGS
> keine so hochwertigen Schulabschlüsse wie deutsche Kinder, so dass Bildungsnachteile
> ausländischer Schüler gegenüber deutschen Schülern auch an IGS und nicht nur an
> Sekundarschulen des dreigliedrigen Systems bestehen" (Diefenbach 2010b, S. 134).

Auch Aspekte der sozialräumlichen Lebensumwelt, welche über die Frage nach
der Angebots-Nachfrage-Relation beim Zugang zu Ausbildung hinausweisen,
werden im Kontext migrationsbezogener Disparitäten zunehmend diskutiert. So
ist z. B. der Migrantenanteil in unterschiedlichen Regionen ein weiteres
Kontextmerkmal in der aktuellen Diskussion um die schlechteren Übergangschancen von Jugendlichen mit Migrationshintergrund in Ausbildung bzw. Lehre
(vgl. Granato u.a. 2010). Ebenso sind die West-Ost-Unterschiede im Umgang
mit erfolglosen Bewerber/inne/n nach Verena Eberhard und Joachim Gerd
Ulrich eine Teilerklärung für die schlechteren Ausbildungschancen von
Jugendlichen mit Migrationshintergrund (vgl. Eberhard/Ulrich 2011). So leben
viele Jugendliche mit Migrationshintergrund vor allem in (westdeutschen)
Regionen, in denen es (im Vergleich zu ostdeutschen Regionen) nur sehr
wenige Alternativen gibt, auch außerhalb des dualen Ausbildungssystems einen

---

[11] Es soll nicht unerwähnt bleiben, dass Cornelia Kristen nach den Zusammenhängen mit den
spezifischen Bildungsentscheidungen - also nach den Kosten-Nutzen-Kalkülen - fragt.

vollqualifizierenden Ausbildungsplatz zu erhalten, weil es an entsprechenden Ausbildungsangeboten mangelt (vgl. Ulrich 2011).

3.2.3 Institutionelle Erklärungen

Ein weiterer Aspekt, der in der Diskussion um Disparitäten in der Bildungsbeteiligung von Jugendlichen mit Migrationshintergrund vor allem von Mechtild Gomolla und Frank-Olaf Radkte eingebracht wurde, betrifft die institutionelle Diskriminierung (vgl. Gomolla/Radtke 2009).

Institutionell bedeutet in diesem Kontext, dass die diskriminierenden Effekte nicht auf individuelle Präferenzen wie z. B. bei den *tasts of discrimination* von Gary Becker (vgl. Kapitel 3.1.1) zurückzuführen sind, sondern dass die Ursachen von Diskriminierung im organisatorischen Handeln bzw. allgemein in Strukturen lokalisiert werden. Zum Beispiel kann eine Kanalisierung der Jugendlichen mit Migrationshintergrund in spezielle „Förder"-Klassen als ein Akt institutioneller Diskriminierung aufgefasst werden, wenn es bei der Einrichtung einer solchen Maßnahme hauptsächlich darum geht, die Reibungsfreiheit der Durchsetzung des Organisationsziels (z. B. den Zeitplan eines Curriculums in der Regelschule einzuhalten) zu gewährleisten (vgl. Gomolla/Radtke 2009, S. 167).

Christian Imdorf zeigt in seiner Untersuchung zum Ausschluss von Jugendlichen mit Migrationshintergrund bei der Lehrlingsauswahl durch Betriebe, dass institutionelle Diskriminierung nicht nur auf den Bereich Schule beschränkt ist (vgl. Imdorf 2008). Er konstatiert, dass Unternehmen nicht nur - wie es die ökonomischen Theorien nahelegen - produktivitätsorientiert, d. h. anhand von Zensuren und Abschlüssen, Bewerber/innen auswählen (vgl. Kapitel 3.1), sondern dass weitere Kriterien eine wesentliche Rolle spielen. Hierbei benennt er erstens die Passung der/des Bewerber/in/s in das Sozialgefüge eines Betriebs und zweitens die Rolle der antizipierten Kundenwünsche seitens der Personalverantwortlichen. Bei Ersterem wird eine Störung des Betriebsklimas befürchtet. „Sie [die Ausländer d.A.] gelten als Fremde, die den ‚Geist des Hauses' in Frage stellen, und mit ihrer Präsenz droht die Beeinträchtigung der betrieblichen Funktionstüchtigkeit" (Imdorf 2011, S. 269). Bei Zweiterem wird befürchtet, dass eventuelle ethnische Präferenzen von Seiten der Kunden zu Umsatzeinbußen führen könnten, wenn diesen nicht entsprochen wird (vgl. Imdorf 2011, S. 271). Beide Aspekte können somit zu unmittelbaren Benachteiligungseffekten führen.

Dass migrationsbezogene Diskriminierung auf den deutschen Arbeitsmarkt existiert, belegt eine Studie, in der 1000 Bewerbungen mit gleichem Inhalt aber unterschiedlichem Namen versandt wurden. Dabei wurden Namen gewählt, die entweder eine türkische Herkunft nahelegen oder eine deutsche. Die Bewerbungen mit den türkischen Namen hatten eine signifikant schlechtere Erfolgsquote (vgl. Kaas/Manger 2010).

Auch die Arbeiten von Barbara Stauber und Andreas Walter zu Cooling-Out- und Selektionsprozessen im gesamten Übergangssystem können als Erweiterung der Debatte um institutionelle Diskriminierung über die Schule hinaus gelesen werden (vgl. Tabelle 3-3). „Thus democratic societies need not only to motivate achievement but also to mollify those denied it in order to sustain motivation in the face of disappointment and to deflect resentments" (Clark 1960, S. 569). Signifikante Dritte, z. B. Lehrer oder Personal aus Arbeitsagenturen, spielen dabei eine zentrale Rolle. Stauber und Walter zeichnen die ideologischen Muster der Agenten, die im Bereich des Übergangs von der allgemeinbildenden Schule in die berufliche Ausbildung operieren, folgendermaßen nach:

Tabelle 3-3: Institutionen und ihre ideologischen Prämissen

Aktuelle Arbeitsmarkt-, Bildungs- und Sozialpolitik	• Repressive Diskurse (Missbrauch) und Reformen (Zumutbarkeit) • Quantitativer Strukturkonservatismus → mehr Ausbildungsplätze (v.a. außerbetrieblich) und berufsvorbereitende Maßnahmen → *Individualisierung*
Jugendsozialarbeit	• Vollbeschäftigung (wer will und qualifiziert ist, findet arbeitet) • Benachteiligungsprinzip
Schulische Berufsausbildung	Unterschiedliche Zumutungen und Anforderungen entsprechen geschlechtsspezifischer Normallebensläufe
Duale Berufsausbildung	• Berufsprinzip • Stabilität durch Standardisierung • Normalarbeitsverhältnis
Berufsberatung	• Berufsprinzip • Normalarbeitsverhältnis • Wohlfahrtsstaaatliches Versorgungsprinzip („Unterkommen") • Benachteiligungsprinzip
frühe schulische Selektion	Chancengleichheit durch Leistungsbezug (Meritokratie) → frühe Selektion gilt nicht als Einschränkung individueller Wahlfreiheit

(Stauber/Walther 2000, S. 25)

Dabei zeigt sich, dass Kanalisierung und Segmentierung institutionell begründet Hand in Hand gehen und weit über die individuellen Fähigkeiten der einzelnen Jugendlichen hinausreichen. Ein Beispiel:

„Es ist zwar wohlfahrtsstaatlich 'gut gemeint', dass alle BewerberInnen mit den verfügbaren Ausbildungsstellen 'versorgt' werden sollen. Zwangsläufig entsteht dadurch jedoch Druck, auch Ausbildungsstellen anzunehmen, die subjektiv keine sinnvolle Perspektive eröffnen. Und es entsteht ein Bedarf, auch diejenigen zu versorgen, die - warum auch immer - ohne Ausbildungsstelle bleiben, und zwar entsprechend des 'Benachteiligungsprinzips' mit kompensatorischen Maßnahmen" (Stauber/Walther 2000, S. 20).

Auch für die Frage, wie es zu Segmentationen kommen kann, liefern institutionelle Erklärungsansätze eine mögliche Antwort. Martin Baethge konstatiert, dass die Ursachen für die Segmentierung nicht nur im Ausbildungs- und Arbeitsmarkt selbst zu suchen sind, sondern sich über die Geschichte von der mittelalterlichen Zünftegesellschaft über die Humboldtschen Reformen bis heute tief in das gesamte Bildungssystem eingeschrieben haben. „Alle drei neuen sozialen Segmentationsmuster in der beruflichen Bildung - nach Vorbildungsniveau, nach Migrationshintergrund und nach Geschlecht - [...], lassen sich als Ausdruck der fortwirkenden institutionellen Segmentation und Abstimmungsprobleme im deutschen Bildungswesen als Ganzes begreifen" (Baethge 2010, S. 294).

4 Theoretische und methodische Konzeption der Studie

4.1 Theoretische Konzeption

Nach Sichtung der Literatur zur Erklärung von Disparitäten der Bildungsbeteiligung von Jugendlichen mit Migrationshintergrund im Kontext des Übergangs von der Schule in die berufliche Ausbildung wird deutlich, dass es sich hier um einen Gegenstand handelt, der nicht monokausal erklärt werden kann. Sowohl eine Negierung der Erklärungskraft für Disparitäten der ökonomischen Theorien wie auch der soziologischen Theorien würde zu einer unzulässigen Einschränkung des Gegenstandes führen. So konstatiert Michael Vester in Bezug auf die Kombination von Rational-Choice-Modellen und den soziokulturellen Modellen: „Sie sind allerdings [...] nicht nur gegensätzlich, sie ergänzen sich auch potenziell" (Vester 2006, S. 16).

Wie lassen sich aber die unterschiedlichen Befunde und Theorieansätze in ein heuristisches Analysemodell für eine Untersuchung im Entdeckungszusammenhang integrieren? Ein solches integriertes Analysemodell müsste das Individuum als strukturell eingebettetes, aber gleichwohl handelndes Individuum konzipieren und somit eine Mikro-Makro-Verbindung ermöglichen. Um Wandlungsprozessen Rechnung zu tragen, wären zudem zeitliche Veränderungen in einem solchen Analysemodell zu berücksichtigen. Eine weitere Herausforderung besteht darin, dass es sowohl eine konsistente und insofern formale Konzeptualisierung als auch eine hinreichende Offenheit beinhaltet, um die heuristische Integration der empirischen Einzelergebnisse aus dem vorhergehenden Kapitel zu ermöglichen.

Hierfür bietet sich die Sozialisation „als integrierende Schlüsselkategorie" (Popp 2009, S. 347) an. Sozialisation umfasst einerseits die Verbindung von Gesellschaft und Individuum und andererseits sind ihr zugleich Wandlungsprozesse in Form zeitlicher Aspekte des Werdens und Gewordenseins inhärent:

> „Sozialisation ist ein Prozess, durch den in wechselseitiger Interdependenz zwischen der biophysischen Grundstruktur individueller Akteure und ihrer sozialen und physischen Umwelt relativ dauerhafte Wahrnehmungs-, Bewertungs- und Handlungsdispositionen auf persönlicher ebenso wie auf kollektiver Ebene entstehen" (Hurrelmann/Grundmann/Walper 2008b, S. 25).

Aber auch in der Sozialisationsforschung gibt es unterschiedliche Fokussierungen auf den Gegenstand (vgl. Hurrelmann/Grundmann/Walper 2008a).

„Leider beziehen sich die theoretischen Ansätze meist nur auf eine Ebene und bieten daher nur wenige Anhaltspunkte für Lebensverlaufsstudien, in denen eine Verbindung zwischen den Ebenen hergestellt werden soll. [...] Bronfenbrenner's Mehrebenenansatz [...] stellt diesbezüglich einen großen Fortschritt dar, weil er die Verbindung von makrosozialem Wandel und individuellem Verhalten ermöglicht" (Elder 2000, S. 170).

Das Modell der Ökologie menschlicher Entwicklung „bietet eine Heuristik, mit der die Dimensionen des Einflusses der sozialen Umwelt auf die Persönlichkeitsentwicklung analytisch modelliert werden können" (Grundmann/Kunze 2008, S. 172). Es ist weder ein Modell, in dem die Individuen lediglich den Vollzug der Systeme und Strukturen reproduzieren, noch ein Modell, was von einem völlig (kontext)freien Willen ausgeht.

„Im Gegensatz zur Systemtheorie, die Systeme und System-Differenzierungen „handeln" läßt, stehen Handeln und Handlungschancen von Individuen im Mittelpunkt einer sozialökologisch orientierten Konzeption; im Gegensatz zum Behaviorismus, der Verhalten in Reiz-Reaktions-Modellen gesteuert sieht, sieht er das Individuum als handlungsmächtig und verflochten mit der Umwelt" (Baacke 1993, S. 136).

Im Folgenden soll dieser Ansatz näher erläutert und daraus ein Untersuchungsmodell für die vorliegende Untersuchung abgeleitet werden.

4.1.1 Sozialökologisches Sozialisationsmodell

In Bronfenbrenner's ökologischer Sozialisationsforschung stellt die „Reziprozität" des Menschen - als „wachsende[r] dynamische[r] Einheit" (Bronfenbrenner 1993, S. 38) - und seiner jeweilige Umwelt das Kernelement dar.

„Grundlage ökologisch orientierter Theorie und Forschung ist die Einsicht, dass sich menschliche Entwicklung stets in Wechselwirkung zwischen Individuum und Umwelt vollzieht. Dass der Mensch in und mit seiner sozial-räumlichen Umwelt interagiert, in seiner Entwicklung von ihr beeinflusst wird und zugleich auf sie zurückwirkt" (Dippelhofer-Stiem 1995, S. 9).

Umwelt wird sehr weit gefasst und meint nicht nur den unmittelbaren sozialen und materiellen Nahraum einer Person, sondern „[s]ie umfasst mehrere Lebensbereiche und die Verbindungen zwischen ihnen, auch äußere Einflüsse aus dem weiteren Umfeld" (Bronfenbrenner 1993, S. 38). Umwelt ist somit als ein „Satz ineinandergeschachtelter Strukturen" (Bronfenbrenner 1993, S. 19) aufzufassen. Zur analytischen Unterscheidung von Systemen führt Bronfenbrenner die Bezeichnungen „*Mikro-, Meso-, Exo-, Makro-* und *Chronosysteme*" (Bronfenbrenner 1990, S. 76) ein, die in ihrer Gesamtheit die „Ökologie der menschlichen Entwicklung" (Bronfenbrenner 1993) und somit den „Kontext" (Bronfenbrenner 1993, S. 29) der menschlichen Entwicklung, darstellen. Diese Betrachtung des Verhältnisses zwischen Individuum und Umwelt, das in diesem Sinne als Transaktion bzw. Wechselwirkung (Grundmann/Fuss/Suckow 2000, S. 31) zu bezeichnen ist, hat eine folgenreiche Auswirkung auf den Forschungsgegenstand.

> „Die Umwelt ist dem Individuum aber nicht einfach nur vorgegeben. Sie erhält ihre Bedeutung durch die Art und Weise, wie sich das Individuum ihr zuwendet, durch das Maß ihrer Vertrautheit, durch die Einbindung des Individuums in soziale Beziehungen und die Verfügbarkeit von Handlungsressourcen, die es dem Individuum ermöglicht, seine Umwelt zu verändern" (Grundmann/Fuss/Suckow 2000, S. 25).

Das Erkenntnisinteresse richtet sich somit nicht mehr nur auf die objektive Verfasstheit der sozialen und materiellen Umwelt, sondern ebenso bzw. insbesondere auf die subjektive Repräsentation (vgl. Wolf 1995, S. 204). Dies impliziert, dass der Ausgangspunkt für die Forschung und das Zentrum des „multiplen Interdependenzmodells" (Wolf 1995, S. 204) von Bronfenbrenner das handelnde, die Welt aktiv be- und verarbeitende Individuum ist. Die Entwicklung des Individuums vollzieht sich nicht *an* der Umwelt wie in der klassischen Entwicklungspsychologie (vgl. Piaget 1973) angenommen, sondern nur *mit* der Umwelt. Individuum und dessen Nahraum bilden ein System: das Mikrosystem.

> „Ein Mikrosystem ist ein Muster von Tätigkeiten und Aktivitäten, Rollen und zwischenmenschlichen Beziehungen, das die in Entwicklung begriffene Person in einem gegebenen Lebensbereich mit seinen eigentümlichen physischen und materiellen Merkmalen erlebt. [...] Ein Lebensbereich ist ein Ort, an dem Menschen leicht direkte Interaktion mit anderen aufnehmen können" (Bronfenbrenner 1993, S. 38).

In diesen Mikrosystemen ist das Individuum an soziale Rollen gebunden. Bronfenbrenner definiert „Rolle" in Anlehnung an Georg H. Mead als "[...] ein[en] Satz von Aktivitäten und Beziehungen, die von einer Person in einer bestimmten Gesellschaftsstellung und von anderen ihr gegenüber erwartet werden" (Bronfenbrenner 1993, S. 97). So ist zum Beispiel das Mikrosystem Schule geprägt von dem Rollenverhältnis zwischen Lehrer und Schüler. Der Lehrer lehrt, der Schüler lernt. Diese Tätigkeiten sind nicht nur aufeinander bezogen, sondern unterliegen auch einer Entwicklung und gegenseitigen Anpassung. So wie der Schüler sich an ihn gerichteten immer größeren Anforderungen des Lehrers gegenüber sieht, muss der Lehrer sich den (im Optimalfall) wachsenden Fähigkeiten und Kompetenzen des Schülers anpassen. Die Familie ist für Kinder und Jugendliche wohl das biografisch bedeutendste Mikrosystem. Von speziellem Interesse sind zum einen die strukturellen Eckdaten, welche das Mikrosystem Familie maßgeblich beeinflussen bzw. konstituieren. So sind nach Bronfenbrenner nicht nur die unmittelbar beteiligten Personen der Entwicklungsdyade Elternteil – Kind zu berücksichtigen, sondern auch der Einfluss von Dritten, z. B. Geschwistern. Zum anderen ist Familie mehr als das Vorhandensein von Familienmitgliedern. Familien selbst sind „als dauerhafte und sich im Zeitverlauf verändernde sozialökologische Einheiten zu betrachten, die gekennzeichnet sind durch ein generationales Beziehungsgeflecht, durch Muster gemeinschaftlicher Alltagsbewältigung und durch Einbindung in umfassendere soziale, räumliche und kulturelle Umweltstrukturen" (Engelbert/Herlth 2010, S. 105). Während die schichtspezifische Sozialisationsforschung noch von einem linearen Zusammenhang zwischen Erziehungsverhalten und sozialer Lage ausging, zeigt sich in neueren Forschungen, dass der sozioökonomische Status und das Erziehungsverhalten zwar stark korrelieren, aber dass Erziehungsverhalten einen eigenen, wenn nicht sogar bedeutenderen Einfluss auf die Sozialisation des Kindes hat (vgl. Grundmann 1998). Trotzdem bleibt der sozioökonomische Status eine entscheidende Hintergrundvariable, da die Spielräume zur Kompensation von Benachteiligungen in Familien unterer sozialer Schichten sehr begrenzt sind (vgl. Dippelhofer-Stiem 1995, S. 126). Ludwig Stecher wies einen eigenständigen Einfluss eines harmonischen Familienklimas auf die Einstellung zur Schule und zum Lernen sowie auf die Selbstwirksamkeit der Schüler/innen nach (Stecher 1996, S. 287). Auch die Shell-Studien und die Untersuchungen zur Gewalt an der Schule belegen den Einfluss des Familienklimas auf die Zukunftseinstellungen, auf das Selbstbild, die Wahl des Freundeskreises und auf den Medienkonsum des Kindes bzw. Jugendlichen (vgl. Fuchs-Heinritz 2000; Tillmann u.a. 2000). Einige Erklärungsansätze für migrationsbezogene Disparitäten setzen ebenfalls an diesem Punkt an. Dies wären zum einen die Humankapitaltheorie mit ihrer Fokussierung auf Investitionsverhalten und -möglichkeiten (vgl. Kapitel 3.1.1) und zum anderen die soziokulturellen Erklärungen, die auf die prozessualen Aspekte der Lebenswelt von Individuen abzielen (vgl. Kapitel 3.2.2.2).

Ein weiteres bedeutendes Mikrosystem ist die Schule. In dieser Institution verbringen Kinder und Jugendliche einen Großteil ihrer Zeit. „Schule ist als gesellschaftliche Institution mit der Sozialisation Jugendlicher beauftragt. Kaum eine andere Einrichtung bestimmt so weitgehend Struktur und Inhalte der Lebenslage bei Jugendlichen wie die Schule" (Linssen/Leven/Hurrelmann 2003, S. 53). Diese Strukturierung geht aber über eine zeitliche Dimension wie die Anwesenheitspflichten in der Schule und eine inhaltliche Dimension wie die Fähigkeitsvermittlung zur späteren produktiven Teilhabe an der Gesellschaft (vgl. Linssen/Leven/Hurrelmann 2003, S. 54) weit hinaus: „Die Schule ist auch ein Ort einer langdauernden Zusammenfassung von Jugendlichen zu altershomogenen Gruppen und damit ein Ort der Entstehung von Freundschaften und Cliquen" (Helsper/Böhme 2002, S. 583). Vor allem der Klassenverband als relativ stabiles und von gewisser zeitlicher Kontinuität geprägtes soziales Netzwerk dürfte für die Entwicklung des Kindes bzw. Jugendlichen von Bedeutung sein. Hier wäre z. B. der Befund von Cornelia Kristen (vgl. 2002), dass der Grad der ethnischen Konzentration in einer Schulklasse einen Einfluss auf den späteren Übergang ausübt, anschlussfähig. Die Gesamtheit der Mikrosysteme, d. h. die Gesamtheit der unmittelbar erlebbaren Umwelten, nennt Bronfenbrenner Mesosytem.

> „Ein Mesosystem umfasst die Wechselbeziehungen zwischen den Lebensbereichen, an denen die sich entwickelnde Person aktiv beteiligt ist (für ein Kind etwa die Beziehungen zwischen Elternhaus, Schule und Kameradengruppe in der Nachbarschaft; für einen Erwachsenen die zwischen Familie, Arbeit und Bekanntenkreis)" (Bronfenbrenner 1993, S. 41).

Das Mesosystem setzt sich aus denselben Elementen zusammen wie das Mikrosystem. Von Interesse sind aber hier die Wechselwirkungen der Elemente über die Mikrosystemgrenzen hinaus. Damit ist nicht nur die Präsenz des Individuums gemeint, sondern auch Verbindungen wie zum Beispiel, „andere Personen, die aktiv an beiden Lebensbereichen teilnehmen; vermittelnde Verbindungen im sozialen Netzwerk; formelle und informelle Kommunikationen zwischen den Lebensbereichen" (Bronfenbrenner 1993, S. 41).

Das Mesosystem ist der zentrale Anknüpfungspunkt für milieu-theoretische Fragestellungen im Bronfenbrennerschen Analysemodell.

> „Fasst man die Befunde zusammen, dann kann man das Mesosystem als einen allgemeinen Orientierungsrahmen für das Individuum definieren, durch den die unterschiedlichen Handlungsanforderungen der Umwelt aufeinander bezogen und gegeneinander abgewogen werden, sich soziale Beziehungen verfestigen und Handlungskompetenzen erworben werden, die die Übernahme von Rollen und die Gestaltung von Beziehungsstrukturen ermöglichen. So gesehen definiert es auch ein Netzwerk von Handlungsmöglichkeiten, mit dem einzelne Aktivitäten einem übergeordneten biografischen und sozialstrukturellen Muster zugeordnet werden" (Grundmann/Fuss/Suckow 2000, S. 35).

Bronfenbrenner betont explizit, dass nicht nur die objektiven Gegebenheiten der Welten relevant sind, sondern auch die Art und Weise, wie diese wahrgenommen werden und welche Bedeutungen sie für die Individuen haben (vgl. Bronfenbrenner 1993, S. 38/39). Die Rational-Choice-Ansätze sind hier anschlussfähig, da sich aus unterschiedlichen sozialen Positionierungen unterschiedliche Kosten-Nutzen-Kalküle ergeben. Ein Gymnasialbesuch hat für eine ressourcenstarke Familie des Bildungsbürgertums eine andere Bedeutung als für eine ressourcenschwächere Arbeiterfamilie. Auch die Beantwortung der Frage, ob eine vollqualifizierende Berufsausbildung oder eine ungelernte Erwerbsarbeit angestrebt wird, stellt sich für Migrant/inn/en mit einem stark ausgeprägten Rückkehrwillen anders dar als für Familien mit einem starken Verbleibwillen. Die Bedeutungszuschreibung ist aber wiederum abhängig von vorangegangenen Sozialisationserfahrungen. Analoge Sozialisationserfahrungen generieren analoge Denk- und Deutungsmuster. Es ließe sich auch formulieren, dass die Bedeutungszuschreibung von den konjunktiven Erfahrungsräumen abhängig ist. Hier wären direkt die Arbeiten Pierre Bourdieus anschlussfähig. Erfahrungsräume sind aber nicht nur an die Lebenswelten gebunden, an denen ein Individuum unmittelbar teil nimmt. Auch die Einflüsse aus den folgenden zwei Systemarten (Exo- und Makrosystem) formen kollektive Denk- und Deutungsmuster mit.

> „Unter Exosystem verstehen wir einen Lebensbereich oder mehrere Lebensbereiche, an denen die sich entwickelnde Person nicht selbst beteiligt ist, in denen aber Ereignisse stattfinden, die beeinflussen, was in ihrem Lebensbereich geschieht, oder die davon beeinflusst werden" (Bronfenbrenner 1993, S. 42).

Unter dieses System fallen sämtliche gesellschaftliche Organisationen, die mittelbar den Lebensbereich des Individuums berühren. Ein besonders entscheidender Einflussfaktor auf das Mikrosystem Familie ist z. B. die berufliche Situation der Eltern. Dieser Bereich ist dem Kind nicht unmittelbar zugänglich - also kein Mikro- bzw. Mesosystem -, hat aber - vermittelt über die familiale Situation bzw. die familiale Interaktion - entscheidenden Einfluss auf die Sozialisation des Kindes. Weitere Erklärungen für migrationsbezogene Disparitäten lassen sich ebenfalls in diese Systemart eingliedern. Hier wären vor allem die Effekte zu nennen, die unter der Überschrift institutionelle Diskriminierung aufgeführt wurden (vgl. Kapitel 3.2.3). Auch die Auswahlentscheidungen von Ausbildungsplatzgebern, die dem Inländerprimat folgen (vgl. Imdorf 2007), sind hier anschlussfähig. Ebenso sind die Fragen nach der Angebots-Nachfrage-Relation von beruflicher Ausbildung sowie regionale Aspekte dem Exosystem zuzuordnen. Diese Systemebene ist wiederum in einen globaleren Kontext eingebunden: dem Makrosystem.

Mit Makrosystem ist eine Art „kulturelle Konstruktionsanweisung" (Grundmann/Fuss/Suckow 2000, S. 37) gemeint.

> „Der Begriff des Makrosystems bezieht sich auf die grundsätzliche formale und inhaltliche Ähnlichkeit der Systeme niedrigerer Ordnung (Mikro-, Meso- und Exo-), die in der Subkultur oder der ganzen Kultur bestehen oder bestehen könnten, einschließlich der ihnen zugrunde liegenden Weltanschauungen und Ideologien" (Bronfenbrenner 1993, S. 42).

Anzuführen wäre hier das Phänomen des „Normallebenslauf[s]" (Kohli 1985, S. 2). Innerhalb eines Kulturraumes lassen sich für einen Großteil der Bevölkerung vorstrukturierte und standardisierte biografische Verläufe beobachten. So ist es prägend für den Übergang an der ersten Schwelle, also von der Schule in eine berufliche Ausbildung, dass er - zumindest ideologisch - den gesellschaftlichen Normalfall unterhalb von akademischen Berufen darstellt. Eine Abweichung von der „Normalität" führt immer auch zu Spannungen und Belastungen.

Aufgrund der Tatsache, dass Entwicklung nicht nur eine räumliche, sondern auch eine zeitliche Dimension umfasst, ergänzte Bronfenbrenner seinen Theorieansatz zu einem späteren Zeitpunkt um ein weiteres System: das Chronosystem.

> „Der Begriff Chronosystem bezieht sich auf langfristige Forschungsmodelle, in denen die zeitliche Veränderung oder Stabilität nicht nur der sich entwickelnden Person, sondern auch des Umweltsystems in Betracht gezogen werden können" (Bronfenbrenner 1990, S. 77).

Erst durch Hinzunahme dieses Systems wird die Untersuchung von Übergängen - also von Zeitlichkeit - möglich. Diese Übergänge sind in der Bronfenbrennerschen Konzeption das zentrale Moment von Entwicklung. Ein Übergang „findet statt, wenn eine Person ihre Position in der ökologisch verstandenen Umwelt durch einen Wechsel ihrer Rolle, ihres Lebensbereiches oder beider verändert" (Bronfenbrenner 1993, S. 43). Dieser Wechsel, z. B. der Übergang von der Schule in eine berufliche Ausbildung, geht mit Anforderungen an das Individuum einher, sich ein- bzw. anzupassen. Diese Ein- bzw. Anpassung findet aber nicht nur am oder im Individuum statt, sondern auch die Umwelt wird dadurch mit- bzw. umgestaltet. Letztlich ist es der Übergang, der „Folge wie Anstoß von Entwicklungsprozessen" (Bronfenbrenner 1993, S. 43) ist.

Uri Bronfenbrenner unterscheidet zwei Arten von ökologischen Übergängen: den Lebensübergang und die „Kette von Übergängen über eine längere Zeit hinweg", die er als Lebenslauf bezeichnet (Bronfenbrenner 1990, S. 77). Ökologische Übergänge sind z. B. Schulwechsel oder Scheidung der Eltern. Auch die Migration selbst ist ein solcher ökologischer Übergang und zwar zwischen verschiedenen Makrosystemen (vgl. Apitzsch 2006, S. 252). Vor dem Hintergrund der These Bronfenbrenners, dass jeder ökologische Übergang Anstoß von Entwicklungsprozessen ist, kann Migration zum Aufbau spezifischer Fähigkeiten und Kompetenzen bzw. zur Herausbildung kultureller Kapitalien führen, über die Kinder und Jugendliche ohne Migrationshintergrund nicht verfügen. Arbeiten zu den Ermöglichungsstrukturen von Migration sind somit direkt anschlussfähig (Hummrich 2002, 2009, Gogolin 2000, Steinbach

2004). Auf der anderen Seite kann die hohe Anzahl der ökologischen Übergänge - da sie migrationsbedingt in fast allen Lebensbereichen nötig werden - auch zu Überforderungen führen und somit entwicklungsstörend wirken.

> „Wenn nun ein bestimmter sozialökologischer „Übergang" wie z. B. die Emigration in ihrer Ambiguität begriffen wird, hängt es von der gesamten biografischen Lebenskonstellation - nicht zuletzt der Familienkonstellation - ab, ob sich eine bestimmte strukturelle Determiniertheit des Lebenslaufs als positiv oder als negativ erweisen wird" (Apitzsch 2006, S. 252).

Diese Konzeption von Migration umgeht sowohl die einseitige Betonung der negativen Aspekte von Migration, als auch die einseitig positive Betonung. Bronfenbrenner geht weiter davon aus, dass sich die Individuen bei Übergängen nicht nur an die Umwelt anpassen, sondern auch die Umwelt mit- und umgestalten. An diesem Punkt sind die Überlegungen zur Etablierten-Außenseiter-Figuration (vgl. Kapitel 3.2.2.2) integrierbar. In ihrer Auseinandersetzung mit der vorfindbaren sozialen Umwelt nach vollzogener Migration verändern auch die Migrant/inn/en die soziale Welt. „In Migrationssituationen [werden] Innovationen geleistet und neue Lösungen hervorgebracht" (Apitzsch 2010, S. 950). Insofern ist Migration Ausdruck von Modernisierung (vgl. Hamburger 2009, S. 111). Diese findet durch Akkulturation statt.

> "Acculturation comprehends those phenomena which result when groups of individuals having different cultures come into continuous first-hand contact, with subsequent changes in the original cultural patterns of either or both groups" (Redfield/Linton/Herskovits 1936, S. 149).

John W. Berry unterscheidet vier Akkulturationsstrategien: die Assimilation, die Integration, die Separation und die Marginalisierung (Berry 1997; Silbereisen/Lantermann/Schmitt-Rodermund 1999; Berry 2006).

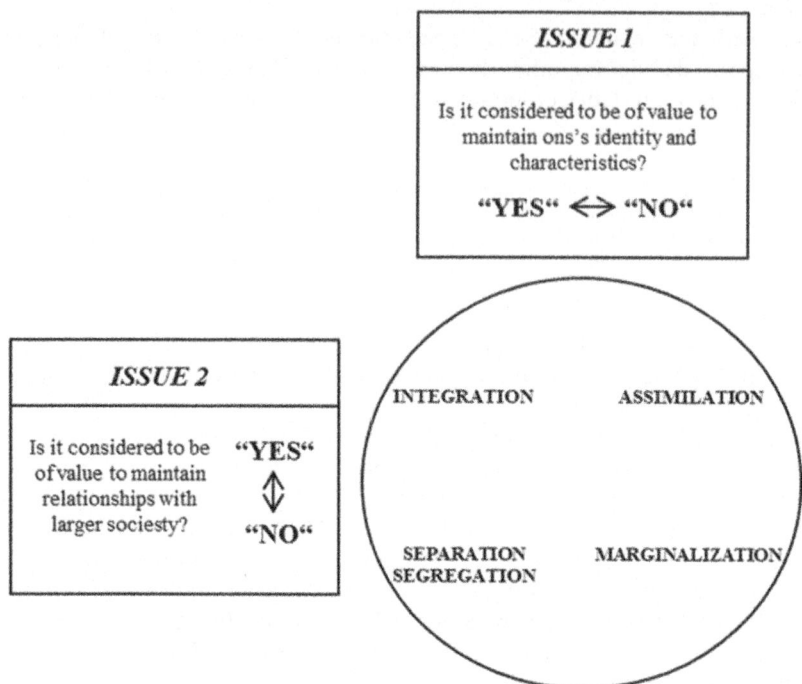

Abbildung 4-1: Akkulturationsstrategien
Quelle: Berry 1997, S. 10

Während Assimilation als einseitige Anpassung an die Aufnahme-/Mehrheitskultur zu verstehen ist, beschreibt Separation die einseitige Aufrechterhaltung der eigenen Herkunftskultur. Integration vereint sowohl die Aufrechterhaltung der Herkunftskultur als auch die Herstellung von Kontakt zur Mehrheitsgesellschaft. Marginalisation bezeichnet den Verlust der Herkunftskultur bei gleichzeitiger Isolation von der Aufnahmekultur. Die Gruppe, welche durch einen misslungenen Übergang von der Schule ins Erwerbs(losen)leben betroffen und in den Kreislauf von Ausgrenzung und Selbstausgrenzung eingetreten ist, dürfte die Muster der Separation bzw. Marginalisation als Akkulturationsstrategie verfolgen. Auf der anderen Seite ist davon auszugehen, dass eine starke Orientierung an Normalität und ein erfolgreicher Übergang in das Erwerbsleben - „es in Deutschland geschafft zu haben" (Dietz 2004, S. 9) -, mit den Mustern Integration bzw. Assimilation einhergehen. Die Akkulturationsstrategien sind jedoch keine starren Persönlichkeitseinstellungen, sondern unterliegen der Variabilität. Gerade bei jugendlichen Aussiedler/inne/n, die eine stabile Erwerbsarbeit wertschätzen, denen jedoch der erfolgreiche Übergang Schule-Beruf nicht gelingt, ist infolge negativer Erfahrungen ein Wandel in der Akkulturationsstrategie zu erwarten. Dies sind Fragen, die im Kontext von (Re-)Ethnisierung diskutiert werden (vgl. Skrobanek 2007), aber nicht im Zentrum der vorliegenden Untersuchung stehen. Die Berücksichtigung von Akkulturationsstrategien als Erweiterung des sozialökologischen Modells um kulturelle Aspekte ermöglicht einen Anschluss der Befunde zum Sprachgebrauch und der Rückkehrorientierung (vgl. Kapitel 3.2.1).

Von Lebensübergängen unterscheidet Bronfenbrenner Übergänge im Lebenslauf (vgl. Bronfenbrenner 1990, S 77). Hiermit sind Übergänge gemeint, welche in Abhängigkeit vom Alter typischerweise vollzogen werden. Der Übergang von der Schule in eine berufliche Ausbildung kann als ein solcher Übergang gefasst werden. Diese Übergänge stehen in engem Zusammenhang mit Entwicklungsaufgaben (vgl. Havighurst 1961), die bearbeitet und bewältigt werden müssen (vgl. Dreher/Dreher 1985).

4.1.2 Lebensbewältigung

Der Übergang Schule-Beruf ist als ein biografischer Übergang zu fassen. Dieser muss von den betroffenen Individuen mit Hilfe ihrer personalen und sozialen Ressourcen bewältigt werden. Dies gilt prinzipiell für alle Jugendlichen, gleichgültig ob sie einen Migrationshintergrund haben oder nicht. Belastungen und Bewältigung sind jedoch sehr dehnbare Begriffe und Meinhof Peters (vgl. 1988, S. 23) hat bereits darauf hingewiesen, dass das Konzept zumindest in seiner psychologischen Spielart des Coping-Ansatzes Gefahr läuft, auf alles und jeden angewendet zu werden. Auch bei Klaus Hurrelmann ist die Abgrenzung des Belastungs-Bewältigungsmodells nicht klar umrissen und nimmt zeitweise den Rang von Sozialisation an sich ein: „Sozialisation kann in dieser Perspektive als Prozess der permanenten Bewältigung von Lebens-anforderungen verstanden werden" (Hurrelmann 2006, S. 269). Die Fokussierung auf den Begriff der Lebensanforderung ist prinzipiell auf alles und jeden anwendbar und verharrt in dieser Allgemeinheit eher auf der Seite des Individuums.

Analytisch wie pädagogisch ergeben sich durch eine solche Konzeption erhebliche Probleme. Analytisch ist es unmöglich, sämtliche Lebens-anforderungen zu berücksichtigen. Auch sind durch eine solche Konzeption keine theoretischen Ableitungen für relevante Forschungsfokussierungen möglich. Aber nicht nur analytisch ist diese Allgemeinheit des Bewältigungs-begriffs wenig zielführend. Vor allem bei der Entwicklung von pädagogischen Interventionen ergeben sich aus einem so allgemein gefassten Bewältigungs-begriff Schwierigkeiten bei der Entwicklung von Handlungsmöglichkeiten. So wünschenswert es ist, für jedes einzelne Individuum eine spezifische Intervention bzw. Hilfestellung zu konzipieren, so schwierig ist ihre Umsetzung in der Praxis. Nicht zuletzt vor diesem Hintergrund hat sich in der Sozialpädagogik ein Bewältigungsbegriff etabliert, welcher auf sozialstrukturelle Problemlagen und deren Bewältigung fokussiert. Lothar Böhnisch verwendet hierfür den Begriff der Lebensbewältigung.

> „Sozialstrukturelle Probleme sozialer Desintegration vermitteln sich in biografischen Integrations- und Integritätskrisen und damit verbundenen kritischen Lebensereignissen. Lebensbewältigung meint also in diesem Zusammenhang das Streben nach subjektiver Handlungsfähigkeit in kritischen Lebenssituationen, in denen das psychosoziale Gleichgewicht - Selbstwert und soziale Anerkennung - gefährdet ist. Lebenskonstellationen werden von den Subjekten dann als kritisch erlebt, wenn die bislang verfügbaren personalen und sozialen Ressourcen für die Bewältigung nicht mehr ausreichen" (Böhnisch 2005, S. 1119).

Böhnisch bezieht sich auf neuere entwicklungspsychologische Arbeiten und hier vor allem auf die Arbeiten Jochen Brandstätters zur Entwicklungspsychologie der Lebensspanne (vgl. Brandstädter 2007a). Dieser geht in dem von ihm mitentwickelten „Zwei-Prozess-Modell der Entwicklungsregulation" von einer aktionalen Entwicklungsperspektive aus. „Der Mensch entwickelt im Laufe seiner Ontogenese Fähigkeiten und Bereitschaften, sich und seine Entwicklung aktiv zu gestalten; die Selbst- und Lebensentwürfe, nach denen wir uns und unsere Zukunft zu gestalten suchen, sind gleichzeitig Entwicklungsergebnisse wie auch Entwicklungsphänomene" (Brandstädter 2007b, S. 415). Zwei Modi der Regulation zur Aufrechterhaltung eines psychophysischen Gleichgewichts lassen sich nach Jochen Brandstädter unterscheiden. Während im assimilativen Modus versucht wird, die Lebenssituation so zu transformieren, dass die gewünschten Ziele erreichbar werden, wird im akkommodativen Modus versucht, die Diskrepanz zwischen Situation und individuellen Wünschen durch eine Angleichung der Ziele an die gegebene Situation aufzulösen (vgl. Brandstädter 2007b, S. 415). Das Moment des Strebens nach einem psychophysischen Gleichgewicht wird von Böhnisch sozial transformiert in das Streben nach biografischer Handlungsfähigkeit.

> „Sozialisationstheoretisch betrachtet erhält das Bewältigungskonzept [...] seine vermittlungstheoretische Qualität [...] erst in der Bezugnahme auf die gesellschaftlichen Entgrenzungs- und Freisetzungsprozesse, aus denen heraus sich gesellschaftlich allgemeine Bewältigungsanforderungen formen, die sich in den unterschiedlichen biografischen Bezügen konkretisieren" (Böhnisch/Lenz/Schröer 2009, S. 30).

So verstanden ist die Umwelt nicht einfach nur ein Gegenstand, an dem sich das Individuum in seiner Entwicklung abarbeitet, sondern der Kontext stellt

Bewältigungsanforderungen, auf die das Individuum reagieren muss, wenn es handlungsfähig bleiben will. Die Fokussierung auf die gesellschaftlichen Entgrenzungs- und Freisetzungsprozesse und der daraus resultierenden spezifischen Anforderungen ermöglicht es, nicht jedes Moment, welches individuell als „kritisch" (vgl. Filipp 2007) erlebt wird, berücksichtigen zu müssen.

In dieser Konzeption von Bewältigung - die im Folgendem Lebensbewältigung genannt werden soll - können sowohl die Ausgrenzungsrisiken beim Übergang von der allgemeinbildenden Schule in berufliche Ausbildung, als auch deren Bearbeitung seitens der Individuen sinnvoll aufeinander bezogen und unterschiedliche Erklärungsansätze - auch wenn sie sich auf unterschiedliche Ebenen beziehen - integriert werden.

Eine Verbindung vom Lebensbewältigungs-, Akkulturation- sowie sozialökologischem Ansatz ist deshalb möglich, weil alle drei Ansätze explizit mit der „integrierende Schlüsselkategorie" (Popp 2009, S. 347) der Sozialisation operieren (vgl. Bronfenbrenner 2000, Böhnisch/Lenz/Schröer 2009, Berry/Georgas 2009). Alle drei Ansätze teilen sich zudem den axiomatischen Kern einer Transaktion zwischen Umwelt und Individuum, das heißt, das die Umwelt Bearbeitungsanforderungen stellt, die das Individuum mit seinen in einem Prozess erworbenen Ressourcen bearbeiten muss und das diese Bearbeitung Rückwirkungen auf die Umwelt hat und diese verändert. Diese grundlegende Gegenstandskonzeption ist allen drei Ansätzen gemeinsam (vgl. Bronfenbrenner 1993, Böhnisch/Lenz/Schröer 2009, Berry 1996). Dies macht eine Verknüpfung der drei Theorien zu einem heuristischen Modell, für eine Untersuchung im Entdeckungszusammenhang von migrationsbezogenen Disparitäten im Übergang von der Schule in die berufliche Ausbildung nicht nur möglich, sondern durch die jeweiligen Ergänzungen auch sinnvoll.

4.2 Methodische Konzeption

Individuen handeln in spezifisch verfassten Kontexten, welche das Handeln maßgeblich strukturieren. Diese Strukturierung erfolgt vermittelt über die spezifischen Deutungs- und Denkmuster der Individuen. Bronfenbrenner fokussiert hierbei explizit die Bedeutung, die die Umwelt für das Individuum besitzt. Die Bedeutungszuschreibungen wiederum entstehen durch das Handeln. Im Grunde handelt es sich hier um die Dialektik von Sein und Bewusstsein bzw. die Erkenntnis der Seinsverbundenheit des Denkens, wie sie bereits durch Karl Mannheim (vgl. 1931) in den 1930er Jahren herausgearbeitet wurde.[12]

---

[12] Mannheim bezieht sich wiederum auf die Arbeiten von Karl Marx (vgl. Marx 1969).

Eine Analyse des Übergangs von der Schule zur beruflichen Bildung muss demnach beide Aspekte berücksichtigen. Sowohl das Sein als auch das Bewusstsein.

> „Daher gehören beide Perspektiven – die strukturelle und die subjektive – auch zusammen. Denn es ist wichtig – gerade auch für die Strukturdiskussion – sich genauer damit zu beschäftigen, wie junge Frauen und Männer ihre zuweilen sehr schwierigen Übergangs-prozesse bewältigen und zu gestalten versuchen. Nur von ihrer Übergangsrealität aus können Weichen für strukturelle Verbesserungen richtig gestellt werden" (Stauber/Walther 2000, S. 33).

Um sich diesen Aspekten zu nähern, bieten sich für die Analyse der sozialräumlichen Umwelt quantitative Methoden an. Für die individuellen Ver- und Bearbeitungsmodi der Individuen hingegen sind wiederum qualitative Methoden die erste Wahl.

Vor diesem Hintergrund erscheint eine methodische Konzeption sinnvoll, die sowohl qualitative als auch quantitative Methoden berücksichtigt. Eine solche Verbindung von qualitativer und quantitativer Sozialforschung wird zumeist unter dem Begriff der Triangulation diskutiert.[13]

> „Vereinfacht ausgedrückt bezeichnet der Begriff Triangulation, dass ein Forschungs-gegenstand von (mindestens) zwei Punkten aus betrachtet - oder konstruktivistisch formuliert: konstruiert - wird. In der Regel wird die Betrachtung von zwei und mehr Punkten aus durch die Verwendung verschiedener methodischer Zugänge realisiert" (Flick 2008, S. 11).

In der Diskussion lassen sich zwei Auffassungen unterscheiden: zum einen die Konvergenz-/Kongruenzmodelle und zum anderen die Komplementaritäts-modelle (vgl. Krüger/Pfaff 2008). Bei ersteren wird Triangulation vor allem unter dem Aspekt der gegenseitigen Validierung von Forschungsergebnissen anhand unterschiedlicher methodischer Zugänge verhandelt (vgl. Denzin 2009). Die zweite Art von Modellen geht von einer prinzipiellen Verschiedenheit der Ergebnisse aufgrund des Einsatzes unterschiedlicher Methoden aus. Diese können sich zwar ergänzen - sofern sie denselben Gegenstand betreffen -, aber sie können nicht unmittelbar aufeinander bezogen werden. Ziel des Mehrmethodeneinsatzes ist hier nicht ein einheitlicheres, sondern ein facettenreicheres „kaleidoskopartiges" (Köckeis-Stangl 1980, S. 363) Bild.

Neben diesen Auffassungen existieren aber auch Sichtweisen, die die zwei Methodenfamilien unterschiedlichen Paradigmen im Sinne Thomas S. Kuhns zuordnen. „Unter Rekurs auf Kuhn (1967) [lässt sich] der

---

[13]   Auch der Begriff der Integration (vgl. Kelle 2007) findet in der Diskussion Verwendung.

Paradigmenstreit zwischen qualitativer und quantitativer Sozialforschung [...] als wissenschaftliche Revolution in diesem Sinne beschreiben" (vgl. Lamnek 2005, S. 242). Wenn diese Auffassung zutreffen würde, wäre eine Triangulation bzw. Kombination - gleichgültig ob komplementär oder konvergent/kongruent - von qualitativen und quantitativen Methoden a priori unmöglich. Dies soll im Folgenden näher erörtert werden. Dabei wird sowohl die Behauptung hinterfragt, dass es sich um unterschiedliche Paradigmen handelt, als auch eine Grundlage für die gegenseitige Bezugnahme von Ergebnissen erarbeitet, die anhand qualitativer und quantitativer Methoden erhoben werden. Zunächst bedarf es dazu der Klärung einiger zentraler Begriffe.

4.2.1 Exkurs zum grundlegendem Verhältnis von qualitativen und quantitativen Methoden

Unter Methode soll im Folgenden der spezifische „Erkenntnisweg" (Hügli/Lübcke 1997, S. 426) verstanden werden. Andreas Diekmann (2009) führt zu Beginn seines Standardwerks „Empirische Sozialforschung" den Begriff der Methode in Analogie zu einem Werkzeug ein, mit dem der/die empirische Sozialforscher/in in seinem/ihrem spezifischen Arbeitsfeld operiert und Erkenntnisse zu generieren sucht. Je nach Gegenstand, Datenmaterial und Herangehensweise unterscheiden sich die einzelnen Methoden erheblich. Wird in der Metaphorik des Werkzeuges verblieben, kann der Begriff der Methodik als Werkzeugkasten verstanden werden. Methodik meint somit die Gesamtheit aller Methoden der Sozialwissenschaften bzw. des/der Forschenden.

Methoden gründen auf wissenschaftstheoretischen Annahmen und epistemologischen Axiomen, die die Kriterien der Anwendung festlegen und oft auch den Untersuchungsgegenstand prädisponieren. Dies ist die Ebene der Methodologie. Methodologie ist somit die Metawissenschaft, die sich mit den wissenschaftstheoretischen Grundlagen und epistemologischen Axiomen von Methoden beschäftigt. Ebenso ist dies der Ort, wo die Kriterien der Anwendung und der Angemessenheit des Gegenstandes erörtert werden. Jede wissenschaftliche Methode hat eine methodologische Basis.

Im Gegensatz zu monomethodischen Untersuchungen kommt es bei multimethodischen Designs zu größeren Problemen, wenn die verschiedenen Methoden auf unterschiedlichen Methodologien aufbauen. Wenn die unterschiedlichen methodologischen Positionen der verwendeten Methoden nicht reflektiert und in ein dem Forschungsgegenstand angemessenes Verhältnis gesetzt werden, besteht die Gefahr, dass letztendlich „Äpfel mit Birnen" gleichgesetzt werden. Bevor sich jedoch diesem Punkt zugewendet werden kann, muss geklärt werden, ob ein Mehrmethodenprojekt unter Verwendung qualitativer und quantitativer Methoden prinzipiell möglich ist, denn eben dies wird mit der Verwendung des Paradigmenbegriffs von Kuhn implizit verneint. Um dies zu verdeutlichen, soll zunächst der Paradigmenbegriff näher beleuchtet werden.

Thomas S. Kuhn (1976; 1974) entwickelte sein wissenschafts-theoretisches Modell nicht nach normativen Gesichtspunkten, sondern begründet seinen Ansatz explizit empirisch-deskriptiv. Er geht der Frage nach, wie Wissenschaft zu unterschiedlichen Zeiten tatsächlich praktiziert wurde und wie sich die wissenschaftliche Entwicklung vollzog. Bei der Analyse der Wissenschaftsgeschichte gelangte Kuhn zu dem Schluss, dass sich die wissenschaftliche Entwicklung nicht kumulativ, wie von Popper gewünscht (vgl. Popper 2002), sondern in Phasen vollzieht.

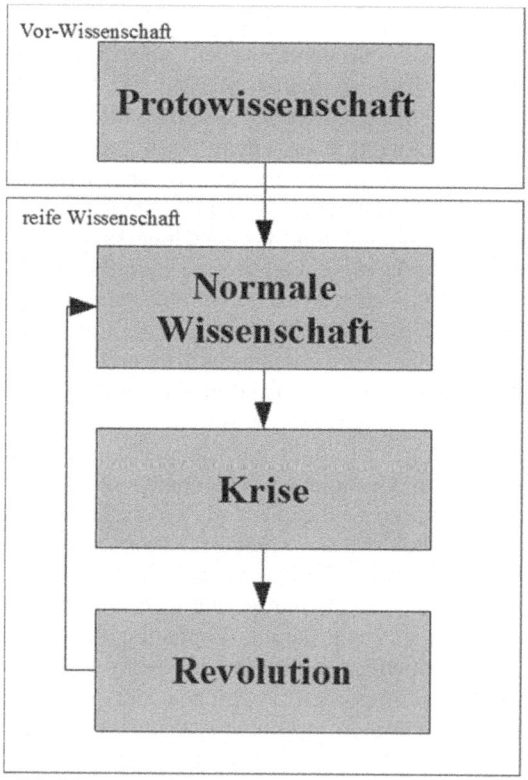

Abbildung 4-2: Struktur wissenschaftlicher Revolutionen nach Thomas S. Kuhn

Der Beginn jedweder Wissenschaft ist eine vorparadigmatische - d. h. vorwissenschaftliche - Phase. Diese ist gekennzeichnet durch das Nichtvorhandensein von Paradigmen. Kuhn spricht in dieser Phase noch nicht von *reifer Wissenschaft*, sondern von *Protowissenschaft*. Denn erst die Etablierung *eines* weitgehend allgemein akzeptierten Paradigmas in der wissenschaftlichen Gemeinschaft ermöglicht den Übergang von der *Protowissenschaft* (vorwissenschaftlichen Phase) hin zur *reifen Wissenschaft* (Phase der Normalwissenschaft).

> „Zu den Komponenten [eines Paradigmas d.A.] gehören explizit formulierte Gesetze und theoretische Annahmen. [...] Ferner umfassen Paradigmen standardmäßige Wege der Anwendung grundlegender Gesetze auf eine Vielzahl unterschiedlicher Situationen. [...] Das Paradigma umfasst ebenso das Instrumentarium sowie die instrumentellen Techniken, die notwendig sind, um die Gesetze des Paradigmas auf die Realität anzuwenden. [...] Eine weitere Komponente von Paradigmen sind allgemeine metaphysische Prinzipien, die die Arbeiten innerhalb eines Paradigmas leiten. [...] Schließlich beinhalten alle Paradigmen eine Reihe sehr allgemeiner methodologischer Vorschriften: „Ein Paradigma muss der Realität angepasst werden" oder „Fehlgeschlagene Versuche, das Paradigma der Realität anzupassen, müssen als ernst zu nehmende Probleme betrachtet werden" (Chalmers/Altstötter-Gleich/Bergemann 2007, S. 91).

> „[Ein Paradigma funktioniert], indem es dem Wissenschaftler sagt, welche Entitäten es in der Natur gibt und welche nicht, und wie sie sich verhalten. Durch diese Informationen entsteht eine Landkarte, deren Einzelheiten durch reife wissenschaftliche Forschung aufgehellt werden. Und da die Natur viel zu komplex und vielfältig ist, um auf gut Glück erforscht zu werden, ist diese Landkarte genauso wichtig für die kontinuierliche Weiterentwicklung der Wissenschaft wie Beobachtung und Experiment. Durch die von ihnen verkörperten Theorien erweisen sich Paradigmata als grundlegend für die Forschungstätigkeit" (Kuhn 1976, S. 121).[14]

Kern der Paradigmakonzeption von Kuhn ist die Inkommensurabilitätsthese. Sie verweist auf die Unvergleichbarkeit bzw. Unübersetzbarkeit von unterschiedlichen Paradigmen.

> „Ganz allgemein gesprochen werden der Inkommensurabilitätsthese zufolge zwei unterschiedliche Theorieparadigmen als unterschiedliche Sprachen aufgefasst, zwischen denen keine Übersetzungsmöglichkeit besteht. Verschiedene Paradigmen sind in diesem Sinne miteinander unvereinbare Standpunkte der Naturbeschreibung" (Demmerling 1995, S. 478f.).

---

[14] Kuhn hat es in seinem zentralen Werk: „Die Struktur wissenschaftlicher Revolutionen" leider versäumt, den Paradigmenbegriff eindeutig zu definieren. So hat Margaret Masterman 21 verschiedene Definitionen von Paradigmen in seinem Werk identifiziert (vgl. Masterman 1974). Die Konsequenz aus dieser Begriffsdiffusität war eine sehr unterschiedliche Rezeption des Begriffs, was Kuhn selbst dazu veranlasste, vom Paradigmenbegriff Abstand zu nehmen und an dessen Stelle den Begriff der disziplinären Matrix zu setzen.

Hat sich einmal ein Paradigma etabliert, sind die Wissenschaftler/innen in der Phase der normalen Wissenschaft mit dem „Lösen von Rätseln" (Kuhn 1976, S. 49) beschäftigt. Dadurch, dass in der wissenschaftlichen Gemeinschaft Konsens über die Methoden, die Theorien und den zu untersuchenden Gegenstand herrscht, kann sich der/die einzelne Wissenschaftler/in frei von Legitimationsdruckbegründungen damit beschäftigen, das Paradigma weiter auszuarbeiten. Dabei treten aber nach Kuhn irgendwann Anomalien auf, weil jedes Modell immer nur einen Teil der empirischen Welt bearbeitbar macht. Verstärken sich die Anomalien qualitativ und quantitativ, können sie das Paradigma der Normal-Wissenschaft in die Krise stürzen. Es wird eine neue Grundlage, ein neuer konzeptioneller Rahmen, gesucht und gefunden. Dann kommt es zu einer „Revolution" und das alte Paradigma wird durch ein neues ersetzt. Kuhn benutzt explizit den Begriff der Revolution, um darauf hinzuweisen, dass es sich nicht nur um eine Anpassung handelt, sondern dass die Etablierung eines neuen Paradigmas einem Gestaltwandel gleich kommt. Dadurch, dass das Paradigma nicht nur die Methoden und die Theorien bestimmt, sondern auch den Gegenstand, sind Paradigmen unvereinbar, also inkommensurabel. Mit der Durchsetzung eines neuen Paradigmas folgt eine neue Phase der „normalen" Wissenschaft. Auch diese wird wieder an neuen Anomalien scheitern, in die Krise stürzen und schließlich durch eine Revolution enden.

Vor diesem Hintergrund erscheint die Auffassung einer para-digmatischen Differenz zwischen qualitativer und quantitativer Sozialforschung mehr als fragwürdig. Gegen diese Auffassung sprechen zwei Aspekte: Der eine entspringt der historischen Betrachtung des Streits und der andere ist inhaltlicher Art. Obwohl der inhaltliche der interessantere und auch für die vorliegende Arbeit der bedeutendere ist, soll das historische Argument nicht unterschlagen werden. Letzteres bezieht sich auf die Tatsache, dass überhaupt von Triangulation im Wissenschaftsbetrieb gesprochen wird.

Geht man davon aus, dass sich die qualitative Sozialforschung durchsetzt und als Paradigma etablieren würde, geschehe dies, indem immer mehr Wissenschaftler/innen von einer Schule zur anderen übertreten. Es würde sich eine Scientific-Community bilden, die allgemeine Standards festlegt. Die steigende Akzeptanz qualitativer Methoden, die steigende Anzahl von qualitativen Untersuchungen sowie die wachsende Anzahl von Fachpubli-kationen und Überblickswerken legen diesen Schluss durchaus nahe (Strauss 1998; Lamnek 2005; Flick 2006; Flick/Kardorff/Steinke 2007; Naderer/Balzer 2007; Przyborski/Wohlrab-Sahr 2008; Prengel/Friebertshäuser/Langer 2010; Meyen u.a. 2011). Die parallel wachsende Forderung nach Triangulation spricht jedoch dagegen (z. B. Kelle 2007; Flick 2008; Krüger/Pfaff 2008). Auch die zunehmende Forderung, beide Arten der Sozialforschung in der universitären Ausbildung angemessen zu verankern, widerspricht diesem Gedanken. Wissenschaftler/innen können im Sinne Kuhns zwar von der einen Schule in die andere übertreten, dieser Übertritt kommt aber - wie bereits erwähnt - einem Gestaltwandel gleich. Ein Gestaltwandel in dieser Konzeption ist aber nur als „entweder oder" zu denken und nicht als „sowohl als auch". Aber nicht nur dies, auch die Forschungsergebnisse, die aus unterschiedlichen Methoden stammen, wären unmöglich gemeinsam und sinnvoll zu interpretieren. Der Großteil der existierenden Forschungsarbeiten, die sich sowohl auf qualitative wie auch auf quantitative Forschungsergebnisse (z. B. Strobl/Kühnel 2000; Shell Deutschland Holding 2006; Helsper u.a. 2006) beziehen, dürften schlichtweg nicht existieren. Dass sie aber existieren, spricht entweder für die Tatsache, dass sich ein drittes Paradigma durchsetzt oder dass qualitative und quantitative Sozialforschung zu ein und demselben Paradigma gehören bzw. gehören können.

Nicht nur historische, sondern auch inhaltliche Aspekte sprechen für die letztgenannte Möglichkeit. Diese sollen beispielhaft anhand einiger Kernpunkte erörtert werden, die häufig benutzt werden, um ein qualitatives von einem quantitativen Paradigma abzugrenzen: *Nomothetisch vs. Idiografisch, Erklären vs. Verstehen* und *Theorieprüfend vs. Theorieentwickelnd* (vgl. z. B. Lamnek 2005, S. 242).[15]

Nomothetisch und Idiografisch
Bei der nomothetisch (nomos = Gesetz & tithestai = Thesis, Setzung) ausgerichteten wissenschaftlichen Forschung ist die Erarbeitung raum- und zeitunabhängiger, d.h. allgemeingültiger Aussagen das Ziel. Die idiografisch (idios = eigentümlich, besonders & graphein = schreiben, zeichnen) ausgerichtete Forschung hat zum Ziel, die Gegenstände in ihrer zeitlichen und räumlichen Einzigartigkeit zu erfassen.

Per Definition ist somit die Unterscheidung von ahistorisch und historisierend - einer weiteren Dichotomie, die für eine paradigmatische Trennung von qualitativer und quantitativer Sozialforschung angeführt wird (vgl. Lamnek 2005, S. 242) - in der Dichotomie von nomothetisch und idiografisch bereits enthalten. Bei genauerer Betrachtung fällt auf, dass es sich hier gar nicht um genuine Merkmale quantitativer bzw. qualitativer Methoden handelt, sondern dass zwei methodologische Ansprüche an Wissenschaft gegenübergestellt werden. Historisch geht diese Gegenüberstellung auf Wilhelm Windelband zurück, indem er die erfahrungswissenschaftlich arbeitenden Naturwissenschaften als nomothetisch und die erfahrungswissenschaftlich

---

[15] Siegfried Lamnek bezieht sich explizit auf den Terminus Paradigma und bezieht sich dabei direkt auf Kuhn. (Lamnek 2005, S. 271).

arbeitenden Geisteswissenschaften als idiografisch kennzeichnete (vgl. Windelband 1907). Die zunehmende Anwendung mathematischer Modelle in den Sozialwissenschaften, die zuvor vor allem in den Naturwissenschaften zu Anwendung kamen, führte dazu, dass die nomothetische Kennzeichnung der Naturwissenschaften auf diesen Teilbereich der Sozialwissenschaften übertragen wurde.[16]

An dieser Stelle sei aber auf ein Missverständnis hingewiesen, welches aus dem Kurzschluss resultiert, dass Forschung, die sich mathematischer Modelle bedient, automatisch nomothetischen Ansprüchen folgt. Unter Nichtmathematikern ist die Meinung weit verbreitet, dass es sich bei Mathematik um eine Naturwissenschaft handle. Mathematik ist jedoch lediglich eine Sprache und somit eine Konstruktion, die es ermöglicht, Phänomene und deren Zusammenhänge in ein Modell zu überführen und mit den Möglichkeiten der mathematischen Grammatik zu analysieren. Auch wenn der Akt der Übersetzung empirischer Phänomene in die Sprache der Mathematik *Messen* genannt wird und dies Assoziationen zur Naturwissenschaft mit ihren nomothetischen Ansprüchen weckt (vgl. Krüger 2006a, S. 224), ist diesem Vorgehen aber kein nomothetischer Anspruch inhärent. *Erst die nomothetische Interpretation von quantitativen Ergebnissen macht diese zu nomothetischen Aussagen.*

Die Anerkennung der Axiomatik und der Konstruiertheit von Mathematik impliziert, dass die Anwendung mathematischer Modelle nicht per se wahrheitsgenerierend ist. Vielmehr ist zu reflektieren, inwieweit die Annahmen der empirischen Referenz zwischen Erfahrung (empirisches Phänomen) und dem bezeichnenden Symbol (Zahl) plausibel ist. Dies sind Fragen, die unter dem Begriff der Operationalisierung innerhalb der quantitativen Forschungslogik erörtert werden (vgl. Friedrichs 1990). Ähnlich wie Wörter müssen auch Zahlen interpretiert werden (vgl. Rohwer/Pötter 2002). Wie diese interpretiert werden - ob idiografisch oder nomothetisch - ist keine vorrangige Frage der Methode, sondern der theoretischen Position des Forschenden. Mit quantitativen Methoden zu arbeiten, impliziert also *nicht automatisch* einen nomothetischen Wissenschaftsanspruch.

Auf der anderen Seite gibt es in den verschiedenen Methoden der qualitativen sozialwissenschaftlichen Forschung durchaus Konzeptionen, die über die unmittelbare raumzeitliche Einzigartigkeit hinausweisen (vgl. Prengel/Friebertshäuser/Langer 2010, S. 27). Hier wären Konzepte wie diejenigen des latenten Sinns innerhalb der Objektiven Hermeneutik (vgl.

---

[16] Damit soll nicht bestritten werden, dass es Sozialwissenschaftler/innen gab und gibt, die diesem Anspruch folgen.

Oevermann 2002)[17] oder des konjunktiven Erfahrungsraums innerhalb der Dokumentarischen Methode (vgl. Bohnsack 1997) zu nennen.

> „Der Objektiven Hermeneutik geht es darum, die für den jeweiligen Untersuchungs-gegenstand typischen sozialen Strukturen (latente Sinn- und Bedeutungsstrukturen) in Handlungen und Äußerungen zu erkennen. Die Dokumentarische Methode fokussiert auf kollektiv geteilte Anschauungen und Wissensbestände, die dem Handeln von Personen zugrunde liegen" (Kleemann/Krähnke/Matuschek 2009, S. 198).

Sowohl bei der Objektiven Hermeneutik wie auch bei der Dokumentarischen Methode wird davon ausgegangen, dass es soziale Strukturen gibt, die zwar prinzipiell einem gesellschaftlichen Wandel unterliegen (können), die aber dennoch eine gewisse zeitliche und räumliche Stabilität aufweisen. Solche Strukturen werden auch als „Strukturen begrenzter Reichweite" bezeichnet (Kelle 2007, S. 57). Fasst man die soziale Welt derart auf, sind zwar nomothetische Ansprüche unhaltbar, aber auch rein idiografische Ansprüche unzureichend. So fordert Heinz-Hermann Krüger, dass „sich auch die erziehungswissenschaftliche Biografieforschung [...] dem Problem der Generalisierbarkeit ihrer Aussagen stellen muss" (Krüger 2006b, S. 27). Generalisierung ist aber ein Akt, der darauf abzielt, einzelne raumzeitlich spezifische Erscheinungen zu verallgemeinern.

Befreit man die quantitativen Methoden von nomothetischen Ansprüchen und akzeptiert das Axiom der prinzipiellen Offenheit des Sozialen als etwas Werdendes (vgl. Plessner 2003; Mannheim 1931), spricht m. E. nichts dagegen, diese sozialen Phänomene sowohl mit quantitativen wie auch mit qualitativen Methoden zu untersuchen.

An diesem Punkt kann eingewendet werden, dass die qualitativen Methoden auf einen Untersuchungsgegenstand abzielen, der den quantitativen Methoden prinzipiell verschlossen bleibt. Dies wird zumeist anhand der Unterscheidung von *erklären vs. verstehen* expliziert.

Erklären vs. Verstehen
Diese Unterscheidung geht vor allem auf die Arbeiten von Wilhelm Dilthey zurück. Er führte sie ein, um die Geisteswissenschaften von den Naturwissenschaften abzugrenzen. *Erklärt* wird demnach eine Beziehung zwischen zwei Erscheinungen anhand entdeckter/konstruierter Regeln/Gesetze. *Verstanden* werden Zusammenhänge des Bewusstseinslebens und der Kultur. Das „*erkenntnistheoretische* Problem ist überall dasselbe: allgemeingültiges

---

[17] Durch die „weitgehende Gleichsetzung von Fallstruktur und Typus" (Wohlrab-Sahr 2006, S. 128) ist es innerhalb der Konzeption der Objektiven Hermeneutik möglich Ideografie und Generalisierung zu verbinden.

Wissen aus Erfahrung. *Es tritt aber hier unter die besonderen Bedingungen der Natur von Erfahrungen in den Geisteswissenschaften*" (Dilthey 2004, S. 37, Hervorhebung im Original). Doch was sind „die besondere Bedingungen der Natur von Erfahrungen in den Geisteswissenschaften"? Was ermöglicht es, Verstehen vom Erklären zu unterscheiden? Dilthey schreibt:

> „Die Möglichkeit der allgemeingültigen Interpretation kann aus der Natur des Verstehens abgeleitet werden. In diesem stehen sich die Individualität des Auslegers und die seines Autors nicht als zwei unvergleichbare Tatsachen gegenüber: Auf der Grundlage der allgemeinen Menschennatur haben sich beide gebildet und hierdurch wird die Gemeinschaftlichkeit der Menschen untereinander für Rede und Verständnis möglich" (Dilthey 2004, S. 33).

Verstehen als privilegierter Zugang zu sozialen Sinnkonstruktionen ist nach Dilthey deshalb möglich, weil alle Menschen aufgrund ihrer Natur über einen Erkenntnisapparat verfügen, der es ermöglicht, allgemeingültige Aussagen zu treffen. Das heißt, der/die Sozialforscher/in verfügt quasi von Natur aus über einen Erkenntnisapparat, der einen direkten Zugriff auf kulturelle Sachverhalte und deren Sinnhaftigkeit erlaubt. „Alle individuellen Unterschiede sind letztlich nicht durch qualitative Verschiedenheiten der Personen voneinander, sondern nur durch Gradunterschiede ihrer Seelenleben bedingt" (Dilthey 2004, S. 33). Gerade dieser Punkt wird von einigen qualitativ forschenden Wissenschaftler/innen eher kritisch gesehen. Ralf Bohnsack verweist in seiner methodologischen Begründung der Dokumentarischen Methode z. B. darauf, dass Verstehen nur im gleichen Erfahrungsraum - d. h. in gemeinsam geteilten Erlebniszusammenhängen - möglich ist (vgl. Bohnsack 2007a, S. 59 ff.). Aufgrund der Tatsache, dass sich der/die Sozialforscher/in zumeist in fremden Erfahrungsräumen bewegt, ist er/sie auf Interpretationen angewiesen. Wenn der Terminus Verstehen eher formaler definiert und von dem metaphysisch anmutenden Anspruch Diltheys befreit wird, wird bei genauerer Betrachtung die Unterscheidung hinfällig. So definiert Hans-Georg Soeffner Verstehen folgendermaßen: „*Verstehen* können wir jenen Vorgang nennen, der einer Erfahrung Sinn verleiht. *Fremdverstehen* können wir jenen Vorgang nennen, bei dem wir einer Erfahrung den Sinn verleihen, dass sie sich auf ein Ereignis in der Welt bezieht, dem Alter Ego bereits einen Sinn verliehen hat. [...] Fremdverstehen ist ein prinzipiell zweifelhafter Akt" (Soeffner 2007, S. 165). So betrachtet wäre Verstehen nichts anderes als eine Erklärung, die sich auf sinnhafte Gegenstände bezieht. „Ein singuläres Ereignis (Handlung, eine Situation) wird verstanden, indem es als Dokument eines allgemeinen Musters (z. B. einer sozialen Regel) interpretiert wird" (Meuser 2006, S. 93). Im Grunde deutet sich hier eher eine formale Gleichheit als eine prinzipielle

Verschiedenheit von qualitativen und quantitativen Methoden an. Bei beiden Vorgehensweisen wird versucht, gewisse Erscheinungen bzw. Phänomene in Sinnzusammenhänge zu setzen. Während bei der quantitativen Forschung dafür zumeist Theorien herangezogen werden, die bereits existieren (Deduktion), wird bei der qualitativen Forschung meist durch Abduktion eine Regel neu entwickelt bzw. entdeckt (vgl. Reichertz 2007), die sich dann am weiteren Material bewähren muss. Zu beachten ist aber, dass Deduktion, Induktion und Abduktion keine Methoden der Wahrheitsfindung sind, sondern nur Formen des Schließens, die wahr oder falsch sein können.[18]

> „Ihre einzige Rechtfertigung [die der Abduktion, d.A.] liegt darin, dass die Deduktion aus ihrer Vermutung [suggestion] eine Vorhersage ziehen kann, die durch die Induktion getestet werden kann, und dass es, sollen wir überhaupt jemals etwas lernen oder ein Phänomen verstehen, die Abduktion sein muss, durch die das zustande zu bringen ist" (Peirce 2004, S. 207).

In diesem Zitat wird deutlich, dass im wissenschaftlichen Forschungs-prozess - sei er qualitativ oder quantitativ - die drei Formen des Schließens explizit bzw. implizit stets ineinander verschränkt sind. Eine neue Theorie lässt sich nicht deduktiv entwickeln und eine bestehende Theorie nicht abduktiv bestätigen.

> „Verstehen und Erklären stellen somit nicht gegensätzliche Formen wissenschaftlicher Argumentation dar, die nur für jeweils unterschiedliche Gegenstandsbereiche geeignet sind. Vielmehr können diese Begriffe synonym verwendet werden und repräsentieren dieselbe Form der Schlussfolgerungen, den von PEIRCE beschriebenen hypothetischen Schluss bzw. den Schluss auf die beste Erklärung" (Kelle 2007, S. 123).

An dieser Stelle schließt sich die dritte Unterscheidung an, die zwischen *theorieprüfend vs. theorieentwickelnd*.

Theorieprüfend vs. Theorieentwickelnd
Auch hier stellt sich die Frage, ob diese Dichotomie trennscharf quantitative und qualitative Methoden unterscheiden kann. Fasst man diese Dichotomie paradigmatisch, dürfte es in der quantitativen Forschung keine explorativen und heuristischen Verfahren geben. Dies ist aber nicht der Fall. Die Faktorenanalyse und auch die Clusteranalyse sind solche heuristischen Verfahren (vgl. Hollstein/Ullrich 2003). Andererseits wird auch in der qualitativen Forschung das Dogma der Theoriefreiheit beim Herangehen an den Gegenstand nicht so

---

[18] Die Konklusion einer Deduktion ist nur dann stets wahrheitstreu, wenn die Prämissen des Syllogismus wahr sind.

durchgesetzt wie teils propagiert (vgl. Strauss 1998, S. 38ff.). Es werden nicht selten bereits bei der Sampleauswahl von Interviewpartnern Kategorien wie Geschlecht und Ethnie herangezogen. Auch bei der Erstellung von Leitfäden fließen implizit Theorien bzw. Hypothesen der Forschenden ein. Theorieprüfend und theorieentwickelnd ist somit keine Dichotomie, sondern eher ein Kontinuum. Analoges gilt für die Gegenüberstellung von offener und geschlossener Erhebung. Mischformen zwischen dem völlig offenen narrativen Interview (vgl. Schütze 1983) und dem vollstandardisierten Fragebogen sind z. B. Leitfadeninterviews bzw. offene Fragen in standardisierten Erhebungen. Natürlich ist unbestritten, dass es mit quantitativer Forschung nicht möglich ist, den Grad an Offenheit zu erreichen, der mit bestimmten qualitativen Verfahren erreicht werden kann. Die entscheidendere Frage ist jedoch, wie die Sinnzuschreibung der erfahrungswissenschaftlich erhobenen Daten erfolgt. Je standardisierter eine Erhebung durchgeführt wird, desto detaillierter muss vorab eine Konzeption über die sinnhafte Verschränkung der erhobenen Daten vorliegen. Die Analyse beschränkt sich dann zumeist auf die Hypothesen-prüfung. Ob die Interpretation der Ergebnisse Gültigkeit beanspruchen kann oder nicht, ist nie abschließend beantwortbar. Bei offenen Erhebungs-verfahren - wie narrativen Interviews - wird die Sinnhaftigkeit von erfahrungsbasierten Erscheinungen aus dem Material selbst rekonstruiert. Hier erfolgt die Sinnzuschreibung quasi postum. Bei beiden Feldzugriffen findet eine Sinnzuschreibung durch den Forschenden statt, die sich am empirischen Material bewähren muss.

Genau an diesem Punkt zeigt sich die sinnvolle bzw. notwendige Verbindung von quantitativen und qualitativen Methoden. Folgt man dem Axiom der prinzipiellen Offenheit des Sozialen als etwas Werdendes - was mit der Abkehr nomothetischer Ansprüche korrespondiert -, ist es unumgänglich mit eher offenen und auf Abduktion ausgerichteten Verfahren, soziale Innovationen wissenschaftlich überhaupt bearbeitbar zu machen. Auf der anderen Seite benötigen Ergebnisse aus offenen Verfahren - „die Abduktion vermutet bloß, dass etwas der Fall *sein mag*" (Peirce 2004, S. 207) - der Induktion und Deduktion, um der Gefahr der Beliebigkeit zu entgehen.

So ist Ralf Bohnsack zwar zuzustimmen, wenn er formuliert: „Es ist diese Gegenüberstellung und Abgrenzung [von *rekonstruktiven* und *hypothesenprüfenden* Verfahren d.A.], die ich für sinnvoll und begründbar halte, nicht aber jene von *qualitativer* und *quantitativer* Sozialforschung" (Bohnsack 2007a, S. 10). Der - unbestrittene - Unterschied zwischen *rekonstruktiven* und *hypothesenprüfenden* Verfahren ist aber nicht generell paradigmatischer Natur. Es sind in erster Linie zwei unterschiedliche Formen des empirischen Zugriffs auf einen empirisch vorfindlichen Gegenstand. Die Frage, ob zwei spezifische

Verfahren unterschiedlichen Paradigmen zuzuordnen sind, ist somit in jedem Einzelfall zu prüfen und kann nicht in dieser Grundsätzlichkeit a priori beantwortet werden.

Zwischenfazit
Auch wenn nicht alle Dichotomien, die für eine paradigmatische Unterscheidung von qualitativer und quantitativer Sozialforschung vorgebracht werden an dieser Stelle erschöpfend abgehandelt werden können, wurde versucht zu verdeutlichen, dass der Paradigmengraben weniger zwischen qualitativen und quantitativen Methoden verläuft, sondern eher zwischen methodologischen Grundüberzeugungen. Im Grunde handelt es sich um keinen Methodenstreit, sondern um einen Methodologienstreit. Während man Positivismus und Konstruktivismus verschiedenen Paradigmen zuweisen kann/könnte, ist eine solche Paradigmenzuordnung von qualitativen und quantitativen Forschungsmethoden m. E. nicht möglich. Wie ein genauerer Blick in die Wissenschaftspraxis zeigt, ist es sowohl möglich, auf einem positivistischen Fundament qualitativ zu forschen (vgl. Strauss 2007, S. 72) als auch quantitativ auf einem konstruktivistischen Fundament (vgl. Hennig 2011). Anselm Strauss kommt im Kontext der von ihm mitentwickelten Grounded Theory zu dem Schluss: „Genauso gibt es Leute, die die Methode [Grounded Theory d.A.] mit quantitativer Forschung verbinden möchten, warum denn nicht?" (Strauss 2007, S. 75).

Wenn die Ergebnisse unterschiedlicher Methoden nicht a priori inkommensurabel sind, stellt sich die Frage, welches Verhältnis sie haben bzw. in welches Verhältnis sie zu setzen sind? Hierfür ist es notwendig, sich die theoretischen Grundlagen der verwendeten Methoden, die der hier durchgeführten Untersuchung zugrunde liegen, näher anzusehen. Denn so wenig wie es *die* quantitative Forschung gibt, gibt es *die* qualitative (vgl. Hollstein/Ullrich 2003).

„Ein grundlegender Mangel allgemeiner Modelle der Methodenintegration besteht oft darin, dass versucht wird, methodologische Regeln zur Methodenintegration ohne Beziehung zu theoretischen Überlegungen über die Natur des untersuchten Gegenstandsbereichs zu formulieren. Der richtige <Methodenmix> ist aber stets abhängig von der Art des untersuchten Gegenstandsbereichs und den verwendeten theoretischen Konzepten" (Kelle/Erzberger 2007, S. 308).

„Triangulation wird nur dann angemessen und aufschlussreich sein, wenn darin nicht nur methodische Zugänge, sondern auch die mit ihnen verbundenen theoretischen Perspektiven verknüpft werden"(Flick 2008, S. 25).

Im Folgendem soll speziell die theoretische Perspektive für die Dokumentarische Methode von Ralf Bohnsack (vgl. 2007a) erarbeitet werden. Zudem gilt es zu prüfen, in welchem Verhältnis die Gegenstandskonstruktion dieser qualitativen, rekonstruktiven Methode zu quantitativen Verfahren der empirischen Sozialforschung steht.

4.2.2 Methodologische Grundlage der Dokumentarischen Methode und ihr Verhältnis zu quantitativen Verfahren

Ralf Bohnsack entwickelt die Dokumentarische Methode als empirische Forschungsmethode im direkten Bezug auf die Arbeiten von Karl Mannheim (vgl. Bohnsack 2007a). Aus diesem Grund ist es sinnvoll, sich die Grundzüge der Konzeption Mannheims zu vergegenwärtigen.

Mannheim ging davon aus, dass seine Theorie bzw. seine Methode der Wissenssoziologie einem spezifischen sozialen und historischen Kontext entspricht (vgl. Mannheim 1931). Ihn beschäftigte die zentrale Frage: „Wer sind wir in dieser Welt?" (Mannheim 1964b, S. 614).

Politisch wie auch wissenschaftlich ist die Zeit von Karl Mannheim von einer sehr starken Zerrissenheit geprägt. Politisch konkurrieren unterschiedlichste Ideologen wie Sozialismus, Anarchismus, Konservatismus und Liberalismus um die Vorherrschaft. Diese Konfliktlinien reichten auch in die Wissenschaft hinein, wo den politischen Ideologien entsprechende wissenschaftliche Positionen miteinander konkurrierten und jeweils für sich die objektive Wahrheit beanspruchten. Mannheims wissenschaftlicher Antrieb ist die Suche nach geeigneten Mitteln, um die als „Weltanschauungschaos diagnostizierte Krise [seiner] Gegenwart zu überwinden" (Krüger 1981, S. 67). Religion und Metaphysik - Jahrhunderte Basis jeglicher „objektiven" Erkenntnis - sind nicht zuletzt durch die Erfolge der empirischen Naturwissenschaften als Basis für Wissenschaft destruiert worden. Der überwältigende Erfolg der Naturwissenschaften verstärkte auch zunehmend die Tendenz, diese Methoden und Methodologien auch auf das Soziale bzw. Kulturelle anzuwenden. Mit dieser Entwicklung ging aber gleichzeitig der Blick für komplexe Zusammenhänge verloren (vgl. Braun/Wetzel 2010, S. 53). Somit fehlte ein Rahmen für die Bearbeitung des Weltanschauungschaos. In den Sozial-/Kulturwissenschaften und der Philosophie konkurrierten zwei Strömungen. Zum einen diejenige, die an Objektivität von Sachverhalten und deren prinzipielle Erkennbarkeit festhielt. Diese Position findet sich z. B. in der heutigen Diskussion in Form der Objektiven Hermeneutik (vgl. Oevermann 2002) wieder. Die andere Position ist eher relativistischer Natur. In der extremsten Spielart wird jeglicher Anspruch auf Objektivität und Wahrheit aufgegeben. Diese Position wird heute am ehesten vom Sozialkonstruktivismus (vgl. Flick 1996) oder der Hermeneutischen Wissenssoziologie (vgl. Soeffner 1989) vertreten. Im Grunde geht es damals wie heute um die Frage nach dem wissenschaftlichen archimedischen Punkt. Wenn davon ausgegangen wird, dass etwas Objektives existiert und dieses prinzipiell auch als Objektives erkennbar ist, ist die privilegierte wissenschaftliche Wahrheitsproduktion lediglich eine Frage der richtigen Methode. Wenn die prinzipielle Existenz eines solchen archimedischen Punktes in Zweifel gezogen wird, verliert die Wissenschaft ihr Wahrheitsprivileg und kann lediglich das tun, was jeder Mensch tut, nur etwas systematischer.

> „Zur Überwindung des skizzierten Dilemmas zwischen einem theoretisch-methodischen Zugang, der lediglich Typenbildungen des subjektiv gemeinten Sinns rekonstruiert und systematisiert und damit weitgehend innerhalb der Selbstverständlichkeiten des Common Sense verbleibt, auf der einen Seite und dem objektivistischen Anspruch auf einen privilegierten Zugang zur Realität auf der anderen Seite, hat Karl MANNHEIM [...] einen entscheidenden Beitrag geleistet" (Bohnsack 2003, S. 560).

Wie genau gelingt Mannheim die hier angedeutete Überwindung der Aporie zwischen Objektivismus und Subjektivismus? Wie kann eine Gegenstands-konzeption aussehen, die das cartesische Schisma von Objekt und Subjekt überwindet?

Karl Mannheim akzeptiert auf der einen Seite die marxsche Dialektik von Sein und Bewusstsein, also die Untrennbarkeit von Seins- und Denkweisen der Individuen mit ihrer jeweiligen spezifischen historischen und gesellschaftlichen Kontextualität. „Denken ist in einem sozialen Raum verankert, und diese Verankerung ist konstitutiv für den Inhalt des Denkens" (Knoblauch 2005, S. 104). Den Schritt der objektiven Wahrheitsbindung an die Klasse des Proletariats, wie sie Marx vollzogen hat, lehnt Mannheim jedoch ab. Ohne diese Bindung führt jedoch die Akzeptanz der Seinsverbundenheit unweigerlich in einen Relativismus. Es muss somit ein anderer Punkt gefunden werden, um eine exklusive Position der Wissenschaft aufrechtzuerhalten. Dies gelingt Mannheim, indem er das seinsverbundene Denken nicht als relativ, sondern perspektivisch fasst. Mannheim bemüht das Bild der Landkarte:

> „In der optischen Betrachtung eines Dings oder einer Landschaft bekommt man von jedem Punkt des Raumes ein anderes Bild vom Gegenstande. Ist aber nicht jedes dieser Bilder eine Erfahrung *dieser* Landschaft, auch wenn eine jede »Verkürzung«, eine jede »Verschiebung« auf den Standort hin orientiert ist, von wo aus man betrachtet? [...] Und dennoch oder gerade darin, dass es perspektivistisch ist, hat dieses standortgebundene Bild seine Wahrheit" (Mannheim 1980, S. 212).

Die sich daran anschließende Frage ist, welcher Natur diese Landschaft ist. Was garantiert die Einheit in der Vielfalt der Perspektiven? Nach Mannheim ist es die atheoretische - auch dokumentarische - Sinnebene.

> „Wir müssen diese Mittelsphäre des atheoretischen Sinnes einschalten, wenn wir nicht alles, was nicht begrifflich ist, als intuitiv, irrational bezeichnen wollen. [...] Es gibt eine unterirdische Kultur, die noch immer sinnhaft ist, eine Struktur hat, vom Strome abgehoben, im Daraufgerichtetsein intendierbar, sich gegenüberstellbar, also ‚irreal sinnhaft' und gerade deshalb noch keineswegs als irrational zu bezeichnen ist" (Mannheim 1964a, S. 132).

Von diesem atheoretischen - oder auch dokumentarischen - Sinn unterscheidet Mannheim den Objektsinn und den intentionalen Ausdruckssinn. Objektsinn meint die allgemeine Bedeutung und intentionalen Ausdruckssinn, das, was der Erzeuger des Kulturgebildes - Satz, Kunstwerk usw. - damit bezwecken wollte bzw. gemeint hat. Während diese beiden Sinnarten unmittelbar reflexiv verfügbar und problemlos artikulierbar und explizierbar - weil dem Erzeuger des Kulturgebildes unmittelbar verfügbar - sind, verhält es sich beim atheoretischen Sinn anders. Dieser Sinn ist den Individuen nicht unmittelbar verfügbar (vgl. Bohnsack 2007a, S. 41). „Sozialität ist bereits ‚unterhalb' subjektiver Intentionen in Gemeinsamkeiten des biografischen Erlebens, Gemeinsamkeiten des Schicksals verankert. Diejenigen, für die dies zutrifft, sind in Bezug auf spezifische (Er-)Lebensbereiche durch ‚konjunktive Erfahrung' im Sinne Mannheims miteinander verbunden" (Bohnsack 2007a, S. 111). Der dokumentarische Sinn generiert sich somit aus (kollektiv geteilten) Erfahrungen bzw. Praxen und prädisponiert nicht nur das Was, sondern vor allem das Wie des Denkens und Handelns der Individuen. Hier zeigen sich deutliche Parallelen zum Habituskonzept Pierre Bourdieus (vgl. Kapitel 3.2.2.2).

Den Beweis der Existenz der dokumentarischen Sinnebene überlässt Mannheim der Empirie.

> „Ist einmal das Gegebensein des Dokumentarischen, Weltanschaulichen in jedem Kulturgebilde aufgewiesen, so ist die wesentlichste Garantie für seine 'Erkennbarkeit' gewährleistet. Im Sinne eines wohlverstandenen Positivismus mussten wir diesen Aufweis bringen, weil auch nach unserer Ansicht positive Wissenschaft nur über Vorgegebenes handeln soll" (Mannheim 1964a, S. 137).

Die atheoretische Sinnebene ist somit ein Axiom und ein Forschungsresultat zugleich.[19] Durch die axiomatisch-empirische Setzung dieser Sinnebene gelingt es Karl Mannheim den Relativismus in einen Relationismus zu wenden. „Die Weltanschauungen bilden zusammen eine episodenspezifische Totalität" (Knoblauch 2005. S.108). Diese Totalität ist nicht statisch, denn sie unterliegt dem historischen Wandel. Die Totalität ist die "*gleitende Basis* im Menschsein, im Denken" (Mannheim 1964b, S. 615, Hervorhebung im Original). So gesehen handelt es sich hier um eine Struktur begrenzter Reichweite.

Nach der Konzeption Mannheims unterliegt prinzipiell jedes Individuum der Seinsverbundenheit des Denkens. Daraus leitet sich die Frage ab, wie wissenschaftliche Erkenntnis möglich ist. An diesem Punkt führt Mannheim die Figur der „freischwebenden Intelligenz" (Mannheim 1995, S. 135) ein. Bereits Karl Popper wies in einer polemischen Schrift auf die Schwierigkeiten dieser Konzeption hin:

> „In ähnlicher Weise behaupten die Wissenssoziologen, dass die «freischwebende Intelligenz» einer Intelligenzschicht, die nur lose mit der sozialen Tradition verankert ist, vielleicht fähig sein werde, die Fallgruben der Totalideologien zu vermeiden; dass sie sogar die Fähigkeit besitzen kann, die verschiedenen Totalideologien und ihre verborgenen Beweggründe so wie alle übrigen Determinanten, die sie inspirieren, zu durchschauen und zu entschleiern" (Popper 1980, S. 263/264).

Dieses in seiner Tendenz dem Axiom der Seinsverbundenheit zuwiderlaufende Element der „freischwebenden Intelligenz" wurde auch in der Folge nicht weiter aufgegriffen, sondern durch eine noch stärkere Betonung der komparativen Analyse ersetzt. „Die komparative Analyse ist zentrales Element der dokumentarischen Methode" (Bohnsack 2003, S. 564). So gewendet ist nicht der/die Wissenschaftler/in freischwebend, sondern quasi die Methode selbst.

---

[19] Dies ist nicht unproblematisch. Im Grunde könnte hier die viel geübte Kritik an der quantitativen Sozialforschung ebenfalls angebracht werden, dass durch theoretische Vordefinition des Gegenstandes (z. B. Hypothesen) die Verifikation des Gegenstandes tautologisch wird, weil es durch die Prädisposition des Gegenstandes durch die Forschenden zu einer Prädisposition der Ergebnisgenerierung kommt. Ob dies der Wahrheit - wenn man diesen Terminus bemühen will - entspricht oder nicht, ist nicht abschließend zu klären (Münchhausen Trilemma bzw. Agrippa-Trilemma vgl. Schmidt-Salomon 2001). Weder die Wahrscheinlichkeit noch die Plausibilität ist ein hinreichendes Wahrheitskriterium. So plausibel die Annahme eines atheoretischen Sinns auch ist, kann sie nicht nachgewiesen werden, ohne vorher festgelegt worden zu sein. Dass man die Existenz dieses Sinns auch einfach negieren kann, offeriert die prinzipielle Kontingenz von Theorien (vgl. Popper 1980). Auch die Mannheimsche Konzeption ist trotz ihrer Überzeugungskraft letztlich nur eine Theorie, die plausibel und - wie in vielen Rekonstruktionen nachgewiesen - auch wahrscheinlich ist. Ob sie besser oder schlechter ist als andere Theorien, kann nur anhand der Praktikabilität der Theorie entschieden werden.

„Diese einseitig an den Standort der Forschenden gebundene Interpretation kann methodisch kontrolliert und reflektiert werden, indem man die impliziten und in der jeweiligen empirischen Forschung empirisch nicht abgesicherten Vergleichshorizonte durch empirische Vergleichshorizonte (d.h. durch andere empirische Fälle) ergänzt und unter Umständen teilweise ersetzt" (Nohl 2009, S. 55).

Indem perspektivische Daten mit anderen perspektivischen Daten verglichen werden, werden Unterschiede sichtbar. Der Unterschied zu rein konstruktivistischen Ansätzen besteht aber darin, dass die Unterschiede Verweisungshorizonte innerhalb des Strukturzusammenhangs des atheoretischen Sinns - der Totalität - darstellen. Somit ermöglicht es die dokumentarische Interpretation, „in immer wieder neu ansetzenden Anläufen den Versuch [zu] unternehmen, die Teile zur Synthese zu führen. Die Synthese bleibt aber zum dauernden Experiment verdammt" (Hofmann 1996, S. 53). Dies liegt im geschichtlichen Wandel der Totalität begründet. Dennoch besitzt die Totalität eine gewisse Stabilität und stellt somit einen Strukturzusammenhang dar. Dieser Strukturzusammenhang generiert sich aus den Praxen der Individuen. Die Praxen wiederum werden durch konjunktive Erfahrung prädisponiert. Die konjunktive Erfahrung resultiert aus den unmittelbaren Seinslagen der Individuen. Eine von Individuen geteilte konjunktive Erfahrung ergibt sich nicht nur aus einem Erleben *desselben* Erlebnisses, sondern auch aus dem Erleben des *gleichen* Erlebnisses. So können Umstände wie Migration, Geschlecht oder Schicht- bzw. Milieuzugehörigkeit zu analogen konjunktiven Erfahrungen und zu konjunktiven Erfahrungsräumen führen, auch wenn die Individuen selbst keinen unmittelbaren Kontakt miteinander hatten oder haben. Während Mannheim seine Methode vor allem auf größere Gedankengebilde wie z. B. den Konservatismus anwendete (vgl. Mannheim 1984), entwickelt Ralf Bohnsack auf der Mannheimschen Basis eine empirisch-rekonstruktive Methode zur Analyse von handlungsleitendem Erfahrungswissen. „Bohnsack zielt damit vor allem auf eine empirisch-methodische Nutzung [...], die eine Rekonstruktion nicht nur des expliziten Wissens, sondern auch der impliziten, habitualisierten Ordnung erlauben soll" (Knoblauch 2005, S. 182).

Es ist festzuhalten, dass der Mannheimschen Konzeption die Annahme eines sich prinzipiell historisch verändernden Strukturzusammenhangs zugrunde liegt, der jedoch durch die Seinsverbundenheit der Individuen und der damit einhergehenden Prädisponierung von Denk- und Sichtweisen eine hohe Stabilität aufweist. Insofern handelt es sich hier um eine Struktur begrenzter Reichweite, d.h. einer Struktur „von übersituativer, aber dennoch raumzeitlich begrenzter Geltungsreichweite, die soziohistorisch kontingent, das heißt durch sozialen Wandel veränderbar ist" (Kelle 2007, S. 57). Über die Ebene des atheoretischen Sinns stehen alle Kulturgebilde in einem Sinn-

/Strukturzusammenhang und bilden die Totalität. Die Analyse dieser Totalität - bzw. von Ausschnitten aus dieser Totalität - erfolgt weniger über die Analyse des Was, sondern eher über die Analyse des Wie. „Die Frage nach dem *Wie* ist die Frage nach dem *modus operandi*, nach dem der Praxis zugrunde liegenden *Habitus"* (Bohnsack 2006a, S. 42). Die Fokussierung auf die Praxis resultiert aus dem Axiom, dass „Ursprung und Wirkung sozialer Struktur [...] das Handeln selbst" ist (Przyborski/Wohlrab-Sahr 2008, S. 275).

Diese Praxis ist durch die Mannheimsche Seinsverbundenheit aber ebenso an Merkmale der jeweiligen Lebens-/Erfahrungsräume gebunden, welche quantitativ analysierbar sind. Die dokumentarische Analyse fragt nicht nur nach dem Wie, sondern auch nach dem Wo. Wo ist der soziale Ort, der diese Praxen strukturiert? „Dies ist die Frage nach demjenigen Erfahrungsraum bzw. derjenigen Erfahrungsdimension, der diese Orientierung zuzurechnen ist bzw. genauer: innerhalb derer ihre (Sozio-)Genese zu suchen ist, also beispielsweise innerhalb der geschlechts- oder generationstypischen Dimension" (Bohnsack 2007b, S. 245). Wenn in den dokumentarischen Analysen festgestellt wird, dass z. B. Generation, Milieu und Geschlecht (vgl. Bohnsack 1989) relevante Merkmale des sich über die dokumentarische Sinnebene konstituierenden Strukturzusammenhangs sind, wird deutlich, dass relevante Merkmale von konjunktiven Erlebnisräumen sich quantitativen Analysen nicht prinzipiell verschließen. Auch mit quantitativen Analysen können Zusammenhänge zwischen Erscheinungen analysiert werden. Aufgrund der Tatsache, dass statistische Zusammenhangswerte noch nichts darüber aussagen, in welchen Sinnzusammenhängen diese stehen, müssen Letztere erst durch interpretierende Sinnzuschreibung erschlossen werden (vgl. Cicourel 1974). Dafür müssen bereits bestehende Theorien und Theoreme herangezogen werden, denn Zahlen allein besitzen keinen Sinn. Die Frage, die sich an diesem Punkt stellt, ist: Wenn zur Sinnzuschreibung von statistischen Zusammenhangsmaßen keine Theorien mit nomothetischem Anspruch herangezogen werden, sondern Theorien und Theoreme, die sich aus der dokumentarischen Analyse ergeben, sind die Ergebnisse der unterschiedlichen Methoden dann prinzipiell unvereinbar? Problematisch wäre eine Zusammenschau der Ergebnisse nur dann, wenn von keinem stabilen Strukturzusammenhang ausgegangen wird, also wenn die Ergebnisse der qualitativen Rekonstruktion nur idiografisch im engsten Sinne aufgefasst werden können. Dies ist aber mit dem Rekurs auf die Totalität als gleitende Basis innerhalb der Konzeption der Dokumentarischen Methode explizit nicht der Fall.

Wenn einmal festgestellt wurde, dass die Gegenstandskonzeptionen unterschiedlicher Methoden sich nicht widersprechen, ist die Frage, ob sich Ergebnisse aus den zwei unterschiedlichen Methoden kaleidoskopartig ergänzen oder validieren bzw. falsifizieren keine erkenntnistheoretische mehr. Vielmehr ist die Frage des Bezugs immer wieder neu zu entscheiden vor dem Hintergrund der spezifischen Forschungs- und Datensituation sowie der impliziten und expliziten Theorien.

Somit kann festgehalten werden, dass qualitative und quantitative Methoden allgemein und die Dokumentarische Methode sowie quantitative Verfahren im Besonderen *nicht* prinzipiell unvereinbar sind und dass die Frage der Bezugnahme von Ergebnissen aus unterschiedlichen Verfahren immer situationsspezifisch zu beantworten ist.

4.2.3 Methodisches Vorgehen

In der vorliegenden Untersuchung sollen sowohl quantitative Verfahren als auch die rekonstruktive, Dokumentarische Methode zur Analyse der Ausgrenzungs-risiken und Bearbeitungsmodi von Aussiedlerjugendlichen beim Übergang von der Schule in die Berufsausbildung zum Einsatz kommen.

Theoretisch wird - wie in Kapitel 4.1 dargelegt - eine sozialisations-theoretische Perspektive eingenommen. Die vorgestellte Mehrebenenkonzeption des Bronfenbrennerschen sozialökologischen Ansatzes macht eine Bearbeitung anhand von quantitativen Methoden möglich. Aber auch die rekonstruktive, Dokumentarische Methode ist an das sozialökologische Modell anschlussfähig. Zum ersten ist der Dokumentarischen Methode eine Sozialisationstheorie implizit, indem sie die Seinsverbundenheit des Denkens und Erfahrens konstatiert. „Die *genetische* Interpretation [Mannheims d.A.] zielt auf die der sozialisationsgeschichtlichen Entwicklung und der habitualisierten Alltagspraxis zugrunde liegende *Prozeßstruktur*, also auf den Habitus, auf die „generative Formel" oder den „modus operandi" des Habitus" (Bohnsack 1997, S. 58, Hervorhebung im Original). Zum anderen betont auch Bronfenbrenner nicht nur die Bedeutsamkeit „objektiver" Seinslagen - die auch bei Mannheim eine bedeutende Rolle spielen -, sondern ausdrücklich auch die Bedeutung der individuellen Bedeutungszuschreibung.

In der hier vorgelegten Studie erfolgen drei verschiedene empirische Zugriffe auf den Untersuchungsgegenstand in Form eines Phasenmodells von Triangulation (vgl. Krüger/Pfaff 2008). Ausgangspunkt ist eine quantitative Verlaufsanalyse - unter Verwendung von ereignisanalytischen und sequenzmusteranalystischen Verfahren - anhand der Daten des DJI-Übergangspanels. Im zweiten empirischen Zugriff werden Erkenntnisse aus der Verlaufsanalyse anhand verschiedener statistischer multivariater Verfahren vertiefend analysiert. Auf Grundlage der Ergebnisse der Sequenzmusteranalyse wurden in einem dritten Schritt jugendliche Aussiedler/innen für leitfadengestützte, narrative Interviews ausgewählt. Die Auswertung der

Interviews zielte auf eine sinngenetische Typenbildung der Orientierungs- und Bearbeitungsmuster im Übergang anhand der Dokumentarischen Methode.

Auch wenn die unterschiedlichen Zugriffe unterschiedliche Fokusse auf den Gegenstand haben, wurde eine integrierende, kumulative Strategie verfolgt. Jeder Analyseschritt baut auf Ergebnissen aus dem vorangegangen Analyseschritt auf. Dadurch ergeben sich spezifische methodische Fragen, die spezifischer Antworten bedürfen. Aus diesem Grund wurde auf eine ausführliche Darstellung der Methodik an dieser Stelle verzichtet und die methodologischen Erörterungen den einzelnen empirischen Teilen jeweils vorangestellt.

5 Empirischer Teil I: Verlaufsanalyse

5.1 Stichprobenbeschreibung

Die Datengrundlage für die folgenden Analysen bildet das DJI-Übergangspanel. Die Basiserhebung dieser als echtes Panel[20] angelegten Längsschnittuntersuchung fand im März 2004 an bundesweit 126 Hauptschulen bzw. Hauptschulzügen oder -zweigen an integrierten Sekundarschulen statt. Insgesamt wurden 3.900 Schüler im letzten Pflichtschuljahr befragt. Die Basiserhebung wurde in einer Paper-Pencil-Erhebung in den Klassenverbänden realisiert. Neben den Untersuchungsitems wurde in der Basiserhebung auch die Bereitschaft zur weiteren Beteiligung an der Längsschnittuntersuchung erfragt. Diese Bereitschaft bekundeten 2.900 Jugendliche. Dennoch gab es noch einmal einen Ausfall von ca. 500 Jugendlichen in der ersten Folgebefragung im Juni 2004, die insgesamt 2400 Jugendliche erfasste. Mit letzteren Jugendlichen wurde ein computergestütztes telefonisches Interview (CATI = Computer Assisted Telephone Interviewing) durchgeführt und zunächst halbjährig und ab November 2007 ganzjährig wiederholt (vgl Gaupp u.a. 2008, S. 7)

Den folgenden Analysen liegen die Daten der Basiserhebung und der ersten drei Wellen - welche als computergestütztes telefonisches Interview durchgeführt wurden (März 2004 -November 2005) - zugrunde.

Der Feldzugang zu den Schulen folgte keiner reinen Zufallsauswahl, sondern über folgende Zugänge:

- Schulen, die von örtlichen Kompetenzagenturen als Kooperationspartner benannt wurden.
- Schulen, welche sich am DJI-Netzwerk „Prävention von Schulmüdigkeit und Schulverweigerung" beteiligen.
- Schulen an Standorten der beruflichen Qualifizierungs-Netzwerke für junge Migrantinnen und Migranten (BQN)
- repräsentative Stichprobe von „Praxisklassen" an Hauptschulen in Bayern

Der Feldzugang ist insofern relevant, als Häufigkeitsangaben und Punktschätzer nicht einfach auf die Grundgesamtheit verallgemeinerbar sind. Unberührt davon bleiben aber Analysen der Zusammenhangsstruktur von Merkmalen. „Richtet sich […] die Aufmerksamkeit auf die Prüfung von Zusammenhangshypothesen, wohl das primäre Ziel akademischer Forschung, sind repräsentative Stichproben häufig ohnehin entbehrlich" (Diekmann 2009, S. 431). Wichtiger ist die

---

[20] Ein echtes Panel ist eine Befragungsform, bei der dieselben Personen zeitlich versetzt mehrmals befragt werden.

„Zufallsaufteilung auf die Versuchs- und Kontrollgruppe" (Diekmann 2009, S. 432). Da die folgenden Analysen auf Disparitäten zwischen Jugendlichen ohne Migrationshintergrund, jugendlichen Aussiedler/inne/n und Jugendlichen mit einem anderen Migrationshintergrund abzielen, also auf Zusammenhangs-analysen, stellt die Stichprobenziehung kein grundsätzliches Problem dar. Dennoch wurde die Substichprobe der Praxisklassen von den folgenden Analysen ausgeschlossen, da separate Analysen zeigten, dass die Gruppe der Praxisschüler/innen sich erheblich von den anderen Probanden unterscheiden (vgl. Baas u.a. 2011). Dies lässt sich damit begründen, dass die Einrichtung von Praxisklassen eine spezifische Intervention zur Förderung von Hauptschüler/inne/n darstellt, welche sich grundlegend von anderen Interventionen unterscheidet. Dadurch sind die Praxisklassen einem spezifischen Treatment ausgesetzt, das es bei den Jugendlichen anderer Zugänge in dieser Form nicht gibt. Demgegenüber zeigten sich nach dem Ausschluss der Praxisklassen keine Effekte mehr bezüglich der unterschiedlichen Zugänge.

Nach der Datenbereinigung verblieben somit 1729 Probanden in der Ausgangsstichprobe. In den Analysen wird sich aus theoretischen Gründen - vgl. Kapitel 2.2 - auf einen Vergleich der Gruppe der Aussiedler/innen (N=284), mit der Gruppe Jugendlicher mit anderem Migrationshintergrund (N= 727) sowie der Gruppe Jugendlicher ohne Migrationshintergrund (N= 718) beschränkt. „Als Aussiedler gelten Jugendliche, wenn sie selbst oder ihr Vater oder ihre Mutter oder ihr Großvater/Urgroßvater oder Großmutter/Urgroßmutter die deutsche Volkszugehörigkeit besitzen, aufgrund dessen aus einem anderen Land in die Bundesrepublik Deutschland eingewandert sind und über einen Aufnahmebescheid verfügen" (Skrobanek 2007, S. 17/18).

Migrationshintergrund heißt, „[...] der Befragte selbst bzw. mindestens ein Elternteil ist nicht in Deutschland geboren, hat (auch) eine andere als die deutsche Staatsbürgerschaft oder spricht zu Hause (auch) eine andere Sprache als deutsch" (Kuhnke/Lex/Reißig 2008, S. 35). Wenn diese Kriterien erfüllt sind und kein Aussiedlerstatus vorliegt, werden die Probanden zu der Gruppe der Jugendlichen mit einem *anderen* Migrationshintergrund zusammengefasst. Wenn im Folgenden von Jugendlichen deutscher Herkunft gesprochen wird, „[...] so sind damit Jugendliche gemeint, die keinen Migrationshintergrund aufweisen" (Kuhnke/Lex/Reißig 2008, S. 35). Bezogen auf das Geschlecht zeigt sich im Sample eine leichte Überrepräsentation der männlichen Jugendlichen allgemein sowie eine minimal stärkere Überrepräsentation bei den Jugendlichen mit Aussiedlerstatus (vgl. Abbildung 5-1).

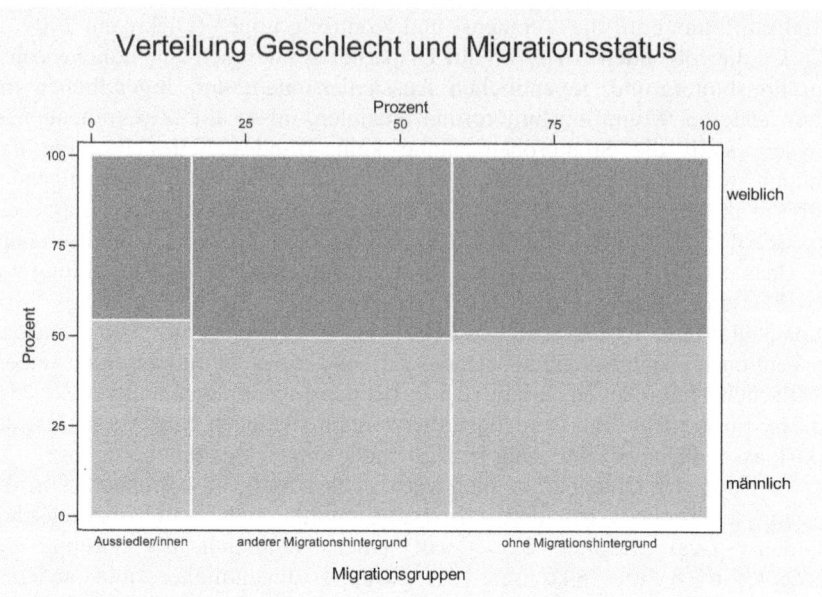

Abbildung 5-1: Verteilung Geschlecht und Migrationsgruppe

Ein zentrales Problem bei Panelanalysen ist die Panelmortalität, also die Ausfallquote von Probanden von Erhebungszeitpunkt zu Erhebungszeitpunkt. Diese Ausfälle können nicht nur zufälliger, sondern auch systematischer Natur sein, mit allen Folgeproblemen für die Auswertungen der Daten. Ralf Kuhnke kommt nach Analysen zur Panelmortalität im Übergangspanel zwar zu dem Ergebnis, dass der Anteil von Jugendlichen mit Migrationshintergrund zunimmt, also eine stärkere Ausfalltendenz bei Jugendlichen ohne Migrationshintergrund zu verzeichnen ist. Nach einer Analyse der Ausfallgründe kam er jedoch zu der Schlussfolgerung, dass nur „relativ geringe Verzerrungstendenzen" durch den Ausfall zu verzeichnen sind (Kuhnke 2008, S. 223).

Die räumliche Zusammensetzung der in dieser Analyse berücksichtigten Befragten ist in der Abbildung 5-2 dargestellt. Die Kreisdiagramme geben zum einen die Verteilung von Jugendlichen mit Aussiedlerstatus, Jugendlichen mit anderem Migrationshintergrund und autochthonen Jugendlichen länderspezifisch an. Zum anderem entspricht die Größe der Kreisdiagramme der entsprechenden Fallzahl.

Zudem wurde in der Grafik die regionale Konzentration von Aussiedler/inne/n nach vorliegenden Daten des Mikrozensus 2005 abgetragen.

Je dunkler das entsprechende Bundesland eingefärbt ist, desto mehr Aussiedler/innen leben in diesem Bundesland. Wird die Stichprobenverteilung mit den Daten des Mikrozensus verglichen, zeigt sich eine relativ gute Passung von Stichprobe und Grundgesamtheit in Bezug auf die Gruppe der Aussiedler/innen und deren regionale Konzentration.

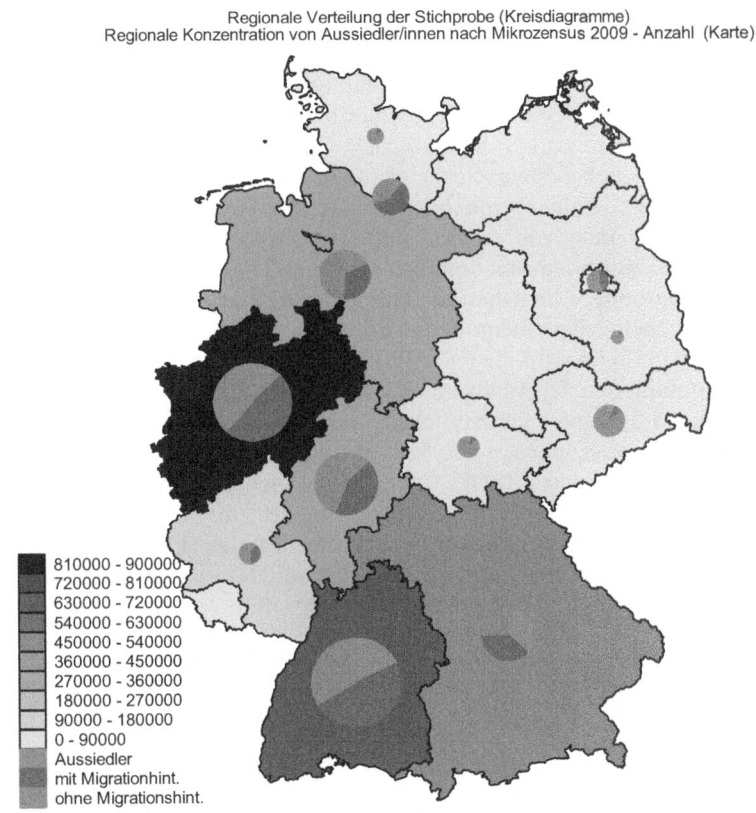

Abbildung 5-2: Regionale Verteilung der Stichprobe

5.2 Ereignisdatenanalyse

In der Lebenslaufforschung, unter die die Übergangsforschung subsumiert werden kann, dominiert zumindest in ihrer quantitativen Ausrichtung die Ereignisdatenanalyse.[21] „*Event history analysis* is a term commonly used to describe a variety of statistical methods that are designed to describe, explain or predict the occurrence of events" (Allison 2004, S. 369).

Zu den geläufigsten Verfahren in der Ereignisdatenanalyse zählen die Kaplan-Meier-Schätzung und die Hazardrate. Die Ergebnisse dieser beiden Verfahren sind in Abbildung 5-3 für das Ereignis *Ersteintritt in Ausbildung/Lehre* dargestellt. „Neben der dualen betrieblichen Ausbildung umfasst die Kategorie ‚Ausbildung' auch die vollzeitschulische Ausbildung in beruflichen Schulen sowie die staatlich geförderte außer- und überbetriebliche Ausbildung in speziellen Ausbildungseinrichtungen" (Reißig/Gaupp/Lex 2008, S. 65). Dabei wurden die Gruppen Aussiedler/innen, Jugendliche mit anderem Migrationshintergrund und Jugendliche ohne Migrationshintergrund unterschieden. Der Kaplan-Meier-Schätzer (*auch Produkt-Limit-Schätzer*) wird zur Schätzung der Wahrscheinlichkeit, dass bei einem Probanden ein bestimmtes Ereignis innerhalb eines Zeitintervalls *nicht* eintritt, genutzt. Zu Beginn des Beobachtungsfensters befinden sich sämtliche Jugendliche in der so genannten Risikogruppe. Alle haben zu Beginn das Risiko in Ausbildung/ Lehre einzutreten. Je mehr Personen einer Gruppe diesen Schritt tatsächlich vollziehen, desto geringer wird die Risikogruppe.

Die kumulierten Übergangsraten anhand des Kaplan-Meier-Schätzers (vgl. Abbildung 5-3 rechts) verdeutlichen, dass in den ersten fünf Monaten 18,6% der Aussiedler/innen, 19,5% der Jugendlichen mit anderem Migrationshintergrund und 35,0% der Jugendlichen ohne irgendeinen Migrationshintergrund in eine Ausbildung eingetreten sind. Anschließend verändern sich die Überlebenskurven für mehrere Monate kaum. Dies zeigt, dass in diesem Zeitraum nur sehr wenige Jugendliche in Ausbildung/Lehre wechseln, was hinsichtlich der strukturellen Organisation von Ausbildung nach Ausbildungsjahren plausibel ist.

---

[21] engl. Event history analysis. Andere geläufige Bezeichnungen sind Ereignisanalyse und Überlebensdaueranalyse (survival analysis).

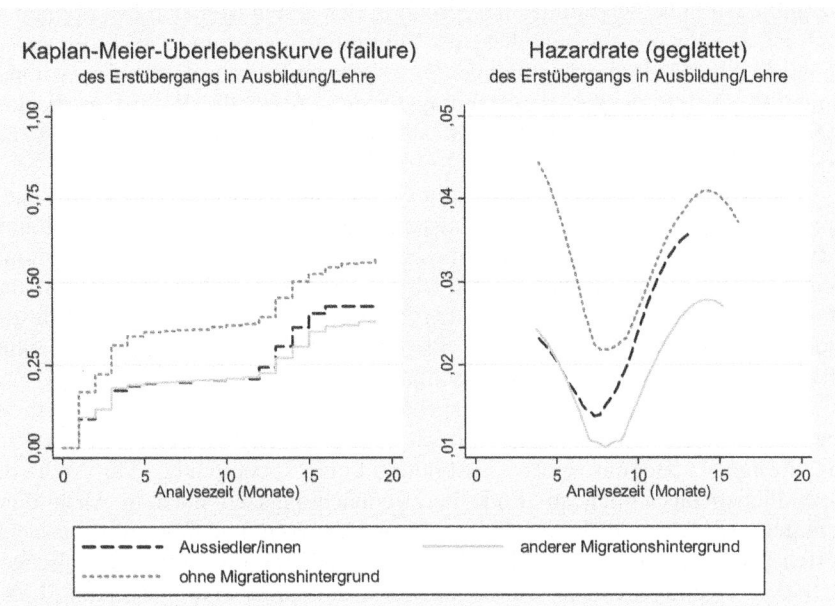

Abbildung 5-3: Überlebenskurve und Hazardrate für Ersteintritt in Ausbildung/Lehre

Nach ca. einem Jahr treten Jugendliche aller Gruppen wieder verstärkt in Ausbildung/Lehre ein. Von dieser Entwicklung profitieren überproportional die Aussiedler/innen. Ihre Kurve löst sich von derjenigen der Jugendlichen mit anderem Migrationshintergrund ab und nähert sich der Kurve der Jugendlichen ohne Migrationshintergrund. Am Ende der Beobachtungszeit haben 42,6% der Aussiedler/innen, 37,5% der Jugendlichen mit anderem Migrationshintergrund und 57,2% der Jugendlichen ohne Migrationshintergrund den Übergang in eine Ausbildung/Lehre zumindest einmal vollzogen.

Die Feststellung, dass besonders in den ersten und letzten Monaten des Beobachtungsfensters eine Ausbildung/ Lehre aufgenommen wird, zeigt auch deutlich die Hazardrate. „Der `hazard` gibt die Wahrscheinlichkeit an, dass das Ereignis in einem sehr kurzen zeitlichen Intervall - sofern das Ereignis nicht schon vorher eingetreten ist - stattfindet" (Stein/Noack 2007, S. 14). Die Hazardrate kann somit als das spezifische Risiko für einen Zustandswechsel zu einem spezifischen Zeitpunkt interpretiert werden. Der Abbildung 5-3 ist zu entnehmen, dass die Wahrscheinlichkeit einer Ausbildung/Lehre für die

Jugendlichen ohne Migrationshintergrund in den ersten Monaten fast doppelt so hoch ist wie für die Jugendlichen mit Migrationshintergrund. Nach den ersten Monaten fällt die Wahrscheinlichkeit eines Zustandswechsels für alle Gruppen rapide ab. Am Ende des Beobachtungsfensters steigt die Wahrscheinlichkeit wieder für alle Gruppen an, am stärksten jedoch für die Gruppe der Aussiedler/innen.

Insgesamt zeigt sich, dass die Gruppe der Aussiedler/innen, die nach den ersten fünf Monaten die geringsten Übertrittsraten in eine Ausbildung aufweisen, am Ende der Beobachtungszeit ihre Übertrittsrate überproportional steigern konnten. Die Differenz der Übergangsrate zwischen Monat fünf und Monat 19 beträgt für Aussiedler/innen 24 Prozentpunkte, für Jugendliche mit anderem Migrationshintergrund 18 Prozentpunkte und für Jugendliche ohne Migrationshintergrund 22,2 Prozentpunkte.

So aufschlussreich diese Ergebnisse sind, bleiben bei dieser Methode dennoch mehrere Fragen offen. Bei den eben dargestellten Analysen wird nur das Ereignis „Beginn einer Ausbildung/Lehre" betrachtet. Ob sich die Jugendlichen tatsächlich am Ende der Beobachtungszeit noch in Ausbildung befinden, ist damit nicht impliziert. Es lassen sich nur folgende Aussagen treffen: Bis zum Ende des Beobachtungsfensters beträgt die Wahrscheinlichkeit für einen Jugendlichen mit Aussiedlerstatus, einmal in eine Ausbildung/Lehre einzutreten, 42,6%. Ob die Jugendlichen nur einen Monat die Lehre durchlaufen und anschließend abgebrochen haben, ist mit dieser Analyse nicht zu beantworten.

Eine weitere offene Frage, auf die in der Diskussion zum Übergang allgemeinbildende Schule - berufliche Ausbildung immer wieder hingewiesen wird, ist die methodisch begründete Unterbelichtung von Schleifen oder alternativen Wegen. In den eben vorgestellten Ergebnissen wird nur die Zeit bis zum Ereigniseintritt in der Analyse berücksichtigt. Was genau in der Zeit passiert ist, kann damit nicht beantwortet oder erhellt werden. Es ist aber nicht nur relevant, ob ein Jugendlicher einen Ausbildungsplatz bekommt oder nicht, sondern auch die Frage nach dem Wie ist bedeutsam.[22] An dieser Stelle kann die Sequenzmusteranalyse nach dem Optimal-Matching-Verfahren weiterhelfen.

---

[22] Es soll nicht unerwähnt bleiben, dass die Ereignisdatenanalyse über weit mehr Verfahren als die soeben dargestellten verfügt und es möglich ist, vorangegangene Zustände als Dummy-Variablen in Analysen zu berücksichtigen. Dennoch kommt die Ereignisdatenanalyse durch die Ereigniszentrierung bei komplexen Verläufen schnell an ihre Grenzen.

5.3 Sequenzmusteranalyse nach dem Optimal-Matching-Verfahren

Die Sequenzmusteranalyse[23] bietet den Vorteil, dass nicht nur einzelne Ereignisse untersucht, sondern dass einzelne Verläufe (z. B. Übergänge) in ihrer Gesamtheit in den Blick genommen und kategorisiert werden können. Nicht ein einzelnes Ereignis steht dabei im Vordergrund, sondern der Verlauf an sich. „Alle anderen Methoden der Lebensverlaufsforschung verlieren den Blick auf die Gesamtheit der Ereignisse in einem Leben und konzentrieren sich auf einzelne Schrittabfolgen" (Aisenbrey 2000, S. 119). Das bedeutet aber nicht, dass die Sequenzmusteranalyse nach dem Optimal-Matching-Verfahren ein Ersatz für eine Ereignisdatenanalyse wäre. Vielmehr ist es ein *exploratives Verfahren* für Längsschnittdaten, das die Lage, die Länge und die Abfolge von Ereignissequenzen berücksichtigt. Es ist somit ein „Instrument, das in der Lage ist, komplexe Verläufe nach Strukturähnlichkeiten zu ordnen" (Erzberger/Prein 1997, S. 54).

Obwohl die sozialwissenschaftliche Anwendung der Sequenzmusteranalyse auf eine mittlerweile fast 20-jährige Tradition blicken kann und etliche deutsche Einführungsartikel (Erzberger/Prein 1997; Brüderl/Scherer 2006; Aisenbrey 2000; Scherer/Brüderl 2010) und auch entsprechende Software (TDA, Stata, Optimize) vorliegen, ist diese Methode dennoch weitgehend unbekannt. Vor diesem Hintergrund und weil die Analyseergebnisse des Optimal-Matching-Verfahrens als Grundlage für die spätere qualitative Analyse dienen, werden im Folgenden nicht nur die Ergebnisse dargestellt, sondern an den entsprechenden Stellen wird zudem das Verfahren selbst beschrieben.

Im Zentrum einer Sequenzmusteranalyse steht die Sequenz. „Eine Sequenz ist eine geordnete Liste von Elementen" (Brüderl/Scherer 2006, S. 330). In der vorliegenden Arbeit bilden die Sequenzen probandenbezogene Verläufe, welche aus zeitkontinuierlich geordneten, monatsgenau erfassten Zuständen (Status) bestehen. Die Hauptschuljugendlichen wurden in mehreren Follow-up Cati-Befragungen gebeten, ihren Weg nach Verlassen der Hauptschule monatsgenau zu beschreiben. Die möglichen Zustände sind in Tabelle 5-1 angegeben.[24]

---

[23] Die Sequenzmusteranalyse erfolgte anhand des von Ulrich Kohler, Magdalena Luniak und Christian Brzinsky-Fay entwickelten sq-Programmpaketes für Stata (vgl. Brzinsky-Fay/Kohler/Luniak 2006).

[24] Der Status *freiwilliges Jahr* wurde vom Status *Zivildienst/Wehrdienst* getrennt erhoben, aber nachträglich durch den Autor wegen zu geringer Fallzahl zusammengefasst.

Tabelle 5-1: Zustandsraum (Status)

Nummer	Zustand/ Status
1	allgemeinbildende Schule
2	Übergangssystem
3	Ausbildung oder Lehre
4	Arbeit
5	Praktikum
6	freiwilliges Jahr/ Wehrdienst/ Zivildienst
7	nicht erwerbstätig/ ohne Ausbildung/Arbeit

Der Status *allgemeinbildende Schule* „ […] umfasst neben allgemeinbildenden Schulen auch die berufsbildenden Schulen, wenn dort ein allgemeinbildender Schulabschluss erlangt werden soll" (Reißig/Gaupp/Lex 2008, S. 66).
Unter die Bezeichnung *Übergangssystem*

> „[...] werden alle Angebote gefasst, die eine Vorbereitung oder Orientierung auf einen Beruf darstellen. Neben schulischen Angeboten zur Berufsvorbereitung in Berufsschulen, Berufsfachschulen oder Berufskollegs (z. B. BVJ, BGJ) sind dies sonstige berufsvorbereitende Maßnahmen (z. B. von der Bundesagentur für Arbeit geförderte berufsvorbereitende Bildungsmaßnahmen BvB)" (Reißig/Gaupp/Lex 2008, S. 66).

Der Status *Ausbildung oder Lehre* umfasst - wie bereits beschrieben - neben der dualen Ausbildung auch vollzeitschulische und außer- sowie überbetriebliche Ausbildung.

Unter *Arbeit* soll im Folgendem ungelernte Arbeit verstanden werden, da nach Beendigung der Pflichtschulzeit nicht davon ausgegangen werden kann, dass eine Ausbildung, auf die sich das Arbeitsverhältnis stützen kann, vorliegt.

Wenn der Jugendliche bzw. die Jugendliche ein *Freiwilliges Jahr* (FSJ/FÖJ) absolvierte oder in den *Wehrdienst/Zivildienst* eingetreten ist, wird dies mit dem Status Nummer sechs gekennzeichnet. Unter *Praktikum* wird eine un- bzw. geringfügig vergütete zeitlich befristete Tätigkeit verstanden. Der Status *nicht erwerbstätig bzw. ohne Ausbildung/Arbeit* „[…] umfasst neben denen, die sich bei der Arbeitsagentur als arbeitssuchend gemeldet haben auch diejenigen, die nicht als arbeitssuchend registriert sind, also einfach nichts tun, Urlaub machen oder im Mutterschutz oder in der Erziehungszeit sind. Der überwiegende Teil der Jugendlichen in dieser Kategorie ist jedoch als arbeitssuchend gemeldet" (Reißig/Gaupp/Lex 2008, S. 67).

Werden den Monaten die einzelnen Zustände zugeordnet, in denen sich der/die Jugendliche in diesem Zeitraum befanden, ergibt sich eine Sequenz. In Tabelle 5-2 ist die Sequenz eines einzelnen Jugendlichen abgetragen. Der befragte Jugendliche hat in den ersten zehn Monaten nach der Pflichtschulzeit eine *allgemeinbildende Schule (Status 1)* besucht. Nach zwei Monaten *nicht erwerbstätig/ nicht in Ausbildung (Status 7)* hat er eine Maßnahme des *Übergangssystems (Status 2)* begonnen (Monate 13-16). Damit ergeben sich drei Episoden. Episoden sind zeitlich zusammenhängende Abschnitte mit demselben Zustand.

Tabelle 5-2: Beispielsequenz

Monat	1	2	3	4	5	6	7	8	9	10	11	12	13	14	15	16
Status	1	1	1	1	1	1	1	1	1	1	7	7	2	2	2	2

Diese spezifische Formung der Sequenz stellt ein Sequenzmuster dar. Während im vorliegenden Datensatz die Anzahl der Sequenzen der Anzahl der Probanden entspricht, wäre es hypothetisch auch möglich, dass lediglich ein einziges Sequenzmuster auftritt, wenn alle Befragten monatsgenau den gleichen Übergang vollziehen. Dies ist im vorliegenden Datensatz aber schon deshalb nicht möglich, weil sich aus strukturellen Gründen die Sequenzlängen unterscheiden (vgl. Tabelle 5-3).

Tabelle 5-3: Häufigkeiten der Sequenzlängen

Länge der Sequenz	Häufigkeit
15 Monate	29
16 Monate	563
17 Monate	427
18 Monate	536
19 Monate	174
Probanden Total	1729

Die Unterschiede in den Sequenzlängen lassen sich auf die föderale Struktur des bundesdeutschen Bildungssystems zurückführen. Der Datensatz ist rechtszensiert zum Zeitpunkt Dezember 2005. Der Beginn des Übergangs nach der Pflichtschulzeit variiert zwischen den Bundesländern ferienbedingt. Dieser Beginn der ersten Episode kovariiert hoch signifikant ($\chi 2$ sig=.000) mit den unterschiedlichen Bundesländern.

Ein neuralgischer Punkt ist der Umgang mit Datenlücken (Gap's) zwischen den erhobenen Episoden. Damit sind nicht Episoden gemeint, die sich durch den Status „nicht erwerbstätig/ nicht in Ausbildung" kennzeichnen. Vielmehr geht es um Zeiten, über die keine Informationen vorliegen. Das Pendant in klassischen Datensätzen ist das „missing".

In der Sequenzmusteranalyse besteht zum einen die Möglichkeit, Jugendliche mit Gap's insgesamt aus der Analyse auszuschließen oder zum anderen für die Fehlmonate einen eigenen Zustand einzuführen, was den Zustandsraum erhöhen würde. Diese Lösungen sind beide sinnvoll bei Auftreten längerer Fehlzeiten. Nach der Überprüfung der Datenlückenstruktur zeigte sich, dass keine Lückenepisode länger als drei Monate im vorhandenen Datensatz anhält und dieser maximale Lückenzeitraum auch nur bei 23 Jugendlichen zu beobachten ist. Gerade in der Übergangszeit zwischen Schule in den Beruf und den damit verbundenen Wechseln zwischen verschiedenen Zuständen sind kürzere Wartezeiten nicht untypisch.

Dem folgend wird eine dritte Lösung präferiert. Es wurde kein eigener Zustand (Status) für die Lücken eingeführt, sondern diese als kürzere Wartezeiten sich abbildenden Zeiträume wurden dem Zustand *nicht erwerbstätig/ nicht in Ausbildung/Arbeit* zugeordnet.

Eine Sequenzmusteranalyse nach dem Optimal-Matching-Verfahren folgt nach Christian Brzinsky-Fay, Ulrich Kohler und Magdalena Luniak folgenden Schritten: Der allgemeinen Beschreibung der Sequenzen folgt die Visualisierung durch Sequenzindexplots (SQIP). Auf der Grundlage dieser Informationen und weiterer theoretischer Überlegungen erfolgt das eigentliche Optimal-Matching. Die Ergebnisse des Optimal-Matching werden anschließend gruppiert, was im Allgemeinen anhand von clusteranalytischen Verfahren erfolgt. Die so identifizierten Gruppen können dann in weiteren multi- bzw. univariaten Verfahren als abhängige bzw. unabhängige Variable näher untersucht werden (vgl. Brzinsky-Fay/Kohler/Luniak 2006).

Dieser Logik soll bei der Vorstellung der Ergebnisse gefolgt werden.

5.3.1 Beschreibung der Sequenzen

Für einen ersten Überblick, werden zunächst einige spezifische Maßzahlen und Verteilungen inspiziert. Insgesamt enthält der Datensatz 675 unterschiedliche Sequenzmuster (vgl. Tabelle 5-4). Dies würde bei insgesamt 1729 Jugendlichen bedeuten, dass sich durchschnittlich immer drei Jugendliche ein bestimmtes Sequenzmuster teilen. Dass dies aber in dieser Form nicht der Fall ist, zeigt ebenfalls Tabelle 5-4. Ausgegeben wurde lediglich der oberste und unterste Ausschnitt der sehr langen Gesamttabelle.

Tabelle 5-4: Konzentration der Sequenzen

Beobachtungshäufigkeit	Sequenz
1	529
2	63
3	24
4	11
5	8
(output omitted)	
83	1
85	1
146	1
Total	675

Der Tabelle lässt sich entnehmen, dass es 529 unterschiedliche Sequenzmuster gibt, die jeweils nur ein einziges Mal im Sample vorkommen. Dies trifft auf einen Anteil von 30,6% der befragten Jugendlichen zu. Auf der anderen Seite zeigt sich, dass ein ganz spezifisches Übergangssequenzmuster existiert, das mit 146 mal am häufigsten im Sample vorkommt, also auf 146 Jugendliche zutrifft.

Die Maßzahl für die Konzentration der Sequenzen ist im vorliegendem Fall 39,04. Ein Wert von 100 ergäbe sich dann, wenn "all observed sequences were unique (no concentration)" (Brzinsky-Fay/Kohler/Luniak 2006, S. 441). Ein Wert von 0 bedeutet im Umkehrschluss, es existiert nur ein Sequenzmuster, das alle Sequenzen beinhaltet. Das Konzentrationsmaß für die vorliegende Stichprobe beträgt 39,04, was auf eine relativ hohe Sequenzkonzentration hinweist.

Die zehn häufigsten Sequenzmuster, die in Tabelle 5-4 noch nicht vollständig aufgeführt wurden, sind in Tabelle 5-5 detailliert aufgelistet. Das häufigste Sequenzmuster mit 146 Fällen ist der weitere Besuch einer *allgemeinbildenden Schule* nach der Pflichtschulzeit. Das bedeutet, dass 8,4% der befragten Jugendlichen diese Übergangsform vollzogen haben. Insgesamt umfassen die zehn häufigsten Sequenzmuster 36,32% aller Jugendlichen. Beim zweit- und dritthäufigsten Sequenzmuster fällt auf, dass beide durchgängig aus dem Zustand 3 *Ausbildung oder Lehre* bestehen. Lediglich die Länge ist um einen Monat unterschiedlich. Im Grunde sind diese Sequenzmuster inhaltlich gleich, wenn der bereits erwähnte Sachverhalt der unterschiedlichen Ferien- und Schulzeiten in den Bundesländern berücksichtigt wird. Der Umstand der unterschiedlichen Längen kann durch eine andere Darstellungsform ausgeblendet werden (siehe Tabelle 5-6).

Tabelle 5-5: Die zehn häufigsten Sequenzmuster

Rangplatz	Sequenzmuster	Beobachtungshäufigkeit
1	1111111111111111	146
2	3333333333333333	85
3	33333333333333333	83
4	1111111111111111	74
5	7711111111111111111	74
6	773333333333333333	68
7	711111111111111111	28
8	733333333333333333	26
9	1111111111171111	23
10	2222222222222222	21

Note: Insgesamt beinhalten die 10 häufigsten Sequenzmuster 628 Sequenzen.

Die Tabelle 5-6 bezieht sich auf die Ordnung der Zustände. Es wird nicht mehr das Sequenzmuster mit den monatsgenauen Zuständen berücksichtigt, sondern die Darstellungsform konzentriert sich auf das Auftreten von Zuständen und in welcher Reihenfolge dies geschieht. Die zeitlichen Längen der Zustände spielen an dieser Stelle keine Rolle. Es ist aus der ersten Zeile der Tabelle 5-6 zu entnehmen, dass es 233 Jugendliche gibt, deren beobachteter Übergang nur aus Zustand 1 *allgemeinbildende Schule* besteht, also es sich um Jugendliche handelt, die durchgängig nach Beendigung ihrer Pflichtschulzeit weiterhin eine allgemeinbildende Schule besucht haben.

Der dritten Zeile der Tabelle 5-6 ist zu entnehmen, dass insgesamt 160 Jugendliche existieren, deren Übergang mit dem Zustand *nicht erwerbstätig/ nicht in Ausbildung* (7) beginnt und irgendwann in den Zustand *allgemeinbildende Schule* (1) wechselt.

In der vorausgegangenen Tabelle 5-5 gibt es zwei Sequenzmuster, die der Sequenzordnung „73" entsprechen (siehe Zeile sechs und Zeile acht). Addiert man diese Häufigkeiten (Zeile 6=68 Jugendliche, Zeile 8=26 Jugendliche), so ergibt sich eine Gesamtzahl von 94 Jugendlichen, auf die die Sequenzordnung „73" zutrifft. Verglichen mit den 159 Jugendlichen aus Tabelle 5-6 (Zeile vier) zeigt sich, dass es noch 65 weitere Sequenzen von Jugendlichen mit der Sequenzordnung „73" gibt, die mit einer Episode *nicht erwerbstätig/ nicht in Ausbildung* beginnen und dann in den Status *Ausbildung/Lehre* überwechseln. Dies wären z. B. Jugendliche, die drei oder mehr Monate auf ihre Ausbildung warten mussten.

Tabelle 5-4, Tabelle 5-5 und Tabelle 5-6 zeigen eine Parallelität von Heterogenität und Homogenität der Übergangsstruktur. Die zehn häufigsten Sequenzmuster (Tabelle 5-5) umfassen bereits 628 von 1729 Jugendlichen. Es gibt jedoch 675 (vgl. Tabelle 5-4) unterschiedliche Sequenzmuster, also noch 665 weitere Muster.

Tabelle 5-6: Die zehn häufigsten Sequenzordnungen

Rangplatz	Sequenzordnung	Beobachtungshäufigkeit
1	1	233
2	3	179
3	71	160
4	73	159
5	173	61
6	171	50
7	13	45
8	12	37
9	172	36
10	72	36

In die Richtung der Parallelität von Heterogenität und Homogenität weist auch die hohe Zahl von Jugendlichen, die keinen bzw. lediglich einen Zustandswechsel vollziehen, bei einer gleichzeitig nicht unerheblichen Menge von Jugendlichen mit mehr oder minder häufigen Brüchen. Der Tabelle 5-7 ist zu entnehmen, dass bei 71,26% der befragten Jugendlichen die Übergangssequenzen lediglich aus einer bzw. zwei Episoden bestehen. Episoden werden - wie bereits erwähnt - als Abschnitte von gleichen Elementen verstanden. Probanden mit nur einer Episode befinden sich seit Beginn des Beobachtungsfensters in einem spezifischen Zustand und ändern diesen bis zum Ende der Beobachtung nicht. Sie sind somit mit keinem Bruch bzw. Zustandswechsel, außer dem Einstieg in den Übergang an sich, konfrontiert. 28,75% der Jugendlichen haben neben dem Einstieg drei und mehr Zustandswechsel zu bewältigen bzw. zu verarbeiten.

Tabelle 5-7: Anzahl der Episoden

Anzahl der Episoden	Häufigkeit	Prozent	Kumulierte Prozente
1	462	26,72	26,72
2	770	44,53	71,26
3	445	25,74	96,99
4	46	2,66	99,65
5	5	0,29	99,94
6	1	0,06	100,00
Total	1729	100,0	

Die Anzahl der Episoden kann bereits für einen ersten sequenz-musteranalytischen Vergleich zwischen Aussiedlerjugendlichen, Jugendlichen mit einem anderen Migrationshintergrund und jenen ohne Migrations-hintergrund verwendet und den bereits dargestellten ereignisanalytischen

Ergebnissen (siehe Kapital 5.2) gegenübergestellt werden. So zeigt Tabelle 5-8, dass Aussiedler/innen mit einem Mittelwert von 2,56 durchschnittlich mehr von Brüchen belastet sind als alle anderen Jugendlichen. Eine einfaktorielle ANOVA[25] mit anschließendem Scheffe-Test ergab, dass sich die Gruppe der Jugendlichen ohne Migrationshintergrund signifikant von den anderen Gruppen unterscheiden. Zwischen den Jugendlichen mit Aussiedlerstatus und den Jugendlichen mit anderem Migrationshintergrund sind die Unterschiede nicht statistisch signifikant.

Tabelle 5-8: Mittelwert der Anzahl der Episoden nach Status

	Mittelwert	Standard Abweichung	Häufigkeit
Aussiedler/innen	2,6	1,2	284
anderer Migrationshintergrund	2,5	1,1	727
ohne Migrationshintergrund	2,3	1,2	718
Total	2,4	1,2	1729

5.3.2 Visualisierung der Sequenzen
Neben diesem ersten statistischen Einblick in die Übergangsstruktur gibt es die Möglichkeit der bildgebenden Verfahren. Abbildung 5-4 ist ein so genannter Sequenzindexplot (SQIP).

Die Übergangssequenz eines/r jeden einzelnen Befragten wird in einer Linie, die orthogonal auf der y-Achse steht, abgetragen. Die y-Achse gibt die Anzahl der Jugendlichen an. Die Sequenzen beginnen zu unterschiedlichen Zeitpunkten, enden aber alle zum gleichen Zeitpunkt. Dennoch wurde auf eine rechtsbündige Anordnung verzichtet. Dies kann mit der Unterscheidung zwischen Kalenderzeit und Prozesszeit begründet werden. Die Kalenderzeit zu Beginn des Übergangs der einzelnen Jugendlichen variieren, die Prozesszeit, der Übergang, fängt jedoch für alle bei Null an. Besser verständlich wird dies eventuell am Beispiel der Geburt. Der Prozess, das Leben eines Menschen, beginnt irgendwann in der Kalenderzeit und zwar bei Null. Zwar ist bekannt, dass es Kohorten-Effekte gibt, die sich auf die Kalenderzeit und nicht auf die Prozesszeit beziehen, diese sind aber bei einer Varianz von ein bis vier Monaten auszuschließen.

Zunächst ist in Abbildung 5-4 zu erkennen, dass über 500 Jugendliche direkt nach der Hauptschule in eine *allgemeinbildende Schule* (blau) wechseln.

---

[25]   Eine ANOVA (**analysis of variance**) ist ein varianzanalytisches Verfahren, mit dem geprüft werden kann, ob sich die Mittelwerte verschiedener Gruppen bezüglich einer metrischen abhängigen Variable signifikant unterscheiden (vgl. Brosius 2006, S. 495 ff.).

Aber ebenso ersichtlich wird, dass weit weniger als 500 Jugendliche diesen Status bis zum Ende des Beobachtungszeitraumes beibehalten. Für viele Jugendliche scheint es nach ca. einem Jahr eine Zäsur zu geben. Danach steigt die Heterogenität insgesamt stark an. Bereits die Ergebnisse aus der Ereignisanalyse (siehe Kapitel 5.2) haben gezeigt, dass nach ca. einem Jahr eine starke Veränderungswelle einsetzt.

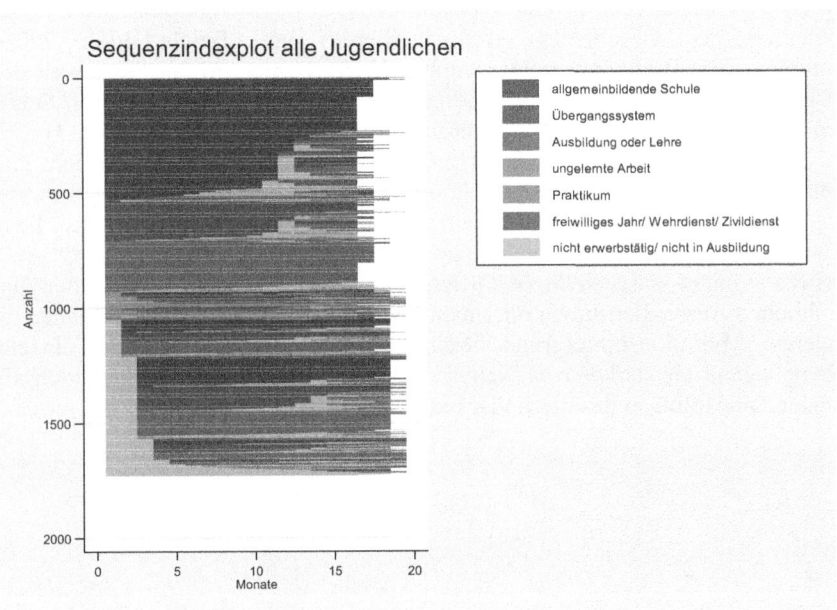

Abbildung 5-4: Sequenzindexplot – alle Jugendlichen

Auch an dieser Stelle kann geprüft werden, ob sich die Übergangsstrukturen zwischen den Aussiedler/innen, den Jugendlichen mit anderem Migrationshintergrund und den Jugendlichen ohne Migrationshintergrund grundlegend unterscheiden. Wie aus dem optischen Vergleich der Sequenzindexplots in Abbildung 5-6 ersichtlich wird, gibt es zwar Unterschiede in der mengenmäßigen Verteilung der Sequenzen, aber die Gesamtstrukturen ähneln sich doch sehr. Bei der Interpretation der Sequenzindexplots ist unbedingt zu beachten, dass die Fallzahlen zwischen den Gruppen variieren (siehe y-Achse). Dennoch wird deutlich, dass die Gruppe der Jugendlichen, die direkt nach der Pflichtschulzeit in eine *Ausbildung/Lehre* (grün) überwechseln konnten und dort bis zum Ende der Beobachtungszeit verblieben, einen geringeren Anteil bei den jugendlichen Aussiedler/innen und den Jugendlichen mit anderem Migrationshintergrund haben als bei den Jugendlichen ohne Migrationshintergrund.

Dies deckt sich mit den in Kapitel 5.2 dargestellten Ergebnissen der Ereignisanalyse, nach der die Jugendlichen mit Migrationshintergrund insgesamt geringere Übergangsraten in *Ausbildung/Lehre* aufweisen.

Es ist aus der Literatur bekannt, dass die Übergangsstrukturen auch bezüglich des Geschlechts stark variieren (vgl. Beicht/Ulrich 2008a; Autorengruppe Bildungsberichterstattung 2010). Um zu prüfen, inwieweit dies auch für die vorliegende Stichprobe zutrifft, wurden in einem weiteren Schritt Sequenzindexplots nach Geschlechtszugehörigkeit erstellt (Abbildung 5-5).

Beim Vergleich der Übergänge nach Geschlecht wird deutlich, dass mehr Mädchen weiterhin die Schule besuchen und etwas mehr Jungen in eine Ausbildung überwechseln. Es wird aber ebenfalls deutlich, dass keine grundlegenden geschlechtsbedingten Strukturunterschiede bestehen. Auch weitere - nicht dargestellte - Differenzierungen zwischen männlichen und weiblichen Aussiedler/inne/n oder männlichen und weiblichen Jugendlichen mit anderem Migrationshintergrund bestätigen die Grundtendenz, dass einzelne Übergangsmuster stärker bzw. schwächer besetzt sind, aber sich dennoch alle Sequenzindexplots in ihrer Grundstruktur sehr ähneln.

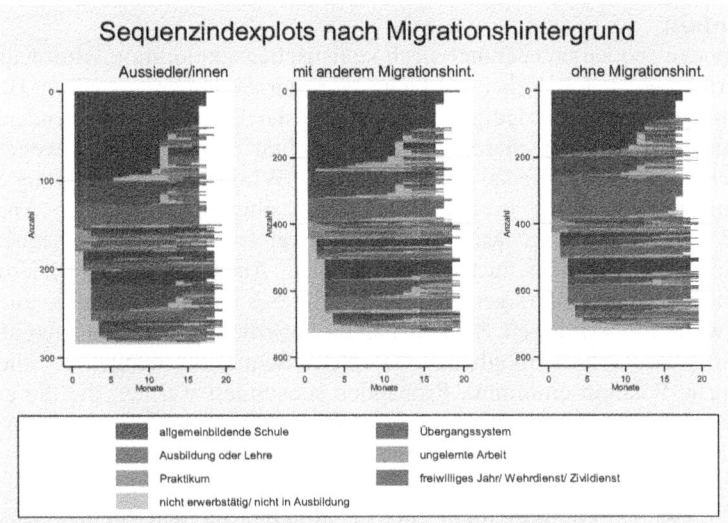

Abbildung 5-6: Sequenzindexplots nach Migrationshintergrund

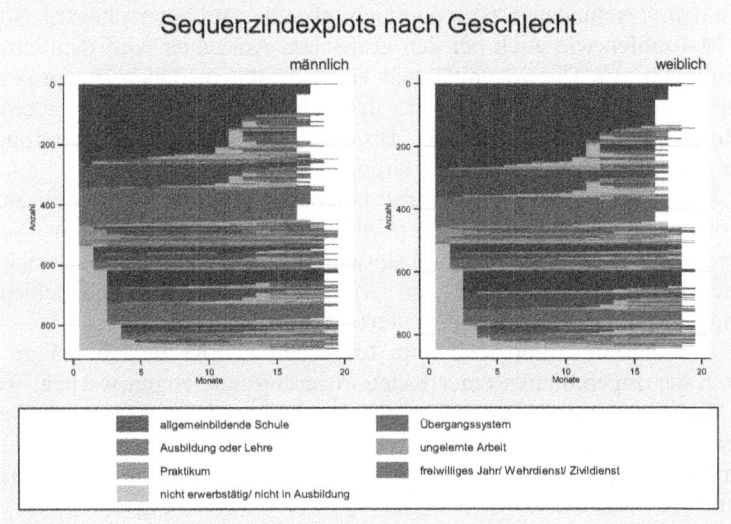

Abbildung 5-5: Sequenzindexplots nach Geschlecht

Zwischenfazit

In einer ersten sequenzmusteranalytisch-statistischen Exploration wird deutlich, dass Verfahren, welche eher einfache Kategorisierungen - wie z. B. ein spezifisches Ereignis oder lediglich die Anzahl der Episoden - verwenden, um Übergangswege zu analysieren, der Variabilität der Übergangswege der Jugendlichen nur ansatzweise gerecht werden. Wird z. B. die Ordnung nach Sequenzmustern, wie sie in der Tabelle 5-5 abgetragen ist, der Analyse zugrunde gelegt, reicht ein Monat aus, um zwei sonst identische Sequenzen unterschiedlichen Sequenzmustern zuzuordnen. Auch ein Kategorisierungsprinzip nach Sequenzordnungen, wie in Tabelle 5-6 dargestellt, würde zu kurz greifen, weil die jeweiligen Sequenzlängen innerhalb eines Sequenzmusters fehlen. So wäre es z. B. möglich, dass in der Sequenzordnung „71", die die dritthäufigste Position einnimmt, Probanden subsumiert werden, die die ersten 14 Monate im Status *nicht erwerbstätig/nicht in Ausbildung* verbringen und dann in die Schule wechseln. Diese Probanden gehören jedoch inhaltlich in eine völlig andere Gruppe als diejenigen, die nach ein bis zwei Monaten aus dem Zustand *nicht erwerbstätig/nicht in Ausbildung* in den neuen Zustand *allgemeinbildende Schule* wechseln.

Es kann aber festgehalten werden, dass sich die Übergangsstrukturen zwischen den verschiedenen Gruppen nicht grundlegend unterscheiden. Sowohl bei den Maßzahlen wie auch bei den grafischen Ausgaben wird deutlich, dass eine Parallelität von Heterogenität und Homogenität im Übergangsprozess zu bestehen scheint. Ebenso wurde deutlich, dass die Aussiedler/innen durchschnittlich am stärksten von Brüchen und somit von Heterogenität betroffen sind als andere untersuchte Gruppen. (vgl. Tabelle 5-8).

Mit dieser globalen Sichtweise ist ebenso wie mit der Ereignisanalyse das Problem verknüpft, dass einzelne Übergangsmuster nur schwer identifizierbar sind. Auch die Beantwortung der Frage, wie sich die Jugendlichen nach Geschlecht und Migrationsstatus auf unterschiedliche Übergangsmuster verteilen, bedarf weiterer Analysen.

Aus diesem Grund sollen im folgenden Schritt die Übergänge bzw. Sequenzen der Jugendlichen einer Kategorisierung unterzogen werden, welche sowohl die Sequenzordnung als auch die Länge der Sequenz sowie die einzelnen Zustandsverweildauern innerhalb einer Sequenz berücksichtigt. Dies ist anhand des Optimal-Matching-Algorithmus und einer daran anschließenden Clusteranalyse möglich.

Die Methode und die Ergebnisse werden im Folgenden dargestellt.

5.3.3 Optimal-Matching-Verfahren

Das Optimal-Matching-Verfahren wurde ursprünglich entwickelt, um DNA-Sequenzen zu vergleichen und zu kategorisieren. Die Übertragung auf soziologische Gegenstände geht vor allem auf die Arbeiten von Andrew Abbott und Alexandra Hrycak zurück (vgl. Abbott/Hrycak 1990). Die Grundidee des Verfahrens besteht darin, ein Maß zu finden, welches angibt, wie ähnlich bzw. unähnlich zwei Sequenzen sind. Ein solches Maß ist die Levenshtein-Distanz. Der Levenshtein-Algorithmus errechnet die Mindestanzahl von Editierungs-operationen, die notwendig sind, um eine bestimmte Zeichenkette in eine andere Zeichenkette zu überführen.

Wird dieses Maß paarweise zwischen allen Sequenzen berechnet, ergibt sich eine Distanzmatrix, die wiederum mittels einer Clusteranalyse analysiert werden kann. Zur Approximation der Ähnlichkeit bzw. Unähnlichkeit werden die Kosten herangezogen, welche entstehen, wenn die Sequenz A in Sequenz B transformiert wird. Die Grundlagen zur Berechnung dieses Maßes bilden die elementaren Operationen *Einfügen*, *Löschen* sowie *Ersetzen* und deren vorab festgesetzte Kosten. Unter Verwendung dieser drei Operatoren wird die billigste Möglichkeit der Transformation gesucht.

Ein Beispiel:
Der erste Schritt besteht in der Festsetzung der Kosten. In dem Beispiel sollen die Kosten für *Einfügen* und *Löschen* auf jeweils eins und für *Ersetzen* auf zwei gesetzt werden.[26] In der Beispieltransformation eins (Tabelle 5-9) sind die Sequenzen vom Jugendlichen eins und Jugendlichen zwei identisch bis auf die letzten vier Monate. Diese vier Zustände müssen ineinander überführt werden.

Dies geschieht, indem die vier Monate mit dem Status zwei gelöscht und anschließend wieder vier Monate mit den Status sieben eingefügt werden. Es muss somit insgesamt vier mal die Operation *Löschen* (Kosten=4) und vier mal die Operation *Einfügen* (Kosten=4) verwendet werden, was insgesamt zu Transformationskosten in Höhe von acht führt.

---

[26] Im Englischen heißt das Ersetzen Substitution, das Einfügen Insert und das Löschen Delete. Weil die Operationen Insert und Delete die gleichen Kosten haben, wird von Indel-Kosten im Unterschied zu Substitutions-Kosten gesprochen.

Tabelle 5-9: Beispieltransformation 1

Monat	1	2	3	4	5	6	7	8	9	10	11	12	13	14	15	16	Kosten
J1	1	1	1	1	1	1	1	1	1	1	7	7	2	2	2	2	
J2	1	1	1	1	1	1	1	1	1	1	7	7	7	7	7	7	
Löschen	0	0	0	0	0	0	0	0	0	0	0	0	1	1	1	1	= 4
Einfügen	0	0	0	0	0	0	0	0	0	0	0	0	1	1	1	1	= 4
									Gesamtkosten (Löschen/Einfügen)								= 8
Ersetzen	0	0	0	0	0	0	0	0	0	0	0	0	2	2	2	2	= 8
									Gesamtkosten (Ersetzen)								= 8

Da die Durchführung der beiden Operationen *Löschen* und *Einfügen* im Ergebnis der Operation *Ersetzen* gleichkommt, ist es logisch, dass die Kosten der Ersetzen-Operation (2) gleich hoch sind wie die addierten Kosten von Löschen und Ersetzen

Operation:	*Löschen*	+	*Einfügen*	=	*Ersetzen*
Kosten:	*1*	+	*1*	=	*2*

Bei dieser Operationsabfolge stellt sich die Frage, ob auf die Löschen- und Einfüge-Operation zugunsten einer ausschließlichen Anwendung der Ersetzen-Operation verzichtet werden könnte. Anhand des folgenden Beispiels wird erläutert, welche Probleme sich daraus ergeben:

Würde in der nachfolgenden Beispieltransformation zwei (vgl. Tabelle 5-10) nur die Möglichkeit der Substitution benutzen werden, käme es zu Transformationskosten in Höhe von 6, weil im 1., 11. und 13. Monat Ersetzungsoperationen durchzuführen wären.

Bei genauerer Betrachtung fällt aber auf, dass die Sequenzen von J1 und von J3 nahezu identisch und lediglich um einen Monat verschoben sind. Hier greifen nun die Operationen des *Löschens* und *Einfügens.* Wird der ursprünglich erste Monat von J3 mit dem Zustand sieben gelöscht (siehe Transformationsschritt (TS) 1-1, Tabelle 5-10), verschiebt sich die verbleibende gesamte Sequenz nach links auf den ersten Monat (siehe TS 1-2, Tabelle 5-10). Damit stimmen alle monatlichen Zustände von J1 und J3 überein bis auf das Fehlen des letzten Monats. Das durch die Verschiebung entstandene Fehlen des letzten Monats kann anschließend durch eine weitere Einfüge-Operation ausgeglichen werden (siehe TS-2, Tabelle 5-10). Insgesamt benötigt man bei dieser Transformation also nur *eine* Einfüg- und *eine* Lösch-Operation, um J3 in J1 zu überführen und es entstehen somit lediglich Transformationskosten von zwei und nicht - wie beim Ersetzen - von sechs.

Tabelle 5-10: Beispieltransformation 2

Monat	1	2	3	4	5	6	7	8	9	10	11	12	13	14	15	16	Ko.
J1	1	1	1	1	1	1	1	1	1	1	7	7	2	2	2	2	
J3	7	1	1	1	1	1	1	1	1	1	1	7	7	2	2	2	
Ersetzen	2	0	0	0	0	0	0	0	0	0	2	0	2	0	0	0	= 6
Gesamtkosten (Ersetzen)																	= 6
J1	1	1	1	1	1	1	1	1	1	1	7	7	2	2	2	2	
J3	7	1	1	1	1	1	1	1	1	1	1	7	7	2	2	2	
TS 1-1											1	7	7	2	2	2	
TS 1-2	1	1	1	1	1	1	1	1	1	1	7	7	2	2	2		
TS 2	1	1	1	1	1	1	1	1	1	1	7	7	2	2	2	2	
Löschen	1	0	0	0	0	0	0	0	0	0	0	0	0	0	0	0	= 1
Einfügen	0	0	0	0	0	0	0	0	0	0	0	0	0	0	0	1	= 1
Gesamtkosten (Löschen/Einfügen)																	= 2

An dieser Stelle ist auf zwei zentrale Punkte zu verweisen. Zum einem wird ab einer gewissen Komplexität (Anzahl der möglichen Zustände und Länge der Sequenzen) und einer entsprechend hohen Fallzahl an Befragten eine sehr leistungsstarke EDV-Unterstützung bzw. Computerausstattung nötig, um die erforderlichen Operationen überhaupt durchführen zu können. Erst mit Computern neueren Datums ist eine Analyse in der hier vorgelegten Komplexität - ohne den Einsatz eines Großrechners - möglich. Hierin könnte auch die derzeit immer noch geringe Anwendung des Verfahrens begründet liegen. Zum anderen stellt sich die Frage nach der Festsetzung der Kosten. Bezüglich dieses Punktes gibt es eine breite Diskussion (vgl. Scherer/Brüderl 2010). Bisherige Untersuchungen haben jedoch gezeigt, dass die Ergebnisse nicht gravierend aufgrund von Veränderungen der Kosten variieren. „OM funktioniert in der Standard Voreinstellung (ohne Gewichtung) hervorragend. [...] Die bisherige praktische Erfahrung mit OM und Simulationen (Abbott/Hrycak 1990, S. 164; Halpin 2010) haben zusätzlich gezeigt, dass die Ergebnisse von OM ziemlich robust gegenüber auch massiven Veränderungen der Indel- und Substitutionskosten sind" (Scherer/Brüderl 2010, S. 1039).

Dieser Befund kann auch nach Berechnungen unterschiedlicher Differenzierungen der Kosten bestätigt werden und folglich wurde die Standardeinstellung verwendet, die die Indel-Kosten auf eins und die Substitutionskosten auf das Doppelte (2) festsetzt.

Eine weitere in einer Optimal-Matching-Analyse zu treffende Entscheidung betrifft die Standardisierung. Diese wird nur virulent, wenn Sequenzen mit unterschiedlichen Längen in der Analyse berücksichtigt werden sollen. Das Problem mit unterschiedlich langen Sequenzen liegt darin begründet, dass unterschiedliche Längen a priori für höhere Transformations-kosten sorgen. Damit werden die Sequenzen als unähnlicher bewertet. So wäre es möglich, dass zwei Sequenzen absolut identisch sind bis auf eine monatliche Differenz von vier Monaten. Das Computerprogramm muss nun, um die Sequenzen ineinander zu überführen, vier Einfüge-Operationen bzw. vier Lösch-Operationen durchführen. Dies verursacht trotz der sonst identischen Struktur Kosten, die dazu führen können, dass in dem Klassifikationsverfahren diese Sequenzen unterschiedlichen Clustern zugeordnet werden. Es wurden verschiedene Lösungen für dieses Problem entwickelt.

Ein erster Weg wäre, alle Sequenzen im Datensatz auf eine gleiche Länge einzukürzen, wodurch das Problem der Standardisierung hinfällig wird. Dies geht jedoch mit einem massiven Informationsverlust einher. Eine zweite Möglichkeit besteht darin, die Kürzung nicht über alle vorhandenen Sequenzen durchzuführen, sondern immer nur im einzelnen Paarvergleich, die Länge der kürzesten Sequenzen der Berechnung zugrunde zu legen. Das heißt, wenn zwei gleichlange Sequenzen verglichen werden, gibt es keine Kürzung, sondern nur dann, wenn eine längere mit einer kürzeren verglichen wird. In diesem Fall wird die längere nur bis zur Länge der kürzeren Sequenz berücksichtigt und die Mehrzustände bleiben in der Analyse unberücksichtigt.

Die dritte Möglichkeit besteht darin, die berechneten Distanzen durch die Länge der längsten Sequenz zu dividieren und die vierte Prozedur ist die Standardisierung an der jeweils längeren der zwei zu vergleichenden Sequenzen. Die berechnete Distanz wird durch die Länge der längeren Sequenz geteilt. „Abbott and many others have dealt with this by dividing the final pair wise distance by the length of the longer sequence of the pair" (Macindoe/Abbott 2004 S. 392).

Durch die hohe Heterogenität der Sequenzlängen der Daten und aufgrund des schmalen Beobachtungsfensters wurde im Anschluss an Heather Macindoe und Andrew Abbott das letztgenannte Standardisierungsverfahren verwendet. Damit werden Kürzungen jeglicher Art, die zu einem zu hohen Informationsverlust führen würden, vermieden.

Zusammenfassung:
Zur Erstellung einer Distanzmatrix mit den niedrigsten Levenshtein-Distanzen (vgl. Levenshtein 1966) kommt der Needleman-Wunsch-Algorithmus (vgl. Needleman/Wunsch 1970) zum Einsatz, welcher den optimalen globalen Similarity-Alignment-Score für alle Paare berechnet. Es wurde ein volles Optimal-Matching durchgeführt, bei dem die Distanzmaße aller Sequenzen zu allen anderen berechnet wurden. Insgesamt ergaben sich bei 675 verschiedenen Sequenzmustern 227475 Distanzberechnungen. Zur Berechnung der jeweiligen Transformationskosten wurde die Standardeinstellung herangezogen. Einfüge- und Lösch-Operationen verursachen jeweils Kosten von eins und Ersetzungen

Kosten von zwei. Aufgrund der unterschiedlichen Sequenzlängen und damit auch der Entscheidung gegen einen Informationsverlust kam die Standardisierung an der längeren Sequenz zum Einsatz. Die so berechnete Distanzmatrix wurde in einem weiteren Schritt mit clusteranalytischen Verfahren untersucht.

5.3.4 Clusteranalyse

„Die praktische Erfahrung hat gezeigt, dass das Ward-Verfahren die besten Ergebnisse erbringt" (Brüderl/Scherer 2006, S. 335). Diese Aussage bestätigte sich nach dem Testen mehrerer Clusterverfahren („single-Linkage", „centroid-Linkage", „ward-Linkage"). Die inhaltlich beste Lösung wurde mit dem Ward-Verfahren erreicht. Häufig wird auf ein Kombinationsverfahren verwiesen, welches sich aus dem Ward- und dem K-means-Verfahren zusammensetzt. Das erste Verfahren soll die optimale Anzahl von Clustern eruieren und dann mittels des nicht hierarchischen Verfahrens „k-means" optimiert werden. Im vorliegenden Fall kam es durch den „k-means" Einsatz eher zu einer Verschlechterung der Clusterlösung. Daher wurde auf diesen Schritt verzichtet.

Abbildung 5-7 ist ein Dendrogramm der durchgeführten Ward-Clusteranalyse. Ein Dendrogramm zeigt die hierarchische Fusionierung der einzelnen Probanden über kleinere Gruppen hin zu größeren Gruppen. Am Ende steht die Lösung, in der alle Probanden einer Gruppe bzw. einem Cluster zugeordnet werden. Aufgrund der hohen Fallzahl musste die Darstellung der hierarchischen Aggregation auf den Bereich von einer 100-Clusterlösung bis zur Ein-Clusterlösung beschränkt werden.

Immer wenn zwei Cluster zusammengefasst werden, wird dies durch einen waagerechten Strich gekennzeichnet. Würde der waagerechte Strich bis zur y-Achse verlängert werden, wäre abzulesen, bei welchem Heterogenitäts-wert die Fusion erfolgt.

„Wenn die Folge der Abstände für die ersten Stufen der Aggregation nur kleine Zuwächse zeigt, dann liegt auch nur eine geringe Zunahme der Heterogenität der Gruppen vor. Werden aber die Gruppen nachfolgender Stufen mit einem sprunghaft angewachsenen Fusionswert erreicht, so nimmt auch die Heterogenität sprunghaft zu. Da die Gruppen möglichst homogen sein sollen, wenn sie als Cluster oder Typus gelten sollen, wird man als Lösung des Clusterproblems die Gruppen auf der Stufe unmittelbar vor dem „großen Sprung" ansehen" (Wiedenbeck/Züll 2001, S. 6).

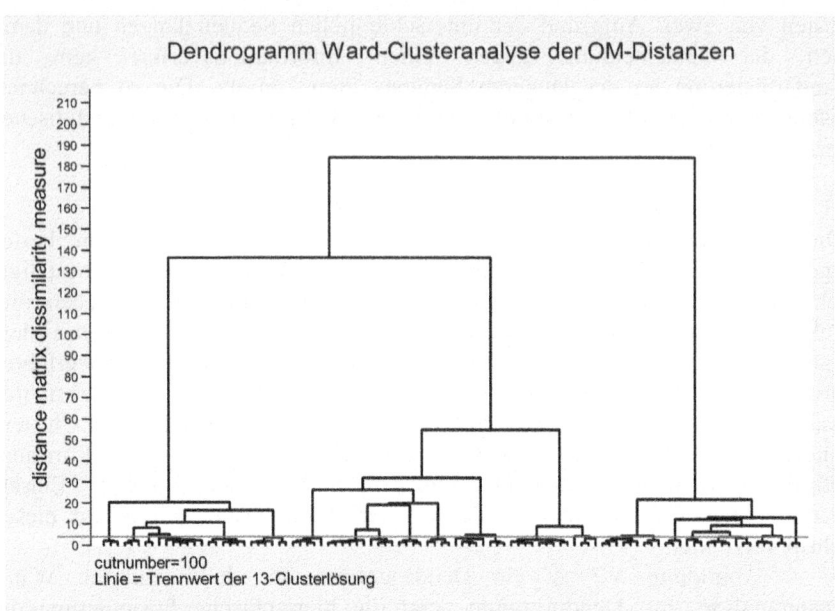

Abbildung 5-7: Dendrogramm Ward Clusteranalyse der OM-Distanzen

Bei der Betrachtung des Dendrogramms in Abbildung 5-7 sind verschiedene Clusterlösungen möglich. Gemessen an der Gesamtvarianz ist auf den ersten Blick eine 4-Clusterlösung möglich. Werden die Fusionsschritte genauer betrachtet, fällt auf, dass es bereits viel eher Agglomerationsschritte gibt, welche die Heterogenität innerhalb eines Clusters bei einer weiteren Fusion mehr als verdoppeln. Daher kann von einer eindeutigen Lösung nicht gesprochen werden. „Die Clusteranalyse ist ein exploratorisches, Hypothesen generierendes Verfahren" (Rudolf/Müller 2004, S. 151). Aus diesem Grund muss die entsprechende Clusterlösung vor allem inhaltlich überzeugen. Um dies zu gewährleisten, wurden verschiedene Clusterlösungen generiert und mittels Sequenzindexplots auf inhaltliche Validität geprüft. Dies führte zu der Entscheidung für eine 13-Clusterlösung. Der Schnitt ist in Abbildung 5-7 als Linie eingezeichnet und findet bei einem Heterogenitätswert von elf statt.

          Im folgendem Kapitel werden die Übergangsmuster erst im Überblick und anschließend in Gruppen vorgestellt.

5.3.5 Übergangsmuster

In Abbildung 5-8 sind die 13 identifizierten Übergangsmuster in ihrer Gesamtheit dargestellt. Die Nummern der Muster entsprechen der Clusterreihenfolge von links nach rechts des Dendrogramms in Abbildung 5-7. Die Anordnung der Muster folgt einer Logik auf die im Folgenden näher eingegangen wird.

Bei der Interpretation der Sequenzindexplots der Übergangsmuster sind im Folgenden zwei Dinge zu beachten:

Erstens fällt bei genauerer Betrachtung der einzelnen Übergangsmuster ins Auge, dass einzelne Sequenzen auch anderen Mustern zuordenbar wären. So befinden sich einzelne Jugendlichen in Muster 12, die nach einer längeren Pause im Anschluss an eine Maßnahme des Übergangssystems wieder in eine solche eintreten. Diese wären somit auch Muster 13 zuordenbar. Wie bei jeder Kategorisierung gibt es immer wieder Einzelfälle, die nicht eindeutig der einen oder anderen Kategorie zuordenbar sind. Meist fällt dies bei der Darstellung nicht weiter auf, weil die Dokumentation der Kategorisierung fast immer in aggregierter Form stattfindet. Dies ist beim Sequenzindexplot nicht der Fall. Die Sequenzen der Jugendlichen gehen mit ihrer ganz individuellen Form in die Grafikbildung ein. Diese Darstellungsform erfüllt zwei Funktionen gleichzeitig. Zum einen lassen sich mit der nötigen Unschärfe bei der Betrachtung die verschiedenen Übergangsmuster identifizieren. Zum anderen bleibt in der Betrachtung ersichtlich und damit nachvollziehbar, welche Sequenzen im Einzelnen in den gebildeten Typus eingeflossen sind.

Zweites muss bei der Interpretation der Sequenzindexplots immer die y-Achse Berücksichtigung finden, die Aufschluss über die jeweilige Anzahl der einem Muster zugeordneten Befragten gibt. Bei dieser Art der Darstellung steht dennoch das Muster und nicht der prozentuale Anteil der Befragten im Fokus. Um dies noch einmal vor der nachfolgenden Interpretation der einzelnen Übergangsmuster zu schärfen, sind in Tabelle 5-11 die prozentualen Anteile der einzelnen Übergangsmuster an der Gesamtstichprobe enthalten. Es zeigt sich, dass über 50% der Jugendlichen nach Beendigung ihrer Pflichtschulzeit entweder über den gesamten Beobachtungszeitraum weiterhin eine allgemeinbildende Schule besuchen (Übergangsmuster 1 = 27,18%) oder direkt in eine anhaltende Ausbildung bzw. Lehre überwechseln konnten (Übergangsmuster 9 = 24,06%).

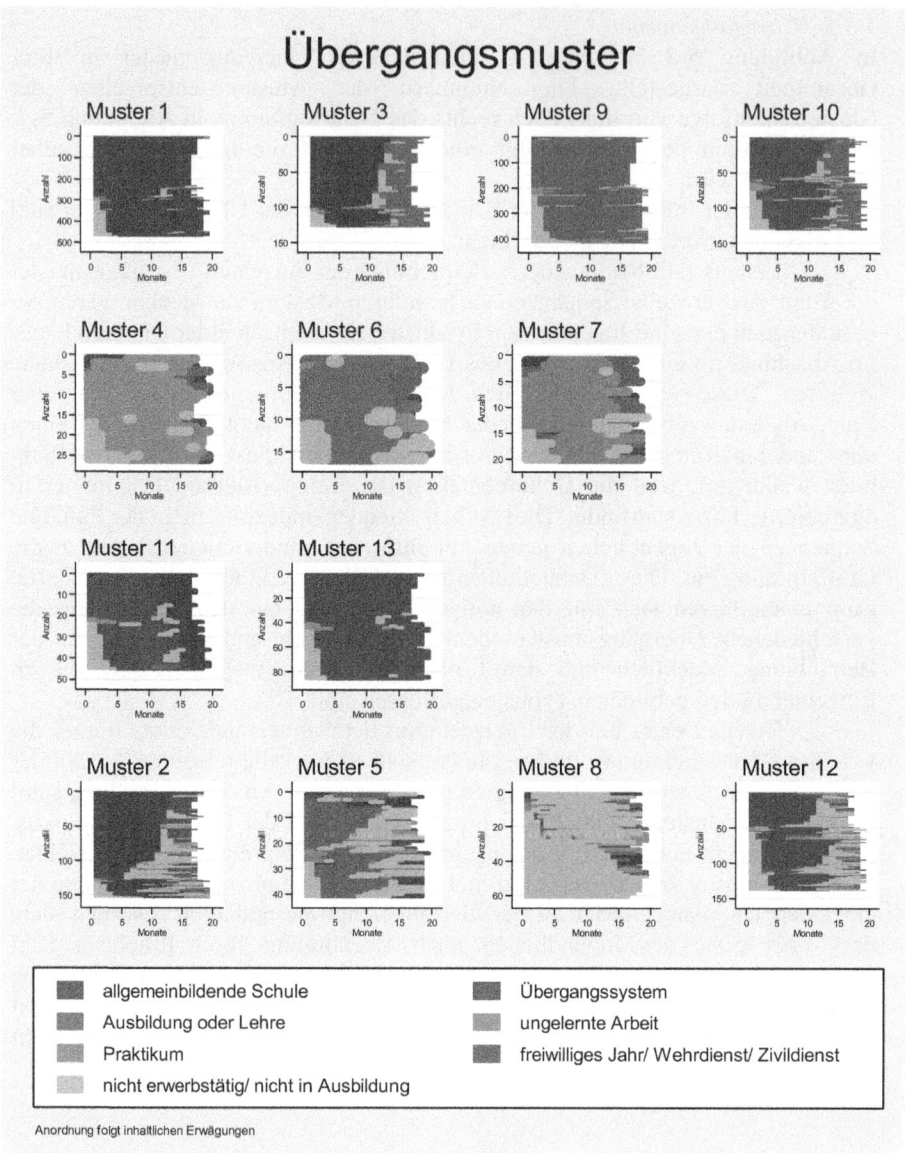

Abbildung 5-8: Übersicht der 13 Übergangsmuster

Die nachfolgende detailliertere Darstellung der einzelnen Übergangsmuster fokussiert vor allem auf die jeweiligen Anteile der jungen Aussiedlerinnen und Aussiedler an den unterschiedlichen Mustern. Dabei ist zu berücksichtigen, dass Benachteiligungen nicht nur durch die Differenzierungslinie Migrationshintergrund determiniert sind, sondern dass auch die Geschlechtszugehörigkeit eine Ungleichheitsdifferenzierungslinie darstellt. Geschlecht und Ethnie sind jedoch nicht additiv zu fassen.

Tabelle 5-11: Anteile der Übergangsmuster

Übergangsmuster	Häufigkeit	Prozent	Kumulierte Prozente
1	470	27,18	27,18
2	153	8,85	36,03
3	127	7,35	43,38
4	26	1,50	44,88
5	41	2,37	47,25
6	16	0,93	48,18
7	20	1,16	49,34
8	61	3,53	52,87
9	416	24,06	76,93
10	130	7,52	84,45
11	45	2,60	87,05
12	138	7,98	95,03
13	86	4,97	100,00
Total	1729	100,00	

Es wurde in einer Reihe von Studien festgestellt, dass diese Differenzierungslinien ineinander verschränkt sind, also eine Intersektion zwischen der jeweiligen Gruppen- und Geschlechtszugehörigkeit vorliegt (vgl. Klinger/Knapp 2005; Knapp 2006; Degele/Winker 2007; Bednarz-Braun/Hess-Meining 2004). Aus diesem Grund soll im Folgenden nicht nur zwischen den Gruppen Jugendliche mit Aussiedlerstatus, Jugendliche mit anderem Migrationshintergrund und autochthone Jugendliche unterschieden, sondern zusätzlich innerhalb dieser drei Gruppen nach Geschlecht differenziert werden, so dass sich die nachfolgenden Analysen auf insgesamt sechs Intersektionsgruppen beziehen.

Die „erfolgreichen" Übergangsmuster
In der ersten Zeile der Abbildung 5-8 sind die vier erfolgreichen Übergangsmuster zusammengefasst. Die Kategorisierung *erfolgreich* bzw. *nicht erfolgreich* kann in diesem Zusammenhang nicht objektiv sein, denn die

Feststellung von Erfolg bzw. Misserfolg ist immer von der Bewertungs-perspektive abhängig. Aus der gesellschaftlichen Makroperspektive betrachtet mögen bestimmte Übergänge als erfolgreich gelten, während dies aus der subjektiven Perspektive eines Individuums jedoch nicht der Fall sein muss (vgl. Cicourel 1974). So ist es durchaus denkbar, dass Schüler bzw. Schülerinnen nur deshalb weiterhin die Schullaufbahn wählen, weil sie bei dem von ihnen primär angestrebten Übergang in eine Ausbildung nicht erfolgreich waren. Aber auch der Übergang in eine Ausbildung kann individuell als Notlösung erachtet werden, wenn persönlich eine andere Option angestrebt war. Bei der weiteren Datenanalyse in diesem Abschnitt wird von einer eher makropolitischen Perspektive ausgegangen. Erfolg wird unterstellt, wenn sich die Schüler und Schülerinnen in „normalen", „gesellschaftlich erstrebenswerten" Übergangs-regimen befinden. Dazu gehört neben der *Ausbildung bzw. Lehre* auch die weiterführende *allgemeinbildende Schule*. Dennoch wird die individuelle Perspektive nicht ausgeblendet, sondern findet im qualitativen Teil der Studie (vgl. Kapitel 7) besondere Berücksichtigung.

Muster 1 und Muster 9 sind - wie bereits erwähnt - die anteilsmäßig größten Muster. Sie sind von Kontinuität geprägt. Diese Schüler und Schülerinnen besuchen nach der Pflichtschulzeit mehr oder weniger durchgängig entweder eine *allgemeinbildende Schule* oder sie befinden sich in *Ausbildung/Lehre*. In Muster 3 (7,35% aller Befragten) und Muster 10 (7,52% aller Befragten) befinden sich diejenigen, die mit einem weiteren Jahr Schule bzw. einem Jahr Übergangsmaßnahme ihre Chancen soweit verbessern konnten, dass sie nach ca. einem Jahr in eine *Ausbildung/Lehre* wechselten.

In Abbildung 5-9 sind die prozentualen Angaben der nach Migrationsstatus und Geschlechtszugehörigkeit einbezogenen sechs Gruppen für diese vier Übergangsmuster abgetragen. Die Zahlen über den Balken entsprechen dem prozentualen Anteil an der jeweiligen Intersektionsgruppe. Zum Beispiel haben 20,6% aller männlichen Aussiedler einen Übergang vollzogen, der der Typik des Musters 1 entspricht, das all diejenigen Befragten bündelt, die nach der Pflichtschulzeit über den gesamten Beobachtungszeitraum hinweg eine *allgemeinbildende Schule* besuchten. Im Vergleich zu den männlichen Aussiedlern beschritt mit 35,7% ein deutlich höherer Anteil der weiblichen Aussiedlerinnen diesen Weg, wobei zudem ersichtlich wird, dass ihr Anteil auch im Vergleich zu den anderen Intersektionsgruppen am höchsten ist. Weiterhin wird deutlich, dass sich die Überrepräsentanz der Mädchen innerhalb dieses Übergangsmusters nicht allein auf die Gruppe der Aussiedler/innen beschränkt. Vielmehr zeigt sich, dass bei allen Gruppen des Musters 1 die Mädchen in höherem Maße weiterhin eine allgemeinbildende Schule besuchen als die Jungen. Dies trifft auch für die Gruppe der Jugendlichen mit anderem

Migrationshintergrund zu, allerdings mit dem Unterschied, dass hier die Abstände zwischen den Jungen und Mädchen deutlich geringer sind. Zwar sind Aussiedlerjugendliche im Muster 1 insgesamt stärker vertreten als Jugendliche ohne Migrationshintergrund, in ihrer Verteilung ähneln sie jedoch eher den Jugendlichen ohne Migrationshintergrund als denjenigen mit einem anderen Migrationshintergrund.

Der Grund, warum die Jugendlichen mit Migrationshintergrund insgesamt im Vergleich zu jenen ohne Migrationshintergrund eher weiterhin eine allgemeinbildende Schule besuchen, dürfte nicht zuletzt auf die Verteilung in Muster 9 zurückgehen, das den direkten Übergang in eine andauernde Ausbildung bzw. Lehre abbildet. Auch hier zeigt sich ein Geschlechtseffekt. In allen Gruppen ist die Anteilsrate der Jungen höher als bei den Mädchen. Viel stärker ist jedoch der Migrationseffekt. Jugendliche ohne Migrationshintergrund können fast doppelt so häufig in eine anhaltende Ausbildung bzw. Lehre überwechseln als ihre Altersgenossen mit Migrationshintergrund.

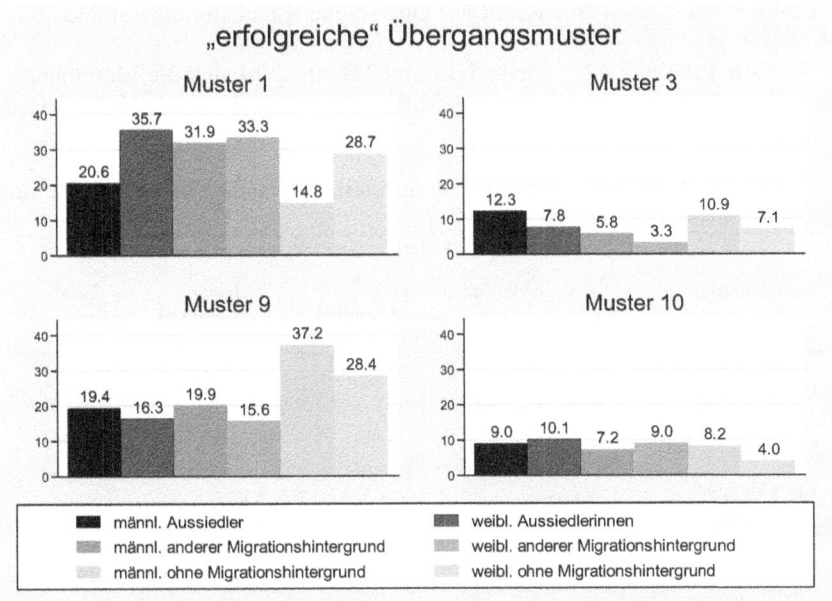

Abbildung 5-9: Gruppenanteile der „erfolgreichen" Übergangsmuster

Werden die Verteilungen in den Übergangsmustern betrachtet, die nach einem weiteren Jahr *allgemeinbildende Schule* (Muster 3) oder nach einer *Maßnahme des Übergangssystems* (Muster 10) in eine *Ausbildung/Lehre* überwechseln können, klärt sich der Befund aus der Ereignisanalyse weiter auf, dass die Aussiedler/innen ein Jahr nach Beendigung der Pflichtschulzeit verstärkt in Ausbildung überwechseln. Die Gruppe der Aussiedler/innen ist in beiden Mustern anteilsmäßig am stärksten vertreten. Anscheinend können die Aussiedler/innen die schlechten Übergangsraten in Ausbildung nach der Pflichtschulzeit im Gegensatz zu den anderen Jugendlichen mit Migrationshintergrund über diese zwei Wege überproportional steigern.

Bisher wurde der Zustand *Ausbildung/Lehre* nicht differenziert. Der Segmentationsansatz (vgl. Kapitel 3.1.4) legt aber nahe, dass auch innerhalb der Ausbildungsarten zu differenzieren ist. So kann anhand der bisherigen Analysen nicht beantwortet werden, ob Jugendliche mit Migrationshintergrund in andere als betriebliche Ausbildungsgänge kanalisiert werden. Eine Hypothese, die sich hieran anschließt, wäre die, dass die erhöhten Übergangsraten der Aussiedler/innen nach einem Jahr auf eine solche Kanalisierung zurückzuführen ist.

In Tabelle 5-12, Tabelle 5-13 und Tabelle 5-14 sind die Einmündungen der Jugendlichen in Ausbildung differenziert nach Ausbildungsart und Übergangsmuster dargestellt.

Tabelle 5-12: Übergangsmuster 9 differenziert nach Ausbildungsart und Migrationsgruppe

| Ausbildungsart | Übergangsmuster: direkter Übergang in Ausbildung | | | |
	Aussiedler/innen	anderer Migrations- hintergrund	ohne Migrations- hintergrund	Total
Ausbildung in einem Betrieb	68,8%	74,4%	74,2%	73,5%
Ausbildung in einer beruflichen Schule	27,1%	23,9%	21,6%	23,0%
Ausbildung in Ausbildungseinrichtung	4,2%	1,7%	4,2%	3,4%
Total	100,0%	100,0%	100,0%	100,0%
N	48	117	213	378

Pearson $\chi 2$=2.22 sig=.695

Beim direkten Übertritt in Ausbildung nach der Pflichtschulzeit zeigen sich bezüglich der Ausbildungsart vor allem Unterschiede im Hinblick auf die Aussiedler/innen. Aussiedlerjugendliche befinden sich in Relation zu den

Vergleichsgruppen verstärkt in einer Ausbildung, die in einer beruflichen Schule stattfindet, aber in geringerem Maße in einer betrieblichen Ausbildung. Gleichwohl unterscheiden sich diese Übergangsraten aber nicht signifikant ($\chi 2$ sig = 0,695). In allen drei Gruppen ist die duale Ausbildungsform die mit Abstand am stärksten vertretene.

Beim verzögerten Übergang in Ausbildung nach einem weiteren Jahr allgemeinbildende Schule bzw. einer Maßnahme des Übergangssystems zeigt sich, dass nicht nur die Quantität bei den Aussiedlerjugendlichen steigt, sondern dass dies auch mit einer relativ hohen Qualität einhergeht. Sie sind bei beiden Übergangsmustern diejenigen, die am häufigsten ihre Ausbildung im Rahmen einer dualen Ausbildung und am wenigsten in einer Ausbildungseinrichtung beginnen.

Tabelle 5-13: Übergangsmuster 3 differenziert nach Ausbildungsart und Migrationsgruppe

Ausbildungsart	Aussiedler/innen	anderer Migrations- hintergrund	ohne Migrations- hintergrund	Total
		Übergangsmuster: Schule-Ausbildung		
Ausbildung in einem Betrieb	89,3%	63,6%	73,8%	74,6%
Ausbildung in einer beruflichen Schule	10,7%	24,2%	23,1%	20,6%
Ausbildung in Ausbildungseinrichtung	0,0%	12,1%	3,1%	4,8%
Total	100,0	100,0	100,0%	100,0%
N	28	33	65	126

Pearson $\chi 2$=8.55 sig=.073

Tabelle 5-14: Übergangsmuster 10 differenziert nach Ausbildungsart und Migrationsgruppe

Ausbildungsart	Aussiedler/innen	anderer Migrations- hintergrund	ohne Migrations- hintergrund	Total
		Übergangsmuster: Übergangssystem-Ausbildung		
Ausbildung in einem Betrieb	96,3%	74,6%	66,7%	76,6%
Ausbildung in einer beruflichen Schule	0,0%	16,9%	9,5%	10,9%
Ausbildung in Ausbildungseinrichtung	3,7%	8,5%	23,8%	12,5%
Total	100,0%	100,0%	100,0%	100,0%
N	27	59	42	128

Pearson $\chi 2$=13.65 sig=.008

Obwohl aufgrund der geringen Fallzahlen Zurückhaltung in der Interpretation angeraten ist, lässt sich festhalten, dass sich keine Indizien für eine Kanalisierung von Jugendlichen mit Migrationshintergrund allgemein in eine nichtbetriebliche Ausbildung finden lassen. Aus diesem Grund wurde in den folgenden Analysen auf eine Differenzierung nach Ausbildungsart verzichtet.

Die „alternativen" Übergangsmuster
In der zweiten Reihe von Abbildung 5-8 sind diejenigen Jugendlichen dargestellt, die alternative Wege gehen. Hierunter zählen Übergänge, die mehrheitlich von *Praktika* gekennzeichnet sind (Muster 7), Übergänge direkt in eine *Erwerbstätigkeit* (Muster 4) und Übergänge in den *Wehrdienst/Zivildienst* sowie ein *freiwilliges soziales/ökologisches Jahr* (Muster 6). Kennzeichnend für alle drei Muster ist die geringe Fallzahl. Muster 6 beinhaltet lediglich 0,93% der Jugendlichen. Nur geringfügig mehr Jugendliche wählen einen Übergang, der zeitlich mehrheitlich über Praktika führt (Muster 7= 1,16%) und nur 1,5% versuchen, direkt ins Erwerbsleben einzutreten (Muster 4).

Die geringe Verbreitung dieser Übergänge zeigt sich noch einmal eindrücklich in Abbildung 5-10.

Der geringe Anteil der Jugendlichen in Wehr-/ Zivildienst bzw. Freiwilligem Jahr lässt sich vermutlich auf den Umstand zurückführen, dass die meisten Jugendlichen nach Beendigung ihrer Pflichtschulzeit noch nicht im wehrpflichtigen Alter sind.

Ein bedenkliches Übergangsmuster beinhaltet den dauerhaften Verbleib in einem ungelernten Arbeitsverhältnis (Muster 4). Wird berücksichtigt, dass ein Arbeitsverhältnis im Status einer ungelernten Arbeitskraft kaum als solides Fundament für eine stabile Integration in den Arbeitsmarkt dienen kann (vgl. Kapitel 2.4), ist selbst ein geringer Anteil von 1,5% in sozialpolitischer Hinsicht problematisch.

Der Sequenzindexplot des Musters 7 - lang anhaltende Praktikums-phase - verdeutlicht, dass ein Teil der Jugendlichen nach ca. einem Jahr in eine Ausbildung eintritt. Vordergründig erweist sich dieses Übergangsmuster als durchaus Erfolg versprechend, wenn damit Einmündungen in Ausbildung ermöglicht werden. Gleichwohl ist darauf zu verweisen, dass die Fallzahl sehr niedrig ist und einjährige Praktikumsphasen aus einer gesellschaftspolitischen Perspektive als bedenklich betrachtet werden können, wenn junge Praktikant/inne/n vorrangig als billige bzw. unbezahlte Arbeitskräfte eingesetzt werden.

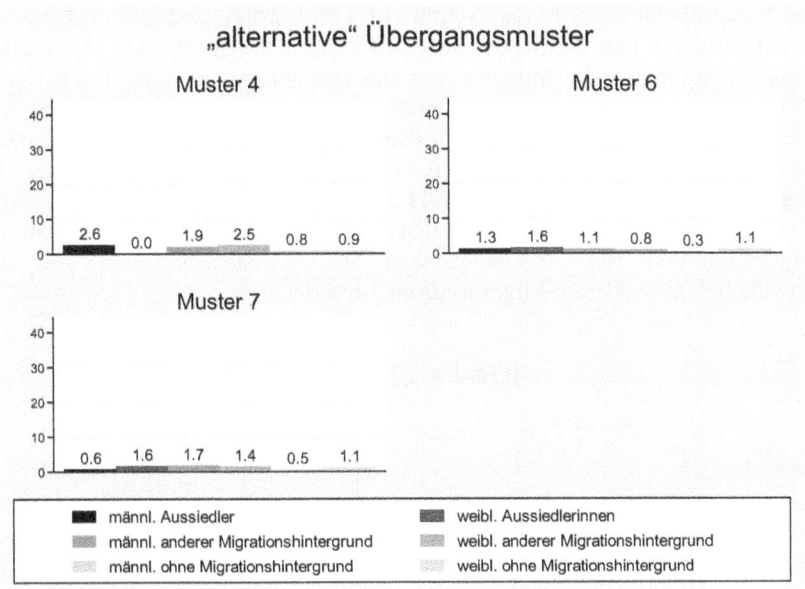

Abbildung 5-10: Gruppenanteile der „alternativen" Übergangsmuster

Die Schleifenübergänge
In der dritten Zeile von Abbildung 5-8 sind die beiden Übergangsmuster, die als Schleifenübergänge bezeichnet werden, dargestellt. Die Zäsur nach ca. einem Jahr ist auch bei diesen Mustern zu beobachten. Doch im Gegensatz zu den im folgenden Abschnitt aufgeführten „prekären" Mustern entscheiden sich diese Jugendlichen, im Anschluss an eine Maßnahme des Übergangssystems erneut eine schulische Laufbahn aufzunehmen (Muster 11 2,60%) oder eine weitere Maßnahme des Übergangssystems anzuschließen (Muster 13 4,97%). Bei Muster 11 sind zwei unterschiedliche Interpretationen denkbar. Zum einen kann die Wiederaufnahme einer schulischen Laufbahn eine Notlösung sein, weil keine Ausbildung oder Lehre erreicht wurde. Zum anderen ist es aber auch möglich, dass durch den eher praktisch orientierten Unterricht in der Maßnahme des Übergangssystems und der dortigen Möglichkeit, die Schulleistungen zu verbessern, eine schulische Laufbahn subjektiv an Attraktivität gewonnen hat. Nichtsdestotrotz sind es verstärkt die Jugendlichen mit anderem Migrations-hintergrund, die diesen Weg einschlagen. In Verbindung mit dem Befund, dass

vor allem Jugendliche mit anderem Migrationshintergrund nach Beendigung ihrer Schulpflicht verstärkt eine schulische Laufbahn einschlagen (vgl. Muster 1), zeigen sich hier Hinweise auf Differenzen zwischen den Aussiedler-jugendlichen und den Jugendlichen mit anderem Migrationshintergrund. Wie in Abbildung 5-11 links ersichtlich, sind es auch hier die Jugendlichen mit anderem Migrationshintergrund, die erneut eine schulische Laufbahn beginnen. Aussiedlerjugendliche hingegen schließen eher eine weitere Maßnahme des Übergangssystems an (Abbildung 5-11 rechts). Bei beiden Übergangsmustern zeigen sich eher Parallelen zwischen den Jugendlichen ohne Migrations-hintergrund und den Aussiedler/innen als zwischen letzteren und den Jugendlichen mit anderem Migrationshintergrund.

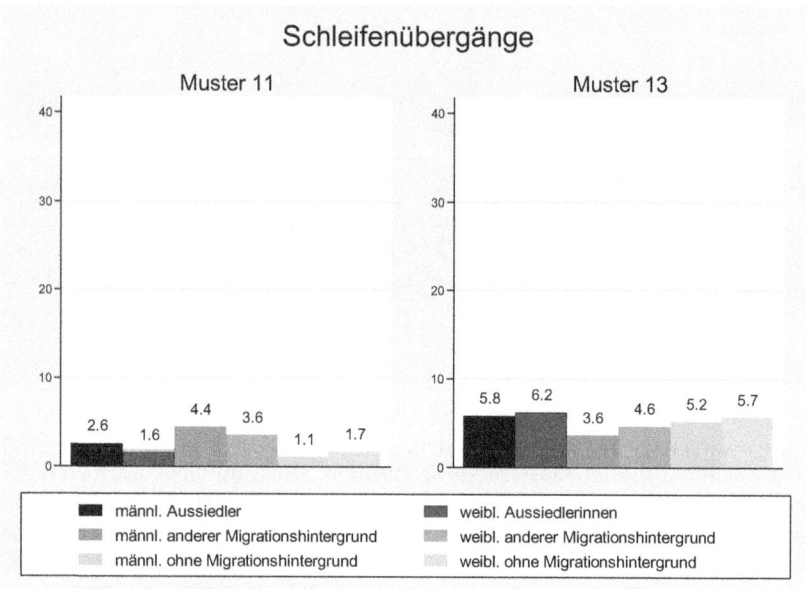

Abbildung 5-11: Gruppenanteile Schleifenübergänge

Die „prekären" Übergangsmuster

In der untersten Zeile von Abbildung 5-8 sind Übergänge mit einem problematischen und von etlichen Friktionen geprägten Verlauf dargestellt. Am prekärsten stellt sich die Situation für die Jugendlichen in Muster 8 (3,53%) dar. Dieses ist von Anfang an größtenteils durch den Zustand *nicht erwerbstätig/nicht in Ausbildung* gekennzeichnet. Ebenfalls als problematisch kann das Muster 5 (2,37%) angesehen werden. Obwohl diesen Jugendlichen zunächst ein schneller Einstieg in eine Ausbildung gelingt, wird diese jedoch nach kurzer Zeit abgebrochen. Der Blick in Abbildung 5-12 verdeutlicht, dass bei diesen beiden Übergangsmustern die Aussiedlerjugendlichen die geringsten und die Jugendlichen ohne Migrationshintergrund die höchsten Anteile aufweisen.

Bei den beiden anderen Mustern ist dieses Verhältnis genau umgekehrt. Nach einem weiteren Jahr *allgemeinbildender Schule* (Muster 2: 8,85%) bzw. einer *Maßnahme des Übergangssystems* (Muster 12: 7,98%) können diese Jugendlichen nicht wie ihre Altersgenossen in Muster 3 und Muster 10 (vgl. „erfolgreiche" Übergangsmuster) in eine *Ausbildung* wechseln.

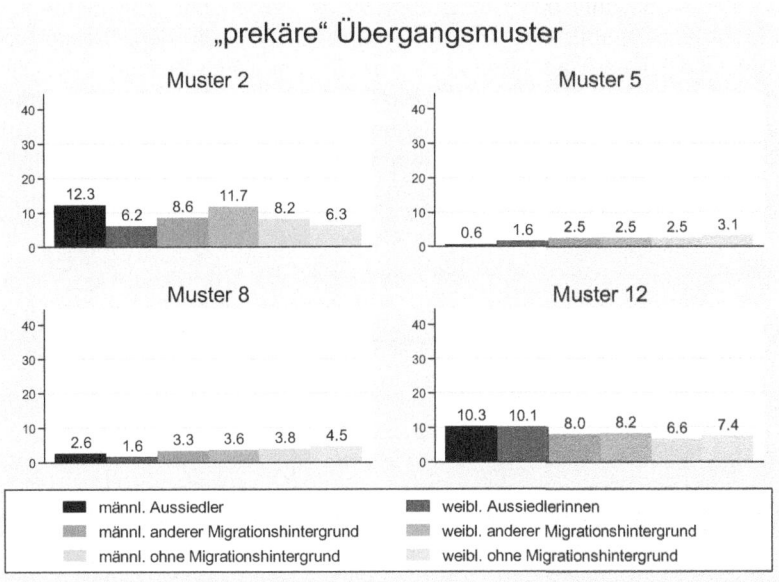

Abbildung 5-12: Gruppenanteile der „prekären" Übergangsmuster

Dies ist insofern bemerkenswert, weil die überproportionale Steigerung der Übertritte in *Ausbildung/Lehre* der Aussiedler/innen - die sich in den Mustern 3 und 10 dokumentierten - hier eher eine Unterrepräsentanz dieser Gruppe erwarten ließ. Dies legt die Interpretation nahe, das Aussiedler/innen nicht einfach erfolgreicher sind, sondern verstärkt Wege beschreiten die in Bezug auf eine Ausbildung bzw. Lehre Erfolg versprechend sind.

5.4 Diskussion und Zwischenfazit der Verlaufsanalyse

Die Sequenzmusteranalyse hat offen gelegt, wie differenziert sich die Übergänge an der ersten Schwelle darstellen. Insgesamt wurden 13 Übergangsmuster identifiziert. Diese hohe Zahl wirft die Frage auf, ob nicht eine Lösung mit weniger Clustern möglich bzw. sinnvoll wäre. Dies gilt es zunächst kurz zu diskutieren:

Eine weitere Zusammenfassung der Cluster/Muster ist nach statistischen Gesichtspunkten zwar möglich, jedoch inhaltlich nicht haltbar. Dies wird in Abbildung 5-13 ersichtlich. In diesem Dendrogramm wurden nur die weiteren Fusionsschritte ab der 13-Clusterlösung abgetragen. Der nächste Aggregationsschritt der Cluster 11 und 12 könnte vielleicht inhaltlich noch getragen werden. Dieser Schritt würde bedeuten, dass die Jugendlichen, welche nach einer Maßnahme des Übergangssystems wieder eine allgemeinbildende Schule besuchen, mit den Jugendlichen, welche nach dem Besuch einer Maßnahme des Übergangssystems eher in einen prekären Zustand wechseln, in einem Cluster zusammengefasst werden. Die Fusion der Cluster könnte mit dem Argument begründet werden, dass bei diesen Jugendlichen nach der Maßnahme des Übergangssystems keine Ausbildung folgte.

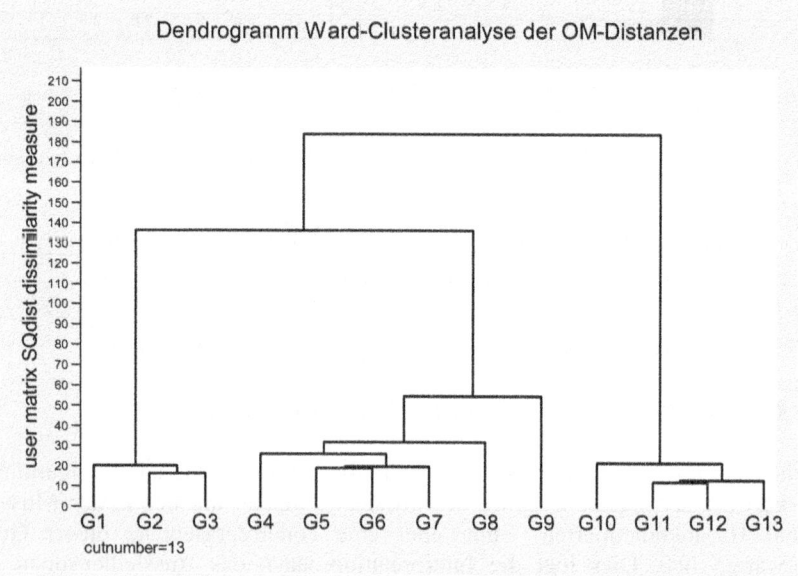

Abbildung 5-13: Dendrogramm Ward-Clusteranalyse der OM-Distanzen

Der nächste Aggregationsschritt ist der von Cluster 3 und Cluster 2. Cluster 3 sind die Jugendlichen, die nach ca. einem Jahr Besuch der *allgemeinbildenden Schule* in eine *Ausbildung/Lehre* eintreten. Cluster 2 hingegen sind die Jugendlichen, welche nach einem Besuch der *allgemeinbildenden Schule* in einen mehr oder weniger prekären Zustand wechseln. Dieser Aggregationsschritt ist vielleicht statistisch sinnvoll, aber inhaltlich auf keinen Fall. Die statistische Ähnlichkeit dieser Cluster ist nicht inhaltlich begründet, sondern der spezifischen Berechnung der Distanzmatrix durch das Optimal-Matching-Verfahren geschuldet. Die Sequenzen beider Cluster benötigen über das gesamte erste Jahr nahezu keine Operationen, um ineinander überführt zu werden. Dementsprechend entstehen nur geringe Transformations-kosten. Auch die Ähnlichkeit von Cluster 6 und 7 ist nur auf den ersten Blick verwunderlich. Mathematisch unterscheidet das Verfahren nicht zwischen dem Zustand *nicht erwerbstätig/nicht in Ausbildung* und dem Zustand *Praktikum*. Der entscheidende Punkt zum Verständnis für die Ähnlichkeit liegt nicht in der Ähnlichkeit zueinander, sondern in der mathematisch gleichen Unähnlichkeit zu den anderen. Dieser Umstand existiert bei der Standardeinstellung prinzipiell zwischen allen Zuständen.

Es sei noch einmal darauf hingewiesen, dass diese Form der Sequenzmusteranalyse ein heuristisches Verfahren der Ordnung von Sequenzen ist. Es ist im Grunde ein statistisches Hilfsmittel, um Daten zu strukturieren. Oberste Priorität hat hierbei die inhaltliche Interpretierbarkeit. Aus diesem Grund wurde eine weitere Zusammenfassung der 13 Cluster abgelehnt.

In einem weiteren Schritt wurde das gesamte Verfahren nur für die Substichprobe der Jugendlichen mit Aussiedlerstatus separat durchgeführt. Die Befunde aus diesen Schritten bestätigen die bereits bei der Ausgabe der globalen Sequenzindexplots festgestellte Ähnlichkeit der Übergangsstruktur in den Subgruppen (vgl. Kapitel 5.3.2) Die Optimal-Matching-Analyse mit der Subgruppe der Aussiedler/innen kam strukturell zu analogen Ergebnissen. Es kann somit festgehalten werden, dass zwar die Übergangsstrukturen weitestgehend gleich sind, aber dass die Häufigkeiten hinsichtlich der jeweiligen Subgruppen variieren.

Jugendliche Aussiedler/innen ebenso wie die Jugendlichen mit anderem Migrationshintergrund treten signifikant weniger nach der Pflichtschulzeit direkt in *Ausbildung/Lehre* ein als ihre Altersgenossen ohne Migrationshintergrund (Muster 9). In den Übergangsmustern, die nach einem weiteren Jahr *allgemeinbildende Schule* oder einer Maßnahme des *Übergangssystems* in eine Ausbildung wechseln, sind sie hingegen am stärksten vertreten. Die Chance, in eine Ausbildung einzutreten, erhöht sich überproportional sowohl im Vergleich zu den Jugendlichen mit anderem

Migrationshintergrund wie auch zu den Jugendlichen ohne Migrationshintergrund (vgl. Abbildung 5-3). Bereits vorliegende Ergebnisse aus
ereignisanalytischen Verfahren, nach denen Aussiedler/innen ca. ein Jahr nach
Beendigung der Schulpflichtzeit verstärkt in *Ausbildung/Lehre* einmünden,
konnten somit durch die Sequenzmusteranalyse inhaltlich weiter spezifiziert
werden.

Dieser überproportionale Erfolg führt jedoch nicht zu niedrigeren
Anteilen der Aussiedler und Aussiedlerinnen in den Übergangsmustern 2 und
12. Sie sind in diesen Mustern nicht unterrepräsentiert, sondern sie haben (mit)
die höchsten prozentualen Anteile. Andere Wege, z. B. der Verbleib in einer
allgemeinbildenden Schule oder Schleifenübergänge, werden nicht signifikant
häufiger gewählt als von den anderen Jugendlichen.

Eine Frage, die offen bleibt, ist, ob die Übergänge Resultat von
individuellen Präferenzen sind oder von anderen Bedingungen beeinflusst
werden. Mit der Sequenzmusteranalyse wird lediglich der tatsächlich vollzogene
Übergang beschrieben. Sie gibt aber keinen Aufschluss darüber, ob die
Migrantenjugendlichen möglicherweise gar nicht direkt nach der Pflichtschulzeit in eine Ausbildung überwechseln wollen oder insgesamt andere Ziele
verfolgen. Letzteres sind Fragen nach dem Sinn bzw. der Bedeutungszuschreibung durch die Individuen. Dem folgend wäre eine qualitative-
rekonstruktive Methode zur Klärung dieser Frage die angemessenste Form.
Aber auch mit anderen quantitativen Methoden kann man sich der
Beantwortung dieser Fragen nähern.

In der Abbildung 5-14 sind die Pläne der Jugendlichen abgetragen, die
ein halbes Jahr vor Beenden der Pflichtschulzeit erfragt wurden.

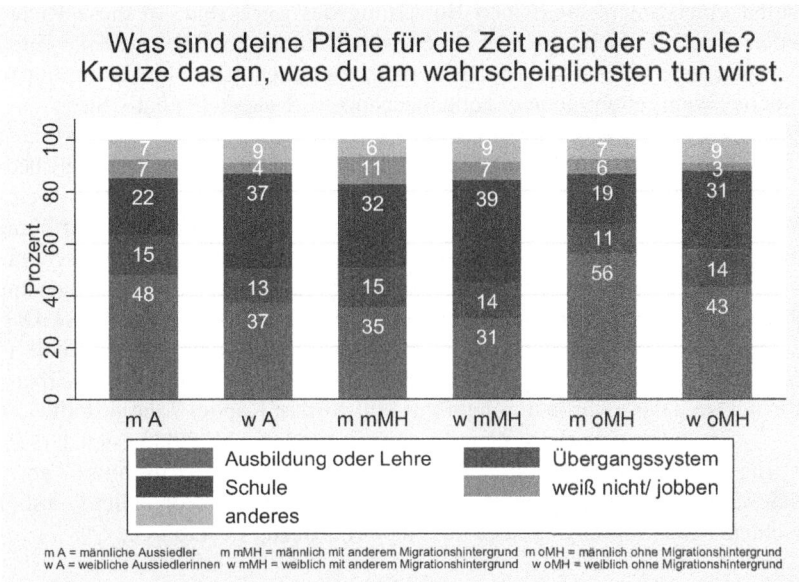

Abbildung 5-14: Pläne nach der Pflichtschulzeit

Es zeigt sich, dass prozentuale Unterschiede bestehen, aber neben einem eindeutigen Geschlechtseffekt, der in allen drei Gruppen existiert und sich auch in den tatsächlichen Übergängen zeigt, ist die Grundstruktur zwischen Aussiedlerjugendlichen und Jugendlichen ohne Migrationshintergrund gleich. Dies deckt sich mit der durch Dirk Konietzka und Michaela Kreyenfeld festgestellten traditionellen „Ausrichtung der Ausbildungs- und Berufs-strukturen der Aussiedler auf Facharbeiterberufe" (Konietzka/Kreyenfeld 2001, S. 279; vgl. ebenfalls Dietz/Roll 1998, S. 78). Damit sind spezifische Neigungen *nicht* für die schlechteren Chancen im direkten Übergang in Ausbildung plausibel.

Bei der Interpretation ist jedoch zu beachten - und hier zeigt sich ein allgemeines Problem der quantitativen Methoden - , dass der zweite Teil der Frage in eine andere Richtung weist: *Kreuze das an, was du am wahrscheinlichsten tun wirst.* Die Jugendlichen wurden ein halbes Jahr vor Ende der Pflichtschulzeit befragt. Es ist zu vermuten, dass sich die Jugendlichen bereits zu diesem Zeitpunkt intensivere Gedanken über Restriktionen und Opportunitäten gemacht haben. Die Unterschiede zwischen den Aussiedler/innen und den anderen Migrant/inn/en können somit auch ein

Resultat einer unterschiedlichen Bewertung der Lage sein. In diese Richtung würden auch Forschungsergebnisse von Rainer Strobel weisen, der bei Aussiedler/inne/n eine starke Diskrepanz zwischen den objektiven und den subjektiv wahrgenommenen Teilhabechancen festgestellt hat (Strobl 2006, S. 99).

Dies wäre eine Hypothese, die weiterer empirischen Analysen bedarf. Woran orientieren sich die Jugendlichen beim Übergang? Mit welchen Strategien versuchen sie den Übergang zu bewältigen? Diesen Fragen kann - wenn überhaupt - quantitativ nur nach einer speziell auf diese Fragen abzielenden Konzeptionalisierung und Operationalisierung nachgegangen werden. Dies würde aber voraussetzen, dass der Gegenstand bekannt ist. Das ist im vorliegenden Fall jedoch nicht zutreffend und bedarf somit - will man vereinfachende ad hoc-Hypothesen vermeiden - einer explorativen Erhebung und Analyse. Diese wurde durchgeführt und wird in Kapitel 7 dargestellt.

Zunächst soll aber anhand von quantitativen Methoden den Ursachen für die schlechteren Übergangschancen direkt im Anschluss an die Pflichtschulzeit nachgegangen werden. Dabei wird vor allem auf die verschiedenen Erklärungsansätze aus Kapitel 3 Bezug genommen.

6 Empirischer Teil II: Multivariate Analysen

Ziel der folgenden Ausführungen ist es, die zuvor dargestellten Befunde aus der eher deskriptiven Verlaufsanalyse näher aufzuklären. Dabei stehen zwei Fragen im Vordergrund. Erstens: Lassen sich die schlechteren Übergangsraten direkt nach der Pflichtschulzeit der Aussiedler/innen und der Jugendlichen mit anderem Migrationshintergrund anhand der im Kapitel 3 dargestellten Ansätze erklären? Zweitens ist zu fragen, ob sich Erklärungen für die überproportionale Steigerung der Übergangsraten in Ausbildung/Lehre bei den Aussiedler/innen ein Jahr nach der Pflichtschulzeit finden lassen. Die Sequenzmusteranalyse legte offen, dass die Steigerung mit dem Besuch eines weiteren Jahres der allgemeinbildenden Schule oder einer Maßnahme des Übergangssystems einhergeht. Inwiefern der Besuch an sich ursächlich für die gesteigerten Raten ist, ist damit noch nicht erwiesen. Vor diesem Hintergrund wären zwei Erklärungen denkbar.

In vielen Studien dokumentiert sich eine Zwischenstellung der Aussiedler/innen zwischen Menschen mit anderem und jenen ohne Migrationshintergrund (vgl. Kapitel 2.1). Diese Zwischenstellung zeigt sich auch in den hier vorgelegten Daten. Die anfänglich schlechten Übergangsraten könnten auf unterdurchschnittliche Leistungsmerkmale der Aussiedler/innen zurückzuführen sein. Dafür spräche, dass die Aussiedler/innen zum Großteil die Migration selbst vollzogen haben und somit stärkerem Akkulturationsstress ausgesetzt sind. Akkulturationsstress „is a stress reaction in response to life events that are rooted in the experience of acculturation" (Berry 1997, S. 19; vgl. Kapitel 4.1.1). Im Verlauf eines weiteren Jahres können diese Defizite kompensiert werden. Dies ist sowohl mit einer Klassenwiederholung als auch mit einer Maßnahme des Übergangssystems möglich. Tilly Lex und Boris Geier konstatieren nach einer spezifischen Analyse des DJI-Übergangspanels eine „kompensatorische Funktion von Berufsvorbereitung in Hinblick auf schulische Defizite" (Lex/Geier 2010, S. 184). Auch Ursula Beicht kommt nach Analysen anhand der Daten der BIBB- Bewerberstudie zu einem analogen Ergebnis: „Wenn Jugendlichen die Ausbildungsreife nicht durch die allgemeinbildende Schule vermittelt werden konnte, obwohl dies eigentlich ihre Aufgabe wäre, so haben Maßnahmen des Übergangssystems, insbesondere die berufsvorbereitenden Bildungsgänge, eine unverzichtbare Funktion" (Beicht 2009, S. 14).

Wenn die Steigerungsraten der Aussiedler/innen auf eine Defizitkompensation zurückzuführen sein sollten, müssten sich unter Kontrolle der Leistungsmerkmale die Koeffizienten der Aussiedler/innen und der Jugendlichen mit anderem Migrationshintergrund systematisch verändern.

Ist dies nicht der Fall, wäre in einem zweiten Schritt zu prüfen, ob die Steigerung der Übergangsraten auf eine subgruppenspezifische über- proportionale Steigerung der Leistungsmerkmale zurückzuführen ist. D. h., es werden keine Defizite kompensiert, sondern die Leistungsmerkmale über- proportional gesteigert, anhand derer Ausbildungsplatzanbieter Bewerber/innen um Ausbildungsplätze auswählen.

Eine solche Analyse ist auch für Fragen in Bezug auf mögliche Diskriminierungen relevant. Die immer wieder festgestellte Zwischenstellung der Aussiedler/innen könnte auch darauf zurückgeführt werden, dass diese nicht in gleichem Maße vom Diskriminierungshandeln - hier z. B. von Ausbildungsplatzgebern - betroffen sind wie andere Migrantengruppen. Da nicht davon auszugehen ist, dass sich das Diskriminierungsverhalten innerhalb eines relativ kurzen Zeitraumes von einem Jahr verändert, könnten unterdurchschnittliche Zertifikate am Ende der Pflichtschulzeit eine plausible Erklärung liefern. Falls es sich so verhält, sollte sich unter Kontrolle der Zertifikate und Noten der negative Effekt, der mit der Zugehörigkeit zur Gruppe der Aussiedler/innen verbunden ist, massiv abschwächen.

Die Analyse migrationsbezogener Disparitäten darf sich aber nicht nur auf die Leistungsmerkmale beschränken. In einem ersten Schritt sollen - soweit es die Datenlage zulässt - sämtliche Bereiche der im Kapitel 3 vorgebrachten Erklärungsversuche geprüft werden.

6.1 Analyse migrationsbezogener Disparitäten im Anschluss an die Pflichtschulzeit

6.1.1 Methode

Der zentrale Gegenstand des folgenden Abschnitts richtet sich auf die Frage, ob sich die schlechteren Übergangsraten in eine Ausbildung bzw. Lehre direkt nach der Pflichtschulzeit der Aussiedler/innen bzw. der Jugendlichen mit anderem Migrationshintergrund durch die Kontrolle als relevant erachteter Indikatoren statistisch auflösen lassen.

Der Übergang in eine Ausbildung/Lehre ist jedoch nicht der einzig mögliche Übergang. Nicht wenige Schüler streben einen Weiterbesuch einer allgemeinbildenden Schule an. Diese wären somit nicht „at risk" für Analysen zum Übergang in Ausbildung. Auf der anderen Seite kann ein Weiterbesuch der Schule auch eine Ausweichstrategie sein, weil kein Ausbildungsplatz gefunden wurde. Je nachdem, ob im Rahmen der Analyse entschieden wird, die Jugendlichen mit einem weiteren Schulbesuch auszuschließen oder nicht, kann es zu einer systematischen Unter- bzw. Überschätzung der Übergangschancen kommen. Eine Möglichkeit wäre, nur diejenigen Jugendlichen zu berücksichtigen, welche „bereits minimale Anstrengungen unternommen haben, um sich eine Lehrstelle zu organisieren" (vgl. Imdorf 2005, S. 204). Aber auch diese Vorgehensweise ist nicht unproblematisch, fallen doch auch all jene Jugendlichen aus der Untersuchungsstichprobe heraus, die zwar prinzipiell eine Ausbildung anstreben, sich aber aus Gründen der Selbstselektion bzw. aufgrund von Cooling-Out-Prozessen formal nicht bewerben (vgl. Kapitel 3.2.3). Ebenso fallen diejenigen aus der Stichprobe heraus, die über familiale Kontakte einen gesicherten Zugang zu einer Ausbildungsstelle haben und bei denen die Bewerbung lediglich einen formalen Akt darstellt, der erst in zeitlicher Nähe zum Ausbildungsbeginn vollzogen werden muss. Im Datensatz lassen sich 143 Jugendliche identifizieren, die angaben, eine Ausbildung anzustreben, aber keine einzige Bewerbung geschrieben haben.

Eine Alternative wäre die Schätzung von multinomialen Modellen. Dies hätte jedoch zur Folge, dass bedeutend weniger unabhängige Variablen simultan im Modell berücksichtigt werden können (vgl. Peduzzi u.a. 1996). Außerdem liegt das Forschungsinteresse auf dem Übergang in eine Ausbildung/Lehre, da er institutionslogisch wie auch normalbiografisch *der* Anschluss an eine Hauptschule ist. Dabei spielt eine untergeordnete Rolle, dass dies faktisch immer weniger der Fall ist (vgl. Kapitel 2.3). Wie sich immer wieder gezeigt hat, ist diese Orientierung bei den jugendlichen Hauptschüler/inne/n noch stark ausgeprägt. Die wesentlichere Frage ist, wem der Übergang gelingt bzw. wem nicht und ob dies askriptiven und/oder leistungsbezogen Merkmalen folgt.

Um eine generelle Unter- oder Überschätzung zu umgehen, sollen jeweils zwei separate Modelle geschätzt und einander gegenübergestellt werden. In einer Modellvariante A sollen alle Jugendlichen berücksichtigt werden. In einer zweiten Modellvariante B sollen diejenigen ausgeschlossen werden, die weiter eine allgemeinbildende Schule besuchen. Diese zwei Modellvarianten stellen somit die jeweilige Ober- bzw. Untergrenze der statistischen Effekte dar.

Die Fokussierung auf den Übertritt in eine Ausbildung/Lehre (ja/nein) implizierte eine dichotome abhängige Variable, was die Anwendung einer binärlogistischen Regression indiziert. Die Erhebung der Daten des DJI-Übergangspanels fand jedoch nicht zufällig, sondern im Klassenverband statt. Damit liegt keine reine Zufallsauswahl, sondern eine Klumpenstichprobe mit hierarchischer Datenstruktur vor. Hierarchisch, weil die Einheiten der unteren Ebenen - hier Individuen - zu Einheiten höherer Gliederungsstufe - hier Klassen - zusammengefasst werden können. Eine Nichtbeachtung dieser Struktur in den statistischen Analysen kann zu gravierenden Fehlern führen (vgl. Ditton 1998, S. 21 ff.). Schüler/innen in ihren jeweiligen Klassen teilen spezifische Unterrichts- und Klassen-, aber auch Schul- und Regionalmerkmale. Damit ist eine zentrale Annahme klassischer Regressionsmodelle, nämlich die der statistischen Unabhängigkeit, nicht erfüllt. Dies führt zu einer Unterschätzung der Standardfehler (SD)[27] und somit zu unzulässigen Signifikanzentscheidungen. „Standard statistical tests lean heavily on the assumption of independence of the observations. If this assumption is violated (and in multilevel data this is almost always the case) the estimates of the standard errors of conventional statistical tests are much too small, and this results in many spuriously 'significant' results" (Hox 2002, S. 5). Dies gilt sowohl für die lineare als auch für die logistische Regression (Rese 2000, S. 137). Hier können die Modelle der Mehrebenenanalyse weiterhelfen, indem sie es ermöglichen, die Varianz in Komponenten innerhalb und zwischen den Einheiten - z. B. Klassen - aufzuteilen und somit der Datenstruktur auch in der statistischen Modellbildung Rechnung tragen. „Dies gilt selbst dann, wenn nicht beabsichtigt wird, die Auswirkungen von kontextuellen Schuleffekten auf die individuellen Schülermerkmale inhaltlich zu untersuchen" (Imdorf 2005, S. 153). Somit soll das Verfahren der binärlogistischen Mehrebenenanalyse (Logistic-Random-Intercept-Modelle) zur Anwendung kommen.[28]

In den Modellen wurden die sogenannten Effektkoeffizienten ausgewiesen. Der *Effektkoeffizient* gibt den Faktor für die Vervielfachung des Wahrscheinlichkeitsverhältnisses (Odds) an. Zu beachten ist, dass die Effektkoeffizienten somit multiplikativ wirken und sich *nicht* direkt auf die Wahrscheinlichkeiten beziehen. Zur genaueren Herleitung und Erklärung sei auf die Arbeit von Ulrich Kohler und Frauke Kreuter (2006, S. 270ff.) verwiesen. Vereinfacht lässt sich ein Effektkoeffizient unter eins als schlechtere Übergangschancen, ein Wert über eins als bessere Übergangschancen interpretieren. Ein Wert von eins signalisiert, dass keine Chancenunterschiede bestehen.

Aufgrund der Forschungsfrage, ob sich unter Kontrolle von Drittvariablen die negativen Effekte, die mit dem Aussiedler/innen/status bzw. dem Merkmal anderer Migrationshintergrund verbunden sind, auflösen, soll hier lediglich die Richtung des Effekts und der Vergleich zwischen den Gruppen interpretiert werden.

Zur Einschätzung der Modellgüte wird in binärlogistischen Mehrebenenmodellen der Vergleich zum Random-Intercept-Only-Modell genutzt (Hinz 2009, S. 656). Dieses wird auch als Nullmodell bezeichnet. In diesem Modell werden neben der abhängigen Variablen (Ausbildung ja/nein) und der Kontextzugehörigkeitsvariablen (Klassenzugehörigkeit) keine weiteren unabhängigen Variablen berücksichtigt. Die Varianz der abhängigen Variablen wird dabei in zwei Bestandteile zerlegt: zum einen in die Varianz innerhalb der

---

[27]   engl. standard deviation
[28]   Verwendet wurde die Prozedur xtlogit im Rahmen der Statistiksoftware Stata.

Gruppen - also der Abweichung des/der einzelnen Schüler/in/s vom Klassenmittelwert - und zum anderen in die Varianz zwischen den Gruppen - also der Abweichung der geschätzten Klassenmittelwerte vom Gesamtmittelwert -. Das Verhältnis der zwei Varianzteile wird meist in Form der Intraklassenkorrelation *rho* ausgegeben.

> „Der Koeffizient der Intraklassenkorrelation gibt im Random-Intercept-Only-Modell als Anteilswert an, wie viel Prozent der Varianz von y maximal die Kontextzugehörigkeit des Probanden i „erklärt" oder „bindet". Bei der Berücksichtigung von zusätzlichen Kontextmerkmalen misst ρ [rho d.A.] den Varianzanteil der abhängigen Variable, der auf der Kontextebene durch die Kontextmerkmale nicht „erklärt" oder gebunden wird" (Langer 2004, S. 108/109).

Zusätzlich wurde auch das $R^{2-dicho}$ für binär-logistische Mehrebenenanalysen nach Tom A. Snijders und Roel Bosker berechnet (Snijders/Bosker 2004, S. 225).[29]

Ebenso wurde das jeweilige Akaike-Informationskriterium (engl. *Akaike Information Criterion, AIC*) berechnet. Die von Hirotugu Akaike (Akaike 1998) vorgeschlagene Kennzahl dient dem Vergleich alternativer Spezifikationen von Regressionsmodellen, bei der sich die zusätzliche Parametrisierung - also die Hinzunahme von weiteren Variablen - negativ auswirkt.

Um einen allzu großen Stichprobenschwund durch die Akkumulation von fehlenden Werten zu vermeiden, wurde die statistische Schätzung in separaten thematischen Blöcken durchgeführt. Durch den listenweisen Ausschluss von fehlenden Werten kommt es zu unterschiedlichen Stichprobenumfängen der einzelnen Modelle. Aus diesem Grund wird jedem Modell ein Nullmodell vorgeschaltet, das auf exakt der gleichen Stichprobengröße basiert wie das entsprechende Modell.

Aber auch inhaltliche Aspekte sprechen für ein blockweises Vorgehen. Die zentrale Analysefrage ist, inwieweit die Effekte, die mit dem Aussiedlerstatus statistisch verbunden sind, unter Kontrolle von Drittvariablen variieren. Es geht also nicht vorrangig um die Entwicklung eines Kernmodells, sondern um eine systematische Untersuchung von möglichen Einflussfaktoren. Aus diesem Grund soll auch bei der Darstellung der Ergebnisse hierauf der Fokus liegen.

---

[29]   Es soll nicht unerwähnt bleiben, dass die Berechnung von Maßen der *explained proportions of variance* in Mehrebenenmodellen nicht unumstritten und somit diese Vorgehensweise lediglich eine mögliche ist. Aus diesem Grund wird das jeweilige Nullmodell jeder einzelnen Schätzung ebenfalls ausgewiesen.

Die Kontrolle auf Multikollinearität erfolgte anhand der Berechnung der Varianzinflationsfaktoren (VIF) sowie der damit korrespondierenden Toleranzwerte.[30] Bei Multikollinearität erhöht sich der Standardfehler der Koeffizienten „und es kommt zu unerwarteten Veränderungen in der Koeffizientengröße oder deren Vorzeichen" (Kohler/Kreuter 2006, S. 230). Alle im Folgenden dargestellten Modelle und Koeffizienten bewegen sich innerhalb des Toleranzbereichs. Der höchste gemessene VIF beträgt 2,16.

Zur forschungspragmatischen Strukturierung der thematischen Blöcke wird auf das im Kapitel 4.1 erarbeitete sozialökologische, heuristische Untersuchungsmodell zurückgegriffen. Zu unterscheiden sind somit Faktoren auf Individualebene, Faktoren des soziokulturellen Nahraums (z. B. die Mikrosysteme Familie und/oder Schule) sowie Faktoren eher globalerer - z. B. regionaler - Kontexte.

Für eine weitere sinnvolle Strukturierung bietet sich die von Jürgen Baumert, Rainer Watermann und Gundel Schümer eingeführte Unterscheidung in Struktur- und Prozessmerkmale an (vgl. Baumert/Watermann/Schümer 2003). Somit ergibt sich eine analytische Unterscheidung von individuellen askriptiven Merkmalen (Indices), individuellen Prozessmerkmalen, soziokulturellen Struktur- und Prozessmerkmalen, schulischen und regionalen Kontextmerkmalen. Dieser Unterteilung soll auch in der Darstellung gefolgt werden.

6.1.2 Analyse

6.1.2.1 Abhängige Variable

Die abhängige Variable in den folgenden binärlogistischen Random-Intercept-Modellen ist die Variable, die Auskunft darüber gibt, ob nach der Pflichtschulzeit ein - mehr oder weniger - direkter Übergang in eine vollqualifizierende Ausbildung erfolgt. Als Messzeitpunkt wurde der November 2004 gewählt. Somit werden auch diejenigen Jugendlichen berücksichtigt, die ihre Ausbildung zeitnah abgebrochen haben (vgl. Übergangsmuster 5), denn auch ihnen ist der Übergang in eine Ausbildung zunächst gelungen. In Tabelle 6-1 ist die Kreuzung der Intersektionsgruppen vs. abhängige Variable ausgegeben.

---

[30] Zur Berechnung und Interpretation von Varianzinflationsfaktoren siehe Brosius 2006, S. 579/580 sowie Chatterjee/Hadi 2006 S. 288.

Tabelle 6-1: Kreuztabelle abhängige Variable und Analysegruppen

Ausbildung im November 2004	m A	w A	m mMH	w mMH	m oMH	w oMH	Total
nein	81,9	81,4	77,8	84,4	62,0	68,2	74,6
ja	18,1	18,6	22,2	15,6	38,0	31,8	25,5
Total N	155	129	361	366	366	352	1.729

Die männlichen Aussiedler sind nach der Gruppe der Mädchen mit anderem Migrationshintergrund diejenigen mit den geringsten Ausbildungsplatzanteilen. Sowohl bei den Jugendlichen mit anderem Migrationshintergrund als auch bei den Jugendlichen ohne Migrationshintergrund haben die Mädchen bedeutend geringere Anteile an Ausbildung als die Jungen. Dies verhält sich bei der Gruppe der Aussiedler/innen anders. Wenn auch nur geringfügig, haben die Mädchen hier einen höheren Ausbildungsanteil als die Jungen. Diese Verteilung lässt eine Interaktion zwischen den Migrantengruppen und dem Geschlecht vermuten. Dies entspräche der Annahme der Intersektionstheoretiker, dass die geschlechtlichen und migrationsbezogenen Differenzierungslinien sozialer Ungleichheit nicht pauschal additiv zu fassen sind, sondern dass die Überlagerung der Differenzierungslinien zu eigenständigen Effekten in den jeweiligen Gruppen führen.

„Unter Intersektionalität wird dabei verstanden, dass soziale Kategorien wie Gender, Ethnizität, Nation, ‚Rasse' oder Klasse nicht isoliert voneinander konzeptualisiert werden können, sondern in ihren ‚Überkreuzungen', ‚Verwobenheiten' oder ‚Verquickungen' analysiert werden müssen. Additive Perspektiven sollen überwunden werden, indem der Fokus auf das *gleichzeitige Zusammenwirken* bzw. *Wechselwirkungen* von sozialen Ungleichheiten und kulturellen Differenzen gerichtet wird" (Walgenbach 2011, S. 113).

Um diese Aspekte zu berücksichtigen, soll in den folgenden multivariaten Modellen für jede Intersektionsgruppe ein eigener Koeffizient berechnet werden. Die Referenzgruppe bildet dabei immer die Gruppe der männlichen Jugendlichen ohne Migrationshintergrund, also diejenige Gruppe mit dem höchsten Anteil an Ausbildung.

Die Zugehörigkeit zu den Intersektionsgruppen ist zugleich ein zentrales individuelles askriptives Merkmal (Indices).

6.1.2.2 Individuelle Merkmale (Indices)

Individuelle Merkmale dieser Kategorie sind askriptive Eigenschaften des Individuums und entsprechen somit den Indices im Rahmen der Signaling-Theorie (vgl. Kapitel 3.1.2). Davon zu unterscheiden sind die individuellen Eigenschaften, die vom Individuum selbst unmittelbar beeinflusst werden können. Diese sind Gegenstand des nächsten Kapitels. Zu den individuellen Merkmalen, auf die an dieser Stelle näher eingegangen wird, gehört der Migrationshintergrund und das Geschlecht. Beide Merkmale stellen zentrale soziale Differenzierungslinien dar und werden - wie eben ausgeführt - in ihrer Verschränktheit direkt berücksichtigt. Es ergeben sich somit sechs Gruppen von Jugendlichen (Intersektionsgruppen): Aussiedler, Aussiedlerinnen, männliche Jugendliche mit anderem Migrationshintergrund, weibliche Jugendliche mit anderem Migrationshintergrund, männliche Jugendliche ohne Migrations-hintergrund sowie weibliche Jugendliche ohne Migrationshintergrund.

Auch das Alter gilt es zu berücksichtigen. Der Tabelle 6-2 ist zu entnehmen, dass die Aussiedler/innen im Durchschnitt älter sind als ihre Mitschüler/innen. „Betriebe bevorzugen in der Regel nicht zu alte Bewerber. Bewerber mit Migrationshintergrund sind aber im Schnitt deutlich älter" (Ulrich 2005, S. 22). Unterschiedliche Altersstrukturen können somit zu unterschiedlichen Übergangsraten führen.

Tabelle 6-2: Verteilungen individueller Merkmale (Indices)

	m A	w A	m mMH	w mMH	m oMH	w oMH	Missing
Zuzug vor Grundschul-beginn	62,8%	50,4%	86,3%	87,9%	100,0%	100,0%	2,7%
Alter im Jahr 2004 (∅)	16,1	16,1	15,9	15,8	15,8	15,7	0,5%

Weiterhin wurde festgestellt, dass Menschen mit Migrationshintergrund weniger von Bildungsdefiziten betroffen sind, wenn sie das deutsche Schulsystem von Beginn an durchlaufen haben (vgl. Noll/Weick 2011, S. 3). Durch Quereinstiege ins deutsche Bildungssystem können Komplikationen und Belastungen entstehen, die sich unter Umständen vermittelt über schlechtere Schulleistungen auch auf die Übergangschancen im Anschluss an die Schule auswirken können. Um zu kontrollieren, ob der Zeitpunkt der Migration wirkmächtig ist, soll zwischen denjenigen, die erst nach Beginn der Grundschulzeit in das deutsche Bildungssystem eingestiegen sind und denjenigen, die das deutsche Schulsystem von Anfang an besucht haben, unterschieden werden (Dummy-Variable). Aussiedler/innen allgemein und besonders die weiblichen Aussiedlerinnen sind im Vergleich am stärksten von Quereinstiegen ins deutsche Bildungssystem betroffen (vgl. Tabelle 6-2). Nur knapp über die Hälfte hat ihre schulische Laufbahn komplett in Deutschland vollzogen. Hinzu kommt, dass sie durchschnittlich auch am ältesten sind. Insofern ist hier ein erhebliches Belastungspotenzial zu verzeichnen. In Tabelle 6-3 wurde der Einfluss dieser individuellen Merkmale auf den Übergang in eine Ausbildung/Lehre geprüft. Wie bereits erwähnt, wurden zwei Modellvarianten berechnet, zum einen die Modellvariante A, die alle Jugendlichen berücksichtigt und zum anderen die Modellvariante B, in der die Jugendlichen, die im November 2004 eine allgemeinbildende Schule besucht haben, ausgeschlossen wurden. Ausgeschlossen wurden somit vor allem die Jugendlichen aus Muster 1 (Schule), Muster 2 (Schule-prekäre) und Muster 3 (Schule-Ausbildung) (vgl. Abbildung 5-8).

Im Nullmodell der Modellvariante A gibt der Intraklassen-korrelationskoeffizient (rho) an, dass 11% der Varianz in Bezug auf den Übergang in eine Ausbildung/Lehre auf die Schulklassenzugehörigkeit zurückzuführen ist. Dabei muss berücksichtigt werden, dass die Schulklassenzugehörigkeit auch die regionale Kontextzugehörigkeit beinhaltet. Es kann also nicht unterschieden werden, ob es Schulklassen- bzw. Schulmerkmale oder regionale Merkmale sind, die diese Varianz binden. Dieser inhaltlichen Frage wird in späteren Schritten detaillierter nachgegangen. Der rho-Wert von 0,11 im A-Modell 0 und von 0,07 im B-Modell 0 verdeutlicht, dass ein nicht unerheblicher Teil der Varianz auf die Kontextzugehörigkeit zurückgeht und somit ein Mehrebenendesign indiziert.

Im A-Modell 1 und B-Modell 1 wurde zusätzlich zum Intercept (Konstante des fixed parts) die kategoriale Zugehörigkeit zu den Intersektionsgruppen berücksichtigt. Den größten Unterschied zu den männlichen Jugendlichen ohne Migrationshintergrund (Referenzkategorie) weisen die weiblichen Jugendlichen mit anderem Migrationshintergrund auf. Sie haben im direkten Vergleich der Intersektionsgruppen die schlechtesten Chancen, direkt in eine Ausbildung/Lehre überzuwechseln. Der Effekt-koeffizient der männlichen Jugendlichen mit anderem Migrationshintergrund ist zwar günstiger, aber nichtsdestotrotz eindeutig negativ. Der Koeffizient der Gruppe der weiblichen Jugendlichen ohne Migrationshintergrund ist zwar ebenfalls negativ, erreicht jedoch keine Signifikanz. Bezogen auf diese beiden Gruppen - Jugendliche mit anderem Migrationshintergrund und Jugendliche ohne Migrationshintergrund - lässt sich somit ein verstärkender Effekt von Geschlecht und Migrationshintergrund feststellen. Bei den jugendlichen Aussiedler/innen verhält es sich hingegen anders. Gleichen sich die Effektkoeffizienten in A-Modell 1 noch eher, unterscheiden sie sich deutlich im B-Modell 1. Der Effektkoeffizient der weiblichen Aussiedlerinnen fällt im Vergleich deutlich weniger negativ aus als für die männlichen Aussiedler.

Tabelle 6-3: Binärlogistische Mehrebenenmodelle: Individuelle Merkmale (Indices)

AV: Ausbildung 11/04 (ja/nein)	A-Modell 0 e^b/z-Wert	A-Modell 1 e^b/z-Wert	A-Modell 2 e^b/z-Wert	B-Modell 0 e^b/z-Wert	B-Modell 1 e^b/z-Wert	B-Modell 2 e^b/z-Wert
Intercept	$0,31^{***}$	$0,57^{***}$	$0,27^{***}$	$0,80^{**}$	$1,36^{*}$	$0,65$
	$(-14,60)$	$(-4,39)$	$(-4,59)$	$(-2,80)$	$(2,17)$	$(-1,34)$
Aussiedler Ref: ohne Mig.hint. ♂		$0,36^{***}$	$0,43^{**}$		$0,37^{***}$	$0,47^{*}$
		$(-4,10)$	$(-3,21)$		$(-3,50)$	$(-2,50)$
Aussiedlerin Ref: ohne Mig.hint. ♂		$0,35^{***}$	$0,46^{**}$		$0,44^{**}$	$0,64$
		$(-3,82)$	$(-2,67)$		$(-2,59)$	$(-1,28)$
anderer Mig.hint. ♂ Ref: ohne Mig.hint. ♂		$0,44^{***}$	$0,47^{***}$		$0,50^{**}$	$0,53^{**}$
		$(-4,45)$	$(-4,10)$		$(-3,28)$	$(-2,99)$
anderer Mig.hint. ♀ Ref: ohne Mig.hint. ♂		$0,28^{***}$	$0,31^{***}$		$0,28^{***}$	$0,31^{***}$
		$(-6,46)$	$(-6,04)$		$(-5,72)$	$(-5,28)$
ohne Mig.hint. ♀ Ref: ohne Mig.hint. ♂		$0,77$	$0,79$		$0,88$	$0,88$
		$(-1,53)$	$(-1,42)$		$(-0,64)$	$(-0,64)$
Alter bei Basiserhebung in Jahren			$1,22^{**}$			$1,02$
			$(2,75)$			$(0,29)$
Zuzug vor Grundschulbeginn. Ref: Zuzug nach Grundschulb.			$2,14^{**}$			$2,10^{**}$
			$(2,97)$			$(2,58)$
SD	$0,63$	$0,59$	$0,56$	$0,50$	$0,44$	$0,43$
rho	$0,11$	$0,10$	$0,09$	$0,07$	$0,06$	$0,05$
Log likelihood	-937	-906	-899	-647	-623	-619
R-2dicho	$0,00$	$0,06$	$0,08$	$0,00$	$0,06$	$0,08$
AIC	1877	1826	1816	1297	1260	1257
N-Individuen	1678	1678	1678	944	944	944
N-Klassen	196	196	196	190	190	190

Exponentiated coefficients $^{+}p < 0.10$, $^{*}p < 0.05$, $^{**}p < 0.01$, $^{***}p < 0.001$

Unter Berücksichtigung des Alters und des Zuzugs vor Grundschulbeginn wiederholt sich das bereits beobachtete Verhältnis von Geschlecht und Migrationsgruppe sowohl in der Modellvariante A als auch in der Modellvariante B. Im B-Modell 2 verliert der Effektkoeffizient der weiblichen Aussiedlerinnen sogar die Signifikanz. Aufgrund der Tatsache, dass der Effektkoeffizient dennoch eindeutig im negativen Bereich verbleibt, dürfte die Nichtsignifikanz in B-Modell 2 auf den geringen Stichprobenumfang dieser Gruppe zurückzuführen sein. Dennoch ist festzuhalten, dass im Gegensatz zu den anderen Jugendlichen in der Gruppe der Aussiedler/innen die Mädchen in Bezug auf den Übergang in eine Ausbildung/Lehre tendenziell ein besseres Chancenverhältnis aufweisen als die Jungen.

6.1.2.3 Individuelle Prozessmerkmale

Leistungsmerkmale

Während die individuellen, askriptiven Merkmale Indices im Sinne von Michael Spence darstellen, werden unter individuellen Prozessmerkmalen die Merkmale gefasst, die den Signalen entsprechen (vgl. Kapitel 3.1.2). Diese sind im Gegensatz zu den Indices veränderbare Personeneigenschaften.[31] Vor allem die Noten und die Abschlüsse sind hier zu nennen. Sie sind die zentralen Signale anhand derer Ausbildungsplatzgeber ihre Bewerberauswahl treffen. Da diese Merkmale von den Jugendlichen selbst erworben werden, werden sie als Indikator für deren Produktivität verwendet (Spence 1973). Schlechtere Noten und Abschlüsse dürften demnach zu schlechteren Übergangsraten in Ausbildung führen. Dies fand vielfach empirische Bestätigung (Diehl/Friedrich/Hall 2009; Imdorf 2005; Beicht/Ulrich 2008b; Buhr/Müller 2008). Die entscheidendere Frage lautet jedoch, ob unter Kontrolle dieser „meritokratischen" Auswahlkriterien der negative Effekt des Migrationshintergrundes verschwindet.

Für die Noten wurden die Angaben aus der Basisbefragung im März 2004 herangezogen. Dies hat den Hintergrund, dass davon ausgegangen werden kann, dass bei einem direkten Übertritt in eine Ausbildung/Lehre die Bewerbungsphase vor der Aushändigung des Abschlusszeugnisses stattfand und somit die Noten des Halbjahreszeugnisses genutzt werden mussten. Es wurde sowohl die Deutschnote als auch die Note in Mathematik erfragt. Zum Zwecke der besseren Interpretierbarkeit wurden die Variablen umcodiert. Eine Steigerung in der Notenvariablen ist somit als eine Steigerung der Leistung zu interpretieren.

Die weiblichen Aussiedlerinnen sind in Mathematik durchschnittlich etwas schlechter, dafür aber in Deutsch bedeutend besser als die Aussiedlerjungen (vgl. Tabelle 6-4). Bivariat betrachtet könnte dies die beobachteten besseren Übergangschancen der Aussiedlermädchen erklären, denn die Deutschnote kann nicht nur als Marktsignal, sondern auch als Indikator für die Sprachkompetenzen der Jugendlichen interpretiert werden. Wie in Kapitel 3.2.1 bereits ausgeführt, wird u.a. von Hartmut Esser (2006) postuliert, dass Defizite in der Kompetenz der Umgangssprache dazu führen, dass andere Kompetenzen und Fähigkeiten im Aufnahmeland nicht bzw. nur ungenügend verwertet werden können. „Der Schlüssel zur Sozialintegration in das

---

[31] Wie die Forschungsarbeiten zum „Doing Gender" (vgl. West/Zimmerman 1998) und „Doing Difference" (vgl. Fenstermaker/West 2001) überzeugend dargelegt haben, sind auch Geschlecht und Ethnie prinzipiell veränderbare Eigenschaften. In der vorliegenden Arbeit wird aber auf den Unterschied rekurriert, ob die Merkmale unmittelbar durch das einzelne Individuum beeinflussbar sind oder nicht.

Aufnahmeland ist die Sprache und die daran anschließende *strukturelle Assimilation* in das Bildungssystem und den Arbeitsmarkt" (Esser 2001, S.74). Die schlechteren Übergangsraten der männlichen Aussiedler in Ausbildung könnten somit ein Resultat fehlender bzw. ungenügender Kompetenz in der deutschen Sprache sein.

Tabelle 6-4: Verteilungen individueller Merkmale – Leistung (Signale)

	m A	w A	m mMH	w mMH	m oMH	w oMH	Missing
Abschluss 2004							
ohne Abschluss	14,2%	10,9%	12,5%	10,9%	12,6%	12,5%	0,0%
Hauptschulabschluss	68,4%	65,9%	74,2%	66,7%	63,4%	58,0%	0,0%
Realschulabschluss	17,4%	23,3%	13,3%	22,4%	24,0%	29,6%	0,0%
Klassenwiederholung	35,7%	38,0%	37,5%	29,0	40,0	32,1	0,2%
Note (umcodiert)							
Mathematik ($\emptyset$)	3,9	3,8	3,9	3,6	3,8	3,7	0,8
Deutsch ($\emptyset$)	3,6	3,9	3,6	3,8	3,6	4,1	1,0

Obwohl die Bewerbungsphase vor dem Schulabschluss stattgefunden hat, wurden dennoch die erreichten Schulabschlüsse mit einbezogen. Dies hat zwei Gründe. Erstens ist davon auszugehen, dass ein Personalverantwortlicher bei der Beurteilung von vorliegenden Bewerbungen den wahrscheinlichen Schulabschluss von Bewerber/inne/n antizipiert. Zweitens sind die unterschiedlichen Bildungsgänge, die zu unterschiedlichen Abschlüssen führen, auch als „differenzielle Lernumwelten" (Maaz/Neumann/Trautwein 2009, S. 171) zu lesen und repräsentieren somit ein institutionelles Merkmal. Die Abschlüsse wurden nach *kein Abschluss, Hauptschulabschluss,* und *Realschulabschluss* differenziert und als Dummy-Variablen in den Analysen berücksichtigt. Die männlichen Aussiedler haben die höchste Rate und weiblichen Aussiedlerinnen die geringste Rate an Zertifikatslosen (keinen Anschluss). Bezüglich des Realschulabschlusses lässt sich feststellen, dass Mädchen insgesamt hier einen höheren Anteil besitzen und dass die männlichen Aussiedler und weiblichen Aussiedlerinnen insgesamt eine Zwischenposition zwischen den Jugendlichen ohne und mit anderem Migrationshintergrund einnehmen.

Zusätzlich wurde eine Variable berücksichtigt, die Auskunft darüber gibt, ob in der Schullaufbahn bis 2004 - Zeitpunkt der Basiserhebung - eine Klasse wiederholt wurde. Klassenwiederholungen der Abschlussklasse sind somit in dieser Variablen nicht berücksichtigt.

In Tabelle 6-5 wurde geprüft, ob sich unter Kontrolle der leistungsbezogenen Prozessmerkmale die migrationsbezogenen Disparitäten im

Übergang in eine Ausbildung/Lehre statistisch auflösen. Neben den Variablen zu der Zugehörigkeit zu den Intersektionsgruppen wurden auch das Alter und die Variable, die Auskunft darüber gibt, ob der Zuzug nach Deutschland vor dem Beginn der Grundschule erfolgte, als Kontrollvariablen in das Modell aufgenommen.

Bezogen auf die Schulabschlüsse bestätigen sich zunächst die humankapital- und signaltheoretischen Annahmen. Ein Realschulabschluss erhöht und kein Schulabschluss verringert die Chancen des Übergangs in eine Ausbildung/Lehre. Die Noten in Mathematik und Deutsch sind nur in Modellvariante 2 signifikant. Dies verweist darauf, dass Jugendliche, die über gute Noten verfügen, auch eher weiter eine Schule besuchen und somit nicht in Ausbildung überwechseln. Gute Noten haben sowohl einen positiven Einfluss auf den weiteren Besuch einer Schule als auch auf den Übergang in eine Ausbildung. Dadurch kommt es zu einer Überlagerung dieser beiden Effekte in Modellvariante 1. Wenn, wie in Modellvariante 2, alle Jugendlichen, die weiter eine allgemeinbildende Schule besuchen, ausgeschlossen werden, haben die Noten einen signifikanten positiven Effekt auf den Übergang in eine Ausbildung/Lehre. Die zusätzlich integrierte Variable der Klassenwiederholung zeigt in beiden Modellvarianten keine Signifikanz.

Werden die Effektkoeffizienten der Migrantengruppen im Vergleich zu den Jugendlichen ohne Migrationshintergrund betrachtet, zeigt sich, dass auch nach Kontrolle der leistungsbezogenen Merkmale die negativen Effekte fast vollständig bestehen bleiben. Dieser Befund deckt sich mit der allgemeinen Forschungslage zu migrationsbezogenen Disparitäten in den Bildungs-beteiligungen allgemein (vgl. zum Überblick Diefenbach 2010b) und mit den Arbeiten in Bezug auf den Übergang in eine Ausbildung/Lehre im Besonderen (vgl. Diehl/Friedrich/Hall 2009; Imdorf 2005; Seeber 2011; Lehmann u.a. 2005).

Dennoch sollte nicht vorschnell auf direkte Diskriminierung geschlossen werden. Es ist zu bedenken, „dass das Strukturmerkmal Migrations-hintergrund nicht mehr und nicht weniger als eine Proxi für eine ganze Reihe von Merkmalen gilt [...] Ebenso interagiert der Migrationshintergrund mit Merkmalen wie (herkunfts)spezifischen sprachlichen Fähigkeiten, Schul-leistungen, Netzwerken etc. Insofern könnte seine Wirkung über diese Variablen vermittelt sein" (Skrobanek 2009, S. 21).

Tabelle 6-5: Binärlogistische Mehrebenenmodelle: Individuelle Merkmale – Leistung (Signale)

AV: Ausbildung 11/04 (ja/nein)	A-Modell 0 e^b/z-Wert	A-Modell 1 e^b/z-Wert	A-Modell 2 e^b/z-Wert	B-Modell 0 e^b/z-Wert	B-Modell 1 e^b/z-Wert	B-Modell 2 e^b/z-Wert
Intercept	0,31***	0,27***	0,27***	0,81**	0,64	0,36**
	(-14,37)	(-4,59)	(-4,19)	(-2,63)	(-1,37)	(-2,88)
Aussiedler		0,45**	0,46**		0,50*	0,52*
Ref: ohne Mig.hint. ♂		(-3,06)	(-2,98)		(-2,27)	(-2,16)
Aussiedlerin		0,44**	0,42**		0,62	0,56
Ref: ohne Mig.hint. ♂		(-2,73)	(-2,83)		(-1,36)	(-1,60)
anderer Mig.hint. ♂		0,48***	0,48***		0,54**	0,62*
Ref: ohne Mig.hint. ♂		(-4,01)	(-3,89)		(-2,90)	(-2,20)
anderer Mig.hint. ♀		0,30***	0,29***		0,30***	0,31***
Ref: ohne Mig.hint. ♂		(-6,10)	(-6,12)		(-5,36)	(-5,13)
ohne Mig.hint. ♀		0,78	0,77		0,87	0,87
Ref: ohne Mig.hint. ♂		(-1,43)	(-1,49)		(-0,70)	(-0,67)
Alter bei Basiserheb.		1,22**	1,12		1,02	0,92
in Jahren		(2,75)	(1,30)		(0,22)	(-0,86)
Zuzug vor		2,19**	2,06**		2,17**	2,07*
Grundschulbeginn		(3,01)	(2,73)		(2,64)	(2,42)
Ref: Zuzug nach Grundschulb.						
kein Schulabschluss			0,29***			0,42**
Ref: Hauptschulabschluss			(-4,65)			(-2,94)
Realschulabschluss			1,57**			2,02***
Ref: Hauptschulabschluss			(2,73)			(3,74)
Note Mathematik			1,14			1,73***
Wertebereich 1-6 (umcodiert)			(0,96)			(3,73)
Note Deutsch			0,95			1,37*
Wertebereich 1-6 (umcodiert)			(-0,38)			(2,04)
Klassenwiederholung			1,09			1,03
Ref: keine Klassenwiederh.			(0,55)			(0,16)
SD	0,65	0,57	0,51	0,51	0,45	0,30
rho	0,11	0,09	0,07	0,07	0,06	0,03
Log likelihood	-923	-886	-864	-636	-608	-581
R-2dicho	0,00	0,08	0,14	0,00	0,08	0,16
AIC	1851	1789	1757	1276	1235	1190
N-Individuen	1654	1654	1654	928	928	928
N-Klassen	196	196	196	188	188	188

Exponentiated coefficients $^+ p < 0.10$, $^* p < 0.05$, $^{**} p < 0.01$, $^{***} p < 0.001$

Auch Frank Kalter konstatiert:

„Wenn man nach den Ursachen der Schwierigkeiten jugendlicher Migranten auf dem deutschen Arbeitsmarkt fragt, dann lautet die Antwort nach den vorliegenden Befunden und nach allem, was sich einigermaßen als belastbar erweist: In erster Linie ist dies ganz offensichtlich eine Frage der Schulabschlüsse und des Zugangs zu Ausbildungsplätzen. Danach spielen Sprachkenntnisse und die ethnische Struktur der Netzwerke ebenfalls eine wichtige Rolle, wenngleich auch nicht für jede Tätigkeit bzw. abhängige Variable (und vielleicht auch nicht für jede Gruppe) in gleichem Maße. Ob es zusätzlich dann noch Diskriminierungen auf Arbeitgeberseite gibt, kann nicht ausgeschlossen werden, es scheint für das Gesamtpuzzle jedoch weniger entscheidend zu sein. In einer Welt mit beschränkten Ressourcen mag es deshalb sehr viel sinnvoller sein, zunächst an den genannten anderen Stellen weiterzufragen" (Kalter 2006b, S. 420).

Dies wird im Folgenden getan, indem Aspekte der Such- und Bewerbungs-strategien (Kalter 2006a, S. 157; Diehl/Friedrich/Hall 2009, S.62) fokussiert werden.

Such- und Bewerbungsverhalten
Zentrale Aspekte des Such- und Bewerbungsverhaltens sind das Bewerbungs- und Praktikaverhalten sowie die Inanspruchnahme von Beratungsgesprächen mit Vertretern der Arbeitsagentur und/oder des Berufsinformationszentrums bzw. anderen Berufsberater/inne/n. Diese Aspekte wurden durch die Abfrage nach der entsprechenden Anzahl von Bewerbungen, Praktika und Beratungsgesprächen bis zum Zeitpunkt der Basiserhebung 2004 erhoben. Bei der Interpretation ist zu berücksichtigen, dass Jugendliche die vorhaben weiter die Schule zu besuchen, natürlich keine Bewerbungen für eine Ausbildung/Lehre schreiben. Auf der anderen Seite wäre es aber auch denkbar, dass durch mehrere Absagen auf Bewerbungen eine Umorientierung auf einen weiteren Besuch der Schule stattfindet.

   Bei der Regressionsdiagnose wurde festgestellt, dass die Verteilungen dieser Variablen sehr stark linksschief sind und einige sehr hohe Werte (Ausreißer) auftreten. Aus diesen Gründen wurden diese drei Variablen in Dummy-Variablen transformiert. Hierfür wurde der jeweilige Mittelwert der Stichprobe herangezogen (Bewerbungsanzahl ($\overline{x}$= 6,17); Praktikaanzahl ($\overline{x}$= 2,5); Beratungsanzahl ($\overline{x}$= 2,09)).

   In Tabelle 6-6 wird ersichtlich, dass die Aussiedler durchschnittlich mit die meisten Bewerbungen geschrieben, die meisten Beratungsgespräche geführt und die wenigsten Praktika geleistet haben. Insofern lässt sich auf bivariater Ebene keine eindeutige Tendenz identifizieren.

   In einer qualitativen Studie zur Hilfewahrnehmung Berliner Jugendlicher mit Migrationshintergrund im Übergang von Schule in Ausbildung wurde festgestellt, dass Jugendliche, die die Migration selbst vollzogen haben, wenig Ambitionen aufweisen, großflächig nach Stellen zu suchen. Eine Wiederholung des Erlebnisses, bei „Null" anzufangen, wird so vermieden (vgl. Purschke 2007, S.22). Dies führt zu einer räumlich eingeschränkten Suchstrategie, was wiederum zu geringeren Erfolgschancen führt.

Tabelle 6-6: Verteilungen individueller Merkmale – Selbstexklusions-, Such-
und Bewerbungsverhalten

	m A	w A	m mMH	w mMH	m oMH	w oMH	Missing
Schwänzen	24,3%	16,7%	16,0%	24,7%	17,0%	20,6%	2,8%
Gefühlte deutsche Staatszugehörigkeit	81,9%	85,3%	60,9%	63,9%	97,1%	100,0%	4,7%
Mobilitätsbereitschaft	84,9%	76,8%	74,5%	74,4%	78,8%	76,4%	2,76%
Bewerbungen (über ∅)	34,8%	25,40%	24,23%	19,0%	33,9%	28,4%	0,9%
Praktika (über ∅)	19,7%	19,7%	26,8%	22,9%	26,9%	19,8%	2,6%
Beratungsanzahl (über ∅)	38,6%	30,5%	27,9%	25,3%	30,5%	34,3%	2,9%

Die Mobilitätsbereitschaft wurde mit der Frage erfasst: *Würdest du für einen Ausbildung- oder Arbeitsplatz in eine andere Stadt ziehen?* Es gab drei Antwortmöglichkeiten: *ja, deutschlandweit; ja, aber nur die nähere Umgebung* und *nein.* Aus diesen Angaben wurde eine Dummy-Variable gebildet, die Auskunft darüber gibt, ob prinzipiell die Bereitschaft besteht, für einen Ausbildungsplatz den Heimatort zu verlassen. Die Bereitschaft der regionalen und der deutschlandweiten Mobilität wurde somit zusammengefasst.

In Bezug auf die Gruppe der Aussiedler/innen, welche zum Großteil die Migration selbst vollzogen haben, scheint die These von der verminderten Mobilitätsbereitschaft weniger zuzutreffen. Sie sind diejenige Gruppe, die durchschnittlich am stärksten bereit ist, ihren Heimatort für eine Ausbildung zu verlassen (Tabelle 6-6), obwohl sie die Gruppe mit dem höchsten Anteil derjenigen sind, die die Migration selbst vollzogen haben.

Ein weiterer diskutierter Aspekt der Such- und Bewerbungsstrategien ist der der Selbstselektion. „Um [...] Erfahrungen des Scheiterns zu vermeiden, entwickeln benachteiligte Schüler/innen häufig Coping-Strategien, sich nicht mehr in jene Situationen zu begeben, in denen sie potenziell ‚scheitern' könnten" (Solga u.a. 2010, S. 21). Neben einer verminderten Bewerbungsaktivität ist ein „Indikator für eine derartige Vermeidungsstrategie [...] das

Schwänzen, d. h. das Fernbleiben vom Unterricht" (Solga u.a. 2010, S. 21). Dieser Aspekt wurde operationalisiert, indem nach geschwänzten Schulstunden bzw. -tagen innerhalb der letzten zwei Wochen vor der Basisbefragung im Mai 2004 gefragt wurde. Es zeigt sich, dass die männlichen Aussiedler die zweithöchste und die weiblichen Aussiedlerinnen die zweitniedrigste Rate an Schulschwänzern aufweisen. Ebenso zeigt sich, dass bei den anderen Gruppen die Mädchen ein stärkeres Schwänzverhalten aufweisen als die Jungen. Bei der Gruppe der Aussiedler/innen ist dies genau umgekehrt. Auf bivariater Ebene käme die Selbstselektion als Erklärung für schlechtere Chancenverhältnisse der Aussiedler und der Mädchen mit anderem Migrationshintergrund in Frage. Es sind die zwei Gruppen mit den schlechtesten Übergangschancen in eine Ausbildung/Lehre.

Die gefühlte Staatszugehörigkeit soll ebenfalls in den Analysen Berücksichtigung finden. Diese Variable wurde einbezogen, weil in der Diskussion häufig der Erklärungsansatz des Rückkehrwillens und der damit verbundenen Strategie des schnellen Gelderwerbs zur Erklärung der Disparitäten herangezogen wird (vgl. Kapitel 3.2.1). Obwohl im Fragebogen der Rückkehrwille nicht direkt erhoben wurde, kann jedoch davon ausgegangen werden, dass ein auch nur teilweise vorhandenes Zugehörigkeitsgefühl zu Deutschland eher gegen einen Rückkehrwillen spricht. Im Fragebogen wurden vier verschiedene Antwortmöglichkeiten vorgegeben. Im Sinne einer sparsamen Modellierung wurden diese Angaben in eine Dummy-Variable transformiert. Zusammengefasst wurden die Jugendlichen, die sich nicht einmal teilweise als Deutsche fühlen. Die Jugendlichen der anderen Gruppe fühlen sich entweder nur als Deutsche oder zumindest *als Deutsche/r und Bürger/innen eines anderen Landes*. Diese Variable kann aber auch als Indikator für die Akkulturationsstrategien (vgl. Kapitel 4.1.1) der Jugendlichen interpretiert werden. Sich ganz oder teilweise als Deutsche/r zu fühlen, korrespondiert mit den Akkulturationsstrategien von Assimilation und Integration. Sich selbst nicht einmal teilweise als Deutsche/n zu identifizieren, entspricht den Strategien der Separation oder der Marginalisierung. Es geht bei dieser Operationalisierung um die Frage, ob „die Immigranten es für wertvoll halten, sich die Kultur der Aufnahmegesellschaft anzueignen" (Schmitt-Rodermund/Silbereisen 2002, S. 894) oder nicht.

Die Aussiedler/innen weisen deutlich höhere gefühlte Zugehörigkeitswerte auf als die Jugendlichen mit anderem Migrationshintergrund. Dies deckt sich mit den Daten von Heinz-Herbert Noll und Stefan Weick (vgl. 2011), die belegen, dass die Aussiedler/innen unter den Menschen mit Migrationshintergrund deutlich überdurchschnittlich den Wunsch hegen, für immer in Deutschland zu bleiben (vgl. Tabelle 3-2).

Um zu prüfen, inwieweit die eben beschriebenen Aspekte der Such- und Bewerbungsstrategien dazu beitragen, die Effekte der Zugehörigkeit zu den Intersektionsgruppen unter Kontrolle der Leistungsmerkmale aufzuklären, wurden entsprechende Modelle geschätzt und in Tabelle 6-7 dargestellt.

In Tabelle 6-7 zeigt sich, dass das Schwänzverhalten als Indikator für Selbstselektion in beiden Modellen den erwarteten negativen Einfluss auf die Übergangsraten in Ausbildung/Lehre hat. Eine hohe Bewerbungsanzahl hat ebenfalls - wie erwartet - einen positiven Einfluss auf den Übergang in eine Ausbildung/Lehre und zwar ebenfalls in beiden Modellen. Bezogen auf die Mobilitätsbereitschaft zeigt sich in B-Modell 2 tendenziell die erwartete Richtung. Auch die Anzahl der Praktika wirkt sich signifikant positiv auf den Übergang in eine Ausbildung/Lehre aus. Während die Beratungsgespräche in Modellvariante A kaum Effekte erzielen, ist der Koeffizient in Modell B zwar nicht signifikant, aber eindeutig negativ. Dies kann als Indiz für Cooling-Out-Prozesse - die Prozesse, bei denen Jugendliche durch institutionelle Lenkung aus der Bewerber/innen/schlange für eine Ausbildung heraus dirigiert werden (vgl. Kapitel 3.2.3) - gedeutet werden. Für weitergehende Interpretationen bedarf es intensiverer Untersuchungen.

Entscheidender für diese Arbeit ist jedoch, dass auch unter der Kontrolle von leistungsbezogenen Merkmalen und der Such- und Bewerbungsindikatoren die negativen Effekte, die mit der Zugehörigkeit zu einer Gruppe mit Migrationshintergrund verbunden sind, nicht aufgelöst werden. Im Gegenteil, für die Aussiedler/innen verschärft sich sogar der negative Effekt leicht. Die gefühlte deutsche Staatszugehörigkeit als Indikator für einen Rückkehrwillen und einen damit einhergehenden Verzicht auf eine größere Investition ins Humankapital kann ebenfalls als Erklärung der migrationsbezogenen Disparitäten beim Übergang in eine Ausbildung/Lehre ausgeschlossen werden. Analoges gilt für die Akkulturationsstrategien, die sich der Kultur der Aufnahmegesellschaft eher abwenden.

Insofern kann resümiert werden, dass Erklärungsansätze, die allein auf individuelles Verhalten der Jugendlichen selbst als Erklärung für die migrationsbezogenen Disparitäten aufbauen, nach vorliegender Datenlage unzureichend sind.

Es bleibt zu prüfen, inwiefern die spezifische sozialökologische Umwelt der Jugendlichen erklärungsmächtig ist.

Tabelle 6-7: Binärlogistische Mehrebenenmodelle: Individuelle Merkmale – Selbstexklusions-, Such- und Bewerbungsverhalten

AV: Ausbildung 11/04 (ja/nein)	A-Modell 0 e^b/z-Wert	A-Modell 1 e^b/z-Wert	A-Modell 2 e^b/z-Wert	B-Modell 0 e^b/z-Wert	B-Modell 1 e^b/z-Wert	B-Modell 2 e^b/z-Wert
Intercept	0,33***	0,33**	0,26***	0,88	0,49^{+}	0,41^{+}
	(-12,84)	(-3,28)	(-3,29)	(-1,50)	(-1,84)	(-1,90)
Aussiedler		0,42**	0,41**		0,46*	0,41**
Ref: ohne Mig.hint. ♂		(-3,03)	(-3,05)		(-2,29)	(-2,60)
Aussiedlerin		0,41**	0,40**		0,53	0,48^{+}
Ref: ohne Mig.hint. ♂		(-2,72)	(-2,77)		(-1,62)	(-1,86)
anderer Mig.hint ♂		0,50***	0,52**		0,62*	0,63^{+}
Ref: ohne Mig.hint. ♂		(-3,45)	(-3,04)		(-2,07)	(-1,86)
anderer Mig.hint. ♀		0,30***	0,35***		0,32***	0,34***
Ref: ohne Mig.hint. ♂		(-5,52)	(-4,67)		(-4,51)	(-4,06)
ohne Mig.hint. ♀		0,81	0,88		0,89	0,95
Ref: ohne Mig.hint. ♂		(-1,12)	(-0,69)		(-0,53)	(-0,25)
Alter bei Basiserheb.		1,17*	1,16^{+}		0,95	0,97
in Jahren		(1,99)	(1,85)		(-0,60)	(-0,36)
Zuzug vor		1,85*	1,55		1,68	1,41
Grundschulbeginn: ja Ref: Zuzug nach Grundschulb.		(2,15)	(1,50)		(1,56)	(1,02)
kein Schulabschluss:		0,33***	0,34***		0,46*	0,47*
Ref: Hauptschulabschluss		(-3,99)	(-3,82)		(-2,50)	(-2,35)
Realschulabschluss		1,44*	1,46*		1,85**	1,78**
Ref: Hauptschulabschluss		(2,14)	(2,21)		(3,09)	(2,87)
Note Mathematik		1,03	1,04		1,59**	1,55**
Wertebereich 1-6 (umcodiert)		(0,23)	(0,29)		(2,92)	(2,74)
Note Deutsch		0,95	0,93		1,37^{+}	1,31
Wertebereich 1-6 (umcodiert)		(-0,36)	(-0,46)		(1,89)	(1,60)
Schwänzen			0,71^{+}			0,68^{+}
Ref: kein Schwänzen			(-1,89)			(-1,93)
Mobilitätsbereitschaft			0,89			1,13
Ref: keine Mobilitätsbereits.			(-0,72)			(0,66)
Bewerbungen (über Ø)			3,17***			2,22***
Ref: Anzahl unter Ø			(7,97)			(4,77)
Praktika (über Ø)			1,70***			1,43*
Ref: Anzahl unter Ø			(3,35)			(1,99)
Berufsberatungen			1,03			0,88
(über Ø) Ref: Anzahl unter Ø			(0,23)			(-0,78)
Gefühlte deutsche			0,99			1,00
Staatszugehörigkeit Ref: keine gefühlte deutsche Staatszugehörigkeit			(-0,06)			(0,00)
SD	0,69	0,56	0,42	0,56	0,40	0,31
rho	0,13	0,09	0,05	0,09	0,05	0,03
Log likelihood	-815	-769	-728	-552	-514	-499
R-2dicho	0,00	0,12	0,20	0,00	0,13	0,18
AIC	1634	1565	1495	1109	1054	1036
N-Individuen	1432	1432	1432	804	804	804
N-Klassen	196	196	196	188	188	188

Exponentiated coefficients $^{+}p < 0.10$, $^{*}p < 0.05$, $^{**}p < 0.01$, $^{***}p < 0.001$

6.1.2.4   Soziokulturelle Strukturmerkmale

Die kapitaltheoretischen Ansätze - sei es die Humankapitaltheorie von Gary Becker (1993; vgl. Kapitel 3.1.1) oder die Kapitaltheorie nach Pierre Bourdieu (1999; vgl. Kapitel 3.2.2) - gehen davon aus, dass Eltern unter Aufwendung von ökonomischem Kapital (Geld) und Zeit in die Kapitalien ihrer Kinder investieren (können). Vor allem die Investition in die Bildung der Kinder spielt dabei eine wesentliche Rolle. Je mehr Kapital die Kinder auf diesem Wege inkorporieren, desto bessere Positionen in der sozialen Hierarchie können sie später erreichen.

Dieser Mechanismus wird auch zur Erklärung der migrationsbezogenen Disparitäten herangezogen. Es ist festzustellen, dass Menschen mit Migrationshintergrund durchschnittlich bedeutend schlechtere Marktpositionen einnehmen. Ihr sozioökonomischer Status ist durchschnittlich niedriger als bei Menschen ohne Migrationshintergrund (vgl. Granato 2003; Kalter 2008). Schlechtere soziale Positionierungen von Menschen mit Migrationshintergrund bedeuten eine geringere Verfügbarkeit über finanzielle Mittel, welche wiederum zu geringeren Investitionen in das Kapital der Kinder führen, was wiederum schlechtere Chancen der Kinder verursacht.

Zur Erhebung des sozioökonomischen Status wurde das Instrument „International Socio-Economic Index of Occupational Status (ISEI)" von Harry B. G. Ganzeboom und Donald J. Treiman genutzt. „ISEI measure[s] the way education (a market condition) is transferred into earnings (a work condition)" (Ganzeboom/Treiman 2003, S. 174). Das Instrument basiert auf der „Internationalen Standardklassifikation der Berufe (ISCO-88)", herausgegeben durch das International Labour Office of the United Nations.[32] Die Variable *höchster sozioökonomischer Status der Familie* (HISEI) wurde aus dem *sozioökonomischen Status der Mutter* (ISEIM) und dem *sozioökonomischen Status des Vaters* (ISEIV) ermittelt, indem der jeweils höhere Wert - bzw. einzig verfügbare in den Fällen, in denen nur ein Wert vorhanden ist – genutzt wird. Der Wertebereich des HISEI-Indexes liegt zwischen 16 und 90 Punkten. PISA 2009 ermittelte unter deutschen Schüler/inne/n einen Mittelwert von 48,9 Punkten (Ehmke/Jude 2010, S. 235). In der vorliegenden Studie ergibt sich ein Gesamtmittelwert von 40,9 Punkten. Dieser geringe Wert resultiert aus der spezifischen Stichprobenzusammensetzung des DJI-Übergangspanels. Es wurden ausschließlich Hauptschüler/innen bzw. Schüler/innen in Haupt-schulzügen von Gesamtschulen befragt. Aufgrund des Umstandes, dass gerade diese Schulform bzw. Abschlussform von einer Abwanderung höherer sozialer Schichten betroffen ist (vgl. Kapitel 2.4), ist der geringere Wert nicht

---

[32]   Übersetzt vom deutschen Statistischen Bundesamt.

verwunderlich. Bei der Interpretation ist zu beachten, dass nicht nach dem erlernten Beruf der Eltern gefragt wurde, sondern *„In welchem Beruf arbeiten deine Eltern zurzeit oder haben sie zuletzt gearbeitet?"*. Akademiker, welche in Deutschland z. B. als Taxifahrer arbeiten, haben dementsprechend einen niedrigeren ISEI-Wert. Aufgrund des Umstandes, dass die Gruppe der Aussiedler/innen von einer Entwertung der Bildungs- und Berufsabschlüsse betroffen sind (vgl. Kapitel 2.1), überrascht der niedrige durchschnittliche ISEI-Gruppenmittelwert der Aussiedler/innen in Tabelle 6-8 nicht. Aber auch die Eltern der Jugendlichen mit anderem Migrationshintergrund haben geringere ISEI-Werte als diejenigen von Jugendlichen ohne Migrationshintergrund. Insofern spiegelt sich der allgemeine Befund der Unterschichtung der Menschen mit Migrationshintergrund auch in den vorliegenden Daten wider (vgl. Kapitel 2.4).

Tabelle 6-8: Verteilungen soziokultureller Strukturmerkmale

	m A	w A	m mMH	w mMH	m oMH	w oMH	Missing
Erwerbsstatus							
kein Elternteil erwerbstätig	8,0%	16,3%	13,7%	16,2%	10,4%	9,3%	2,4%
ein Elternteil zumind. Teilzeit beschäftigt	92,0%	83,7%	86,3%	83,8%	89,6%	90,7%	2,4%
höchster ISEI Familie (∅)	38,2	36,3	39,6	38,4	44,4	43,4	12,7%
Kinderanzahl (∅)	2,6	2,8	3,2	3,6	2,7	2,8	2,0%

Der humankapitaltheoretische Ansatz geht weiter davon aus, dass das familiale Investitionsverhalten nicht nur von der Höhe des ökonomischen Kapitals der Familie abhängt, sondern auch davon, auf wie viele Kinder das verfügbare Kapital aufgeteilt werden muss. Aus diesem Grund wird die Variable *Kinderanzahl* berücksichtigt. Die Jugendlichen mit anderem Migrations-hintergrund in der vorliegenden Stichprobe haben öfter und mehr Geschwister als ihre Mitschüler/innen mit Aussiedler/innen/status sowie ihre Mit-schüler/innen ohne Migrationshintergrund (Tabelle 6-8). Insofern ist vor allem für die Gruppe der Jugendlichen mit anderem Migrationshintergrund eine Reduzierung des negativen Effekts des Migrationshintergrundes durch die Kontrolle dieser Variablen zu erwarten.

 Ein weiterer Indikator für die soziokulturelle Positionierung der Jugendlichen soll die aktuelle Arbeitsmarktanbindung der Eltern erfassen. Diesem Indikator liegt der Gedanke zugrunde, dass Eltern als Gatekeeper für Ausbildungsplätze ihrer Kinder fungieren können. Ausbildungsplatzgeber rekrutieren künftige Auszubildende gern anhand persönlicher Referenzen (vgl. Kapitel 3.2.1). Auch die Überlegungen zu den informellen Netzwerkbeziehungen als relevante Einflussgrößen sind hier anschlussfähig (vgl. Kapitel 3.2.1). Personen, die über gar keine Anbindung an den Arbeitsmarkt verfügen - und somit auch deren Kinder -, sind komplett von diesen Netzwerken ausgeschlossen. So gesehen handelt es sich hierbei um eine spezifische Form des (nicht verfügbaren) sozialen Kapitals im Sinne von Pierre Bourdieu (vgl. Kapitel 3.2.2). Eltern, welche über keine Arbeitsmarktanbindung verfügen, können ihren Kindern auch keinen vereinfachten Zugang verschaffen. Männliche Aussiedler haben den geringsten und weibliche Aussiedlerinnen den höchsten Anteil an Eltern ohne jegliche Arbeitsmarktanbindung. Die männlichen Jugendlichen dieser Gruppe haben somit theoretisch bedeutend bessere Chancen, in eine Ausbildung/Lehre überzuwechseln als die weiblichen. Jugendliche ohne Migrationshintergrund haben die beste Anbindung an den Arbeitsmarkt und bei den Jugendlichen mit anderem Migrationshintergrund sind sowohl die Mädchen als auch die Jungen von durchschnittlich eher schlechterer Arbeitsmarktanbindung betroffen.

In Tabelle 6-9 wurde die Erklärungskraft der soziokulturellen Strukturmerkmale für die migrationsbezogenen Disparitäten untersucht. Zunächst ist festzustellen, dass die ISEI-Variable keine Signifikanz aufweist und im B-Modell 1 einen Koeffizienten nahe eins besitzt, was bedeutet, dass der Einfluss dieser Variable gegen Null tendiert. Dies ist zunächst überraschend, da der sozioökonomische Status der Eltern in vielen Untersuchungen zu Bildungsungleichheiten als ein sehr wirkmächtiger Faktor für Bildungs-ungleichheiten identifiziert wurde (vgl. Georg 2006; Blossfeld/Shavit 1993; Baumert/Stanat/Watermann 2006). Dass dieser Indikator keine Erklärungskraft aufweist, liegt wahrscheinlich an der hohen sozialen Homogenität der Untersuchungsgruppe (vgl. Kapitel 2.4). Die Jugendlichen, die einen Elternteil besitzen, der wenigstens teilzeitbeschäftigt ist, haben signifikant bessere Chancen in eine Ausbildung/Lehre überzuwechseln als Jugendliche, bei denen dies nicht der Fall ist.

Die Kinderzahl weist zwar in die vom humankapitaltheoretischen Ansatz unterstellte Richtung, ist aber ebenfalls nicht signifikant.

Tabelle 6-9: Binärlogistische   Mehrebenenmodelle: Soziokulturelle
Strukturmerkmale

AV: Ausbildung 11/04 (ja/nein)	A-Modell 0 e^b/z-Wert	A-Modell 1 e^b/z-Wert	A-Modell 2 e^b/z-Wert	B-Modell 0 e^b/z-Wert	B-Modell 1 e^b/z-Wert	B-Modell 2 e^b/z-Wert
Intercept	0,33*** (-12,91)	0,28*** (-3,70)	0,37** (-2,72)	0,86+ (-1,65)	0,39* (-2,41)	0,50 (-1,63)
Aussiedler Ref: ohne Mig.hint. ♂		0,47** (-2,70)	0,43** (-2,99)		0,52* (-1,97)	0,50* (-2,06)
Aussiedlerin Ref: ohne Mig.hint. ♂		0,44** (-2,59)	0,43** (-2,68)		0,57 (-1,47)	0,58 (-1,42)
anderer Mig.hint. ♂ Ref: ohne Mig.hint. ♂		0,46*** (-3,82)	0,45*** (-3,91)		0,57* (-2,37)	0,58* (-2,30)
anderer Mig.hint. ♀ Ref: ohne Mig.hint. ♂		0,28*** (-5,78)	0,29*** (-5,58)		0,27*** (-5,19)	0,29*** (-4,73)
ohne Mig.hint. ♀ Ref: ohne Mig.hint. ♂		0,71+ (-1,84)	0,70+ (-1,91)		0,79 (-1,07)	0,78 (-1,09)
Alter bei Basiserheb. in Jahren		1,13 (1,52)	1,16+ (1,80)		0,89 (-1,26)	0,90 (-1,12)
Zuzug vor Grundschulbeginn Ref: Zuzug nach Grundschulb.		2,16** (2,64)	2,16** (2,63)		2,10* (2,23)	2,08* (2,17)
kein Schulabschluss Ref: Hauptschulabschluss		0,32*** (-4,08)	0,31*** (-4,15)		0,46* (-2,43)	0,47* (-2,37)
Realschulabschluss Ref: Hauptschulabschluss		1,65** (2,91)	1,65** (2,88)		2,18*** (3,86)	2,06*** (3,54)
Note Mathematik Wertebereich 1-6 (umcodiert)		1,09 (0,61)	1,10 (0,65)		1,74*** (3,45)	1,76*** (3,48)
Note Deutsch Wertebereich 1-6 (umcodiert)		0,94 (-0,39)	0,94 (-0,40)		1,36+ (1,85)	1,35+ (1,77)
kein Elternteil erwerbstätig Ref: mind. ein Elternteil teilweise erwerbstätig			0,55* (-2,27)			0,46** (-2,60)
höchster ISEI Familie			0,99 (-1,52)			1,00 (0,42)
Kinderanzahl Anzahl			0,94 (-1,40)			0,95 (-1,00)
SD	0,68	0,52	0,50	0,62	0,33	0,33
rho	0,12	0,08	0,07	0,10	0,03	0,03
Log likelihood	-801	-751	-746	-544	-494	-490
R-2dicho	0,00	0,13	0,15	0,00	0,17	0,19
AIC	1607	1529	1525	1092	1015	1012
N-Individuen	1410	1410	1410	793	793	793
N-Klassen	193	193	193	184	184	184

Exponentiated coefficients $^+ p < 0.10$, $^* p < 0.05$, $^{**} p < 0.01$, $^{***} p < 0.001$

Wesentlicher ist, dass auch diese Variablen die schlechteren Übergangschancen der Aussiedler/innen und der Jugendlichen mit anderem Migrationshintergrund nicht erklären können. Unter Berücksichtigung der Indikatoren verändern sich die Koeffizienten nur gering und in unterschiedliche Richtungen. Dies kann als eindeutiger Beleg dafür interpretiert werden, dass der Migrationsstatus auch unabhängig vom sozioökonomischen Hintergrund wirkmächtig ist. In der Gruppe der Geringqualifizierten, die von einer hohen sozialen Homogenität geprägt ist, treten migrationsbezogene Disparitäten deutlich hervor.

Entsprechend der Grundthese des sozialökologischen Modells - der Interaktion von Individuum und Umwelt - ist eine reine Strukturanalyse theoretisch betrachtet unzureichend. Es müssen „auch andere Aspekte familiärer Lebensverhältnisse berücksichtigt werden, die näher an die eigentlichen Transmissionsprozesse heranreichen" (Baumert/Watermann/Schümer 2003, S. 54).

6.1.2.5 Soziokulturelle Prozessmerkmale

Pierre Bourdieu legte in seinen Forschungen dar, dass nicht nur ökonomische Aspekte bei der intergenerationalen Vererbung von sozialen Positionierungen wirkmächtig sind, sondern ebenso weitere familiale Aspekte wie z. B. das kulturelle Kapital (vgl. Bourdieu 1999). Fokussiert wurde in dieser Untersuchung vor allem das inkorporierte - d.h. körpergebundene - kulturelle Kapital, welches durch die Primärsozialisation im Mikrosystem Familie in Form von familialer kultureller Praxis erworben wird (vgl. Bourdieu 1983).

Erhoben wurde dieser Aspekt durch die Frage: *Was stimmt für deine Eltern?* Antwortmöglichkeiten waren zum Beispiel: *Deine Eltern lesen regelmäßig eine Tageszeitung* oder *Deine Eltern sprechen mit dir über Politik* oder *Deine Eltern waren mit dir in Ausstellungen und Museen.* Aus den insgesamt acht Einzelitems, die mit ja oder nein beantwortet werden konnten, wurde eine Punktsumme gebildet. Je höher die Punktsumme ist, desto ausgeprägter ist die kulturelle Praxis der Familie.

Die Gruppe der Aussiedler/innen nimmt in Bezug auf die kulturelle Praxis eine Zwischenposition ein. Jugendliche ohne Migrationshintergrund leben in Familien mit einer am stärksten ausgeprägten kulturellen familialen Praxis. Aussiedler/innen und Jugendliche mit anderem Migrationshintergrund leben hingegen seltener in einer Familie mit einem hohen Wert (Tabelle 6-10). Bivariat betrachtet könnte dies eine Erklärung für die schlechteren Übergangsraten in Ausbildung/Lehre für die Jugendlichen mit Migrationshintergrund insgesamt sein.

Tabelle 6-10: Verteilungen soziokultureller Prozessmerkmale

	m A	w A	m mMH	w mMH	m oMH	w oMH	Missing
familiale Sprachpraxis (mind. teilweise Deutsch)	83,2%	83,0%	79,6%	81,8%	100,0%	100,0%	0,7%
Eltern-Kind-Beziehung (1-4) ($\emptyset$)	3,6	3,4	3,5	3,3	3,4	3,3	2,6%
familiale kulturelle Praxis (0-8) ($\emptyset$)	4,4	4,1	4,0	4,1	5,2	5,0	0,0%

Der Eltern-Kind-Beziehung kommt bei der intergenerationalen Transmission von kulturellem Kapital eine zentrale Rolle zu, indem sie quasi die Grundlage für familiale Transferprozesse von Wissen, Werten und Handlungsmustern liefert (vgl. Grundmann/Fuss/Suckow 2000, S. 31). Dieser Faktor wurde per Mittelwert aus einer Itembatterie gebildet, die Fragen nach dem Auskommen mit den Eltern, des Wohlfühlens im Elternhaus und der elterlichen Bereitschaft, bei Problemen zu helfen, beinhaltet. Je höher der Wert, desto besser wird das Verhältnis durch die Jugendlichen beurteilt.

Die Datenanalyse zeigt, dass männliche Hauptschüler in der Tendenz ein durchschnittlich besseres Verhältnis zu ihren Eltern haben als ihre weiblichen Mitschülerinnen. Die Unterschiede zwischen den Gruppen sind aber insgesamt bedeutend geringer als bei der kulturellen Praxis.

Ein weiterer in der Forschung zu migrationsbezogenen Disparitäten diskutierter Aspekt, der sich hier einordnen lässt, bezieht sich auf die Rolle der in der Familie gesprochenen Sprache. So fasst Hartmut Esser (vgl. 2006) die Beherrschung der Umgangssprache als Ressource auf. Fehlende Kompetenz in der Umgangssprache führt zu eingeschränkten Möglichkeiten der Kapitalakkumulation bzw. -verwertung. Dies wiederum geht mit schlechteren Positionen im Sozialgefüge einher. Dieser Aspekt wurde mit einer Variablen operationalisiert, die Auskunft darüber gibt, ob Deutsch überhaupt nicht zur familialen Umgangssprache (0) gehört oder zumindest teilweise gesprochen wird (1). In Familien von Aussiedler/inne/n wird etwas häufiger Deutsch gesprochen als in den Familien von Jugendlichen mit anderem Migrationshintergrund. Die Unterschiede fallen jedoch eher minimal aus.

Auch diese Aspekte wurden der Überprüfung unterzogen, inwieweit sie migrationsbezogene Disparitäten im Übergang erklären können (Tabelle 6-11).

Tabelle 6-11: Binärlogistische Mehrebenenmodelle: Soziokulturelle Prozessmerkmale

AV: Ausbildung 11/04 (ja/nein)	A-Modell 0 e^b/z-Wert	A-Modell 1 e^b/z-Wert	A-Modell 2 e^b/z-Wert	B-Modell 0 e^b/z-Wert	B-Modell 1 e^b/z-Wert	B-Modell 2 e^b/z-Wert
Intercept	0,32***	0,29***	0,11***	0,83*	0,41*	0,10***
	(-14,21)	(-3,87)	(-3,94)	(-2,32)	(-2,55)	(-3,62)
Aussiedler		0,44**	0,43**		0,51*	0,50*
Ref: ohne Mig.hint. ♂		(-3,08)	(-3,16)		(-2,18)	(-2,19)
Aussiedlerin		0,41**	0,41**		0,54+	0,54+
Ref: ohne Mig.hint. ♂		(-2,90)	(-2,91)		(-1,74)	(-1,72)
anderer Mig.hint. ♂		0,48***	0,46***		0,61*	0,63*
Ref: ohne Mig.hint. ♂		(-3,87)	(-3,89)		(-2,25)	(-2,03)
anderer Mig.hint. ♀		0,29***	0,29***		0,31***	0,34***
Ref: ohne Mig.hint. ♂		(-6,14)	(-5,87)		(-5,17)	(-4,47)
ohne Mig.hint. ♀		0,78	0,79		0,89	0,94
Ref: ohne Mig.hint. ♂		(-1,39)	(-1,31)		(-0,54)	(-0,28)
Alter bei Basiserheb.		1,15+	1,16*		0,93	0,94
in Jahren		(1,79)	(1,97)		(-0,87)	(-0,72)
Zuzug vor		2,02**	2,04**		1,98*	1,93*
Grundschulbeginn: ja		(2,65)	(2,67)		(2,31)	(2,18)
Ref: Zuzug nach Grundschulb.						
kein Schulabschluss		0,29***	0,30***		0,41**	0,39**
Ref: Hauptschulabschluss		(-4,62)	(-4,46)		(-3,02)	(-3,09)
Realschulabschluss		1,52*	1,57**		1,91***	1,92***
Ref: Hauptschulabschluss		(2,54)	(2,69)		(3,51)	(3,50)
Note Mathematik		1,13	1,12		1,71***	1,71***
Wertebereich 1-6 (umcodiert)		(0,88)	(0,85)		(3,61)	(3,58)
Note Deutsch		0,92	0,93		1,32+	1,29
Wertebereich 1-6 (umcodiert)		(-0,61)	(-0,52)		(1,79)	(1,62)
Eltern-Kind-Beziehung			1,33*			1,35*
Wertebereich 1-4			(2,46)			(2,29)
familiale kulturelle Praxis			0,95			1,03
Wertebereich 0-8			(-1,28)			(0,71)
familiale Umgangssprache			1,29			1,25
Ref: gar kein deutsch			(1,01)			(0,80)
SD	0,64	0,53	0,53	0,45	0,22	0,23
rho	0,11	0,08	0,08	0,06	0,01	0,02
Log likelihood	-905	-847	-844	-619	-565	-561
R-2dicho	0,00	0,14	0,14	0,00	0,16	0,17
AIC	1815	1721	1719	1242	1157	1155
N-Individuen	1615	1615	1615	900	900	900
N-Klassen	196	196	196	189	189	189

Exponentiated coefficients + $p < 0.10$, * $p < 0.05$, ** $p < 0.01$, *** $p < 0.001$

Die Eltern-Kind-Beziehung, als Basis der Transferprozesse, zeigt sich als bedeutender Einflussfaktor für den Übergang in eine Ausbildung/Lehre. Die familiale kulturelle Praxis erlangt hingegen keine Signifikanz. Dennoch fällt auf, dass der Koeffizient in Modellvariante A negativ und in Modellvariante B positiv ausfällt. Dies ist nicht weiter verwunderlich, zeigt sich hier doch ein analoger Effekt zur Wirkung der Noten. Jugendliche, die über höheres kulturelles Kapital verfügen, streben eher eine schulische Laufbahn an.

In Modellvariante B, in der nur diejenigen berücksichtigt werden, die den Bildungsort Schule nach Beendigung ihrer Pflichtschulzeit gänzlich verlassen, wirkt sich das kulturelle Kapital in der Tendenz positiv auf den Übergang in eine Ausbildung/Lehre aus.

Der Indikator für die Sprachpraxis weist - wenn auch nicht signifikant - in die erwartete Richtung. Gehört Deutsch in keiner Weise zum Umgang in der Familie, ergeben sich schlechtere Übergangschancen. Dies ist aber, wie ein Blick auf die Effektkoeffizienten der Intersektionsgruppen zeigt, keine hinreichende Erklärung für die schlechteren Chancen der Jugendlichen mit Migrationshintergrund allgemein und für die Aussiedler/innen im Besonderen. Auch in diesen Modellen zeigen sich nur marginale Veränderungen in den Effektkoeffizienten der Intersektionsgruppen. Der negative Effektkoeffizient der weiblichen Aussiedlerinnen erreicht unter Kontrolle der Variablen in diesem Modell sogar wieder statistische Signifikanz auf 0,1%-Niveau. Die Ergebnisse legen eine Relativierung der Bedeutung ressourcentheoretischer Ansätze für die Erklärung von migrationsbezogenen Disparitäten im Übergang von der allgemeinbildenden Schule in eine berufliche Ausbildung nahe. Zu diesem Schluss kommt auch Susan Seeber und verweist auf dieser Grundlage auf die institutionelle Diskriminierung als einen möglichen Erklärungsansatz (vgl. Seeber 2011).

Dies ist aber nicht der einzig verbleibende Ansatz für die Erklärung von migrationsbezogenen Disparitäten. Die Sozialökologie richtet ihren Blick nicht nur auf den familialen Kontext. Auch andere Bereiche, wie die Schule oder den regionalen Kontext, gilt es in den Blick zu nehmen.

6.1.2.6 Merkmale der Schulumwelt

Wie bereits in Kapitel 2.3 und Kapitel 4.1.1 ausgeführt ist zu berücksichtigen, dass der Übergang an der ersten Schwelle bereits schon im schulischen Kontext einsetzt. Auch in diesem Bereich wurden Konstellationen identifiziert, die für die schlechteren Übergangsraten der Jugendlichen mit Migrationshintergrund beim Übergang in eine Ausbildung/Lehre als Erklärungsansätze dienen können. So stellte Cornelia Kristen die ethnische Konzentration in einer Schulklasse als bedeutenden Einflussfaktor für die Übergangsraten von der Grundschule in die verschiedenen Schulformen der Sekundarstufe I heraus (vgl. Kristen 2002). Auch die Ergebnisse von Petra Stanat verweisen auf die Bedeutsamkeit des schulischen Migrantenanteils. Sie stellt fest „dass in Hauptschulen mit höherem Migrantenanteil geringere Leistungen erzielt werden" (Stanat 2006, S. 212). Vor diesem Hintergrund wurden Merkmale des Mikrosystems Schule in die Analysen einbezogen.

Für die Berechnung der Konzentration von Jugendlichen mit Migrationshintergrund in der Schulklasse wurde auf alle Angaben der Basis-Erhebung von 2004 zurückgegriffen (N= 3922). Nach der Berechnung des prozentualen Anteilswertes der Jugendlichen mit Migrationshintergrund in der jeweiligen Klasse wurde eine Dummy-Variable gebildet, die Auskunft darüber gibt, ob der Anteil über- oder unterdurchschnittlich ist. Der Stichprobendurchschnitt beträgt 2,6%. Analog wurde eine Dummy-Variable des Gesamtklassendurchschnitts anhand der Deutsch- und Mathematiknoten gebildet. Diese Variable soll als Indikator für klassenspezifische „differenzielle Lernumwelten mit unterschiedlichen kognitiven Anregungsniveaus" (Maaz/Neumann/Trautwein 2009, S. 171) dienen. Hier beträgt die Stichprobendurchschnittsnote 3,75. Auch die Schulform (Hauptschule vs. Gesamtschule) ist als ein solcher Indikator zu verstehen (vgl. Kapitel 3.2.2) und entsprechend zu kontrollieren.

Tabelle 6-12: Verteilungen von Merkmalen der Schulumwelt

	m A	w A	m mMH	w mMH	m oMH	w oMH	Missing
Schulart							
Hauptschule	92,9%	90,7%	84,2%	79,0%	74,3%	71,9%	0,0%
Gesamtschule	7,1%	9,3%	15,8%	21,0%	25,7%	28,1%	0,0%
Leistungsniveau Klasse über Ø	44,4%	41,4%	43,9%	46,2%	51,4%	51,0%	0,6%
Schüler/innen- anteil mit Mig.hint Klasse über Ø	51,0%	62,8%	45,4%	54,4%	32,5%	28,1%	0,0%

Die Verteilung der Indikatoren zum schulischen Kontext machen sichtbar, dass Aussiedler/innen seltener Gesamtschulen besuchen und sich eher in Schulklassen mit höheren Anteilen an Schüler/inne/n mit Migrationshintergrund befinden.

Bezogen auf das durchschnittliche Leistungsniveau der besuchten Klassen zeigen sich Unterschiede zwischen den Gruppen. Jugendliche ohne Migrationshintergrund befinden sich häufiger in Klassen mit überdurchschnittlichem Klassenleistungsdurchschnitt als Jugendliche mit anderem Migrationshintergrund oder Aussiedler/innen. Die letztgenannten Gruppen sind zudem auch häufiger in Klassen mit überdurchschnittlichem Migrantenanteil vertreten. Insofern könnten migrationsbezogene Disparitäten auch ein Resultat differenzieller Schulkontexte sein. Dies wurde in Tabelle 6-13 statistisch geprüft.

Der Besuch der Gesamtschule wirkt sich in Modellvariante A signifikant negativ auf die Übergangsraten in eine Ausbildung/Lehre aus. Dies dürfte darauf zurückzuführen sein, dass der Weiterbesuch der Schule in diesem institutionellen Setting vereinfacht ist und so verstärkt Jugendliche diese Laufbahn einschlagen. Dies deckt sich mit dem Befund, dass die Signifikanz in Modellvariante B verschwindet und der Effektkoeffizient sich substanziell verändert. Überraschend sind die Effekte des Klassendurchschnitts und des Anteils der Jugendlichen mit Migrationshintergrund. Sie weisen jeweils in die *nicht* erwartete Richtung. In beiden Modellvarianten wirkt sich ein überdurchschnittlicher Leistungsdurchschnitt tendenziell negativ und ein überdurchschnittlicher Anteil an Jugendlichen mit Migrationshintergrund tendenziell positiv auf die Übergangschancen aus. Diese Befunde verlangen nach weiteren Analysen, die aber im Rahmen dieser Arbeit nicht geleistet werden können.

Es bleibt festzuhalten, dass auch die Berücksichtigung der (nichtsignifikanten) schulischen Merkmale nicht zur Auflösung der Effekte des Migrationshintergrundes geführt hat. Nicht nur dies, sondern auch der Modellfit insgesamt verschlechtert sich durch die Berücksichtigung dieser Merkmale. Das Akaike-Informationskriterium (AIC)[33] steigt mit der Berücksichtigung der Variablen des schulischen Kontextes über den Wert des Modells ohne die Berücksichtigung dieser Variablen (A-Modell 1 und B-Modell 2). Der schulische Kontext scheint bei der Frage des Übergangs in eine Ausbildung/Lehre somit insgesamt eher eine untergeordnete Rolle zu spielen.

Es bleibt zu prüfen, inwiefern die regionalen Kontextmerkmale Erklärungskraft für die migrationsbezogenen Disparitäten beim Übergang in eine Ausbildung besitzen.

---

[33]   engl. Akaike Information Criterion (AIC)

Tabelle 6-13: Binärlogistische Mehrebenenmodelle: Merkmale der Schulumwelt

AV: Ausbildung 11/04 (ja/nein)	A-Modell 0 e^b/z-Wert	A-Modell 1 e^b/z-Wert	A-Modell 2 e^b/z-Wert	B-Modell 0 e^b/z-Wert	B-Modell 1 e^b/z-Wert	B-Modell 2 e^b/z-Wert
Intercept	0,31***	0,27***	0,30***	0,81**	0,36**	0,38**
	(-14,42)	(-4,19)	(-3,84)	(-2,69)	(-2,86)	(-2,72)
Aussiedler Ref: ohne Mig.hint. ♂		0,45**	0,43**		0,52*	0,49*
		(-3,02)	(-3,22)		(-2,16)	(-2,31)
Aussiedlerin Ref: ohne Mig.hint. ♂		0,43**	0,40**		0,56	0,52+
		(-2,82)	(-3,00)		(-1,60)	(-1,81)
anderer Mig.hint. ♂ Ref: ohne Mig.hint. ♂		0,48***	0,46***		0,62*	0,59*
		(-3,92)	(-4,13)		(-2,25)	(-2,40)
anderer Mig.hint. ♀ Ref: ohne Mig.hint. ♂		0,29***	0,28***		0,31***	0,29***
		(-6,15)	(-6,27)		(-5,17)	(-5,29)
ohne Mig.hint. ♀ Ref: ohne Mig.hint. ♂		0,77	0,77		0,87	0,86
		(-1,48)	(-1,51)		(-0,68)	(-0,69)
Alter bei Basiserheb. in Jahren		1,15+	1,14+		0,93	0,92
		(1,85)	(1,72)		(-0,90)	(-0,93)
Zuzug vor Grundschulbeginn: ja Ref: Zuzug nach Grundschulb.		2,11**	2,17**		2,07*	2,11*
		(2,85)	(2,95)		(2,45)	(2,51)
kein Schulabschluss Ref: Hauptschulabschluss		0,29***	0,29***		0,41**	0,41**
		(-4,64)	(-4,65)		(-2,95)	(-2,94)
Realschulabschluss Ref: Hauptschulabschluss		1,54**	1,67**		2,01***	2,06***
		(2,64)	(3,09)		(3,77)	(3,82)
Note Mathematik Wertebereich 1-6 (umcodiert)		1,13	1,19		1,73***	1,80***
		(0,95)	(1,29)		(3,71)	(3,90)
Note Deutsch Wertebereich 1-6 (umcodiert)		0,95	0,96		1,38*	1,41*
		(-0,37)	(-0,30)		(2,09)	(2,21)
Gesamtschule Ref: Hauptschule			0,70+			0,88
			(-1,89)			(-0,64)
Leistungsniveau Klasse über Ø (umcodiert) Ref: unterdurchschnittl. Leistungsniveau			0,84			0,83
			(-1,13)			(-1,19)
Schüler/innen/anteil mit Mig.hint Klasse über Ø Ref: unterdurchschnittl. Schüler/innen/anteil mit Mig.hint			1,04			1,12
			(0,29)			(0,71)
SD	0,65	0,52	0,47	0,51	0,29	0,27
rho	0,11	0,08	0,06	0,07	0,03	0,02
Log likelihood	-925	-866	-863	-637	-582	-580
R-2dicho	0,00	0,14	0,14	0,00	0,16	0,16
AIC	1853	1757	1758	1278	1189	1193
N-Individuen	1658	1658	1658	930	930	930
N-Klassen	196	196	196	189	189	189

Exponentiated coefficients $^+ p < 0.10$, $^* p < 0.05$, $^{**} p < 0.01$, $^{***} p < 0.001$

6.1.2.7 Regionale Kontextmerkmale

„Die Verschlechterung der Ausbildungschancen verteilt sich extrem unterschiedlich nach Regionen" (Baethge/Solga/Wieck 2007, S. 8). Auch der Anteil der Menschen mit Migrationshintergrund an der Wohnbevölkerung variiert sehr stark (vgl. Abbildung 3.1). Somit ist zu prüfen, inwiefern die regionale Zugehörigkeit einen Effekt auf die migrationsbezogenen Disparitäten beim Übergang in eine Ausbildung/Lehre hat.

Zentrale theoretische Aussage des Job-Competition-Modells ist, dass nicht nur die absoluten Produktivitätsmerkmale (Zensuren, Schulabschlüsse) relevant sind, sondern dass die relative Position in den Bewerber/innen/schlangen für Ausbildungsplätze maßgeblich bestimmt, ob ein Ausbildungsplatz erlangt wird oder nicht (vgl. Kapitel 3.1.3). Gibt es ein Überangebot an Ausbildungsstellen, können auch die Bewerber/innen auf den unteren Rangplätzen in Ausbildung eintreten, gibt es jedoch ein Unterangebot, werden diese von Bewerber/inne/n auf höheren Rangplätzen verdrängt. Wenn davon ausgegangen wird, dass Jugendliche mit Migrationshintergrund schlechtere Produktivitätsmerkmale aufweisen, finden sie sich verstärkt an den unteren Enden der Bewerber/innen/schlangen wieder. Leben sie zusätzlich noch in Regionen mit einem schlechten Verhältnis von Angebot und Nachfrage an Ausbildungsplätzen, wird genau diese Gruppe verstärkt aus den Bewerber/innen/schlangen verdrängt. Die Benachteiligung wäre somit kein Resultat unmittelbarer Diskriminierung durch die Ausbildungsplatzanbieter, sondern ein Kompositionseffekt.

Ein Indikator für die regional unterschiedliche Struktur der Bewerber/innen/schlangen ist die *Angebots-Nachfrage-Relation von Ausbildung (ANR)*. Üblicherweise wird sie in Prozent angegeben. Hat eine Region den ANR-Wert von über hundert, sind mehr freie Ausbildungs-/Lehrstellen vorhanden als Bewerber/innen. Liegt die ANR unter hundert, dann besteht ein Ausbildungs-/Lehrstellenmangel. Die offizielle Angebots-Nachfrage-Relation weist jedoch erhebliche Validitätsprobleme auf. „Denn sowohl die zeitreihenbezogene als auch die regionale Varianz der klassischen ANR-Werte spiegeln zu großen Teilen Veränderungen bzw. Unterschiede in den individuellen und staatlichen *Kompensationsbemühungen* von Marktproblemen wider - und weniger die Marktverhältnisse selbst" (Ulrich 2006, S. 15).

Dies ist vor allem zwei Aspekten geschuldet. In der klassischen ANR-Berechnung werden Jugendliche, die nach erfolgloser Suche einer betrieblichen Ausbildung ein alternatives Angebot - z. B. des Übergangs-systems - angenommen haben und dennoch bei der Arbeitsagentur den Vermittlungswunsch in Ausbildung aufrecht erhielten, *nicht* berücksichtigt. Diese Jugendlichen, obwohl weiter als Nachfrager identifizierbar, werden als vermittelt betrachtet und bei der Berechnung ausgeschlossen. Dadurch kommt es zu einer erheblichen Reduktion der Größe der Nachfrageseite.

Auf der Angebotsseite führt der Umstand zu Verzerrungen, dass „Ausbildungsplätze in das vorhandene Angebotsvolumen eingerechnet wurden, die Staat und Arbeitsverwaltung bereits zur Lücken*verringerung* zusätzlich finanzieren" (Ulrich 2006, S. 15, Hervorhebung im Original). Um die tatsächlichen Marktverhältnisse zu erfassen, sollten nur die betrieblichen Ausbildungsstellen berücksichtigt werden und nicht auch die Ausbildungs-stellen, welche staatlich finanziert wurden, um einen Ausbildungsplatzmangel abzufedern.

Dank der freundlichen Unterstützung des Bundesinstituts für Berufsbildung (BIBB) konnte eine alternative Angebots-Nachfrage-Relation verwendet werden, die neben den genannten Schwachstellen auch die Anzahl der Ein- und Auspendler des regionalen Ausbildungsmarktes berücksichtigt. Um dies zu kennzeichnen, wird hier der Terminus *betriebliche ANR* verwendet.

Aufgrund der Vermeidung von Multikollinearität mit anderen Merkmalen des regionalen Kontextes wurden die Werte der *betrieblichen ANR* anhand des Stichprobenmittelwertes in eine Dummy-Variable transformiert. Die Variable gibt somit Auskunft, ob die *betriebliche ANR* der Region über- bzw. unterdurchschnittlich gemessen am Stichprobenmittelwert ist. Der Stichprobenmittelwert liegt bei 88,5%.

In der vorliegenden Stichprobe leben die Aussiedler/innen und die Jugendlichen mit anderem Migrationshintergrund durchschnittlich in Regionen mit besserer betrieblicher ANR. 71,0% der männlichen Aussiedler und 76,7% der weiblichen Aussiedlerinnen leben in Regionen, die eine *betriebliche ANR* größer als 88,5% aufweisen. Auch die Daten zur Jugendarbeitslosigkeit verweisen darauf, dass die Jugendlichen mit Migrationshintergrund in Regionen mit günstigeren Bedingungen leben als ihre Mitschüler/innen ohne Migrationshintergrund (vgl. Tabelle 6-14).

Die regionale *Jugendarbeitslosigkeitsquote* (JAQ) ist auf Kreisebene aggregiert und hat ebenfalls Validitätsprobleme. Auszubildende in der betrieblichen Ausbildung werden nicht dem Bildungssektor zugerechnet, sondern haben den Status von sozialversicherungspflichtig Beschäftigten. Würden diese Jugendlichen bei der Berechnung der Jugendarbeits-losigkeitsquote - wie z. B. auch die Jugendlichen in vollzeitschulischer Ausbildung und im Hochschulstudium - ausgeschlossen werden, würde die Jugendarbeitslosigkeitsquote erheblich ansteigen. Deutschland wäre nach dieser Berechnungsart nicht mehr das Land mit der geringsten Jugendarbeitslosigkeit in der EU, sondern befände sich im Durchschnitt (vgl. Rothe/Tinter 2007; Reinberg/Hummel 2007a). Leider konnte hier nicht auf alternative Datenquellen ausgewichen werden. Es mussten die offiziellen Zahlen des Datenzentrums der Bundesagentur für Arbeit verwendet werden. Die Werte werden somit zwar systematisch unterschätzt, dennoch soll auf diesen wichtigen Indikator zur Arbeits- und Ausbildungslage nicht verzichtet werden. Analog zum Vorgehen bei der betrieblichen ANR wurden die Werte der JAQ anhand des Stichprobenmittelwertes in eine Dummy-Variable transformiert ($\bar{x}$= 9,1%).

Tabelle 6-14: Verteilungen von regionalen Kontextmerkmalen

	m A	w A	m mMH	w mMH	m oMH	w oMH	Missing
Regionaltyp urban	89,0%	88,4%	87,5%	86,9%	76,0%	78,1%	0,0%
überdurchschnittliche betriebliche Angebots-Nachfrage-Relation (Arbeitsagenturbezirk)	71,0%	76,7%	73,1%	68,3%	55,5%	48,9%	0,0%
überdurchschnittlicher Anteil der Menschen mit Migrationshintergrund an der Bevölkerung (Regierungsbezirk)	54,2%	58,1%	81,2%	76,5%	54,9%	54,0%	0,0%
überdurchschnittlicher Anteil der Jugendarbeitslosenquote (Kreis)	31,0%	24,8%	36,0%	36,6%	45,6%	42,9%	0,0%
Westdeutschland	96,8%	98,5%	98,3%	98,6%	83,6%	86,9%	0,0%

Als weiteres Kontextmerkmal wurde der Urbanisierungsgrad des Wohnorts in das Modell aufgenommen. Bewerber/innen in großstädtischen Regionen haben schlechtere Ausbildungschancen als Bewerber/innen in ruralen Regionen. Dies „ist insbesondere Folge einer starken Einpendelbereitschaft von Ausbildungsstellenbewerber/inne/n, die im ländlichen Umland von Ballungsgebieten wohnen. Die großstädtischen Ausbildungsplätze sind deshalb stark umworben, und sie werden von den Unternehmen oft auch an Bewerber/innen aus dem Umland vergeben" (Eberhard/Ulrich 2010, S. 154).

Der Urbanisierungsgrad wird mit einer Dummy-Variablen operationalisiert, welche zwischen rural und urban unterscheidet. Die Kodierung erfolgt analog der Verfahrensweise des Statistischen Amtes der Europäischen Gemeinschaft (Eurostat), die eine Unterscheidung bei 50.000 Einwohnern trifft.[34] Es wurde auf die Daten des Gemeindeverzeichnisses[35] des statistischen Bundesamtes zurückgegriffen. Zwar beziehen sich diese Daten auf das Jahr 2008, aber es ist nicht davon auszugehen, dass innerhalb von vier Jahren ein grundlegender Strukturwandel in Bezug auf die Urbanisierung Deutschlands stattgefunden hat.

Der Tabelle 6-14 ist zu entnehmen, dass die Aussiedler/innen und die Jugendlichen mit anderem Migrationshintergrund eher in einem urbanen Umfeld leben.

Als dritter Indikator für den regionalen Kontext - ebenfalls anhand des Stichprobenmittelwertes in eine Dummy-Variable transformiert ($\overline{x}$ = 20,9%) - wird der Anteil der Menschen mit Migrationshintergrund in der Wohnbevölkerung in den Analysen berücksichtigt. Hier legen Studien nahe, dass dieser Indikator eher eine positive Wirkung entfaltet. „The regional cultural diversity has a positive impact on the probability of finding employment, irrespective of nationality" (Haas/Damelang 2007, S. 24). Ebenso könnte der Aspekt der sogenannten ethnischen Ökonomie positiv wirken. „Ethnische Unternehmen übernehmen für Migranten auf vielfältige Weise eine Integrationsfunktion" (Schuleri-Hartje/Reimann/Floeting 2004, S. 63). In Regionen mit höherem Anteil an Menschen mit Migrationshintergrund ist davon auszugehen, dass auch mehr Unternehmen existieren, die von Menschen mit Migrationshintergrund geführt werden. Diese wiederum haben - so die These - sozialisationsbedingt weniger Vorbehalte gegen jugendliche Bewerber/innen mit Migrationshintergrund. Insofern müssten die Jugendlichen mit anderem Migrationshintergrund davon besonders profitieren, sind sie doch durchschnittlich am stärksten in Regionen beheimatet, die einen überdurch-schnittlichen Anteil von Menschen mit Migrationshintergrund an der Wohn-bevölkerung aufweisen.

Als letztes regionales Merkmal soll die Differenzierung zwischen Ost- und Westdeutschland berücksichtigt werden. Wie auch aus anderen Studien bekannt, leben die meisten Aussiedler/innen und Jugendlichen mit anderem Migrationshintergrund in Westdeutschland. Joachim Gerd Ulrich kommt in seinen Analysen sogar zu dem Schluss, dass die unterschiedlichen institutionellen Umgangsweisen mit Jugendlichen ohne Ausbildung/Lehre in Ost- und Westdeutschland eine Teilerklärung für die migrationsbezogenen Disparitäten im Übergang von der allgemeinbildenden Schule in

---

[34]   Eurostat unterscheidet drei Formen: urban, rural und semiurban. Dabei spielt die Einwohnerzahl pro km² eine Rolle. Da im Sample nur ein Ort der Kategorie semiurban zuzuordnen gewesen wäre, wurde aus Gründen der sparsamen Modellierung dieser Ort den urbanen Gemeinden zugeordnet.

[35]   http://www.destatis.de/gv/suche_gv2000.htm

Ausbildung/Lehre liefern (vgl. Ulrich 2011). Im vorliegenden Fall kann diese wichtige Variable lediglich als Kontrollvariable berücksichtigt werden. Bei der Interpretation ist zu beachten, dass lediglich 7,2% der Stichprobe in Ostdeutschland leben (vgl. Abbildung 5-2). Die Ergebnisse dieser Variable sollen angesichts der Fallzahlen nicht eingehender interpretiert, aber dennoch dargestellt werden.

In Tabelle 6-15 wurde geprüft, inwiefern die regionalen Kontextmerkmale für die Erklärung der migrationsbezogenen Disparitäten beim Übergang in eine Ausbildung/Lehre hilfreich sind. Der Effektkoeffizient des Urbanisierungsgrades weist in die erwartete Richtung, wenn auch nicht signifikant. Jugendliche in städtischen Kontexten haben schlechtere Chancen als in ruralen Gebieten. Auch der Koeffizient der betrieblichen ANR weist in die erwartete Richtung. Je besser die ANR, desto besser sind die Übergangschancen. Analoges gilt für die Jugendarbeitslosigkeit, auch wenn der Effektkoeffizient keine statistische Signifikanz erreicht. Je höher die Rate der Jugendarbeitslosigkeit, desto schlechter sind die Übergangschancen in Ausbildung/Lehre.Die Konzentration der Menschen mit Migrationshintergrund in der Bevölkerung hat entgegen der Erwartung einen negativen Einfluss. Je höher der Anteil der Menschen mit Migrationshintergrund ist, desto schlechtere Chancen bestehen für sie, in eine Ausbildung/Lehre überzuwechseln. Dies verwundert umso mehr, da dieser Effekt unter Kontrolle des Urbanisierungsgrads, der Jugendarbeitslosenquote und der betrieblichen ANR besteht. Der Effekt kann somit nicht auf eine prinzipielle schlechtere Marktlage in Regionen mit hohem Anteil an Menschen mit Migrationshintergrund zurückgeführt werden.

Hier sind tiefergehende Analysen notwendig, die aber an dieser Stelle ebenfalls zu weit führen würden. Zentral für die vorliegende Arbeit ist, dass der Vergleich der Effektkoeffizienten der Intersektionsgruppen zwischen Modell 1 und Modell 2 auch hier wieder keine substanzielle Veränderung anzeigt.

Tabelle 6-15: Binärlogistische Mehrebenenmodelle: Regionale Kontextmerkmale

AV: Ausbildung 11/04 (ja/nein)	A-Modell 0 e^b/z-Wert	A-Modell 1 e^b/z-Wert	A-Modell 2 e^b/z-Wert	B-Modell 0 e^b/z-Wert	B-Modell 1 e^b/z-Wert	B-Modell 2 e^b/z-Wert
Intercept	0,31***	0,27***	0,41*	0,81**	0,36**	0,42+
	(-14,42)	(-4,19)	(-2,10)	(-2,69)	(-2,86)	(-1,92)
Aussiedler		0,45**	0,46**		0,52*	0,49*
Ref: ohne Mig.hint. ♂		(-3,02)	(-2,95)		(-2,16)	(-2,28)
Aussiedlerin		0,43**	0,42**		0,56	0,51+
Ref: ohne Mig.hint. ♂		(-2,82)	(-2,89)		(-1,60)	(-1,88)
anderer Mig.hint. ♂		0,48***	0,52***		0,62*	0,62*
Ref: ohne Mig.hint. ♂		(-3,92)	(-3,48)		(-2,25)	(-2,15)
anderer Mig.hint. ♀		0,29***	0,31***		0,31***	0,31***
Ref: ohne Mig.hint. ♂		(-6,15)	(-5,70)		(-5,17)	(-4,97)
ohne Mig.hint. ♀		0,77	0,79		0,87	0,88
Ref: ohne Mig.hint. ♂		(-1,48)	(-1,35)		(-0,68)	(-0,60)
Alter bei Basiserheb.		1,15+	1,20*		0,93	0,97
in Jahren		(1,85)	(2,30)		(-0,90)	(-0,29)
Zuzug vor		2,11**	2,20**		2,07*	2,17**
Grundschulbeginn Ref: Zuzug nach Grundschulb.		(2,85)	(3,01)		(2,45)	(2,61)
kein Schulabschluss		0,29***	0,28***		0,41**	0,43**
Ref: Hauptschulabschluss		(-4,64)	(-4,71)		(-2,95)	(-2,79)
Realschulabschluss		1,54**	1,66**		2,01***	2,26***
Ref: Hauptschulabschluss		(2,64)	(2,97)		(3,77)	(4,11)
Note Mathematik		1,13	1,14		1,73***	1,73***
Wertebereich 1-6 (umcodiert)		(0,95)	(1,01)		(3,71)	(3,73)
Note Deutsch		0,95	0,95		1,38*	1,36*
Wertebereich 1-6 (umcodiert)		(-0,37)	(-0,36)		(2,09)	(2,04)
Siedlungsstruk. urban			0,89			0,76
Ref: Siedlungsstruktur rural			(-0,61)			(-1,26)
überdurchschnittl.			1,58*			1,45+
betriebliche ANR Ref: unterdurchschnittl. b.ANR			(2,26)			(1,67)
überdurchschnittl.			0,68+			0,78
Anteil an Menschen mit Mig.hint. (RBZ) Ref: unterdurchschnittl. Anteil			(-1,95)			(-1,20)
überdurchschnittl.			0,84			0,83
JAQ Ref: unterdurchschnittl. JAQ			(-1,02)			(-1,08)
Westdeutschland			0,65			1,02
Ref: Ostdeutschland			(-1,45)			(0,08)
SD	0,65	0,52	0,46	0,51	0,29	0,23
rho	0,11	0,08	0,06	0,07	0,03	0,02
Log likelihood	-925	-866	-861	-637	-582	-579
R-2dicho	0,00	0,14	0,15	0,00	0,16	0,17
AIC	1853	1757	1759	1278	1189	1194
N-Individuen	1658	1658	1658	930	930	930
N-Klassen	196	196	196	189	189	189

Exponentiated coefficients + $p < 0.10$, * $p < 0.05$, ** $p < 0.01$, *** $p < 0.001$

Zwischenfazit

Es kann festgehalten werden, dass sich in keinem untersuchten Bereich, der negative Effekt der mit der Zugehörigkeit zu der Gruppe der Aussiedler/innen oder der Gruppe der Jugendlichen mit anderem Migrationshintergrund verbunden ist, substanziell verringert hat. Lediglich die Kontrolle des Merkmals ob der Zuzug nach Deutschland vor dem Grundschulalter vollzogen wurde, führte zu nennenswerten Verschiebungen in den Effektkoeffizienten. So erreichte der negative statistische Effekt der Zugehörigkeit zur Gruppe der weiblichen Aussiedlerinnen dadurch Insignifikanz. Nichtsdestotrotz verbleibt der Effektkoeffizient der weiblichen Aussiedlerinnen in allen Modellen deutlich im negativen Bereich und erreicht dort in einigen Fällen auch wieder das Signifikanzniveau von 0,1. Damit dürfte die oben festgestellte Insignifikanz eher auf den geringen Stichprobenumfang zurückzuführen sein.

Dass weibliche Aussiedlerinnen ein besseres Chancenverhältnis in Bezug auf den Übergang in eine Ausbildung/Lehre direkt nach der Pflichtschulzeit aufweisen als die männlichen Aussiedler, dokumentiert sich in allen Modellen. Bei den anderen Jugendlichen - sowohl ohne wie auch mit anderem Migrationshintergrund - sind es die Mädchen, die schlechtere Chancenverhältnisse haben als die Jungen.

Bezüglich der überproportionalen Steigerung der Übergangsrate der Gruppe der Aussiedler/innen ein Jahr nach Beendigung ihrer Pflichtschulzeit kann festgehalten werden, dass diese nicht auf eine Kompensation besonders schlechter Noten bzw. eine Verbesserung von Zertifikaten zurückzuführen ist. Wenn dies der Fall gewesen wäre, hätte sich der negative Effektkoeffizient unter Berücksichtigung der Noten und Zertifikate substanziell verringern müssen. Dies ist aber nicht zu beobachten gewesen. Eine geringere Betroffenheit der Gruppe der Aussiedler/innen von Diskriminierung im Vergleich zu anderen Migrantengruppen ist somit nicht plausibel. Wenn überhaupt von einer differenziellen Struktur von Diskriminierung die Rede sein kann, dann zwischen den männlichen und den weiblichen Aussiedler/innen.

Vor diesem Hintergrund bleibt zu prüfen, ob die überproportionale Steigerung der Übergangsraten ein Resultat der verstärkten Verbesserung von Zensuren und Zertifikaten durch die Aussiedler/innen ist.

6.2 Analyse migrationsbezogener Disparitäten ein Jahr nach Beendigung der Pflichtschulzeit

Während im vorangegangenen Teil der Blick auf den direkten Übergang in eine Ausbildung/Lehre nach der Pflichtschulzeit im Analysefokus stand, soll nun die Steigerung der Raten innerhalb eines Jahres nach der Pflichtschulzeit Gegenstand sein.

Für die Analyse dieses Sachverhalts sollen Fixed-Effects-Logistic-Modelle für den Zwei-Perioden-Fall zur Anwendung gebracht werden (vgl. zur Vorgehensweise Allison 2009, S. 28ff.). Betrachtet wird dabei die Veränderung von November 2004 zu November 2005 in Bezug auf den Status Ausbildung/Lehre (ja /nein). Die Veränderungen sind in Tabelle 6-16 abgetragen.

Tabelle 6-16: Kreuztabelle Status Ausbildung/Lehre 11/2004 und 11/2005

Ausbildung/Lehre 11/2004	Ausbildung/Lehre 11/2005		
	nein	ja	Total
nein	970	319	1.289
ja	57	383	440
Total	1.027	702	1.729

Es zeigt sich, dass für insgesamt 376 Jugendliche in Bezug auf den Ausbildungsstatus eine Veränderung eingetreten ist. 319 Jugendliche, die November 2004 nicht in Ausbildung waren, konnten bis November 2005 in eine Ausbildung übertreten. 57 Jugendliche beendeten ihre Ausbildungsverhältnisse ersatzlos innerhalb dieser Zeitspanne.

Zunächst ist es nötig, all diejenigen Jugendlichen auszuschließen, die keinen Zustandswechsel in Bezug auf Ausbildung/Lehre vollzogen haben. „The logistic method requires that individuals who don't change on the response variable be excluded from the sample" (Allison 2009, S. 31). Dies ist notwendig, da Fixed-Effect-Modelle lediglich die Within-Variation berücksichtigen. „Der FE-Schätzer - indem er rein die Within-Variation nutzt - ist nicht durch unbeobachtete Heterogenität verzerrt. Das heißt, *Paneldaten in Verbindung mit dem FE-Schätzer haben das Potenzial, das Problem personenspezifischer unbeobachteter Heterogenität zu beheben"* (Brüderl 2010, S. 970).

Als zeitveränderliche, unabhängige Variable für die Erklärung der Veränderungen bezüglich des Zustands Ausbildung/Lehre (ja/nein) wurde eine Variable gebildet, die Auskunft darüber gibt, ob sich Veränderungen bezüglich der Zertifikate bzw. Schulabschlüsse ergeben haben. Wurde innerhalb eines Jahres der fehlende Schulabschluss nachgeholt oder ein besserer Abschluss erreicht, wurde dies durch eine Dummy-Variable indiziert. In Tabelle 6-17 sind die Veränderungen bezüglich der Abschlüsse nach Migrationsgruppe abgetragen. Aufgrund der Fallzahlen musste bei den folgenden Analysen auf eine separate Analyse der Intersektionsgruppen verzichtet werden. Es wurde nur die Gruppenzugehörigkeit zu den Aussiedler/innen und zur Gruppe mit anderem

Migrationshintergrund berücksichtigt. Referenz ist somit die gesamte Gruppe der Jugendlichen ohne Migrationshintergrund. Es ist ersichtlich, dass lediglich bei ca. einem Fünftel der Jugendlichen eine Veränderung bezüglich des Ausbildungsstatus mit einer Veränderung in den Schulabschlüssen einhergeht.

Tabelle 6-17: Kreuztabelle Schulabschlussveränderungen nach Migrationshintergrund

Abschluss verändert	Aussiedler/innen	anderer Migrations- hintergrund	ohne Migrations- hintergrund	Total
nein	76,1%	78,2%	79,0%	78,2%
ja	23,9%	21,8%	21,0%	21,8%
Total	100,0%	100,0%	100,0%	100,0%
N	67	142	167	376

Dies legt den Schluss nahe, dass der Übergang in eine Ausbildung nach ca. einem Jahr nach der Pflichtschulzeit nicht nur auf gesteigerte bzw. verbesserte Zertifikate zurückzuführen ist.

In Modell 1 (Tabelle 6-18) wurde geprüft, welchen Einfluss ein verbessertes bzw. nachgeholtes Zertifikat auf den Übergang in eine Ausbildung/Lehre hat. Es zeigt sich, dass die Verbesserung einen hochsignifikanten und starken Effekt auf den Übergang hat. Das Chancenverhältnis erhöht sich um den Faktor 4,29. Auch der Intercept ist mit einem Faktor 4,55 hoch signifikant. Der Intercept in Modell 1 kann interpretiert werden als die Veränderung in den log-odds für einen Jugendlichen, „who does not change on any of the time-varying predictors" (Allison 2009, S. 31). Dass der Intercept auch nach Kontrolle der Veränderungen in den Schulabschlüssen Signifikanz aufweist, deutet auf den wenig überraschenden Umstand hin, dass weitere Faktoren für den Wechsel in eine Ausbildung/Lehre wirkmächtig sind.

In Modell 2 (Tabelle 6-18) wurde geprüft, inwieweit die Effekte der Gruppenzugehörigkeit unter Kontrolle des verbesserten Abschlusses bestehen bleiben. Es zeigt sich, dass auch unter Kontrolle der verbesserten Abschlüsse die Zugehörigkeit zur Gruppe der Aussiedler/innen die Chancen signifikant steigert, ein Jahr nach der Pflichtschulzeit in eine Ausbildung/Lehre überzuwechseln. Separate Ereignisanalysen zeigten auf, dass dieser Effekt weniger auf die weiblichen Aussiedlerinnen als vielmehr auf die männlichen Aussiedler zurückzuführen ist.

Die Analyse in Modell 2 unterstellt statistisch einen einheitlichen Effekt des verbesserten Abschlusses in allen drei Gruppen. Gerade in Bezug auf mögliche Diskriminierungsspuren ist es aufschlussreich herauszufinden, ob es eine systematische Differenz in den Effektstärken gibt. Anders formuliert: Hat ein verbesserter Abschluss den gleichen positiven Effekt für Aussiedler/innen wie für Jugendliche ohne Migrationshintergrund?

Tabelle 6-18: Fixed-Effects-Logistic-Modelle: Differenzielle Wirkungen eines verbesserten Abschlusses

AV: Veränderung zwischen 11/2004- 11/2005 in Bezug auf Ausbildung/Lehre (ja/nein)	Modell 1 e^b/z-Wert	Modell 2 e^b/z-Wert	Model 3 e^b/z-Wert
Intercept	4,55***	3,43***	4,55***
	(9,98)	(6,04)	(9,98)
verbesserter Abschluss	4,29**	4,28**	7,48*
Ref: unveränderter Abschluss	(2,72)	(2,71)	(1,96)
Aussiedler/in		5,04**	
Ref: ohne Mig.hint.		(2,58)	
anderer Mig.hint.		1,29	
Ref: ohne Mig.hint.		(0,83)	
Aussiedler/in*verbesserter Abschluss			0,44
			(-0,57)
anderer Migrationshintergrund*verbesserter Abschluss			0,43
			(-0,68)
Log likelihood	-155	-150	-154
N	376	376	376

Exponentiated coefficients
$^+ p < 0.10$, $^* p < 0.05$, $^{**} p < 0.01$, $^{***} p < 0.001$

Um dies zu prüfen, wurde Modell 3 (Tabelle 6-18) erstellt. Es wurden neben der zeitveränderlichen Variable des *verbesserten Abschlusses* und der Konstante (Intercept) nur zwei Interaktionsterme berücksichtigt: *verbesserter Abschluss * Aussiedler/innen* und *verbesserter Abschluss * Jugendlicher mit anderem Migrationshintergrund*. „Note that, unlike most models with interactions, it is not necessary [...] to include the main effect" (Allison 2009, S. 37).
Der Effektkoeffizient der Variable *verbesserter Abschluss* erhöht sich von 4,28 auf 7,48. Dies hängt damit zusammen, dass durch die Hinzunahme von Interaktionseffekten auch die sogenannten Haupteffekte zu konditionalen Effekten werden. Der Effektkoeffizient des *verbesserten Abschlusses* gibt jetzt nicht mehr den allgemeinen Effekt der Verbesserung wieder, sondern den Effekt der Verbesserung der Chancen durch einen verbesserten Abschluss in der Gruppe der Jugendlichen ohne Migrationshintergrund.
Der Effektkoeffizient des verbesserten Abschlusses beträgt für die Aussiedler/innen hingegen nur 3,29 (7,48*0,44). Für die Jugendlichen mit anderem Migrationshintergrund ergibt sich ein Effektkoeffizient des

verbesserten Schulabschlusses von 3,21 (7,48*0,43). Der positive Effekt eines verbesserten Abschlusses ist somit in den zwei Gruppen der Jugendlichen mit Migrationshintergrund bedeutend geringer als in der Gruppe der Jugendlichen ohne Migrationshintergrund.

Es könnte eingewendet werden, dass ein nachgeholter Abschluss eine andere Wirkung entfaltet als ein verbesserter Abschluss und dass die differenziellen Effekte aus Modell 3 darauf zurückzuführen seien, dass die eine Gruppe eher den Abschluss nachholte und die anderen Gruppen eher den Schulabschluss verbesserten. Aufgrund der geringen Fallzahl konnten diese beiden Effekte nicht separat in das Modell aufgenommen werden.

In Abbildung 6-1 sind die Verteilungen der Abschlüsse nach Jahr und Migrationsgruppe für die 376 Jugendlichen ausgegeben, die eine Veränderung im Ausbildungsstatus aufweisen. Die auffällige Homologie in den Veränderungen spricht gegen die Vermutung, dass die eine Gruppe eher den Schulabschluss nachholt und die andere ihn eher verbessert. Somit kann festgehalten werden, dass die weiter oben dargestellte Wirkung von verbesserten bzw. nachgeholten Abschlüssen zwischen den Jugendlichen ohne Migrationshintergrund und den Jugendlichen mit Migrationshintergrund systematisch variiert.

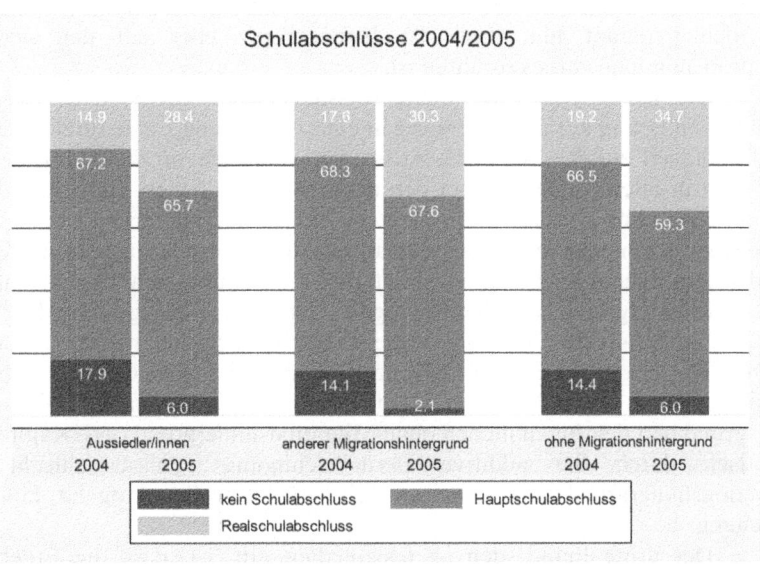

Abbildung 6-1: Verteilung Schulabschlüsse 2004/2005 und Migrations-gruppe

Vor diesem Hintergrund ließe sich eine überproportionale Steigerung der Übergangsraten in Ausbildung/Lehre der Jugendlichen ohne Migrationshintergrund mit der Verbesserung der Zertifikate erklären, während sich die empirisch signifikante Steigerung in der Gruppe der jugendlichen Aussiedler/innen damit aber *nicht* erklären lässt (vgl. Modell 2).

Damit bleibt die Frage offen, wie Aussiedler/innen ihre verstärkten Übergänge in Ausbildung/Lehre nach einem weiteren Jahr nach der Pflichtschulzeit erreichen.

6.3 Diskussion und Zwischenfazit der multivariaten Analysen

Es kann festgehalten werden, dass sich bei keinem untersuchten Bereich der negative Effekt, der mit der Zugehörigkeit zur Gruppe der Aussiedler/innen oder zur Gruppe der Jugendlichen mit anderem Migrationshintergrund verbunden ist, substanziell verringert hat. Lediglich die Kontrolle des Merkmals, ob der Zuzug nach Deutschland vor dem Grundschulalter erfolgte, führte zu einer nennenswerten Verschiebung in den Effektkoeffizienten. Der negative statistische Effekt der Zugehörigkeit zur Gruppe der weiblichen Aussiedler erreichte dadurch Insignifikanz. Nichtsdestotrotz verbleibt der Effektkoeffizient der weiblichen Aussiedlerinnen in allen Modellen deutlich im negativen Bereich und erreicht in einigen Modellen auch wieder das Signifikanzniveau von 0,1. Dies deutet darauf hin, dass die Insignifikanz eher auf den geringen Stichprobenumfang zurückzuführen ist.

Der Befund, dass weibliche Aussiedlerinnen ein besseres Chancenverhältnis in Bezug auf den Übergang in eine Ausbildung/Lehre direkt nach der Pflichtschulzeit aufweisen als die Aussiedler, bleibt davon unberührt, denn er zeigt sich in allen Modellen. Bei den anderen Jugendlichen - sowohl bei den Jugendlichen ohne wie auch mit anderem Migrationshintergrund - sind es die Mädchen, die schlechtere Chancenverhältnisse haben als die Jungen. Insofern ist bei der künftigen Forschung verstärkt die Intersektion von Geschlecht und Migrationshintergrund zu berücksichtigen. Gerade in künftigen Analysen zur Gruppe der Aussiedler/innen sollte dieser Aspekt beachtet werden. Es ist zu prüfen, ob die häufig identifizierte Zwischenstellung der Gruppe der Aussiedler/innen zwischen den Jugendlichen mit anderem Migrationshintergrund und den Jugendlichen ohne Migrationshintergrund (vgl. Kapitel 2.1) statistisch durch die additive Berücksichtigung von Geschlecht und Migrationshintergrund erst generiert wird. Dies bleibt Aufgabe künftiger Forschung.

Der dritte Punkt, den es festzuhalten gilt, ist, dass die Ergebnisse eindeutig gegen subgruppenspezifische Präferenzen als Ursachenfaktor für die migrationsbezogenen Disparitäten im Übergang in eine Ausbildung sprechen.

Hierfür hätten sich deutliche Unterschiede bezüglich der Effektkoeffizienten der Intersektionsgruppen zwischen den Modellvarianten A und B ergeben müssen. Dies ist jedoch nicht der Fall. Zwar könnte ein verstärkter Wunsch nach einer schulischen Laufbahn in Modellvariante A ursächlich für die schlechteren Chancenverhältnisse sein, nicht jedoch in Modellvariante B.

Es kann viertens festgehalten werden, dass die migrationsbezogenen Disparitäten unter Kontrolle von Leistungsvariablen, von Such- und Informationsstrategie-Variablen, von schulischen, familialen und regionalen Kontextvariablen nicht aufgelöst werden konnten. Auch die Berechnung eines Gesamtmodells, welches die als relevant identifizierten Einflussfaktoren für den Übergang in eine Ausbildung/Lehre parallel prüft, führte zu keinem anderen Ergebnis und soll aus diesem Grund hier nicht dargestellt werden.

Vor diesem Hintergrund kann ebenfalls geschlossen werden, dass die überproportionale Steigerung der Übergangsraten in Ausbildung/Lehre bei den Aussiedler/innen ca. ein Jahr nach der Pflichtschulzeit nicht auf besonders starke Defizite - z. B. Noten und/oder Schulabschlüsse - zu Beginn des Übergangs zurückzuführen sind.

Die zweite Hypothese, dass sich die Steigerungsraten auf eine gruppenspezifische überdurchschnittliche Steigerung der (Bildung-)Zertifikate zurückführen lassen, kann ebenfalls verworfen werden. Vielmehr zeigte sich, dass es diesbezüglich starke migrationsbezogene Disparitäten in den Effektstärken gibt. Die Verbesserung der Zertifikate hat bei den Jugendlichen ohne Migrationshintergrund einen bedeutend stärkeren positiven Effekt als bei den Aussiedler/innen und den Jugendlichen mit anderem Migrationshintergrund. Worauf lassen sich dann die Steigerungen zurückführen? Gibt es spezifische Muster in den Orientierungen und Bearbeitungsmodi von Aussiedler/innen die Hinweise darauf liefern, wie es zu den gestiegenen Übergangsraten kommt?

An dieser Stelle könnte eine Vielzahl von Hypothesen bzw. Brücken-hypothesen aufgestellt werden, um sich diesem Punkt zu nähern. Die Gefahr einer statistischen Analyse, die nicht speziell auf diese Fragen hin operationalisiert wurde, besteht darin, dass zum einen vorschnell ethnisierende Erklärungen herangezogen werden. Zum anderen besteht die Gefahr der Produktion von statistischen Artefakten, indem Brückenhypothesen auf Brückenhypothesen bezogen und somit Aussagen getroffen werden, welche auf der dritten theoretischen Ableitung beruhen.

Aus diesem Grund soll ein anderer Weg beschritten werden indem sich offen und explorativ der Frage genähert wurde, wie die jugendlichen Aussiedler/innen ihren Übergang gestalten und erleben. Hierfür sind qualitative Methoden die erste Wahl. Sie ermöglichen es, die Sinnwelten von Gruppen zu rekonstruieren und liefern somit Einsichten, die zur Beantwortung offen gebliebener Fragen im Rahmen der quantitativen Datenanalyse fruchtbar gemacht werden können.

7 Empirischer Teil III: Qualitative Analyse

In diesem Kapitel soll der Frage nachgegangen werden, mit welchen Orientierungen und Strategien die jugendlichen Aussiedler/innen den Anforderungen, die der Übergang an der ersten Schwelle zum Ausbildungsmarkt stellt, begegnen.

> „Übergänge haben ja nicht nur eine strukturelle, sondern immer auch eine Handlungsseite, sie besteht also aus strukturellen Gegebenheiten und aktiv handelnden Subjekten, die permanent mit diesen Strukturen umgehen bzw. umgehen müssen. Struktur- und Handlungsseite von Übergängen sind eng miteinander verknüpft" (Stauber/Walther 2000, S. 27; vgl. Kutscha 1991).

Der empirische Zugriff auf die „Handlungsseite" des Übergangs von der allgemeinbildenden Schule zur berufliche Ausbildung/Lehre erfolgte anhand von narrativ angelegten Leitfadeninterviews, deren Konzeption in Kapitel 7.1.2 darstellt ist. Im Anschluss wird das Verfahren der dokumentarischen Textanalyse - deren methodologische Grundlagen bereits in Kapitel 4.2.2. erörtert wurden - vorgestellt und in Kapitel 7.2 zu Anwendung gebracht. Zunächst werden aber das Sampling und der Feldzugang dargelegt.

7.1 Herangehensweise und Methode
7.1.1 Sampling und Feldzugang
In der qualitativen Sozialforschung wird gemeinhin zwischen zwei prototypischen Feldzugängen unterschieden. Dies wäre zum einen das *theoretical sampling* (Strauss 1998, S. 70) sowie das *selective sampling* (Schatzman/Strauss 1973, S. 38ff.). Das *theoretical sampling* ist ein Verfahren der zirkulären Forschungsabfolge von Erhebung und Analyse. Nach der Erhebung erster Fälle und deren Analyse werden anhand der Ergebnisse neue Kontrastfälle bestimmt und erhoben. Dieser Zirkel wird solange fortgesetzt, bis eine Sättigung erreicht ist. „Mit Sättigung ist der Punkt im Verlauf der Analyse gemeint, an dem die weitere Auswertung keine neuen Eigenschaften der Kategorie mehr erbringt und auch zu keiner Verfeinerung des Wissens um die Kategorie mehr beiträgt" (Strübing 2004, S. 33). Es wird deutlich, dass dies ein sehr aufwendiges Verfahren ist. Aus diesem Grund wurde für das weitere Vorgehen die Strategie des *selective sampling* gewählt, bei der die Kriterien zur Sampleauswahl vor der Erhebung festgelegt werden und die Analyse zeitlich nach der Erhebung einsetzt. Diese Erhebungsmethode ist forschungsökonomisch begründet, birgt aber auch das Problem, dass das Forschungsfeld a priori bereits durch die Kriterienfestlegung strukturiert wird.

Aus diesem Grund fiel die Wahl auf eine alternative Strategie, die zwar dem *selective Sampling* folgt, aber dennoch im Entdeckungszusammenhang (Friedrichs 1990, S. 50ff.) verbleibt. Dies wird möglich, indem zur Sampleauswahl der qualitativen Erhebungen die Ergebnisse der zuvor durchgeführten quantitativen Sequenzmusteranalyse (vgl. Kapitel 1) herangezogen werden. „Die Sequenzmusteranalyse ist ein exploratives Instrument, das eher im ‚context of discovery' anzusiedeln ist als im ‚context of justification'" (Erzberger 2001, S. 141). Durch diese Strategie kann auch ein anderes Problem der Methodentriangulation umgangen werden.

Marek Fuchs konstatiert bei einer Rezension des Buches von Rainer Strobl und Wolfgang Kühnel (2000) „[z]wei Probleme, an denen sich Schwierigkeiten der Aussiedlerforschung allgemein aufzeigen lassen" (Fuchs 2003, S. 175). Neben den Fragen der Übersetzung und Paraphrasierung der russischen Interviewtexte - was für die vorliegende Studie nicht zutrifft, da die Interviews in deutscher Sprache geführt wurden - sind vor allem die „[...] Mängel an den Auswahlverfahren für die qualitative wie für die quantitative Studie zu benennen. [...] Um die Aussagekraft der Triangulation beurteilen zu können, stellt sich die Frage, ob die Grundgesamtheiten der quantitativen und der qualitativen Studie identisch sind oder sich zumindest stark überschneiden" (Fuchs 2003, S. 175).

Diese Frage der Überschneidung kann für die hier vorliegende Untersuchung eindeutig positiv beantwortet werden, da die Interviewpartner/innen für die qualitative Befragung ausschließlich aus der Stichprobe der quantitativen Befragung rekrutiert wurden.

Dennoch bedarf es aus forschungsökonomischen Gründen und der hohen Anzahl der im quantitativen Untersuchungsteil identifizierten Übergangsmuster (N=13 siehe Kapitel 5) einer weiteren Eingrenzung.

Wie bereits im theoretischen Teil der Arbeit (Kapitel 2) dargelegt, soll mit der Fokussierung auf das Konzept der Lebensbewältigung die dem Bewältigungsbegriff immanente Gefahr umgangen werden, auf die Gesamtheit und Vielfalt aller subjektiv wahrgenommenen Belastungen Bezug zu nehmen. Des Weiteren ermöglicht es der Begriff der Lebensbewältigung (Böhnisch 2005) durch den Rekurs auf sozialstrukturell verortete Probleme sozialer Desintegration deren Bedeutung für das Bewältigungsgeschehen selbst dann in die Analyse einzubeziehen, wenn sozialstrukturelle Aspekte von den Befragten subjektiv nicht explizit wahrgenommen bzw. benannt werden. Vor diesem Hintergrund soll die Population, die für die qualitative Sampleauswahl herangezogen wird, dahin gehend eingeschränkt werden, dass diejenigen ausgeschlossen werden, die direkt nach Beendigung der Pflichtschulzeit entweder in einer andauernden Ausbildung oder anhaltend in einer allgemeinbildenden Schule verweilen. Die Begründung für diesen Schritt besteht darin, dass diese zwei Übergangswege den normalbiografischen „Fahrplänen" (Fuchs-Heinritz/Krüger 1991) entsprechen und somit zumindest von struktureller Seite her keine erhöhten Bearbeitungsanforderungen stellen. Dies trifft auf 51,3% der Jugendlichen in der Stichprobe zu.

Die heuristische Analyse in Kapitel 5 ergab zudem, dass sich vier Übergangsmuster identifizieren ließen, in denen die Gruppe der jugendlichen Aussiedler/innen überrepräsentiert ist.. Es sind zum einen die zwei Muster die über ein weiteres Jahr allgemeinbildende Schule entweder in eine Ausbildung überwechseln können oder nicht (Übergangsmuster 3 bzw. 2). Und zum anderen sind es die zwei Muster die nach einer einjährigen Maßnahme des Übergangssystems in eine Ausbildung wechseln können oder aber in eher prekäre Zustände einmünden (Übergangsmuster 10 bzw. 12).

Insgesamt befinden sich 31,6% der befragten Jugendlichen - egal mit welchem Migrationsstatus - in diesen vier Mustern. Wird dieser Wert mit den Anteilen der männlich Aussiedler (43,9%) und den Anteilen der weiblichen Aussiedlerinnen (34,1%), die einem dieser vier Muster zuzuordnen sind verglichen, zeigt sich deutlich die Überrepräsentanz.

Um eine angemessene Fallzahl pro Übergangsmuster realisieren zu können, beschränkt sich das Sampling somit auf diese vier Übergangsmuster.

In einer späteren CATI-Welle des Übergangspanels konnte mit Unterstützung der Mitarbeiter und Mitarbeiterinnen des DJI-FSP „Übergänge im Jugendalter" eine Frage untergebracht werden, die sich gezielt an Jugendliche aus diesen vier Mustern richtete und ermittelte, ob sie zu einer qualitativen Zusatzbefragung bereit wären.[36] Anschließend wurden die Jugendlichen, die einer solchen Zusatzbefragung zustimmten, telefonisch kontaktiert und ein Interviewtreffen verabredet. Letztendlich konnten elf qualitative Interviews realisiert werden.

In Tabelle 7-1 sind die Angaben der Jugendlichen bezüglich ihrer Musterzugehörigkeit, des Alters, des Einreisealters, des Geschlechts, des Herkunftslandes sowie der Angaben zu ihren Berufsplänen eingetragen. Diese Angaben wurden von den Jugendlichen im Jahr 2004 im Rahmen der quantitativen Basiserhebung und somit vor dem Übergang gemacht.

---

[36] Wortlaut der Frage in der Cati-Erhebung: „Jetzt am Ende des Interviews habe ich noch eine Frage. Wir suchen einige Jugendliche für ein persönliches Interview. In dem Interview geht es um die Erfahrungen mit Ausbildung und Arbeit in den letzten drei Jahren seit der Schule. Für das Interview würde ein junger Wissenschaftler zu dir nach <WOHNORT des Jugendlichen> kommen. Das Interview wird etwa eine Stunde dauern und als Dankeschön gibt es 25 Euro. Wärest du bereit, so ein Interview zu machen?"

Tabelle 7-1: Sampleübersicht

		Übergangsmuster	Alter (2004)	Geschl.	Berufswunsch (2004)	Plan (2004)	Herkunftsland	Alter bei Zuwanderung
Muster 3	Tanja	weiteres Schuljahr-Ausbildg.	18	w	Steuerberaterin	eine Ausbildung	Russland	17
	Alla	weiteres Schuljahr-Ausbildg.	14	w	Friseurin	eine Ausbildung	Kasachstan	4
Muster 2	Jurij	weiteres Schuljahr - prekär	15	m	Fachinformatiker Anwendungsentwicklung	weiterführende Schule	Rumänien	1
	Sergej	weiteres Schuljahr - prekär	15	m		eine Ausbildung	Rumänien	4
	Igor	weiteres Schuljahr - prekär	16	m	Elektroanlagenmonteur	eine Ausbildung	Kasachstan	11
	Alexej	weiteres Schuljahr - prekär	15	m	Fachinformatiker Anwendungsentwicklung	weiterführende Schule	Aserbaidschan	12
Muster 10	Toscha	Übergangssys.-Ausbildg.	18	m	Drucker	eine Ausbildung	Russland	16
	Pjotr	Übergangssys.-Ausbildung	15	m	Kaufmann im Einzelhandel	eine Ausbildung	Ukraine	12
	Ludmila	Übergangssys.-Ausbildung	15	w	Krankenschwester	weiterführende Schule	Polen	3
Muster 12	Dimitrij	Übergangssys.-prekär	15	m	keinen	eine Ausbildung	Russland	5
	Kostja	Übergangssys.-prekär	15	m	Industriemechaniker Betriebstechnik	eine Ausbildung	Russland	3

Vor diesem Hintergrund und um einen inhaltlichen Bezug zwischen quantitativen und qualitativen Ergebnissen der Triangulationsstudie zu ermöglichen, wird bei der qualitativen Analyse die Alternanz mit den Übergängen in ein weiteres Jahr der allgemeinbildenden Schule (Thema 1), in das Übergangssystem (Thema 2) und in die Ausbildung (Thema 3) im Fokus stehen.

7.1.2 Interviewkonzeption

Die Konzeption des Interviews orientierte sich an der durch Fritz Schütze und Rainer Kallmeyer entwickelten Form des narrativen Interviews (vgl. Kallmeyer/Schütze 1977). Ziel dieser Erhebungsmethode ist es, einen größtmöglichen Artikulationsraum zu öffnen, in dem der/die Befragte, seine/ihre eigenen Erfahrungen, Deutungen und Sichtweisen zur Darstellung bringen kann. Die subjektiven Sinnzusammenhänge in ihrer Eigenlogik stehen im Vordergrund und sollen weitgehend unabhängig von thematischen Strukturierungen durch den Interviewenden zur Explikation gebracht werden können. Der Fokus liegt hierbei auf der Generierung von Erzählungen.

> „Die Erfahrung unmittelbarer Handlungspraxis, wie sie in Erzählungen und Beschreibungen zu rekonstruieren ist, ist derart an diese Handlungspraxis, an das handlungspraktische Wissen und an die Selbstverständlichkeiten der Informanten gebunden, dass sie von diesen nicht kommunikativ expliziert, sondern nur erzählt oder beschrieben werden kann" (Nohl 2009, S. 48/49).

Der Dreiteilung von Fritz Schütze (vgl. 1983, S. 285) folgend wurde das Interview mit einem erzählgenerierenden Eingangsstimulus begonnen:

> Ich möchte gern wissen, wie Dein Leben seit der 8. Klasse verlaufen ist. Erinnere Dich bitte zurück an die Zeit und erzähle doch mal Dein Leben von dieser Zeit bis heute. Fang einfach an, ich sage erst einmal gar nichts und höre Dir nur zu.

Die zeitliche Fixierung des Stimulus auf die 8. Klasse erfolgte aus zwei Gründen. Zum einen wurden keine gesamtbiografischen Erzählungen angestrebt, sondern der Fokus wurde speziell auf die Übergangsbiografie der Jugendlichen gelegt. Zum anderen wurde die 8. Klasse als zeitlicher Marker gewählt, um eventuelle Klassenwiederholungen oder Weiterbesuche allgemeinbildender Schulen mit in die Erzählaufforderung zu integrieren. Dies wäre nicht der Fall, wenn lediglich gefragt würde, wie es nach der Schule weiterging.

Nach der Beendigung der so generierten Eingangserzählung[37] durch den Interviewten wurde ein zweiter Teil angeschlossen, um durch immanente Nachfragen Themen, die in der Eingangserzählung nur angedeutet wurden, erzählgenerierend zu vertiefen.

In einem dritten Teil wurden dann durch exmanente Nachfragen Themen angesprochen, die der Interviewte weder in der Eingangserzählung, noch im immanenten Nachfrageteil angesprochen hat, aber dennoch vom Interviewer als relevant angesehen wurden. Hierfür wurde ein Leitfaden entwickelt, der neben Fragen zu Unterstützungen auch Bilanzierungs- und Zukunftsfragen beinhaltete.[38] Die Interviews erfolgten in fast allen Fällen in den Wohnungen der Jugendlichen und dauerten zwischen 45 min und 2 h. Sie wurden anhand der im Anhang befindlichen Transkriptionsregeln transkribiert.

7.1.3 Auswertungsmethode

Bei der Auswertung der narrativ-leitfadengestützten Interviews wurde die Dokumentarische Methode eingesetzt, die als rekonstruktives Verfahren der Sozialforschung vor allem auf Arbeiten von Ralf Bohnsack zurückgeht (vgl. Bohnsack 1989; Bohnsack 2007a; Bohnsack/Nentwig-Gesemann/Nohl 2007a). „Ziel der Dokumentarischen Methode ist die Rekonstruktion des handlungsleitenden Erfahrungswissens im Alltag von Individuen und Gruppen, um das Zusammenspiel gesellschaftlicher Strukturen und individueller bzw. kollektiver Handlungen zu erkennen" (Kleemann/Krähnke/Matuschek 2009, S. 156).

Kern der Methode ist hierbei die Rekonstruktion von Orientierungsmustern. Diese konstituieren sich aus der wechselseitigen Verschränktheit von Orientierungsschemata und Orientierungsrahmen. Orientierungsschemata sind in der Regel institutionell verankerte normative Vorgaben seitens der Gesellschaft. Der Orientierungsrahmen hingegen konstituiert sich durch die ganz konkrete Sozialisationserfahrung und meint habitualisierte Denk- und Handlungsmuster. Akteure mit analogen Sozialisationserfahrungen verfügen über analoge Orientierungsrahmen. Diese sind erfahrungsbasiert. Da es sich hierbei um zumeist implizite Wissensbestände handelt, die dem Akteur nicht unmittelbar bewusst sein müssen, kann sich die Analyse nicht auf die Ebene des

---

[37]   Wenn die Eingangserzählung durch den Interviewten sehr kurz gehalten wurde, wurde zunächst versucht, durch eine erzählgenerierende Frage eine ausführlichere Erzählung anzuregen, z. B. *Das ging ja schnell. Denk doch bitte noch einmal nach. Beginne ruhig noch einmal von ganz vorn und erzähle ganz ausführlich aus deinem Leben seit der 8. Klasse. Mich interessiert alles, woran du dich so erinnern kannst.*

[38]   *Wenn du noch einmal auf die Jahre seit der 8. Klasse zurückblickst, wie siehst du sie dann bis heute? Was meinst du, wie wird es in Zukunft für dich weitergehen? Was würdest du gern später mal machen? Welche beruflichen Pläne hast du? Wie schätzt du deine beruflichen Chancen ein?*

subjektiv gemeinten Sinns beschränken. Hier setzt die Dokumentarische Methode - welche methodologisch an die Wissenssoziologie von Karl Mannheim und die Ethnomethodologie von Harold Garfinkel anschließt - an, indem sie die Analyseeinstellung „vom Was zum Wie" wendet (vgl. Bohnsack/Nentwig-Gesemann/Nohl 2007b, S. 12).

In der vorliegenden Untersuchung soll vorrangig den Fragen nachgegangen werden, wie die jugendlichen Aussiedler/innen die sich ihnen stellenden Bearbeitungsanforderungen nach der Pflichtschulzeit erfahren und verhandeln sowie welche Orientierungen und Vergleichshorizonte handlungsleitend werden (vgl. Schittenhelm 2005b, S. 107).

Zur wissenschaftlichen Nachvollziehbarkeit sollen zunächst die methodische Vorgehensweise und die verwendeten Termini kurz vorgestellt werden.

Arbeitsschritte der Dokumentarischen Methode
Die Dokumentarische Methode ist ein mehrschrittiges Verfahren. Vier Schritte sind zu unterscheiden, die jeweils kurz vorgestellt werden und mit den ihnen verbundenen Entscheidungen bezüglich der vorliegenden Untersuchung eine Darstellung finden. Die Arbeitsschritte im Einzelnen sind:

1. Auswahl geeigneter Textauszüge
2. Formulierende Interpretation
3. Reflektierende Interpretation
4. Typenbildung

Schritt 1: Auswahl geeigneter Textauszüge
Die Dokumentarische Methode legt keinen verstärkten Wert darauf, den Einzelfall in all seinen Einzelaspekten kennenzulernen. Vielmehr beschränkt sie sich auf jene Textstellen, die thematisch von Forschungsrelevanz sind (vgl. Nohl 2009, S. 66, Bohnsack 2007a, S. 135). „[D]er komparativen Analyse [kommt] von Anfang an eine zentrale Bedeutung zu, da sich der Orientierungsrahmen erst vor dem Vergleichshorizont anderer Fälle im Modus von Homologien und Kontrasten in konturierter und empirisch überprüfbarer Weise herauskristallisiert" (Bohnsack 2006a, S. 43). Dies macht es notwendig, den Fokus auf solche Themen zu lenken, die sich auch in mehreren Interviews finden lassen.

Für die dokumentarische Analyse ist jedoch zu beachten, dass nicht der andere Verlauf, also die spezifische Folge der Übergangsstadien, sondern die andere Form der Fall ist (vgl. Schittenhelm S. 182). Dennoch ist es notwendig, vergleichbare Themen zu identifizieren. Hierfür wurde von allen Interviews ein thematischer Verlauf angefertigt, um sich einen Überblick über die thematische Struktur zu verschaffen.

Schritt 2: Formulierende Interpretation
Für die Textstellen, in denen die Jugendlichen ihre Übergänge in ein weiteres Jahr der allgemeinbildenden Schule (Thema 1) und/oder in das Übergangssystem (Thema 2) und/oder in die Ausbildung (Thema 3) thematisieren, wurde eine ausführliche formulierende Interpretation durchgeführt. Dieser Interpretationsschritt hat zum einen das Ziel, die thematische Feingliederung der Textpassagen (Ober-/Unterthema) herauszuarbeiten und zum anderen durch Reformulierung des Textes (Paraphrasierung) dem Forschenden den Text zu entfremden. Es geht darum, eventuelle Mehrdeutigkeiten zu identifizieren und sich zu vergegenwärtigen, dass auch der thematische Gehalt bereits interpretationsbedürftig ist (vgl. Nohl 2009, S. 47). In diesem Schritt verbleibt der Interpret auf der Ebene des „immanenten Sinngehalts" (Bohnsack 2007a, S. 134).

Schritt 3: Reflektierende Interpretation
„Der Übergang von der formulierenden (immanenten) zur reflektierenden (dokumentarischen) Interpretation markiert den Übergang von den Was- zu den Wie-Fragen" (Bohnsack/Nohl 2007, S. 303). Ziel dieses Interpretationsschrittes ist es, Aufschluss darüber zu erhalten, wie und in welchem (Orientierungs-)Rahmen das Problem behandelt wird. Im Zentrum der Analyse stehen sowohl die semantischen als auch die formalen Aspekte des zu interpretierenden Textes.

Textsortentrennung und Diskursorganisation
„Die Semantik des Textes ist von seiner formalen Konstruktion nicht zu trennen. Dem trägt auch die dokumentarische Interviewinterpretation Rechnung" (Nohl 2009, S. 47). In Anlehnung an die Arbeiten von Fritz Schütze (1983) wird die formale Struktur anhand einer Textsortenanalyse erfasst, die hauptsächlich Erzählung, Beschreibung, Begründung und Argumentation unterscheidet. „Während der methodische Zugang zum kommunikativen Wissen unproblematisch ist, da es ohne große Schwierigkeiten abgefragt werden kann, erschließt sich uns das konjunktive Wissen nur dann, wenn wir uns (auf dem Wege von Erzählungen und Beschreibungen oder auch der direkten Beobachtung) mit der Handlungspraxis vertraut gemacht haben" (Bohnsack/Nentwig-Gesemann/Nohl 2007b, S. 14). Hierdurch kommt der Erzählung und Beschreibung eine besondere forschungspraktische Bedeutung zu.

„Dies sollte jedoch nicht zu der Annahme führen, theoretische Textsorten seien für die Auswertung wertlos. Zwar ist es nicht sinnvoll, Argumentationen und Bewertungen als das zu rekonstruieren, was sie sein sollen: nämlich als Erläuterungen von Handlungsmotiven und -gründen bzw. als Stellungnahmen. Gleichwohl lassen sich auch Argumentationen und Bewertungen dokumentarisch interpretieren: Anstatt ihrem wörtlichen Sinngehalt zu folgen, kann man auch die Herstellungs- bzw. Konstruktionsweise der Argumentationen rekonstruieren und auf diese Weise herausarbeiten, wie jemand seine Handlungsweisen rechtfertigt bzw. bewertet. Auch dieser modus operandi des Theoretisierens kann Aufschluss über die Orientierungsrahmen geben, innerhalb derer eine Person ihre Themen und Problemstellungen bearbeitet" (Nohl 2009, S. 50).

Tabelle 7-2: Begriffsbestimmung: Textsorten

Textsorten	
Erzählungen	„Erzählungen zeichnen sich dadurch aus, dass in ihnen der Informant Handlungs- und Geschehensabläufe darstellt, die einen Anfang und ein Ende und einen zeitlichen Verlauf haben" (Nohl 2009, S. 48).
Beschreibungen	„Beschreibungen zeichnen sich im Allgemeinen dadurch aus, dass in ihnen immer wiederkehrende Handlungsabläufe oder feststehende Sachverhalte (z. B. ein Bild, eine Maschine) dargestellt werden" (Nohl 2009, S. 48).
Argumentationen	„Argumentationen sind (alltags-) theoretische Zusammenfassungen zu den Motiven, Gründen und Bedingungen für eigenes oder fremdes Handeln" (Nohl 2009, S. 48).
Bewertungen	„Bewertungen sind evaluative Stellungnahmen zu eigenem oder fremdem Handeln" (Nohl 2009, S. 48).

In den meisten Fällen findet bei der Darstellung eines bestimmten Themas nicht nur eine Textsorte Verwendung. Vielmehr sind „verschachtelte Vordergrund-Hintergrund-Verhältnisse" (Nohl 2009, S. 28) die Regel. Hintergrund-konstruktionen dienen zumeist einer Plausibilisierung, die der Interviewte für das Verständnis für nötig hält.

Zur Analyse von stark argumentativen Textpassagen kann auf das begriffliche Arsenal der Dokumentarischen Methode zur Diskursorganisation zurück-gegriffen werden. Vor allem die Unterscheidung zwischen Proposition, Elaboration und Konklusion ist in Einzelinterviews sinnvoll.

Tabelle 7-3: Begriffsbestimmung: Diskursorganisation

Diskursorganisation	
Proposition	= „erstes Aufwerfen eines Sinnzusammenhangs" (Przyborski/Wohlrab-Sahr 2008, S. 291)
Elaboration	= „Ausarbeitung [des Sinnzusammenhangs]" (Przyborski/Wohlrab-Sahr 2008, S. 291)
Konklusion	= „Abschluss des Sinnzusammenhangs" (Przyborski/Wohlrab-Sahr 2008, S. 291)

Formale Dimensionierung

Der Dokumentarischen Methode als Methode zur Rekonstruktion von Orientierungsrahmen liegt eine Gegenstandskonzeption zugrunde, von der die formale Dimensionierung für die Analyse abgeleitet werden kann. „Die biografische Orientierung der Jugendlichen bewegt sich [...] zwischen unterschiedlichen Horizonten, die wechselseitig füreinander Gegenhorizonte darstellen. Negativer und positiver Gegenhorizont sowie die Enaktierungs-potentiale bilden gleichsam den "Rahmen" des Erfahrungsraums" (Bohnsack 1989, S. 24). Grafisch stellt sich das Verhältnis nach Bohnsack folgendermaßen dar:

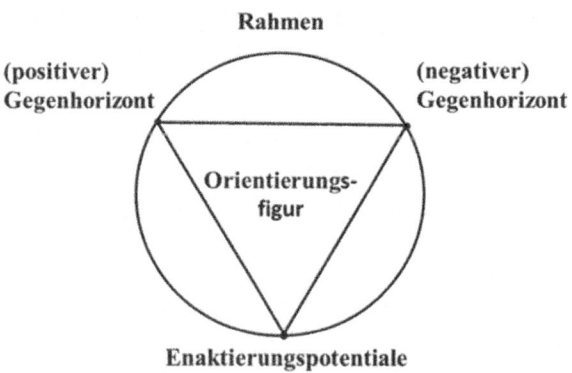

Abbildung 7-1: Orientierungsrahmen
(Bohnsack 1989, S. 28)

Tabelle 7-4: Begriffsbestimmung: Formale Dimensionierung

formale Dimensionierung	
positiver Gegenhorizont auch positiver Vergleichshorizont	„[…] wenn sich die Sprechenden an bestimmte konjunktive Erfahrungsräume mehr oder weniger anlehnen und damit verdeutlichen, worauf […] das […] Wollen gerichtet ist" (Kleemann/Krähnke/Matuschek 2009, S.161).
negativer Gegenhorizont auch negativer Vergleichshorizont	„ […] alle diejenigen Positionierungen […], mit denen man sich in mehr oder weniger expliziter Form von anderen Positionen, Handlungen, Personen, Haltungen etc. abgrenzt" (Kleemann/Krähnke/Matuschek 2009, S.161).
Enaktierung/ Enaktierungspotenziale	Enaktierung ist die „[…] praktische Verwirklichung der eigenen Orientierungen […]. Die Chancen, den eigenen Orientierungsrahmen praktisch zu verwirklichen, werden […] Enaktierungspotenziale genannt" (Kleemann/Krähnke/Matuschek 2009, S.161).
Bewältigung[39]	„Bearbeitungsformen […], die dann entstehen und weiter gefestigt werden, wenn die individuell vorliegenden Enaktierungsweisen nicht mehr greifen" (Kramer u.a. 2009, S. 50).

Bei der reflektierenden Interpretation wird die „Selektivität, d.h. die spezifische Weichen- und Problemstellung bei der Behandlung des Themas und damit der für die Behandlung des Themas ausschlaggebende Rahmen dadurch sichtbar gemacht […], dass ich Alternativen dagegenhalte, dass ich dagegenhalte, wie in anderen [Interviews, d.A.] die Weichen bei der Behandlung desselben bzw. eines vergleichbaren Themas anders gestellt werden: Es werden Kontingenzen sichtbar" (Bohnsack 2007a, S. 34).

---

[39]   Der Begriff, der mit dem Wort „Bewältigung" korrespondiert, ist nicht zu verwechseln mit dem Begriff, der dem Wort Lebensbewältigung (vgl. Kapitel 4.1.2) inhärent ist.

Schritt 4: Typenbildung

Die Typenbildung kann in eine sinngenetische und eine soziogenetische differenziert werden.

Die sinngenetische Typenbildung setzt dann ein, wenn in der reflektierenden Interpretation der Einzelfall verlassen und dazu übergegangen wird, fallübergreifende Orientierungsrahmen zu rekonstruieren. „Das generative (Sinn-) Muster bezeichnen wir - wie gesagt - als Orientierungsrahmen oder auch als Habitus. Eine darauf gerichtete (praxeologische) Typenbildung bezeichnen wir [...] als eine sinngenetische" (Bohnsack 2007b, S. 231).

In der soziogenetischen Typenbildung werden die in der sinngenetischen Typenbildung abstrahierten Orientierungsmuster dahin gehend untersucht „[...] *wo*, d.h. in welchem Erfahrungsraum die *Genese* dieser Orientierung zu suchen ist" (Bohnsack/Netwig-Gesemann 2006, S. 165). Die Frage, ob es eine aussiedlerspezifische Typik gibt, wäre eine Frage nach der Soziogenese. Diese Typenbildung setzt jedoch eine komparative Analyse mit anderen Erfahrungsräumen voraus, also einen Vergleich von Aussiedler/innen und Nichtaussiedler/innen. So interessant eine derartige Analyse auch wäre, übersteigt sie doch erheblich den Möglichkeitsraum dieser Arbeit. Zudem wurden in der qualitativen Erhebung ausschließlich Aussiedlerjugendliche befragt. Aus diesem Grund beschränkt sich die Analyse auf die Herausarbeitung einer Typik von Orientierungsrahmen, d. h. auf die sinngenetische Typenbildung.

Analyseziel der qualitativen Teilstudie ist es somit, eine sinngenetische Typologie von Orientierungsmustern jugendlicher Aussiedler/innen an der ersten Schwelle zu erarbeiten.

7.2 Analyse

Im Folgenden sollen die empirischen Rekonstruktionen von vier maximal kontrastierenden Fällen ausführlich dargestellt werden. Obgleich die Typik des Übergangs erst im Vergleich aller Fälle der Untersuchung entwickelt wurden, sollen die Dimensionen in typifizierender Absicht an diesen vier Fällen expliziert werden (vgl. zu diesem Vorgehen Nohl 2006; Schittenhelm 2005b).

Die eigentliche Analyse umfasst insgesamt einen Textkorpus von elf Jugendlichen und konzentriert sich hauptsächlich - aber nicht nur - auf die Textstellen zu den einzelnen Übergängen: *Übergang in ein weiteres Jahr allgemeinbildende Schule*, *Übergang in eine Maßnahme des Übergangssystems* und *Übergang in Ausbildung*.

„[Der] Orientierungsrahmen lässt sich in seiner Signifikanz dann empirisch valide erfassen, wenn er von anderen, differenten Orientierungsrahmen, innerhalb derer dieselbe Problemstellung, dasselbe Thema auf andere Art und Weise bearbeitet wird, abgegrenzt werden kann. [...] Deshalb ist der Vergleich mit anderen Fällen, in denen dieselben Themen auf eine andere Art und Weise bearbeitet werden, für die dokumentarische Methode konstitutiv" (Nohl 2009, S. 12).

Der Aufbau der Darstellung der Fallporträts folgt bei allen Jugendlichen einem einheitlichen Muster. Begonnen wird mit einer kurzen Darstellung von relevantem Kontextwissen bezüglich des/der Jugendlichen. Anschließend werden die Passagen bezüglich der einzelnen Übergänge dargestellt und rekonstruiert. Wo nötig werden weitere Textstellen in die Darstellung einbezogen. Abschließend erfolgt jeweils eine kurze Zusammenfassung, in der erste Ansätze für eine Typenbildung erarbeitet werden.

Der anschließende Abschnitt nimmt diese Aspekte auf und verdichtet sie zu sinngenetischen Typen (vgl. Kapitel 7.2.2).

7.2.1 Fallporträts
7.2.1.1 Jurij – „kommt bestimmt gut im Zeugnis"
Jurij wohnt zum Interviewzeitpunkt in einer süddeutschen Kleinstadt. Er kommt aus Rumänien und lebt seit dem ersten Lebensjahr in Deutschland. Er besuchte ein weiteres Jahr an einer allgemeinbildenden Schule aufgrund einer weiterführenden schulischen Maßnahme (9+1 Werkrealschule) und gelangte dadurch zur mittleren Reife.

In diesem an seiner Schule neu eingeführten Projekt wird es Hauptschüler/inne/n durch Zusatzunterricht in der 8. und 9. Klasse sowie durch den Besuch der 10. Klasse ermöglicht, den Realschulabschluss abzulegen, sofern sie über einen guten Notendurchschnitt verfügen.

Nach dem Realschulabschluss suchte Jurij eine Ausbildung im Bereich Fachinformatik, wurde aber nicht fündig. Anschließend besuchte er die Gewerbeschule mit dem Schwerpunkt Systemelektroniker, eine einjährige, nicht vollqualifizierende Maßnahme des Übergangssystems.

Übergang in ein weiteres Jahr allgemeinbildende Schule
Jurij berichtet in seiner Eingangserzählung, dass er in der 8. Klasse in einen Förderunterricht „neun plus eins, Realschule" (Z. 24) gekommen ist. An dieser Stelle des Interviews geht Jurij nicht weiter darauf ein. Im immanenten Nachfrageteil erfragt der Interviewer, was das 9+1-Projekt genau ist und wie er dazu gekommen sei. Nach einer abstrahierten Beschreibung, was das 9+1-Projekt ist, schließt Jurij mit der Konklusion an: „und das hab ich dann gemacht" (Z. 133) und stellt sich somit als Handlungsträger dar.

Jm: └ *und das hab ich dann gemacht das wurde mir angeboten ; i- da*
hat ich noch 'ne 2,2 als Durchschnitt nich ; das wird mir angeboten , ich kann's
annehmen also klar wieso nicht (.) dann hab ich's angenommen ; dann hab ich jetzt mein
Realschulabschluss gemacht ; hab jetzt Hauptschulabschluss und den
Realschulabschluss

I: *hm (.) ähm hast du äh (2) also wie-wie wie angeboten ? kam dann der Lehrer zu dir und*
hat gesagt hier

Jm: └ *ja die also die Lehrerin (.) war eines Morgens mal da ; hieß es ja wir*
haben jetzt hier dieses neun plus eins System

I: └ *hm*

Jm: └ *oder wie auch immer das war*
schon länger her wie sie es erklärt hat weiß ich nicht mehr ; aber so dieser
Zusatzunterricht angeboten dass man diese Werkrealschule nachholen kann (.)   └ *hm*

I: └ *hm*
Jm: └ *und*
ja dann hab ich das gleich angenommen ; weil ich hatte eigentlich noch nich so Lust zu
arbeiten

Auch der Umstand „das wurde mir angeboten", also ein Element, welches nicht unmittelbar seiner Handlungsmächtigkeit unterliegt, wird von Jurij sofort wieder mit dem Verweis auf seine Noten als Resultat seiner eigenen Leistung dargestellt. Jurij elaboriert in dieser Passage ausdrücklich die selbstbestimmte Entscheidungshaftigkeit dieser Situation: „ich kann´s annehmen also klar wieso nicht (.) dann hab ich's angenommen". Hier zeigt sich, dass Jurij diesen Übergang selbstbestimmt vollzogen hat. Er nimmt den Kontext als Möglichkeitsraum wahr. Er hat mehrere Optionen und ist der Entscheidungsträger.

Die Betonung des Besitzes sowohl eines Hauptschulabschlusses wie auch eines Realschulabschlusses verweist auf eine Orientierung, in der Zertifikate eine wesentliche Rolle spielen. Hauptschul- und Realschulabschluss sind bei Jurij keine Gegenhorizonte. Ein Realschulabschluss ist zwar höherwertiger als ein Hauptschulabschluss, aber noch höherwertiger sind zwei Abschlüsse. Hier dokumentiert sich, dass die Betonung der Abschlüsse nicht auf eine schulische Orientierung zurückzuführen ist, in welcher der Schulabschluss Selbstzweck ist, sondern auf eine Orientierung, in der Schulabschlüsse Mittel zum Zweck sind. Dies deckt sich mit dem Umstand, dass Jurij erst auf Nachfrage diese Phase seines Übergangs detailliert. Jurij erzählt, dass diese Option durch eine Lehrerin im Klassenverband vorgestellt wurde. Er hat dieses Angebot gleich angenommen und begründet dies mit dem Wunsch, noch nicht in die Arbeitswelt überwechseln zu wollen. Hier dokumentiert sich eine Orientierung, bei der die individuellen Befindlichkeiten zentrales Element der Übergangsgestaltung sind.

Übergang in eine Maßnahme des Übergangssystems
Jurij thematisiert seinen Besuch einer einjährigen Maßnahme an der
Gewerbeschule erstmals in Zeile 149 des Interviews. Zu diesem Interview-
zeitpunkt war die Eingangserzählung (Z. 1-105) bereits beendet. Analog zum
Übergang in ein weiteres Jahr allgemeinbildende Schule erzählt Jurij seinen
Übergang in eine Maßnahme des Übergangssystems erst aufgrund einer
immanenten Nachfrage.

I: ⌐ *und danach ? wie ging's*
           dann genau weiter also was hast du dann genau gemacht
Jm: *äh (.) also nach di- nach der zehnten Klasse jetzt ? diese neun plus eins*
I: ⌐ *jaja*
Jm: ⌐ *ähm*
           dann hab ich diese ein Jahr äh Gewerbeschule gemacht in Stadt A diese Gewerbeschule
           X
I: *wie bist du dahin gekommen*
Jm: ⌐ *ähm*
I: ⌐ *wie war das so ? was*
Jm: *ich hab erstmal 'n bisschen nach Arbeit gesucht ; hab nicht das bekommen was ich wollte*
           ; ich wollt eigentlich eher in Richtung Fachinformatik gehen
I: ⌐ *hm*
Jm: ⌐   *mit   dem*
           Techniker Fachinformatiker oder irgendwie (.) keine A- Administratortechniker oder
           irgendwie sowas (.) äh hab natürlich nichts gefunden weil die nehmen (wohl) nicht so
           gern Leute mit Werkrealschule oder Realschule ; die wollen eher Fachhochschulreife
           oder eben Abi haben ; da dachte ich ich mach mal 'n bisschen Schule ; dann hab ich die
           Gewerbeschule X gefunden ; das tut sich vielleicht gut als Systemelektroniker weil das
           auch noch teilweise mit Fachinformatiker zu tun hat   ⌐ *hm*
I: ⌐ *hm*
Jm: ⌐ *ich lern da zum*
           Beispiel Linux kennen (Red Cap) oder irgendwie solche Sachen (.) und da dachte ich das
           mach mal nebenher , kommt bestimmt gut im Zeugnis dann und dann hab ich diese
           Schule gemacht ; aber dann (.) hab ich kein Platz gefunden wieder (.) und dann brauchte
           ich ein bisschen Geld weil ich anfangen wollte davon mein Auto zu kaufen und ein
           bisschen dazu zu sparen und so ; und dann hab ich jetzt diese (Jobfach) Lagerlogistik mit
           Speditionskaufmann (.) da hab ich jetzt auch so zwei Berufe integriert also ; ich mach
           jetzt Lagerlogistiker , (für'n) Lager   ⌐ *hm*
I: ⌐ *hm*
Jm: ⌐ *und nebenher im letzte- äh im Berufsjahr mach*
           ich noch Speditionskaufmann im Büro ; und wenn ich das beendet hab such ich nach
           Fach- Fachhochschule die mich annehmen würde für Informatiker

Der Interviewer fragt nach, wie es nach der Schule für ihn weiterging. Jurij
erzählt, dass er anschließend die Gewerbeschule - eine Maßnahme des
Übergangssystems - besucht hat. Der Interviewer fordert eine Detaillierung ein,
auf die Jurij mit mehreren Begründungsfiguren reagiert. Die erste Figur dient

der Begründung, warum er sich für eine Schule entschieden hat: „da dachte ich mach mal'n bisschen Schule". Im Vordergrund steht dabei ein spezifischer beruflicher Lebensentwurf, dem des Fachinformatikers. Von diesem werden explizit andere Berufe wie Administratortechniker abgegrenzt. Damit ist der berufliche Lebensentwurf inhaltlich gefüllt und dient als Bewertungsfolie. Erste erfolglose Versuche der Enaktierung dieses positiven Vergleichshorizontes beschreibt er eher abstrakt und kontextuiert sie mit dem Wort „bisschen". Hier dokumentiert sich, dass diese erfolglosen Versuche für Jurij selbst keine Dramatik besitzen. Die Gründe für seine anfängliche erfolglose Suche nach einer Tätigkeit, die seinem beruflichen Lebensentwurf entspricht, verortet Jurij in kontextuellen Faktoren. Er verweist darauf, dass die Ausbildungsgeber eher Jugendliche mit höheren Zertifikaten bevorzugen. Für Jurij resultiert hieraus nicht die Revision seiner Aspirationen. Er sucht nach alternativen Wegen, wie er seine Position im Bewerber/innen/feld zu seinem Berufs-wunsch - Fachinformatiker - verbessern kann. Eine Möglichkeit sieht er im Besuch einer speziellen Maßnahme, von der er ausgeht, dass diese seine Chancen steigert: „kommt bestimmt gut im Zeugnis". Auch an dieser Stelle dokumentiert sich Jurijs Orientierung an Zertifikaten als Marktsignalen. Aber auch dieser Schritt führt nicht zu dem gewünschten Erfolg. Jurij beginnt mit einer Lehre, die nicht seinem ursprünglichen beruflichen Lebensentwurf entspricht. Diese Entscheidung ist für Jurij begründungsbedürftig. Er verweist dabei auf materielle Zwänge. Am Ende der Passage verdeutlicht er jedoch, dass die Revision nur temporären Charakter hat, indem er sagt, dass er nach dieser Lehre eine Fachhochschule suchen würde, auf der er sein Ziel, Informatiker zu werden, wieder aufnehmen kann. Er verlagert somit die Enaktierung seines Berufswunsches in die Zukunft.

Obwohl die erfolglose Suche nach einem Ausbildungsplatz seiner Wahl den zu hohen Anforderungen der Ausbildungsplatzgeber zugeschrieben wird, kommt es nicht zu einem Abbruch, sondern zu einer Transformation des Weges mit gleichbleibender Zielsetzung. Jurij beschreibt sich an allen Stellen des Interviews als Handlungsträger. Auch die Gewerbeschule ist kein Selbstzweck, sondern wird in Form von Zertifikaten und Fähigkeiten für seinen Berufswunsch thematisiert.

Bei Jurij lässt sich ein Orientierungsrahmen rekonstruieren, in welchem die individuellen Interessen und Bedürfnisse zentral im positiven Vergleichshorizont stehen („Fachinformatiker"). Dieses Ziel, was er bereits 2004 in der quantitativen Erhebung artikuliert hat, verfolgt Jurij zum Interviewzeitpunkt immer noch. Dennoch bleiben kontextuelle Bedingtheiten nicht unberücksichtigt. Der Realschulabschluss wird hinsichtlich der

Signalwirkung auf dem Ausbildungsmarkt thematisiert: „Realschulabschluss ist immer gut". Der Schulabschluss als solcher steht somit nicht allein im Zentrum des positiven Vergleichshorizonts. Die optionserweiternde Wirkung des Abschlusses ist für Jurij das zentrale Element. Somit nimmt der Realschulabschluss die Rolle von Enaktierung ein. Analoges dokumentiert sich auch beim Übergang in eine Maßnahme des Übergangssystems. Obwohl die Notwendigkeit dieses Übergangs in Faktoren begründet liegt, die für Jurij äußerlich sind, kann er die Maßnahme individuell mit Sinn versehen und somit positiv wenden. Trotz des erfolglosen Bewerbens verbleibt sein spezifischer beruflicher Lebensentwurf im positiven Vergleichshorizont. Die Enaktierung ist dabei nicht die Revision bzw. ein down-grading von Lebensentwürfen. Durch die Antizipation der Anforderungen des Ausbildungsmarktes gelingt es ihm, seine Strategie des up-gradings seiner Signale, d. h. über die Steigerung der Signalwirkung seiner Zertifikate, aufrecht zu erhalten.

Dabei zeigt sich auch eine gewisse Widerständigkeit in Bezug auf Dinge, die nicht gewollt werden. So erzählt Jurij von einem Arbeitsamtbesuch, bei dem ihm der Mitarbeiter vorgeschlagen hat, eine Gärtnerausbildung zu beginnen. Jurij reagiert auf diesen Vorschlag: „ich gesagt hey ich hab Realschulabschluss ich möchte jetzt nicht irgendwie eingebildet sein aber ich mach kein Gärtner".

Somit dokumentiert sich ein Orientierungsrahmen des Ausgleichs bzw. der Nutzenmaximierung, in dem die individuellen ausbildungsbezogenen Präferenzen den kontextuellen Bedingtheiten nicht untergeordnet werden. Der Ausgleich findet zwischen individuellen Eigeninteressen - wie einem spezifischen Berufswunsch und materieller Absicherung - und äußeren Faktoren - wie der implizit antizipierten Vorstellung der Ausbildungsplatzgeber - statt.

7.2.1.2   Tanja – „ich weiß nicht, was hat bei mir gefehlt"
Tanja lebt zum Zeitpunkt des Interviews in einer westdeutschen Stadt mit ihrer Mutter in einem Neubaugebiet. Tanja siedelte erst im Alter von 17 Jahren von Russland nach Deutschland über. Ihr fehlte ein Monat bis zum Abschluss der 11. Klasse, welche in Russland eine Studienberechtigung darstellt. Darum wurde sie in Deutschland in die 10. Klasse zurückgestuft. Den russischen Hauptschulabschluss hatte sie bereits und dieser wurde auch in Deutschland als Hauptschulabschluss anerkannt. Durch drei Fünfen auf dem Zeugnis konnte sie den Realschulabschluss nicht beim ersten Versuch ablegen. Die Prüfungen hat sie zwar bestanden, jedoch wurde ihr erst danach mitgeteilt, dass sie aufgrund der Vornoten keinen Realschulabschluss machen könnte und so nur den deutschen Hauptschulabschluss erhält. Nach einem weiteren Jahr allgemein-

bildender Schule verließ Tanja die Schule mit einem Realschulabschluss. Nach über 50 erfolglosen Bewerbungen hat sie über das Kreis-Job-Center eine Ausbildung in einem Integrationsbetrieb für - unter anderem - Drogenabhängige und Behinderte vermittelt bekommen. Sie wollte eigentlich Bürokauffrau werden, aber hierfür gab es in dem Integrationsbetrieb keine Ausbildungsplätze mehr. Lediglich als Einzelhandelskauffrau waren noch freie Stellen verfügbar. Weil sie kein weiteres Jahr verlieren wollte, hat sie diese Ausbildung angenommen.

Übergang in ein weiteres Jahr allgemeinbildende Schule
Die große Bedeutung der Klassenwiederholung in Tanjas Übergangsbiografie dokumentiert sich bereits anhand des quantitativen Umfangs ihrer Thematisierung. Die selbstläufigen Ausführungen zu dieser Thematik nehmen mit etlichen Hintergrundkonstruktionen einen Raum von fünf Seiten in der Transkription ein.

Tw: *Ja es (.) also erstmal (.) ich war bis äh hatte elf Klassen gehabt in de Russland ne*
         [fragend]
I: ⌐ *hmm*
Tw: *und da äh also (2) und hier bin ich dann in Deutschland (.) ähhh in*
         die zehnte Klasse gelandet es wurde nicht a-akzeptiert (.) oder wie das heißt halt
         genehmigt dass ich elf Klassen gehabt
I: ⌐ *hm*
Tw: ⌐ *g-gehabt hab ne weil ich kein Abschluss*
         hatte es f-fehlt noch ein Monat bis zum Abschluss (.) äh Hauptschulabschluss hatte ich
         schon da wo ich nach Deutschland gekommen bin also es wurde genehmigt auch deswegen
         bin in die zehnte Klasse ge- äh gelandet (.) halt

Tanja beginnt ihre Eingangserzählung damit, dass sie in Russland die elfte Klasse besucht hat. Bereits hier dokumentiert sich eine hohe Schulorientierung. Da ihr ein Monat zum formalen Abschluss der 11. Klasse fehlte, wurde ihr dieser Abschluss nicht anerkannt. Den russischen Hauptschulabschluss hatte sie bereits erworben und dieser wurde ihr auch in Deutschland bestätigt. Aus diesem Grund ist sie in Deutschland in der 10. Klasse „gelandet". Die Verwendung des Terminus „gelandet" dokumentiert, dass Tanja die Einstufung in die zehnte Klasse als fremdbestimmte Zurückstufung empfindet. Ihre hohe schulische Bildungsaspiration zeigt sich auch darin, dass keine Alternativen zum Schulbesuch artikuliert werden. Obwohl sie über einen in Deutschland anerkannten (russischen) Hauptschulabschluss verfügt und nicht mehr im schulpflichtigen Alter ist, werden berufsbezogene Bildungsalternativen, wie z. B. der direkte Versuch in eine Ausbildung einzutreten bzw. Maßnahmen des

Übergangssystems zu nutzen, nicht artikuliert. Die sich hier andeutende hohe schulische Bildungsaspiration zeigt sich auch im folgenden Interviewauszug:

> *(.) und dann war es auch so dass ich ein Jahr (.) also ein Jahr war ich in der Schule ne und wollte ä-ähm zwar (.) Realschulabschluss machen ne und das hat mir nicht gereicht weil ich äh ich hab mich net sooft gemeldet natürlich*

I: ∟ *hm-hm*

Tw: ∟ *konnte auch nicht so sprechen halt und ich hatte in der Geschichte und noch zwei Fächern ne fünf gehabt weil ich einfach mich nicht gemeldet hab ne [holt Luft] und äh das war auch so dass ich einfach nicht verstanden hab was man zum Beispiel zu mir gesagt hat oder so und die Bücher haben wir auch nicht nach Hause gekriegt deswegen konnte ich auch nicht nachholen zum Beispiel das was wir gelernt haben äh an dem Tag in der Schule u- und ja das war (.) ; das war eigentlich mit allen Büchern so ne ich konnte sogar , Physik Chemie das konnte ich nie nachholen halt ich wollte immer zu Hause immer sitzen aber ich hab dann nach äh im Internet nachgeguckt und auf auch Russisch dann nachgelesen was man zum Beispiel erzählt hat oder sowas das was ich verstanden hab ne äh und natürlich die Klausuren waren auch net so toll*

I: ∟ *hm*

Tw: ∟ *schreiben konnte ich aber zusammenfassen*

I: ∟ *hm*

Tw: ∟ *Text und zwar ja natürlich auch sehr viel Fehler (.) ; hatte ich gehabt und so Schreib- ich meine ne Sch- äh wie sagt man denn [überlegend] Rechtschre-*

I: ∟ *Rechtschreibfehler*

Tw: ∟ *genau ja halt und (.) ähm ja (.) war so ☺ war schon ☺ net so leicht die Schule [Rascheln im Hintergrund] und danach also wegen dem Abschluss wegen dem wegen ähhh halt da Fünfer da in Fächer konnte ich nicht den Abschluss machen*

Tanja beginnt zu erzählen, dass sie ein Jahr die Schule besucht und dabei den Realschulabschluss angestrebt hat. Dies ist ihr nicht gelungen, was sie anhand einer längeren Hintergrundkonstruktion begründend detailliert. Sie beschreibt einen Komplex, in welchem die fehlenden Sprachkenntnisse eine Schlüsselfunktion einnehmen: „konnte auch nicht so sprechen". Ihre geringe Mitarbeit - „net sooft gemeldet" - begründet sie mit dem Nichtverstehen des Unterrichtsstoffes, was wiederum mit den für sie ungenügenden Sprachkenntnissen zusammenhängt. Dieser Komplex ist für sie kein prinzipiell unüberwindbares Hindernis. In der Beschreibung von Versuchen der Bearbeitung, wie das Nacharbeiten des Stoffes anhand des Internets, dokumentieren sich Enaktierungspotenziale.

Auch die Überlegung anhand der Schulbücher den Stoff in Heimarbeit nachzuarbeiten, verweist darauf. Diese Möglichkeit ist ihr aber aus schulorganisatorischen Gründen nicht möglich. Aber allein die Artikulation der Überlegungen signalisiert, dass Tanja nicht einfach erleidet, sondern aktiv versucht die Schwierigkeiten zu überwinden. Trotz dieser Aktivitäten hatte Tanja „Fünfer" und konnte so den angestrebten Realschulabschluss nicht erfolgreich ablegen.

Im positiven Vergleichshorizont steht zentral das Erreichen des Realschulabschlusses. Dies dokumentiert sich ebenso in der starken Begründungsbedürftigkeit und der detaillierten Beschreibung der Gründe, warum die Enaktierung dieser Orientierung nicht erfolgreich war. Diese ohnehin schwierige Situation für Tanja weitet sich zu einer biografischen Krise aus, die selbst die Migration in Frage stellt. Tanja erzählt weiter:

	, aber irgendwie war zu blöd keiner hat mir das gesagt
I:	hm-hm
Tw:	*ja keiner hat mir das gesagt dass ich mir überhaupt mir Hoffnung machen kann also den Realschulabschluss zu haben (.) und ich bin ja auch dahin gegangen also ich bin gegangen einfach um Prüfung also zu bestehen irgendwie ja z-zu den Prüfungen halt aber keiner hat mir gesagt dass wenn ich sogar bestanden hab ne dann krieg' ich kein Realschulabschluss und das so zu blöd mir ich dachte wenn ich schon Hauptschulabschluss hab wozu brauch' ich denn nen zweiten Hauptschulabschluss in Deutschland denn es wird es ist doch schon genehmigt*

Tanja erzählt, dass ihr niemand mitgeteilt hat, dass es formal nicht möglich ist, mit mehreren „mangelhaft" in den Vornoten einen Realschulabschluss abzulegen. Die Option, durch die Prüfung den deutschen Hauptschulabschluss zu erhalten, empfindet sie als eine sinnlose Zertifizierung, weil sie bereits über einen anerkannten russischen Hauptschulabschluss verfügt. Sie ist zu den Prüfungen mit dem Ziel gegangen, den Realschulabschluss zu erlangen.

Der Hauptschulabschluss rückt bei Tanja in den negativen Vergleichshorizont. Einer Beschreibung zu den Prüfungen und den Schwierigkeiten, die damit verbunden waren, schließt sie eine Elaboration ihres damaligen Gefühlszustandes und der damit einhergehenden Sinnkrise „alles ja wozu" an. Sie ist darüber dermaßen empört, dass sie „alles wegschmeißen und einfach nur zurückkehren" wollte.

Hier schließt sie eine lange argumentative Passage über die Vor- und Nachteile eines Abbruchs des Migrationsprojektes an, also eine kritische Reflexion über die Sinnhaftigkeit ihrer Zuwanderungsgeschichte nach Deutschland. Argumente für eine Rückkehr nach Russland wären, dass sie dort eine eigene Wohnung hätte. Dagegen spricht, dass sie aufgrund fehlender finanzieller Mittel nicht studieren und „nur als Putzfrau" arbeiten könnte und nicht genug Geld für Wohnung und Essen verdienen würde. Das „Hauptproblem" einer Rückkehr nach Russland ist, das sie dort allein und somit ohne Schutz in einer Gesellschaft wäre, die sie als stark von kriminellen Strukturen durchdrungen beschreibt. Sie schließt die Hintergrundkonstruktion:

„daaann hab ich also bin wieder geblieben (3) hab Realschulabschluss gemacht". Hier dokumentiert sich eine zweite zentrale Orientierung, diejenige an Sicherheit. Der Detaillierungsgrad, mit welchem Tanja ihre Sicherheitslage in Russland ausführt, verweist auf eine zentrale Stellung in Tanjas Orientierungsrahmen. Aber auch ihre hohe Bildungsaspiration lässt sich hier rekonstruieren. Trotz des traumatischen Erlebnisses verhandelt sie ihre Alternativen lediglich kontrastierend im Kontext der Rückkehr nach Russland oder des Weiterbesuchs der Schule in Deutschland. In ihrer Orientierung ist der allgemeinbildende Realschulabschluss so zentral, dass andere Alternativen, wie das Verlassen der Schule mit Hauptschulabschluss mit einer anschließenden beruflichen Bildung, nicht in Betracht gezogen werden. In Tanjas Orientierungsrahmen ist das Erreichen des Realschulabschlusses unmittelbar mit der Migration verbunden. Ein Scheitern in einem Bereich zieht ein Scheitern im anderen nach sich.

Die Entscheidung für die Klassenwiederholung und somit für das Erlangen des Realschulabschlusses ist in Tanjas Orientierung daher eher eine Notwendigkeit bzw. Selbstverständlichkeit für den Verbleib im schulischen Bildungssystem als für den Wechsel zu einer anderen Übergangsoption. Der angestrebte Realschulabschlusses selbst ist nicht begründungsbedürftig. Die Entscheidung, den Realschulabschluss abzulegen, wird weder mit der Artikulation von individuellen Präferenzen, noch anhand von Überlegungen zu den verbesserten Ausbildungsmarktchancen gerahmt. Vor diesem Hintergrund wird auch die Infragestellung der Zuwanderung nach Deutschland verständlich, in dessen Vollzug letztlich die erschwerten Bedingungen auf dem Weg zum mühsam erarbeiteten Realschulabschluss begründet werden. Die Orientierung auf den Realschulabschluss ist so stark in Tanjas Orientierungsrahmen verankert, dass alternative Wege, wie das Verlassen der Schule mit Hauptschulabschluss, nicht in Erwägung gezogen werden. Die einzige Alternative besteht darin, den Kontext insgesamt zu verlassen.

<u>Übergang in eine Ausbildung</u>
Tanja gelangt selbstläufig in ihrer langen Eingangserzählung (Z. 19-596) zum Thema Ausbildung:

hab Realschulabschluss gemacht
I: *hm-hm*
Tw: └ *(.) und dann fast sofort Ausbildung angefangen*
obwohl (.) so ein gute Ausbildung würd' ich sagen in so einen guten Betrieb hab ich auch nicht gefunden hab viele Bewerbungen weggeschickt hab viele geschrieben das war so über 50 Bewerbungen (.) , i-ich weiß nicht ; w-wie d-das (.) wie die Arbeitnehmer zum Beispiel da gucken nach ne w-w- ich weiß nicht was hat bei mir gefehlt vielleicht dass ich

wahrscheinlich auch dass ich eine Russin bin entweder ääääää man guckt ja nach
waann wann ich gekommen bin zum Beispiel ne

I: └ hm

Tw: └ und sich überlegen dass ich
net so gut deutsch konnte oder sowas (.) halt ich weiß nicht also [überlegend] aber
irgendwie irgendwie immer auch dann

I: └ hm

Tw: └ , und hier von dem Kreis-Job-Center man
hat ja auch immer nachgebrach- äh nachgefragt ob ich was gefunden hab oder nicht (.)
uund dann auf einmal mein äh Fall-Manager hat angerufen und meinte muss jetzt sofort
losfahren da is' ja bei außerbetriebliche Ausbildungsanbieter X halt [hustet] viele Plätze
Ausbildungsplätze ne da kannst du was ; vielleicht mal gucken vielleicht was passendes
finden für dich irgendwie , ja dann bin ich ja gefahren dahin (.) u-und sofort hatte ich
Vorstellungsgespräch gehabt (.) die Chef war irgendwie (.) be- irgendwie beeindruckt ja
☺ der hat mich auch gefragt das is' ☺ (.) ich wollte eigentlich Bürokauffrau machen
aber also gab's kein Ausbildungsplatz mehr ees war nur Kauffrau im Einzelhandel da
hab ich gesagt is' mir egal Hauptsache irgendwas weil ich will auch nicht e-ein Jahr
verlieren

I: └ °hm-hm°

Tw: └ u-und dann hat er gesagt das ist ein Integrationsbetrieb (.) das
is' ein Dorfladen

I: └ ☺

Tw: └ (.) da gibt's auch Drogenabhängige und Behinderte

I: └ mhhhh-
mhhhh

Tw: └ ☺ m-macht es dir was aus hab ich ja gesagt nee das macht mir nichts aus ☺ ich
bin irgendwie (.) ja Drogenabhängige sind fast überall und die machen nicht aus halt ich
habs ja gesagt dass ich mach nur meine Arbeit halt (.) ne (.) und da is' mir egal was die
anderen meinen und denken und

I: └ hm

Tw: └ machen halt ich bin nu' ma so ne ich mach mein
Arbeit fertig dann geh ich nach Hause und dann ; is' ja so ne

I: └ hm

Tw: └ und dann ja (.)
dann war er wohl zufrieden [holt Luft] und auf den nächsten Tag hab ich ja angefangen
mit meinem Ausbildung (.)

I: gleich am nächsten Tag [fragend]

Tw: ja

Tanja erzählt, dass sie den Realschulabschluss „gemacht" hat und unmittelbar
danach eine Ausbildung anfängt. Diese vordergründig positive Entwicklung ist
für Tanja nicht ungebrochen erzählbar. Sie schließt sofort mit einer Bewertung
an, indem sie die Ausbildung als keine gute - in keinem guten
Betrieb - beurteilt. Tanja erzählt, dass sie „so über 50 Bewerbungen" verschickt
hat. Sie erwähnt hierbei nicht, wo und wofür sie sich überall beworben hat, was
darauf verweist, dass eine spezifische berufsbezogene bzw. bereichsspezifische
Präferenz nicht dominant im Vergleichshorizont steht. Die Bewerbungen
blieben erfolglos. Sie vermutet, dass die Ausbildungsplatzgeber sie aufgrund

ihrer späten Einreise nach Deutschland und der damit unterstellten schlechteren Fähigkeiten in der deutschen Sprache abgelehnt haben. Das Antizipieren externer Wünsche und Anforderungen an die eigene Person zur Selbsterklärung von Misserfolgen zeigte sich bereits bei Jurij. Tanja verbleibt aber in einem Vermuten: „weiß nicht was hat bei mir gefehlt". Dadurch ist es ihr nicht möglich, daraus Enaktierungspotenziale zu generieren. Dies dokumentiert sich auch in der formalen Textstruktur. Sie beschreibt diese Zeit abstrahiert. Auch das Kreis-Job-Center wird zunächst abstrahiert als Organisation eingeführt, die regelmäßig anfragt, ob sie eine Ausbildung gefunden hat oder nicht. Erst in Zeile 235 wechselt Tanja wieder in den Modus einer Erzählung: „und dann auf einmal".

Sie berichtet von einem plötzlichen Anruf ihres Fall-Managers, der ihr mitteilt, dass es beim außerbetrieblichen Ausbildungsanbieter X noch freie Ausbildungsstellen gibt. Tanja fährt zu dem Anbieter und hat sofort ein Vorstellungsgespräch. Im Gespräch artikuliert Tanja einen spezifischen beruflichen Lebensentwurf, den der Bürokauffrau. Da hierfür aber keine freien Ausbildungsstellen zur Verfügung standen, wird ihr eine Ausbildung als Einzelhandelskauffrau vorgeschlagen. Diese Option nimmt Tanja mit der Begründung: „weil ich will auch nicht e-ein Jahr verlieren" an. Auch der Umstand, dass es sich beim Ausbildungsbetrieb um einen Integrationsbetrieb mit Behinderten und Drogensüchtigen handelt, veranlasst Tanja nicht, die sich eröffnende Option einer Ausbildung abzulehnen. Diese Hinweise werden von Tanja eher als Herausforderung betrachtet, ihre Flexibilität unter Beweis zu stellen. Sie verdeutlicht, dass ihr die Umstände nichts ausmachen würden. Dann „war er wohl zufrieden" und Tanja konnte gleich am nächsten Tag ihre Ausbildung beginnen. Der Zugang zu Ausbildung wird somit als aktives Handeln beschrieben, welches im aktiven Nachweis der Flexibilität der eigenen Ansprüche und der Anpassungsfähigkeit an gegebene Strukturen besteht. Insofern stellt sich Tanja als handlungsmächtig dar.

Bei Tanja lässt sich eine starke Orientierung an Sicherheit rekonstruieren. Dies dokumentiert sich vor allem in der Begründung die Tanja einführt, warum sie die Ausbildungsstelle als Einzelhandelskauffrau - obwohl Bürokauffrau gewünscht - angenommen hat („nicht e-ein Jahr verlieren"). Damit wird die Orientierung, die sich bereits bei der Entscheidung zur Klassenwiederholung rekonstruieren ließ, beim Übergang in die Ausbildung dominant handlungsleitend. Dadurch steht sie bezüglich der Risikobereitschaft im maximalen Kontrast zu Jurij. Parallel zu Jurij führt auch Tanja zur Erklärung ihrer anfänglichen Erfolglosigkeit bei der Ausbildungssuche konstruierte Perspektiven der Ausbildungsplatzgeber an. Dabei verbleibt sie jedoch in einem unsicheren Vermuten. Aufgrund dieses Umstandes ist es ihr nicht möglich, wie Jurij daraus Enaktierungspotenziale abzuleiten. Weil somit die antizipierten externen Perspektiven Tanja äußerlich bleiben, werden diese als nicht transformierbar bzw. bearbeitbar erlebt. Sie kann daraus nicht wie Jurij Handlungspotenziale ableiten. Tanja hat somit lediglich die Option, sich selbst zu transformieren. Das einzige Enaktierungspotenzial für den im positiven Vergleichshorizont stehenden zeitnahen Übergang in Ausbildung ist für Tanja, den eigenen Anspruch abzusenken. Diese Strategie, die als Flexibilisierung bezeichnet werden kann, führt letztendlich auch zum „Erfolg". Mit dieser Strategie verbunden ist die Entleerung der inhaltlichen Füllung des individuellen Ausbildungswunsches. Es geht nicht mehr um eine spezifische Ausbildung, sondern nur noch um eine Ausbildung an sich.

Im Gegensatz zu Jurij lässt sich bei Tanja eine starke schulische Orientierung rekonstruieren. Im positiven Vergleichshorizont steht ein höherer schulischer Abschluss als der des Hauptschulabschlusses. Bildung wird von ihr nicht wie bei Jurij vorrangig als Mittel zum Zweck verstanden, sondern als individuelles Bedürfnis. Tanja wollte Psychologie studieren und hat auch während der Schule in der freien Zeit Psychologie und Geschichtsbücher gelesen. Insofern dokumentiert sich bei Tanja eine starke schulische Orientierung. Ihre Enaktierungspotenziale bestehen vor allem im Fleiß. Dies ermöglicht ihr, trotz widriger Umstände doch den Realschulabschluss zu erreichen. Beim anschließenden Übergang greifen diese Enaktierungspotenziale nicht mehr. Trotz ausgeprägter (fleißiger) Bewerbungstätigkeit gelingt ihr es zunächst nicht, in eine Ausbildung überzuwechseln. Erst eine radikale Flexibilisierung ihrer individuellen Ansprüche ermöglicht es ihr, ihr Sicherheitsbedürfnis zu enaktieren.

7.2.1.3   Toscha – „richtige Weg"

Toscha lebt in einer mitteldeutschen Stadt. Er war zum Zeitpunkt der quantitativen Basisbefragung im Jahr 2004 18 Jahre alt und somit nicht mehr berufsschulpflichtig. Toscha ist erst mit 16 Jahren von Russland nach Deutschland gekommen und hatte bereits einen russischen Hauptschulabschluss, der auch in Deutschland anerkannt wurde. Toscha besuchte dennoch die deutsche Hauptschule noch einmal und schließt diese mit einem Hauptschulabschluss ab. Anschließend begab sich Toscha auf Ausbildungs-platzsuche, die erfolglos blieb. Daraufhin hat er eine von der Arbeitsagentur vermittelte Maßnahme des Übergangssystems begonnen und innerhalb derer verschiedene Praktika absolviert. Bei einem Praktikum in einem Lager eines Klinikums erkundigte er sich nach einer Ausbildung und wurde daraufhin an eine überbetriebliche Ausbildungsstelle verwiesen. Über diesen Weg gelang ihm der Übergang in eine Ausbildung.

Schulwiederholung

Toscha ist ein besonderer Fall im Sample. Obwohl er dem Muster 10 angehört, in dem die Jugendlichen direkt nach der Pflichtschulzeit in eine Maßnahme des Übergangssystems übergehen, hat Toscha eine Schulwiederholung absolviert. Dieser Umstand ist ihm so wichtig, dass er die Erzählaufforderung, die sich auf die 8. Klasse bezog, aktiv öffnet.

Tm:	ääähm nach dem (Schul...);
I:	└ na nach der Schule dann oder wenn schon was in der achten Klasse war was halt
Tm:	└ und vor der Schule nicht (2) äh oder wie ich zur Schule kam ᵒoder soᵒ
I:	Ne so nich (.) also wenn du das für wichtig
Tm:	└ warum ich überhaupt die Schule gemacht habe in Deutschland
I:	└ ja das fang fang halt damit an ja
Tm:	Ja weil ich hab erstmal in Russland schon Hauptschulabschluss gehabt
I:	└ hm
Tm:	└ aber das ist schwer dann Aus- Ausbildung zu finden hier in Deutschland mit den russischen Zeugnis ja deswegen habe ich mir gedacht dass (2) dass ich in deutsche Schule zu gehen und dann ja besser Deutsch zu lernen und dann den Abschluss zu kriegen auf deutsche Schule (.) weil äh mein russisches Zeugnis hab ich hab schon übersetzt und äh die haben mir bestätigt dass
I:	└ hmm
Tm:	└ ich da schon Hauptschule hab. aber ja das reicht nicht (2) weil der Chef will einen sehen der auch was kann und ja (2) ich meine auf deutsch
I:	└ hmm
Tm:	└ ja und deswegen bin ich zur Schule gegangen (2)

Toscha begründet („weil") seinen erneuten Schulbesuch mit der Aussage, dass es auf dem deutschen Ausbildungsmarkt schwierig ist, mit einem russischen Zeugnis eine Ausbildung zu erhalten. Es wird nicht klar, ob Toscha die Schwierigkeit der Ausbildungsplatzfindung selbst erlebt hat oder auf kollektive Wissensbestände bzw. kognitive Schemata zurückgreift. Die Vorteile eines erneuten Schulbesuchs sieht Toscha in der Möglichkeit, „besser Deutsch zu lernen" und „den Abschluss zu kriegen auf deutsche Schule". Neben der Steigerung seiner Ausbildungsmarktsignale durch einen deutschen Schulabschluss, deutet sich eine Orientierung an einer Kompetenzerweiterung - Deutsch zu lernen - an. Die Kompetenzsteigerung in der deutschen Sprache ist für ihn aber kein Selbstzweck, sondern wird im Rahmen eines generalisierten

Chefs verhandelt. Die antizipierten Wünsche bzw. Anforderungen dieses generalisierten Chefs sind der Grund für die Entscheidung, die deutsche Hauptschule zu besuchen: „weil der Chef will einen sehen der auch was kann und ja (2) ich meine auf deutsch". Hier zeigen sich Parallelen zu Jurij, der ebenfalls die Signalwirkung der Zertifikate hervorhebt.

Auch der eigentliche Schulbesuch wird nicht erzählt bzw. detailliert. Nach der Begründung, warum er die Schule besucht hat und der Konklusion „ja und deswegen bin ich zur Schule gegangen" springt Toscha direkt in die Zeit nach dem Verlassen der Schule.

Übergang in eine Maßnahme des Übergangssystems
Toscha thematisiert seinen Übergang in eine Maßnahme des Übergangssystems nur implizit. Aus dem quantitativen Material ist bekannt, dass Toscha nach der Schulzeit eine Maßnahme des Übergangssystems besucht hat. Erst durch diese Information konnten die Interviewstellen, in denen sich Toscha auf diese Zeit bezieht, identifiziert werden.

> *und dann hab ich angefangen mit Ausbildung zu suchen*
> *(.) ja dann hat das auch nicht so ungut geklappt weil drei Jahre in Deutschland das`s*
> *schwer was zu finden (.) °das° ja das (2) so so wie ich als Chef das zum Beispiel ich wäre*
> *Chef ich seh das auch genauso weil das ist (3) äh ich meine muss man erstmal Sprache*
> *lernen um dann Praktikums zu machen dass du dann (2) richtige Weg findest zu deinem*
> *Beruf (.) wenn du ja zum Beispiel ich als Chef ich nehme jemanden und sage ja ok kannst*
> *du bei mir Ausbildung machen und dann nach halbes Jahr sagt er mir nee ich will doch*
> *nicht diese Beruf zu lernen*

I:		ᴸ*hm*		
Tm:			ᴸ*deswegen (.) und , ja ich verstehe das*	
I:				ᴸ*hm*
Tm:				ᴸ*warum*

> *so was passiert (.) ja deswegen bin ich dann (.) äh zu Bildungszentrum gegangen*

| I: | *hm* |
| Tm: | ᴸ*das (.) Bildungszentrum (.) Berufsbildungszentrum (.) und da hab ich dann de* |

> *ganzes Jahr Praktikums gemacht (2) äääh so hier Praktikums vier Wochen*

Toscha erzählt, dass er angefangen hat eine Ausbildung zu suchen, schließt jedoch nicht wie Jurij mit einer Detaillierung an, welche Ausbildung gesucht wurde, sondern mit einer Bewertung, dass die Ausbildungssuche „nicht so ungut geklappt" hat.[40] Dies ist für Toscha begründungsbedürftig. Er schließt mit einer Argumentation an, innerhalb derer er seinen Übergang in eine Maßnahme des Übergangssystems als logische Konsequenz aus den Anforderungen des

---

[40]   Die doppelte Verneinung ist hier nicht als positive Bewertung zu interpretieren. Im Russischem, Toschas Muttersprache, ist die doppelte Verneinung eine rhetorische Figur, die eine Bekräftigung der Verneinung impliziert.

Ausbildungsmarktes konstruiert. Dabei entwickelt er eine Theorie, bei der das Ableisten von Praktika das zentrale Element ist. Im Vordergrund steht hierbei die Funktion, dem Ausbildungsplatzgeber zu zeigen, über welche Fähigkeiten er verfügt bzw. über welche nicht. Toscha expliziert zwar ebenfalls das Moment der Findung eines spezifischen beruflichen Lebensentwurfs durch die Praktika, dieses wird jedoch sofort wieder vor dem Hintergrund der ange-nommenen/unterstellten Erwartungen des Ausbildungsplatzgebers verhandelt. Dadurch zeigt sich, dass eben nicht die individuelle Berufsfindung im Vordergrund steht, sondern der Nachweis der Ernsthaftigkeit der Bewerbung für diesen Beruf. Diese Argumentationsfigur wird zum „richtige Weg" generalisiert. Dem folgend ist der Übergang in eine Maßnahme, bei der die Praktika im Vordergrund stehen, für Toscha folgerichtig („ja deswegen"). Toscha wechselt nach dieser argumentativen Passage, welche die Funktion einer Selbstplausibilisierung hat, zurück in den Modus einer Erzählung. Toscha expliziert die institutionelle Verfasstheit der Maßnahme - also ob es sich um eine BVJ-Maßnahme oder eine BvB-Maßnahme handelt - in keiner Weise. Ebenso wird weder vorher im Interview noch an dieser Stelle thematisiert, welche spezifische Ausbildung gesucht wird. Dies verweist darauf, dass hier nicht ein spezifischer beruflicher Lebensentwurf im Fokus steht, sondern ein Ausbildungsplatz an sich.

Hier dokumentiert sich eine Orientierung an Kontextfaktoren, in der ein spezifischer Berufswunsch eine untergeordnete bzw. überhaupt keine Rolle spielt. Die eigene Passförmigkeit zur Struktur des Ausbildungsmarktes steht eindeutig im Vordergrund. Durch die Formulierung einer Theorie zur Funktionsweise des Ausbildungsmarktes wird der eigene Weg quasi als selbstläufig bzw. automatisch wahrgenommen. Dennoch bleibt Toscha Handlungsträger. Die Entscheidung für eine Maßnahme des Übergangssystems trifft Toscha eigenbestimmt: „deswegen bin ich dann zum Bildungszentrum gegangen". Die Aufrechterhaltung der eigenen Handlungsmächtigkeit - trotz der Dominanz externer Faktoren in seiner Orientierung - erreicht Toscha, indem er die (vermeintlichen) Ansprüche antizipiert und sich dementsprechend verhält. Die Vorwegnahme der Ansprüche ermöglicht Toscha somit ein eigenbestimmtes Handeln. Dies dokumentiert sich in der Fokussierungs-metapher des „Eichhörnchens" im folgenden Interviewauszug.

I:	°mm-h° (.) ähm wenn du (.) auf (3) äh die Zeit von praktisch der Schule bis jetzt blickst wie würdest du die Zeit beschreiben wie siehst du diese Zeit oder diesen Lebensab-schnitt
Tm:	└von Schule bis jetzt
I:	└na ja praktisch den der nachschulische diesen Lebensabschnitt wie würdest du den beurteilen oder beschreiben
Tm:	, ja der war schon schwer

I: └*schwer*
Tm: └*hmm in in der die richtige Entscheidung zu treffen*
das ist schon schwer (.) ; weil (.) , das ist für mich auch so ich hab wie Eichhörnchen hin
und her gesprungen
I: └*hmm*
Tm: └*von Praktikumsplatz zum anderen Praktikumsplatz ich*
wollte alles probieren (.) und dann ich hab gedacht ja besser wenn ich mehrere
Praktikums- Praktikumsplätze mache vielleicht dann wenn ich mich dann nachher
irgendwann bewerbe dahin und die wissen schon dass ich da Praktikums gemacht habe
vielleicht nehmen die mich dann
I: └*hm°*
Tm: └*das habe ich auch gedacht °deswegen° (.)*

Das Hauptproblem für Toscha besteht in der Schwierigkeit, die „richtige Entscheidung zu treffen". Diese Schwierigkeit führt Toscha aber nicht in die Handlungsunfähigkeit. Toschas Enaktierungspotenziale bestehen vor allem aus Fleiß und (Eigen-)Aktivität. Dies dokumentiert sich in der Fokussierungs-metapher des Eichhörnchens, was ständig hin und her springt. In diesem wie auch im vorhergehenden Interviewauszug dokumentiert sich, dass die Praktika als Bewerbungsstrategie fungieren und nicht als Überprüfungsmöglichkeit der Passung zwischen individueller Neigung und angestrebtem Beruf. Es geht darum potenziellen Ausbildungsplatzanbietern die persönliche Eignung direkt zu demonstrieren. Hier tritt ein Moment des Beweisens hervor, welches sich auch bei Tanja zeigte. Es geht darum, den Ausbildungsplatzanbieter über einen aktiven Nachweis die Flexibilität und die Anpassungsfähigkeit an gegebene Strukturen nachzuweisen. Eigene inhaltliche Ansprüche werden nicht artikuliert.

Der Interviewer fragt Toscha im Interview nach absolvierten Bewerbungstrainings.

das habe ich in hier in Stadt K gemacht
I: └*aha*
Tm: └*da da muss ich machen*
I: └*mm-h*
Tm: └*da*
musste ich machen weil das da und auch diese (.) ja Bewerbungstrainer und ja ;
Bewerbung schreiben und so weiter das haben wir ganzes Jahr gemacht
I: └*mm-h*
Tm   └*das ist*
klar   das mussten wir dass dass die dass wir auch das lernen ja so wie diese
Vorstellungsgespräche und solche Sachen ; da haben wir schon einiges gelernt
I: *das war während der Schulzeit oder danach*
Tm: *danach*
I: *danach*
Tm: *hm*
I: *also vom vom Arbeitsamt aus oder wie (.)oder wie bist du da hingekommen*

Tm: └*ja*   *vom*
        Arbeitsamt
I: *Arbeitsamt*
Tm: °*hmm*°

Toscha verweist auf die Maßnahme des Übergangssystems. Wie bereits im ersten Interviewauszug wird die Maßnahme als solche nicht benannt. Lediglich die Verweise, dass er ein ganzes Jahr nach der Schule etwas gemacht hat und dass ihm diese Tätigkeit vom Arbeitsamt vermittelt wurde zeigen an, dass das Bewerbungstraining im Rahmen einer Übergangsmaßnahme stattfand. Anders als im ersten Interviewauszug formuliert Toscha einen Zwang. „musste ich machen". Dieser Zwang bezieht sich jedoch nicht auf die Maßnahme an sich, sondern auf das Bewerbungstraining innerhalb der Maßnahme. Diese Art der Bewerbung ist in seinem Orientierungsrahmen nicht erfolgversprechend. Es ist für ihn keine wirkliche Option. Er muss dem „Chef" zeigen, was er kann und will und dies ist nur im direkten Kontakt über Praktika möglich. Nicht die Maßnahme als solche wird somit als Zwang erlebt, sondern nur der eine Bestandteil. Das „Müssen" wird von Toscha positiv gewendet „da haben wir schon einiges gelernt" und somit tritt Toscha als Handlungsträger auch in dieser Zwangssituation in Erscheinung.

Übergang in eine Ausbildung
Toscha gelangt über die Themen der Schulwiederholung und der Maßnahme des Übergangssystems zum Thema Ausbildung. Wie bereits rekonstruiert werden konnte, gehören Praktika zu seiner zentralen Bewerbungsstrategie. Dadurch wird die Übergangsmaßnahme selbst zum Übergang in Ausbildung.

Tm: └*das   (.)   Bildungszentrum   (.)*
        Berufsbildungszentrum (.) und da hab ich dann de ganzes Jahr Praktikums gemacht (2)
        äääh so hier Praktikums vier Wochen
I: *(3) was zum Beispiel so,*
Tm: *oha ganz verschiedene ich hab (.) ich hab halt , überall wo? ja ich hab auch Kolleg-*
        Kollegen gehabt die haben mir erzählt ja kannst du bei Autohaus dich bewerben (.) wo
        die schon waren , und so (2) und (.) ja weil eigentlich (2) Praktikum ist leichter zu finden
        als Ausbildung (.) weil daaa (2) ja die brauchen kein Geld zu bezahlen,
I: └*hm*
Tm: └*du machst*
        das halt umsonst (3) deswegen °*und*° *(.) ja ich hab schon in (3) Werkstatt gemacht (3)*
        dann (3) habe ich schon als Maler (2) äh (2) °*so*° *(2) Bauarbeit und so versucht (3)*
        °*dann*° *(2) Einzelhandel (5)* °*verschiedene Stellen*° *und dann (.) bin ich in Lager*
        geblieben und dann bin ich auf diese (4) daaa bin ich geblieben in diese Lager äh (4) in
        diese (3) ja in diese Beruf
I: └*hmm*

Tm: └*also als Lagerist und so*

I: └*hmm*

Tm: └*ja das hat mir gut*
gefallen (2) ich hab hier in Klinikum Stadt X habe ich dort Praktikums gemacht (.) und
dann habe ich halt Chef gefragt (.) gibt's Möglichkeit den Ausbildung zu machen (.) der
hat gesagt jaaa geht schon , ja der hat gesagt ich sehe dass du du kannst schon arbeiten
und so; (2) na-ja gibt schon Fähigkeiten aber du versuchst schon ja (.) die zu lösen und
so weiter und der hat mir gesagt ja kannst du schon machen (.) aber halt (.) die nehmen
immer (.) ein Mal innn in Jahr den Auszubildenden

I: └*hm*

Tm: └*weil die dürfen nicht so viel*
nehmen (3) aber gibt's Möglichkeit diese überbetriebliche Ausbildung ; (2) °ja und halt°
dann bin ich (3) dann hab ich gesucht wo gibt's hier so so wie (2) wer kann das (2) mir
(2) geben diese

I: └*hm*

Tm: └*diese außerbetriebliche (3) ja dann bin ich (.) dann hab ich noch bei*
Arbeitsamt, hab ich noch so ein Test gemacht (4) °das ist so° für Beruf (2) °ja da so° (.)
die gucken dann drauf wo du Schwierig- wo du deine Schwierigkeiten hast (.)°wo du gut
bist oder nicht so gut° (2) jaaa und (.) halt haben die da (2) °geguckt und so° und dann
haben die mir gesagt (.) dass bei Firma Y gibt's so Möglichkeit das zu machen (2) ja
dann bin ich dann mein dann hab ich den Bewerbung dahin geschickt (2) haben die
gesagt ja (3) kannst du schon (.) gibt's noch Plätze dort; dann bin ich dahin gegangen
(3) ja dann hab ich mein Bewerbung zuuu Klinikum geschickt (.) und dann haben die (.)
ja so nach paar Monate (.) war schon dort (2) habe ich mein zweijähriges Aus- für
Fachlagerist gemacht

Toscha erzählt, dass er das ganze Jahr vierwöchige Praktika absolviert hat, die er jedoch nicht selbstläufig detailliert. Auch nach einer Detaillierungsaufforderung durch den Interviewer verweist Toscha zunächst nur darauf, dass er „ganz verschiedene" Praktika gemacht hat und dass er an die Informationen durch „Kollegen" gekommen ist. Hier dokumentiert sich eine Informationsstrategie, die vor allem auf Wissensbestände des sozialen Umfeldes fußt. Nach einem kurzen argumentativen Einschub, in dem er plausibilisiert, warum Praktika leichter zu finden sind als Ausbildungsplätze, geht Toscha dazu über, die Praktikastellen aufzuzählen. Er benennt neben Handwerksberufen (Maler, Bauarbeit, Werkstatt) auch den Einzelhandel. Die Allgemeinheit dieser Aufzählung dokumentiert sich deutlich am Ende als Toscha nach einer fünfsekündigen Pause mit der Aussage: „verschiedene Stellen" kokludiert. Auch eine Bewertung der Praktika nimmt Toscha nicht vor. Nach dieser Aufzählung berichtet Toscha von einem Praktikum in einem Lager und sagt, dass er in diesem Beruf „geblieben" ist. Die Fokussierungsmetapher des „geblieben"-Seins impliziert sowohl die Fremd- wie auch die Eigenbestimmung. Toscha hat sich nicht für diesen Beruf entschieden, er hat sich entschieden dort zu bleiben. Erst an dieser Stelle wird von Toscha eine individuelle Bewertung vorgenommen: „ja das hat mir gut gefallen". Hierin dokumentiert sich aber, dass die individuellen berufsbezogenen Präferenzen nicht handlungsleitend für die Ausbildungssuche gewesen sind. Die positive Bewertung wird nicht in Form von „es hat mir gut gefallen und deshalb bin ich dort geblieben" eingeführt, sondern in umgekehrter Reinfolge. Dies indiziert die untergeordnete Rolle der individuellen berufsbezogenen Präferenz bei der Ausbildungsplatzsuche.

Nach einer zweisekündigen Pause setzt Toscha neu an und erzählt detaillierter seinen Übergang in das Ausbildungsverhältnis. Während des Praktikums im Lager der Klinik in Stadt X fragte Toscha, ob er eine Ausbildungsstelle erhalten könnte. Toscha erzählt, dass der Chef ihn zwar prinzipiell nehmen würde, aber dass die Stelle nur einmal im Jahr vergeben wird. Dieser Chef wies ihn aber auf die Möglichkeit einer überbetrieblichen Ausbildung hin. Diese Information nahm Toscha auf und suchte, wie und wo er diese Ausbildungsform umsetzen kann. Er ging zum Arbeitsamt und absolvierte einen Eignungstest. Vom Arbeitsamt erfuhr er, dass Firma Y überbetriebliche Ausbildungsstellen anbietet. Daraufhin bewarb er sich bei Firma Y und beim Klinikum im Lager und konnte seine überbetriebliche Ausbildung zum Fachlagerist beginnen. Hier dokumentiert sich Toschas aktive Auseinandersetzung mit seiner Umwelt. Er nimmt Informationen auf und verhält sich entsprechend. Dies geschieht aber in Form einer Spurverfolgung, bei der jede Information zur nächsten Information führt. Diese Strategie ist auf persönliche Kontakte ausgerichtet, ein Umstand der sich bereits in der Passage zur Praktikasuche rekonstruieren ließ.

Toscha stellt seinen Übergang in Ausbildung als Umsetzung der Erkenntnis des „richtigen Weges" dar, der über eine Schulwiederholung und beim Übergang in die Maßnahme des Übergangssystems in eine Ausbildung führt. Zentral im positiven Vergleichshorizont steht die Ausbildung. Zwar zeigt sich auch bei Toscha kurz das Moment der individuellen Präferenz - „gut gefallen" -, aber dieses ist im Orientierungsrahmen nicht dominant. Dominant ist die Orientierung des Unterkommens und somit an Sicherheit. Er hat sich nicht aufgrund von individuellen Bedürfnissen für diesen Beruf entschieden, sondern ist in diesem Beruf „geblieben". Hier zeigen sich starke Parallelen zu Tanja. Der Hauptunterschied zwischen den beiden ist jedoch der Umgang mit den antizipierten Anforderungen des Ausbildungsmarktes. Während diese bei Tanja äußerlich bleiben, internalisiert Toscha die Anforderungen. Die Erfüllung des „richtigen Weges" macht Toscha zum Entscheidungs- und Handlungsträger. Während er die Wünsche und Anforderungen antizipiert und sich entsprechend verhält und agiert, gelingt es Toscha, in der Fremdbestimmtheit aktiv zu bleiben und es eröffnen sich dadurch Handlungsmöglichkeiten. Fleiß und Unterordnung sind Toschas Enaktierungspotenziale.

Seine Informationen bezieht er aus seinem unmittelbaren Umfeld. Auch den Weg von seinem Praktikum bis zur Lehre erzählt Toscha als Abfolge von Informationen. Trotz der wahrgenommen Dominanz kontextueller Faktoren auf den Übergang in eine Ausbildung bleibt Toscha Handlungsträger. Er bekommt Informationen darüber, was als nächstes zu tun ist und setzt dies um: „dann bin ich dahin gegangen (3) ja dann hab ich mein Bewerbung zuuu Klinikum geschickt (.)". Toscha bleibt handlungsfähig, indem er antizipierte Ansprüche Dritter umsetzt. Er bleibt immer im Ich-Modus.

Somit teilt er mit Tanja sowohl die Strategie der Flexibilisierung als auch eine starke Orientierung an Sicherheit. In Opposition zu Tanja und in Nähe zu Jurij aktualisiert Toscha als Orientierungsschemata vor allem antizipierte Anforderungen der potenziellen Ausbildungsplatzanbieter. „Orientierungs-*schemata* umfassen institutionalisierte und in diesem Sinne normierte Ablaufmuster oder Erwartungsfahrpläne" (Bohnsack 2006b, S. 132).

7.2.1.4 Dimitrij – „das hab ich aber nur gemacht weil ich's musste"

Dimitrij lebt in einer süddeutschen Kleinstadt und ist bereits verheiratet. Er ist im 5. Lebensjahr von Russland nach Deutschland eingereist. Die Schule beendete er mit einem einfachen Hauptschulabschluss nach der 9. Klasse. Im Anschluss hat Dimitrij eine BVJ- Maßnahme begonnen, die er aufgrund seines Alters und der Berufsschulpflicht besuchen musste. Dies betont er ausdrücklich. Während der Zeit im BVJ hat er erfahren, dass sein Berufswunsch, bei der Bundeswehr angenommen zu werden, obwohl er noch keine 18 Jahre alt ist, zum Ende des Jahres in Erfüllung gehen würde. Die Monate zwischen dem Ende des BVJs und dem Beginn seines Bundeswehrdienstes verbrachte Dimitrij mit Gelegenheitsjobs. Anschließend war er fast zwei Jahre bei der Bundeswehr.

Übergang in eine Maßnahme des Übergangssystems
Dimitrij thematisiert seinen Übergang in eine Maßnahme des Übergangssystems in seiner Eingangserzählung in keiner Weise. Dies liegt nicht zuletzt darin begründet, dass Dimitrij auf den Eingangsstimulus nicht mit einer Erzählung zu seiner Übergangsgeschichte beginnt, sondern mit einer Konstruktion, indem er einen Persönlichkeitswandel darstellt: vom „Problemkind" zu einem zwanzigjährigen verheirateten Mann. Erst auf Nachfrage geht Dimitrij dazu über, seine Übergangsgeschichte zu erzählen.

I:	*n-naja wie ging's dann nach der Schule weiter bei dir?*
Dm:	*ich hab halt die neunte Klasse abgeschlossen und dann bin ich ins BVJ und aber ich bin ins BVJ weil ich musste und muss war ja nix wenn man nur neunte Klasse gemacht hat muss man dann muss man ja dahin*
I:	*hm*

Dm: *aber ich wollt' schon Bundeswehr gehen es war schon vo- vor'm BVJ war's schon klar dass ich das mach*

Dimitrij erzählt, dass er die Schule mit der neunten Klasse abgeschlossen und dann eine BVJ-Maßnahme begonnen hat. Er betont ausdrücklich, dass dies nicht seine Entscheidung war, sondern „weil ich musste". Diese Zwangssituation wird jedoch nicht weiter ausgeführt, sondern mit einer Abwertung der Schulausbildung versehen („nur"). Dies steht im starken Kontrast zu Toscha, der den gleichen Schulabschluss als Ressource begreift, die Optionen eröffnet und nicht verschließt. Dimitrij führt am Ende einen spezifischen Lebensentwurf ein, den der Bundeswehr. Mit diesem rahmt er das BVJ. Er wollte schon vor dem BVJ zur Bundeswehr gehen und hat diesen Wunsch dann nach dem BVJ umgesetzt. Durch diese Rahmung wird der Besuch der Maßnahme als zeitliche Brücke gekennzeichnet, die es einfach auszusitzen galt. Dem folgend ist es für Dimitrij auch nicht notwendig, dass BVJ inhaltlich zu verhandeln. Optionserweiternde Überlegungen werden somit überflüssig. Dimitrij hat zwar das Haben eines spezifischen beruflichen Lebensentwurfs mit Jurij gemein, aber da dieser Berufswunsch in keiner Weise mit einer Maßnahme des Übergangssystems enaktiert werden kann, ist letztere für Dimitrij nicht sinnhaft. Dennoch geht im Fall Dimitrij die negative Konnotierung der berufsvorbereitenden Maßnahme über die Nichtpassförmigkeit zwischen Berufswunsch und Maßnahme hinaus, wie sich im folgenden Interviewauszug dokumentiert:

I: *ok geh'n wir nochmal kurz zurück du hast nach der Schule das BVJ*
Dm: $\llcorner$ *°hm°*
I: $\llcorner$ *gemacht*
Dm: *das hab ich aber nur gemacht weil ich's musste so zu sagen*
I: *achs-*
Dm: $\llcorner$ *sonst hätt' ich's nicht gemacht*
I: *ähm aber äh hast du dich noch woanders beworben oder wegen der Aus-*
Dm: $\llcorner$ *ja ich hab'*
I: $\llcorner$ *bildung oder*
Dm: *ähhm da warte es war glaube achte oder neunte Klasse da macht man ja Praktikum*
I: *hm-hm*
Dm: $\llcorner$ *das is' an der Schule (...) hab ich im Einkaufscenter X Praktikum gemacht und die war'n mit mir total zufrieden und ich hab' mich da beworben und da selber der Chef hat mich geholt und nicht der Abteilungs- sondern selber der Chef hat gesagt die Sie können bei uns arbeiten aber Ausbildung hat halt die Noten*
I: $\llcorner$ *hm*
Dm: $\llcorner$ *das war in der achten Klasse mit dem Lehrer wo mich nicht leiden konnte und dann hat er zu mir gesagt Sie Sie würden ähh die Schule nicht mitkommen er hatt' halt Angst gehabt dass wenn er mich er hat immer zu mir gesagt ich hab Angst dass dass ähh d-d- wenn ich dich nehm' dass du*

die Prüfung nicht schaffst und in der Schule nicht mitkommst aber arbeiten hat er gesagt ist ok du kannst zu mir auch kommen [klatscht in die Hände] und er hat mir nach nach dem nach dem Praktikum 'n Monat später ungefähr hat er mir glaub ich zwei oder dreihundert Euro einfach so überwiesen auf's Konto ohne dass ich was wusste ohne nix also so zu sagen als Dankeschön einfach so da bin ich auch ich hab's gesehen auf'm Konto bin auch zur Sparkasse die ham mir gesagt is' von da und da und dann bin zu ihm hin und hab' gesagt hier vielleicht 'n Fehler oder so nee hat sagt' das is' als Dankeschön dass du uns geholfen hast und alles drum herum so und wir ham uns halt gut verstanden und er hat gesagt arbeiten kannst du zu mir kommen aber erstmal du kommst mit der Schule nicht klar wegen der Noten

I: *hm*

Dm: *das war das Problem sonst hätt' ich jetzt ausgelernter wie heißt das nochmal jetzt heißt's glaub' ich anders (3) °ähm wie heißt das nochmal° im Laden °irgendwas°*

I: └ *Einzel-handels-*

Dm: └ *Einzelhandelskaufmann °genau° (3)*

I: *hm hast du dich ähm noch bei anderen Sachen beworben*

Dm: *nee das hat mir eigentlich so zu sagen den dann wollt' ich nicht mehr so zu sagen ; weil wenn die schon beim Einzelhandels*

I: └ *hm*

Dm: └ *kaufmann sagen nee dann is' es in den anderen Berufen noch schlimmer und hab ich erst gar nicht versucht wollt' ich gleich zum Bund*

Der Interviewer geht zurück in die Zeit des BVJs. Obwohl der Interviewer selbst noch keine Frage gestellt hat, reagiert Dimitrij auf die Aussage „du hast" mit einer expliziten Abgrenzung, indem er darauf verweist, dass er das BVJ machen musste. Damit verneint sich Dimitrij explizit als Handlungsträger des Übergangs in eine Maßnahme des Übergangssystems. Der Interviewer fragt Dimitrij, ob er sich „noch woanders beworben" hat, was Dimitrij bejaht und zeitlich in die 8. /9. Klasse zurückspringt, wo gewöhnlich die Praktika stattfinden. Er leitet seine Erzählung mit einer Proposition ein, indem er konstatiert, „die war'n mit mir total zufrieden und ich hab' mich da beworben". Nicht das eigene Gefallen einer Tätigkeit führt zu einer Bewerbungsaktivität, sondern die Zufriedenheit des Ausbildungsplatzgebers. Er erzählt anschließend eine Unterhaltung mit dem Chef (nicht nur mit dem Abteilungsleiter), der ihm mündlich bescheinigt, dass er ein sehr guter Arbeiter ist, aber dass seine schulischen Leistungen nicht für eine Ausbildung reichen würden. Es kommt somit in Dimitrijs Darstellung zu einer Aufspaltung eines positiven Aspekts - der Bestätigung des guten Arbeitens - und zu einem negativen Aspekt - seinen schlechten Schulleistungen. Zu einem früheren Interviewzeitpunkt führt Dimitrij seine schlechten Schulleistungen auf einen Lehrer zurück, der ihn nicht leiden konnte. Durch die Explikation dieses Sachverhalts externalisiert Dimitrij die Verantwortung für seine schulischen Leistungen und hebt hervor, dass diese nicht seine kognitiven Fähigkeiten widerspiegeln. Durch diese Konstruktion externalisiert Dimitrij die gesamte Verantwortung bzw. Ursachenkonstellation für die nicht erfolgreiche Bewerbung.

Nach einer Belegerzählung, die noch einmal die Zufriedenheit des Arbeitgebers mit seinen Arbeitsfähigkeiten unterstreicht, schließt Dimitrij den Sinnzusammenhang: „das war das Problem sonst hätt' ich jetzt ausgelernter".

Der Interviewer fragt nach weiteren Bewerbungen. Dimitrij verneint weitere Aktivitäten in dieser Form und begründet dies mit dem Argument, dass, wenn es nicht zum Einzelhandelskaufmann reicht, es dann auch für keinen anderen Beruf reicht. Somit erübrigen sich für ihn weitere Bewerbungen. Er schließt: „und hab ich erst gar nicht versucht wollt' ich gleich zum Bund". Hier wird deutlich, dass die Entscheidung zur Bundeswehr zu gehen, mehr ist als ein spezifischer beruflicher Lebensentwurf. Vielmehr ist diese Entscheidung als eine Strategie zur Vermeidung weiterer Erfahrungen des Scheiterns im „sozialen Feld der praktischen Ausbildungsberufe" (vgl. Kapitel 3.2.2; Schittenhelm 2005b, S. 90) zu interpretieren. Er entzieht sich diesem spezifischen sozialen Feld - in Sinne Pierre Bourdieus - indem er sich einem Feld zuwendet, welches nicht von Unternehmen und deren Logiken dominiert wird. In Dimitrijs Darstellung ist das Vermeiden aber kein individuelles Ausweichen, sondern wird als logische Konsequenz dargestellt. Durch diese Konstruktion und durch die Externalisierung der Verantwortung seiner schulischen Leistungen verfügt Dimitrij über keinerlei Enaktierungspotenziale zu einem spezifischen beruflichen Lebensentwurf im Bereich der praktischen Ausbildungsberufe.

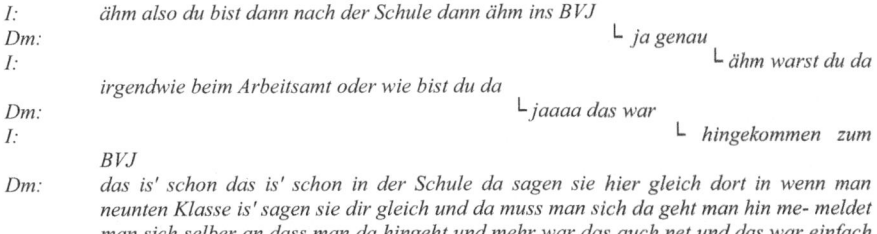

I: *ähm also du bist dann nach der Schule dann ähm ins BVJ*
Dm: ⌐ *ja genau*
I: ⌐ *ähm warst du da*
      irgendwie beim Arbeitsamt oder wie bist du da
Dm: ⌐ *jaaaa das war*
I: ⌐ *hingekommen zum*
      BVJ
Dm: *das is' schon das is' schon in der Schule da sagen sie hier gleich dort in wenn man neunten Klasse is' sagen sie dir gleich und da muss man sich da geht man hin me- meldet man sich selber an dass man da hingeht und mehr war das auch net und das war einfach nur hingehen und sich anmelden dass man da kommt*

Auf Nachfrage seitens des Interviewers bezüglich des Übergangs in die Maßnahme des Übergangssystems beschreibt Dimitrij den Übergang ins BVJ als Heteronomie. Er erzählt nicht seinen Übergang, sondern beschreibt ein Übergangsprozedere, das von Anderen bestimmt wird. Dies dokumentiert sich auch in der Artikulationsweise der bestimmenden Anderen, sie bleiben in Dimitrijs Darstellung diffus: „sagen sie dir". Alternative Wege oder Versuche der Widerständigkeit, wie z. B. bei Jurij, werden in seiner Beschreibung an keiner Stelle in Betracht gezogen. Es existiert für Dimitrj keinerlei Optionalität. Bei Dimitrj lässt sich wie bei Tanja und Toscha eine starke Orientierung an Sicherheit rekonstruieren. Während jedoch Toscha und Tanja ihre beruflichen Präferenzen maximal flexibilisieren und ein verstärktes Engagement zeigen, nimmt Dimitrj seine Aktivitäten in Bezug auf einen Übergang in eine berufliche Ausbildung komplett zurück.

Er verfolgt somit weder die Strategie der Optionserweiterung noch die der Flexibilisierung. Seine Bearbeitungsstrategie kann unter dem Begriff der Abwendung gefasst werden.

Durch die Externalisierung sämtlicher Verantwortungen gelingt es Dimitrj zwar, ein stabiles Selbstbild aufzubauen, sie beraubt ihn aber gleichzeitig sämtlicher Enaktierungspotenziale für eine Ausbildung. Alternativen wie die Verbesserung von Marktsignalen - seien es Zensuren oder Praktika - oder die Herabstufung der eigenen Ansprüche spielen in seinem Orientierungsrahmen keine Rolle (mehr). Das Verlassen des sozialen Feldes der praktischen Ausbildungsberufe ist somit eine logische Konsequenz.

Vor diesem Hintergrund kann diese Strategie auch nicht als Enaktierung gefasst werden. Enaktierung ist die „praktische Verwirklichung der eigenen Orientierungen" (Kleemann/Krähnke/Matuschek 2009, S.161). Dimitrijs Handeln richtet sich jedoch nicht auf die Verwirklichung eines positiven, sondern auf die Vermeidung des negativen Gegenhorizonts, den der Unsicherheit. Damit handelt es sich hier um eine Bewältigung als ein spezifischer Bearbeitungsmodus, der dann entsteht und weiter gefestigt wird, „wenn die individuell vorliegenden Enaktierungsweisen nicht mehr greifen" (Kramer u.a. 2009, S. 48).

7.2.2 Sinngenetische Typenbildung

Bei der dokumentarischen Rekonstruktion der einzelnen Übergänge aller elf Jugendlichen zeigten sich bei den drei Themen: *Übergang in ein weiteres Jahr allgemeinbildende Schule, Übergang in eine Maßnahme des Übergangssystems* und *Übergang in Ausbildung* unterschiedliche Orientierungen und Handlungsmuster.

Es zeigte sich, dass vergleichbare Bedingungen und parallele Erfahrungen während des Übergangs durchaus unterschiedlich bearbeitet werden und auch parallele Bearbeitungsformen mit unterschiedlichen Erfahrungen und Orientierungen einhergehen können.

Im Durchgang durch das Material wurde ebenfalls deutlich, dass die Orientierungen an den einzelnen Übergängen unterschiedlich deutlich hervortreten. Dies hat jedoch weniger mit der Konsistenz der Orientierungen zu tun, als mit der Tatsache, dass unterschiedliche Rahmenbedingungen unterschiedliche Handlungsanforderungen an die Jugendlichen stellen. In der Regelschule als gesellschaftlicher Institution sind die Jugendlichen bereits mehr oder weniger automatisch strukturell eingebunden. Fragen der Sicherheit im Sinne von „unterkommen" werden erst dann virulent, wenn die Schule verlassen wird. Die Entscheidung für oder gegen einen Besuch schulischer Bildungseinrichtungen, die auf einen höheren Abschluss ausgerichtet sind, wird aber sehr wohl auch unter dem Aspekt Sicherheit verhandelt. Alla (Aw) - eine weitere Jugendliche aus dem Sample - entscheidet sich explizit für eine Ausbildung und gegen eine weiterführende Schule aus Gründen der (materiellen) Sicherheit. Nach ihrem Abschluss hatte sie die Wahl zwischen Wirtschaftsschule und einer Lehre als Arzthelferin. Aufgrund einer Unsicherheit bezüglich ihres individuellen Berufswunsches und der materiellen Vergütung bei einer Ausbildung hat sie sich für eine Arzthelferlehre entschieden. Bei Alla lässt sich eine Orientierung an Sicherheit rekonstruieren: „ich wusste noch nich' was ich machen wollte deswegen , hab' ich gedacht ja Arzthelferin so als Absicherung ; oder als Alternative solang ich noch nich' weiß" (Alla).[41]

Ebenso sind die Orientierungen an den Anforderungen des Ausbildungsmarktes nur so lange virulent, so lange keine Ausbildung erreicht wurde. Bei der Entscheidung, ob der gefundene Ausbildungsplatz angenommen wird oder nicht, spielen Fragen nach Sicherheit oder nach individuellen beruflichen Präferenzen eine entscheidende Rolle.

7.2.2.1 Sinngenetische Übergangstypen

Zur Erinnerung: Die sinngenetische Typenbildung im Rahmen der Dokumentarischen Methode zielt darauf ab, Orientierungsmuster zu rekonstruieren. Orientierungsmuster setzen sich aus den Orientierungsschemata und dem Orientierungsrahmen zusammen. Während die Orientierungsschemata „institutionalisierte und in diesem Sinne normierte" (Bohnsack 2006b, S. 132) Wissensbestände bezeichnen, bezieht sich der Orientierungsrahmen auf „habitualisierte Wissensbestände", die nicht nur „internalisiert, sondern auch inkorporiert" sind (Bohnsack 2006b, S. 132). Der Orientierungsrahmen konstituiert sich wiederum aus den Gegenhorizonten und der Enaktierung (vgl. Abbildung 7-1). Bewältigung dokumentiert sich „immer dann, wenn der Orientierungsrahmen in eine Krise gerät und sich gerade nicht (mehr) problemlos umsetzen", d. h. enaktieren lässt (Kramer u.a. 2009, S. 50).

---

[41] Diese Orientierung an Sicherheit führt bei Alla jedoch nicht zu einer völligen Flexibilisierung ihres Berufswunsches, wie dies z. B. bei Tanja oder Toscha zu beobachten ist.

In Abbildung 7-2 wurde die Verschränkung der rekonstruierten Differenzierungslinien und der sich daraus ergebenden sinngenetischen Typen dargestellt. Die einzelnen Typen sollen im Folgenden kontrastierend ausgeführt werden.

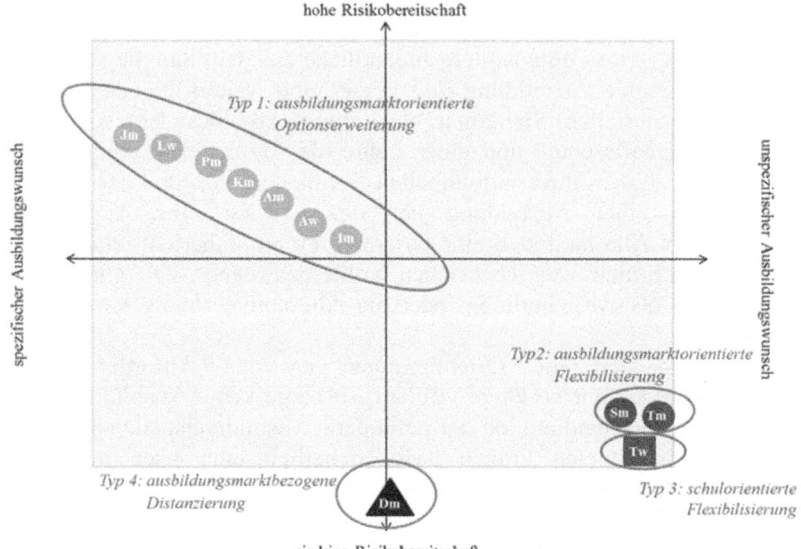

Abbildung 7-2: Übergangstypen

Typ 1: Ausbildungsmarktorientierte Optionserweiterung

Das Kennzeichen dieses Typs ist die Vermittlung mehrerer Orientierungen bei weitgehender Dominanz von individuellen berufsbezogenen Präferenzen. Die individuellen berufsbezogenen Präferenzen werden auch bei negativen Erfahrungen weitgehend aufrechterhalten. Die Enaktierung erfolgt vor allem über eine Strategie der Optionserweiterung, also über eine Optimierung und Steigerung der individuellen Marktsignale wie den Erwerb zusätzlicher oder verbesserter Bildungszertifikate. Das zentrale Orientierungsschema ist hierfür die Antizipation von Ansprüchen des Ausbildungsmarktes. Der Aspekt der Sicherheit ist zwar unterschiedlich stark vertreten, aber weder dominant noch völlig marginal. Bei Igor (Im) - ein weiterer Jugendlicher aus dem Sample - zeigte sich, dass verglichen mit Jurij ein unspezifischerer Ausbildungswunsch verfolgt wird und der Aspekt der Risikovermeidung bedeutend stärker handlungsleitend ist.

Der berufliche Lebensentwurf ist bei Igor auf metallverarbeitendes Gewerbe ausgerichtet, bleibt jedoch in dieser Rahmung diffus. Hinzu tritt eine Orientierung an Sicherheit. Diese ist jedoch nicht dominant. Dies dokumentiert sich nicht zuletzt darin, dass er sich auf eine Maßnahme bewirbt, bei der eine Ablehnung und der Übergang in einen Status ohne institutionelle Einbettung möglich gewesen wäre. Igor gelingt es, die drei Aspekte – individuelle ausbildungsbezogene Präferenz, Sicherheit und Signalsteigerung - mit der Übergangsmaßnahme in Verbindung zu bringen. Aus diesem Grund kann diese von ihm auch durchweg positiv bewertet werden: „da hat ich Glück gehabt dass ich da auch angenommen wurde". Wie Jurij ist Igor Handlungsträger.

Im Grunde handelt es sich hier im klassischen Sinne um eine Nutzenmaximierung mit Überlegungen zu Opportunitätskosten, einer Vermittlung von Möglichem und Gewünschtem. Je nachdem wie die Situation von den Jugendlichen interpretiert wird, befinden sie sich eher bei Jurij oder eher bei Igor.

Allen gemeinsam ist jedoch, dass sie ausbildungsbezogene Präferenzen besitzen und diese versuchen über die Erweiterung von Optionen umzusetzen, die sie aus der Antizipation der Anforderungen die der Ausbildungsmarkt ihnen stellt, ableiten.

Auch ein mehr oder weniger ausgeprägtes Beharrungsvermögen bezüglich der eigenen ausbildungsbezogenen Präferenz lässt sich in diesem Typ rekonstruieren. Dies kann sich in der direkten Ablehnung von Angeboten wie bei Jurij dokumentieren oder aber auch in Bewerbungsstrategien, die nur auf einen ganz spezifischen Ausbildungsberuf ausgerichtet sind, wie z. B. bei Ludmila (Lm): „also eigentlich nur, im Krankenhaus Arzt also im medizinischen Bereich eigentlich nur". Mitunter wird die Enaktierung der beruflichen Präferenz in die Zukunft verlagert, wie bei Jurij, sie wird aber nicht aufgegeben im Gegensatz zu den Jugendlichen in Typ 2.

Typ 2: Ausbildungsmarktorientierte Flexibilisierung
Bei diesem Typ steht der Aspekt der Sicherheit dominant im positiven Vergleichshorizont. Bei diesen Jugendlichen geht es nicht (mehr) darum eine Balance zwischen beruflicher Integration und Selbstentfaltung zu finden, sondern lediglich um eine Strategie der Existenzsicherung. Sergej (Sm) erzählt: „nach 'ner Zeit sieht man ja gibt's nix und dann schreibt man halt nur noch überall Hauptsache man hat was ne".

Wie bei Typ 1 wird hierfür das Spektrum der Anforderungen des Ausbildungsmarktes antizipiert und das eigene Handeln daran ausgerichtet (gekennzeichnet durch einen Kreis). In diesem Orientierungsmuster sind die Ausbildungsplatzgeber nicht ein zu berücksichtigender Faktor - bei im Typ 1 -, sondern sie sind hier die dominanten Entscheidungsträger im Übergang zu einer Ausbildung. Der Übergang wird als komplett fremdbestimmt wahrgenommen. Dennoch gelingt es diesem Typ, handlungsmächtig zu bleiben. Durch die reflexive Aktualisierung der Erwartungen anderer, versetzt sich dieser Typ in die Lage, sich dementsprechend zu verhalten. Über das Hineinversetzen in diejenigen, von denen man abhängig ist, werden Dinge gesehen, die getan werden müssen, um Optionen zu erschließen. Somit wird es möglich, in der wahrgenommenen absoluten Fremdbestimmung eigenbestimmt zu bleiben. Dies ist jedoch nur zu dem Preis der absoluten Flexibilisierung der individuellen ausbildungsbezogenen Präferenzen möglich. Diese Flexibilisierung geht mit einem erhöhten Engagement (Praktika, Bewerbungen usw.) einher. Hierbei werden Praktika weniger als Überprüfung der Passförmigkeit zwischen individuellen Präferenzen und der spezifischen Ausbildung verstanden, sondern als Mittel, dem potenziellen Ausbildungsplatzgeber direkt zeigen zu können, dass eine Ausbildungsfähigkeit wie auch –willigkeit vorhanden ist. Diese Strategie wird in der wissenschaftlichen Diskussion auch als „Klebeeffekt" bezeichnet (vgl. Solga u.a. 2010; Gaupp/Lex/Reißig 2008). Am dominantesten ist diese Form bei Toscha ausgeprägt, lässt sich aber auch bei Sergej eindeutig rekonstruieren. Beiden gelang mit dieser Strategie der Übergang in eine Ausbildung.

Typ 3: Schulorientierte Flexibilisierung
Bei diesem Typ steht wie bei Typ 2 der Aspekt der Sicherheit bzw. der Risikominimierung zentral im positiven Vergleichshorizont. Auch bei diesen Jugendlichen geht es nicht (mehr) um eine Vermittlung von individuellen berufsbezogenen Präferenzen und Sicherheit, sondern lediglich um eine Ausbildung an sich, die unabhängig von fachspezifischen Inhalten die formalen Voraussetzungen einer anerkannten Berufsausbildung erfüllt. Der Unterschied zu Typ 2 besteht in den Orientierungsschemata, also welches Handlungswissen

herangezogen wird. Bei Tanja (Tw) lässt sich ein starker schulbezogener Orientierungsrahmen rekonstruieren. Dieser ermöglicht es nicht, wie bei Typ 2, die antizipierten Ausbildungsmarktanforderungen in ein handlungsleitendes Schema zu übersetzen.

Zwar artikuliert auch Tanja Vermutungen zu Ansprüchen des Ausbildungsstellenmarktes, diese verbleiben aber in einem Vermuten (Tanja: „ich weiß nicht was hat bei mir gefehlt") und werden so nicht handlungsleitend wie bei den Jugendlichen von Typ 1 und Typ 2. Die Gründe hierfür liegen in einer Nichtpassförmigkeit von Orientierung und sozialer Situation, die in Tanjas Fall migrationsbedingt ist. Durch Fehlen von aufnahmelandspezifischen Kapitalien - hier Wissen über Institutionen und Sprache - findet eine Platzierung statt, die nicht ihrem schulaffinen Habitus entspricht.

Die Nichtpassförmigkeit dokumentiert sich unter anderem auch darin, dass die antizipierten externen Perspektiven äußerlich bleiben und somit als nicht transformierbar erlebt werden. Alternative Strategien, wie zum Beispiel über Praktika wie bei Typ 2, werden in diesem Orientierungsrahmen nicht einmal artikulierbar. Dieser Typ hat somit lediglich die Option - neben einer hohen schriftlichen Bewerbungsaktivität - sich selbst zu transformieren. Das einzige Enaktierungspotenzial für den im positiven Vergleichshorizont stehenden zeitnahen Übergang in Ausbildung ist es, den eigenen Anspruch abzusenken und maximal zu flexibilisieren.

Typ 4: Ausbildungsmarktbezogene Distanzierung
Bei Dimitrij - prototypisch für Typ 4 - dokumentiert sich ein Mangel an Orientierungswissen bezüglich des sozialen Feldes der praktischen Ausbildungsberufe. Daher wurde Dm (Dimitrij) mit einem Dreieck gekennzeichnet, um zu verdeutlichen, dass weder eine Schul- noch eine Ausbildungsmarktorientierung zu rekonstruieren ist. Das Wissen, was er aktualisieren kann, besteht lediglich darin, dass seine schulischen Leistungen für eine Positionierung im sozialen Feld der praktischen Ausbildungsberufe nicht ausreichend sind. Da er sich außerstande sieht diesen Umstand zu verändern, bleibt ihm somit nur die Abwendung von dementsprechenden Ausbildungsberufen.

Dieser Typ unterscheidet sich von den anderen Typen vor allem dadurch, dass hier negative Erfahrungen zu einer kompletten Abwendung vom ursprünglich präferierten sozialen Feld der praktischen Ausbildungsberufe führt. Verfolgt wird eine problemvermeidende Bewältigungsstrategie, indem sich weiteren möglichen negativen Erfahrungen entzogen wird. Jegliche bildungs- und berufsbezogene Aktivität wird eingestellt. Handlungsleitend ist die dominante Orientierung an Sicherheit.

7.3 Diskussion und Zwischenfazit der qualitativen Analyse

Anhand der Textstellen zu den einzelnen Übergängen konnten vier sinngenetische Übergangsmuster identifiziert werden: der Typ der *ausbildungsmarktorientierten Optionserweiterung*, der Typ der *ausbildungsmarktorientierten Flexibilisierung*, der Typ der *ausbildungsmarktbezogenen Distanzierung* sowie der Typ der *Schulorientierten Flexibilisierung*. Werden diese auf das „Zwei-Prozess-Modell der Entwicklungsregulation" von Jochen Brandtstädter bezogen, entspricht der Modus bei Typ 1 dem assimilativen Modus der Regulation. „Im assimilativen Modus wird versucht, die Ist-Situation in Richtung auf einen gewünschten Zustand zu transformieren" (Brandtstädter 2007b, S. 415). Typ 2, 3 und 4 entsprechen eher dem akkomodativen Modus. Bei diesem wird „die entstandene Diskrepanz durch eine Angleichung von Zielen und Sollsetzungen an die gegebene Situation neutralisiert" (Brandtstädter 2007b, S. 415).

Auch wenn die beiden Modi „partiell antagonistisch" (Brandtstädter 2007b, S. 415) sind, verweist dieser Bezug darauf, dass die „Modi der Beseitigung von Zieldiskrepanzen" (Brandtstädter 2007b, S. 415) wandelbar sind.

Prinzipiell sind weitere Typen theoretisch denkbar und zwar in mehrerlei Hinsicht. Bezogen auf die Dimensionen der Risikobereitschaft und auf den Grad der inhaltlichen Füllung des Ausbildungswunsches dokumentierte sich in der Rekonstruktion eine starke Korrelation. Es wurde deutlich, dass diese zwei Aspekte immer in Bezug zueinander stehen und in unterschiedlichen Mischformen auftreten[42]. Dieser Befund deckt sich mit theoretischen Überlegungen.

> „Eine Verteilung von Statuspositionen geht heute in den praktischen Ausbildungsberufen nicht nur mit einer Teilhabe an Privilegien, sondern vor allem auch mit einer Gefährdung durch soziale Risiken einher. Es geht also in dieser Klassenlage, die mit diesem sozialen Feld bestimmt ist, weniger um eine mehr oder weniger günstige Beteiligung am Erwerbsleben, sondern auch darum, das Risiko einer völligen Ausgrenzung zu vermeiden" (Schittenhelm 2005b, S. 92).

Dennoch können diese Dimensionen nicht auf eine reduziert werden. Auch wenn im Sample nicht vorfindlich, ist ein Typ, der eine hohe Risikobereitschaft mit einer Unspezifik in der Lebensplanung verbindet, denkbar. Jugendliche auf „Selbstfindungsreisen" sind weder undenkbar noch empirisch prinzipiell nicht

---

[42] Diese Präferenzorientierung setzt eine gewisse Autonomie voraus. In besonders ausgeprägten Fällen von Heteronomie wäre es theoretisch auch denkbar, dass keiner dieser beiden Aspekte als Orientierung trägt. Diese Konstellation wurde jedoch im Sample nicht aufgefunden.

vorfindlich. Sie sind jedoch eher ein Phänomen höherer sozialer Schichten. Die Arbeiten der Rational-Choice orientierten Ungleichheitsforschung haben gezeigt, dass untere soziale Schichten ein ausgeprägtes Statuserhaltungs-bestreben haben und risikoreiche bzw. kostenintensive Bildungspfade eher vermeiden (vgl. Boudon 1974; Goldthorpe 2000; Müller/Pollak 2007). Der Umstand, dass im vorliegenden Sample kein solcher Typ gefunden wurde, liegt wahrscheinlich nicht zuletzt daran, dass lediglich Hauptschüler/innen bzw. Schüler/innen von Hauptschulzügen befragt bzw. interviewt wurden. Vor diesem Hintergrund lassen sich die zwei Dimensionen nicht auf eine reduzieren und sollten analytisch getrennt behandelt werden.

Ein weiterer Punkt betrifft die rekonstruierten Orientierungsschemata, die durch die unterschiedlichen Formen - Kreis, Vier- und Dreieck - in Abbildung 7-2 dargestellt wurden. Es handelt sich hierbei nicht um eine Dimension, sondern um eine Kontrastierungskategorie. Prinzipiell sind weitere Orientierungsschemata denkbar, wie z. B. eine Familienorientierung. Diese waren aber im Sample nicht vertreten.

Als nächstes soll der Frage nachgegangen werden, in welchem Verhältnis die sinngenetischen Typen zu den (quantitativen) Übergangsmustern stehen. In Tabelle 7-5 sind sowohl die quantitative wie auch die sinngenetisch rekonstruierte, qualitative Zuordnung abgetragen.

Bei der direkten Gegenüberstellung werden drei Dinge deutlich. Erstens: Die vier zentralen Fälle der qualitativen Analyse (Tanja, Jurij, Toscha und Dimitrij) gehören je einem quantitativen Übergangsmuster an. Würden nur diese Jugendlichen in der Analyse Berücksichtigung finden, könnte hier der Kurzschluss folgen, dass ein direkter Zusammenhang zwischen faktischem Übergangsverlauf und den Erfahrungs- und Deutungsmustern besteht. Zweitens zeigt sich jedoch, dass dieser Zusammenhang so nicht besteht, wenn alle anderen Jugendlichen des qualitativen Samples ebenfalls berücksichtigt werden. Drittens ist auffällig, dass die meisten Jugendlichen dem Typ *ausbildungs-marktorientierte Optionserweiterung* angehören. Dieser Übergangstyp ist in allen untersuchten Übergangsmustern zu finden. Vor dem Hintergrund des letzten Punktes könnte argumentiert werden, dass die vier quantitativen Übergangsmuster eine hohe Ähnlichkeit in Bezug auf die Jugendlichen aufweisen, die diesen Weg gehen. Ob nach einer Maßnahme des Übergangs-systems oder einem weiteren Jahr allgemeinbildender Schule in eine Ausbildung übergewechselt wird oder nicht, ist nicht nur eine Frage der individuellen Orientierung, sondern auch immer eine Frage der Strukturiertheit von Chancen in der sozialökologischen Umwelt. Übergänge sind nun mal nicht nur eine Frage des Kalküls, sondern immer auch eine Frage der Gelegenheitsstrukturen. Auch, dass die meisten Jugendlichen das weitere Jahr auf einer allgemeinbildenden

Schule aus Gründen einer Klassenwiederholung vollzogen, verweist eher in die Richtung von homologen Übergängen als grundlegend divergierenden. Hier deutet sich eine spezifische Übergangsfiguration[43] an.

Tabelle 7-5: Gegenüberstellung Übergangsmuster - Übergangstypen

		quantitative Übergangsmuster	sinngenetische Übergangstypen
Muster 3	Tanja	weiteres Schuljahr-Ausbildung	schulorientierte Flexibilisierung
	Alla	weiteres Schuljahr-Ausbildung	ausbildungsmarktorientierte Optionserweiterung
Muster 2	Jurij	weiteres Schuljahr-prekär	ausbildungsmarktorientierte Optionserweiterung
	Sergej	weiteres Schuljahr-prekär	ausbildungsmarktorientierte Flexibilisierung
	Igor	weiteres Schuljahr-prekär	ausbildungsmarktorientierte Optionserweiterung
	Alexej	weiteres Schuljahr-prekär	ausbildungsmarktorientierte Optionserweiterung
Muster 10	Toscha	Übergangssystem-Ausbildung	ausbildungsmarktorientierte Flexibilisierung
	Pjotr	Übergangssystem-Ausbildung	ausbildungsmarktorientierte Optionserweiterung
	Ludmila	Übergangssystem-Ausbildung	ausbildungsmarktorientierte Optionserweiterung
Muster 12	Dimitrij	Übergangssystem-prekär	ausbildungsmarktbezogene Distanzierung
	Kostja	Übergangssystem-prekär	ausbildungsmarktorientierte Optionserweiterung

Jugendliche, welche nicht in Ausbildung/Lehre überwechseln können, versuchen ihre Optionen zu erweitern bzw. zu verbessern, indem sie diese Wege - die institutionell prädisponiert sind - beschreiten. Der Umstand, dass Tanja in diesem Sample vertreten ist, ist gerade nicht ihren Ambitionen zuzuschreiben. Ihre schulaffine Orientierung würde sie eher in dem

---

[43]   Figuration im Sinne Norbert Elias (vgl. Elias 1998; vgl. Kapitel 3.2.2.2)

Übergangsmuster des anhaltenden weiteren Schulbesuchs erwarten lassen. Dies ist ihr aber migrationssituationsbedingt nicht möglich. Auch bei Dimitrij ist die Zugehörigkeit zu dem Muster *Übergangsmaßnahme-prekär* nicht auf seine Aspirationen zurückzuführen. Die Übergangsmaßnahme, die maßgeblich dafür verantwortlich ist, dass er dem Übergangsmuster *Übergangsmaßnahme-prekär* zugeordnet wurde, wurde von ihm nicht freiwillig besucht. Er betont ausdrücklich, dass er diese Maßnahme nicht besucht hätte, wenn er nicht dazu „gezwungen" worden wäre. Vor diesem Hintergrund wäre er eher im Muster, dass direkt nach der Pflichtschulzeit in prekäre Zustände wechselt, zu erwarten gewesen. Um dies abschließend zu klären, müsste die qualitative Analyse auf alle Übergangsmuster ausgeweitet werden, was aus forschungsökonomischen Gründen in der vorliegenden Arbeit nicht möglich ist.

In der vorliegenden Arbeit kann die Frage, ob die Übergangstypen ein allgemeines Phänomen unter Jugendlichen oder aber eine Spezifik von Aussiedlerjugendlichen abbilden, nicht abschließend beantwortet werden, da ausschließlich Aussiedlerjugendliche in die Analyse einbezogen wurden und somit der Vergleichshorizont fehlt. Dennoch lässt sich mit Blick in die Literatur vermuten, dass die Übergangstypen aller Wahrscheinlichkeit nach nicht ausschließlich auf Aussiedlerjugendliche zutreffen. Katrin Schittenhelm rekonstruierte ebenfalls mit der Dokumentarischen Methode aus Interviews mit jungen Frauen mit und ohne Migrationshintergrund[44] vier Übergangstypen, die eine hohe Ähnlichkeit zu den in dieser Arbeit rekonstruierten Typen ausweisen. Sie unterscheidet: die *prophylaktische Erweiterung beruflicher Optionen*, die *Berufsfindung mit nachträglichen Kurskorrekturen,* die *Strategien einer Risikoabwendung* sowie die *Strategie einer Distanzierung* (Schittenhelm 2005b, S. 138 ff.). Diese sollen kurz vorgestellt werden, um anschließend Bezüge zu der vorliegenden Untersuchung herstellen zu können.

Der erste Typ ist der, der *prophylaktischen Erweiterung beruflicher Optionen.* „Durch ein erhöhtes bildungs- und berufsbezogenes Engagement suchen die jungen Frauen ihre Optionen zu erweitern, um so die Realisierung eines bildungs- und berufsbezogenen Handlungsentwurfs zu sichern" (Schittenhelm 2008, S. 62). Diese Jugendlichen haben in ihrer Übergangs-biografie sowohl Erfahrung von Gestaltbarkeit wie auch von Einschränkung gemacht.

Diese Beschreibung deckt sich weitestgehend mit den rekonstruierten Ergebnissen der Jugendlichen des Typs *ausbildungsmarktorientierte Options-erweiterung.* Bei Katrin Schittenhelm ist aber auch das Merkmal, dass Aus- und Weiterbildungspläne entwickelt werden, die über die berufliche Erstausbildung

---

[44] Die Befragten verfügten fast alle über einen Realschulabschluss und die Migrantinnen im Sample sind vor allem türkischer Herkunft.

hinausgehen, kennzeichnend für diesen Typ. Dies ist nur bedingt bei allen Jugendlichen im Typ *ausbildungsmarktorientierte Optionserweiterung* der Fall. Die Tatsache, dass es sich in der vorliegenden Arbeit um Hauptschüler/innen handelt und nicht wie bei Katrin Schittenhelm hauptsächlich um Realschüler/innen, könnte hierfür eine Erklärung sein. Die soziale Lage von Hauptschüler/inne/n ist deutlich mehr von Einschränkungen geprägt als die von Realschüler/inne/n. Einen Ausbildungsplatz zu finden ist für die Gruppe der Hauptschüler/innen bereits ein schwer zu erreichendes Ziel. Vor diesem Hintergrund kann nach Meinung des Autors trotz der Unterschiede eine Homologie zwischen der *prophylaktischen Erweiterung beruflicher Optionen (Schittenhelm)* und dem Typ der *ausbildungsmarktorientierte Options-erweiterung* festgestellt werden.

Der zweite Typ bei Katrin Schittenhelm ist durch *Strategien einer Risikoabwendung* gekennzeichnet.

> „Die betreffenden jungen Frauen bilden einen berufsbezogenen Lebensentwurf aus, wobei sie konkrete Berufswünsche nennen. Sie können diese aber im Verlauf ihres Übergangs zwischen Schule und Berufsausbildung nicht realisieren. Angesichts einer drohenden Ausbildungs- und Arbeitslosigkeit übernehmen sie einen Status auf dem Ausbildungsmarkt, den sie als erreichbar erfahren – nicht um berufliche Ziele zu erreichen, sondern um ein Risiko abzuwenden. Die Risikoabwendung (der Wunsch, bloß nicht ausbildungslos oder arbeitslos sein) wird zum neuen Ziel. Das bedeutet auch, dass die jungen Frauen den Übergang als fremdbestimmt und als Konflikt zu ihren Interessen wahrnehmen" (Schittenhelm 2008, S. 63).

Hier zeigen sich deutliche Parallelen zum Typ *ausbildungsmarktorientierte Flexibilisierung* sowie zum Typ *schulorientierte Flexibilisierung*. Bei Tanja wie auch bei Sergej und Toscha lässt sich rekonstruieren, dass es in erster Linie nicht (mehr) um die Umsetzung einer berufsspezifischen Präferenz geht, sondern um einen Übergang in eine existenzsichernde Ausbildung.

Der dritte Typ bei Schittenhelm ist die *Strategie der Distanzierung*.

> „Im Verlauf des Übergangs nehmen die betreffenden jungen Frauen ihre Erfahrungen in der Arbeitswelt als Diskrepanz zu ihren eigenen Interessen wahr und können anhand ihrer bisherigen biografischen Erfahrungen keine erwünschte berufliche Zukunft antizipieren. Sie haben nicht die Erfahrung gemacht, dass für sie ein bildungs- und berufsbezogenes Engagement lohnenswert ist und ziehen sich entsprechend davon zurück" (Schittenhelm 2008, S. 62).

Hier dokumentieren sich ausgeprägte Parallelen zu Dimitrij (Typ *ausbildungsmarktbezogene Distanzierung*). Auch er sieht keine Sinnhaftigkeit in weiteren ausbildungsbezogenen Aktivitäten. Er distanziert sich vom vormals präferierten Feld der sozialen ausbildungspraktischen Berufe und entwickelt einen Lebensentwurf jenseits von Berufsausbildung. Vergleichbar zu den von Katrin Schittenhelm befragten Jugendlichen hat er keine Gestaltbarkeit kennengelernt und nimmt den Übergang als fremdbestimmt und konflikthaft war (vgl. Schittenhelm 2005b, S. 139).

Der vierte Modus bei Schittenhelm ist derjenige der *Berufsfindung mit nachträglichen Kurskorrekturen*. Bei diesem Modus findet zunächst ein orientierungskonformer Übergang in eine Ausbildung statt. Während der Ausbildung wird jedoch festgestellt, dass die erreichte soziale Position nicht mit dem berufsbezogenen Lebensentwurf übereinstimmt. Hier kommt es also erst nach dem Übergang in eine Ausbildung zu Prozessen der Neu- und Umorientierung (vgl. Schittenhelm 2005b, S. 139).

Dieser Modus konnte in der vorliegenden Arbeit nicht rekonstruiert werden. Dies dürfte aber eher in der Erhebung und Analyse als im Gegenstand begründet sein. In die Analyse flossen nur die Textstellen zu den Übergängen ein, die sich auch im quantitativen Material abbilden lassen. Dies ist vor allem der Zeitraum bis zur Ausbildung. Der von Katrin Schittenhelm rekonstruierte Übergangsmodus setzt aber erst zu einem späteren Zeitpunkt ein, nachdem bereits Erfahrungen in der Ausbildung gesammelt wurden. Es ist also nicht auszuschließen, dass sich dieser Modus durch Analysen, die einen längeren Zeitraum berücksichtigen, noch herauskristallisieren könnte[45].

Insgesamt dokumentieren sich auffällige Parallelen zwischen den von Katrin Schittenhelm und den in der vorliegenden Arbeit rekonstruierten Übergangstypen. Dies untermauert die Annahme, dass die Übergangstypen nicht auf eine kulturelle Spezifik der Aussiedler/innen zurückzuführen sind. Auch eine Spezifik des Migrationshintergrundes allgemein kann somit ausgeschlossen werden. Alle Typen „ließen sich jeweils bei einheimischen jungen Frauen und bei Schulabgängerinnen mit Migrationshintergrund beobachten" (Schittenhelm 2008, S. 64). Während Katrin Schittenhelm's Arbeit auf weibliche Jugendliche beschränkt war, sind es in der vorliegenden Untersuchung vor allem Interviews mit männlichen Jugendlichen, die als Grundlage für die Rekonstruktion der Übergangsmodi herangezogen wurden. Dadurch sind auch geschlechtsspezifische Einschränkungen des Spektrums der Übergangstypen sehr unwahrscheinlich.

Auch wenn vor diesem Hintergrund *nicht* von einer aussiedler-jugendlichen Spezifik in der Art und Weise der Übergangstypen auszugehen ist und die Vermutung nahe liegt, dass die Häufung der Jugendlichen des Typs *ausbildungsmarktorientierte Optionserweiterung* auf eine spezifische Übergangsfiguration zurückzuführen ist, dem alle vier Übergangsmuster

---

[45]   Anzeichen hierfür lassen sich bei Alla erkennen. Da dies aber nicht Gegenstand der systematischen Analyse war, soll hier nicht näher darauf eingegangen werden.

zuzuordnen sind, bleibt dennoch der Umstand erhalten, dass die Aussiedlerjugendlichen in diesen Mustern quantitativ überrepräsentiert sind.

8 Zusammenfassung und Schlussbetrachtung

Der Hintergrund für die vorliegende Arbeit war die empirische Feststellung einer durchschnittlich schlechteren Platzierung von Kindern und Jugendlichen mit Migrationshintergrund im deutschen (Aus-)Bildungssystem. Sie sind in niederen Bildungsgängen über- und in höheren unterrepräsentiert. Sie weisen den höchsten Anteil an Schulabgänger/inne/n ohne Schulabschluss und ohne Berufsausbildung auf (vgl. Kapitel 1). Zum anderen ist empirisch ebenfalls belegt, dass die Kinder und Jugendlichen mit Migrationshintergrund keine homogene Gruppe darstellen und dass die Bildungsbeteiligungen zwischen verschiedenen Migrantengruppen variieren. Die Ursachenstruktur für diese sozialen Phänomene konnte bis heute nicht restlos geklärt werden (vgl. Granato 2011).

Zur Verringerung dieser Forschungslücke wurde in der vorliegenden Arbeit eine migrationsgruppendifferenzierte Perspektive eingenommen, indem die Gruppe der Aussiedler/innen mit Jugendlichen mit anderem Migrationshintergrund und Jugendlichen ohne Migrationshintergrund beim Übergang von der allgemeinbildenden Schule in eine berufliche Ausbildung verglichen wurde.

Der Verzicht auf eine weitere Differenzierung der Jugendlichen mit anderem Migrationshintergrund ergibt sich aus dem Umstand, dass der Status „Aussiedler/in" primär eine rechtliche Kategorie ist. Aussiedler/innen kommen aus unterschiedlichen Herkunftsländern und werden aufgrund ihres Zuwanderungsmodus zu einer Migrantengruppe zusammengefasst. Es ist somit der Migrationsmodus, welcher definiert, wer ein/e Aussiedler/in ist und wer nicht. Dies wird auch nicht dadurch verändert, dass die Aussiedler/innen ihre deutsche Volksabstammung nachweisen müssen, ist doch in den letzten Jahren zu beobachten, dass ein Großteil der Aussiedler/innen als Familienangehörige ohne eigene deutsche Abstammung zugewandert ist (vgl. Abbildung 2-2). Zum einen ist somit die Gruppe der Aussiedler/innen eine Migrationsgruppe, die mit analogen Problemen wie andere Zuwanderergruppen zu kämpfen hat (vgl. Herwartz-Emden/Westphal 1997, S. 212; vgl. Kapitel 2.1). Damit war ein Rückgriff auf bestehende Konzepte und Erkenntnisse der Migrationsforschung allgemein indiziert. Zum anderen ist eine zusätzliche Differenzierung weiterer Migrationsgruppen problematisch. Aufgrund des Umstandes, dass die Kategorie „Aussiedler/in" eine durch das Aufnahmeland sozial konstruierte Kategorisierung anhand des Zuwanderungsmodus ist, würde eine weitere Differenzierung der anderen Jugendlichen mit Migrationshintergrund anhand ihrer Herkunftsländer zu einer Vermischung unterschiedlicher Kategorisierungsmodi führen. Damit läuft eine parallele Berücksichtigung von Aussiedler/inne/n und z. B. türkischen Jugendlichen auf einen Kategorienfehler hinaus (vgl.

Kapitel 2.2). Aus diesem Grund wurde lediglich zwischen den Nicht-zugewanderten (ohne Migrationshintergrund), Zugewanderten aufgrund der Aussiedlungsregelung und deren Nachkommen (Aussiedler/innen) und anderweitig Zugewanderten und deren Nachkommen (anderer Migrations-hintergrund) unterschieden. Parallel wurde der Terminus *ethnische Disparitäten* durch den Terminus *migrationsbezogene Disparitäten* ersetzt.

Die Verwendung des Begriffs Disparität und nicht des sonst geläufigen Terminus der *Ungleichheit* resultierte ebenfalls aus theoretischen Überlegungen. Im Gegensatz zum Begriff der Ungleichheit - welcher theoriehistorisch eher auf sozioökonomische Ungleichheit (vertikale Ungleichheit) abzielt - ist der Begriff der Disparität neutraler. An diesen sind sowohl Mechanismen sozialer Ungleichheit als auch Formen von Diskriminierung, welche sich nicht auf soziale Ungleichheit reduzieren lassen (vgl. Kapitel 2.2), anschlussfähig. Somit kann die empirische Feststellung von Unterschieden zwischen Migrantengruppen von der Ursachenanalyse begrifflich getrennt werden. Diese Trennung von empirischer Feststellung und Erklärung bzw. Deutung umgeht eine einseitige Defizitperspektive und wendet den Blick auch auf „Migration [...] als Bildungspotenzial für die Betroffenen und die Anderen" (Schelle 2005, S. 41; vgl. Kapitel 4.1.1).

Der Übergang von der allgemeinbildenden Schule in eine berufliche Ausbildung ist wie im Kapitel 2.3 dargestellt nicht nur eine sensible Phase im Lebensverlauf (vgl. Blossfeld 1988), sondern einer der zentralen Übergänge im Lebenslaufregime, welcher maßgeblich über die Statusallokation in der sozialen Hierarchie Deutschlands entscheidet. Die Besonderheit dieses Bildungs-übergangs ist, dass hier nicht nur staatliche Organisationen maßgeblich die Bildungsbeteiligungen beeinflussen, sondern ebenso Akteure, die den Markt-mechanismen von Angebot und Nachfrage unterliegen. Ausbildungs-platzanbieter sind zu einem großen Teil Unternehmen, die profitmaximierend tätig sind. Aus diesem Grund war nicht nur ein Rückgriff auf soziologische, sondern ebenso auf ökonomische Theorien indiziert.

Nach der Sichtung der verschiedenen soziologischen und ökonomischen Erklärungsansätze für migrationsbezogene Disparitäten in den Bildungsbeteiligungen in Kapitel 3 zeigte sich die Notwendigkeit für einen integrativen Rahmen, der das Individuum als strukturell eingebettetes, aber gleichwohl handelndes Individuum konzipiert und somit eine Mikro-Makro-Verbindung ermöglicht, die zudem dem Übergang in seiner zeitlichen Dimension Rechnung trägt.

Eine hinreichend formale und offene Konzeption wurde im sozialökologischen Modell Uri Bronfenbrenners (vgl. 1990; 1993) gefunden. Dieses Sozialisationsmodell ermöglicht es, verschiedene Ansätze auf unterschiedlichen Analyseebenen zu integrieren (vgl. Kapitel 4.1). Der Theorieansatz wurde um das Lebensbewältigungskonzept von Lothar Böhnisch und das Akkulturationsmodell von John W. Berry erweitert. Das Lebensbewältigungskonzept ermöglicht, die dem Bewältigungsbegriff immanente Gefahr der Beliebigkeit zu umgehen, indem es auf sozialstrukturelle Problemfragen und deren Bearbeitung fokussiert. Das Akkulturationsmodell von Berry erweitert das allgemeine Sozialisationsmodell um migrationsspezifische Aspekte.

Methodisch wurde eine Strategie verfolgt, die in der Literatur als Triangulation bezeichnet wird. Es kamen sowohl quantitative Methoden, die vor allem auf die Ausgrenzungsrisiken fokussierten, als auch qualitative Methoden, die auf die individuellen Bearbeitungsmodi abzielten, zum Einsatz. Dieses Vorgehen machte eine tiefergehende Auseinandersetzung mit den methodologischen, epistemologischen und wissenschaftstheoretischen Grundlagen notwendig. Nach der Zurückweisung der These, dass qualitative und quantitative Methoden *prinzipiell* unterschiedlichen Paradigmen im Sinne Thomas S. Kuhns zuzuordnen wären - was, wenn es so wäre, eine Triangulation a priori unmöglich machen würde (vgl. Kapitel 4.2.1) -, wurde die erkenntnistheoretische bzw. gegenstandskonstituierende Position der Dokumentarischen Methode erarbeitet und auf die Anschlussfähigkeit von Erkenntnissen aus quantitativen Methoden geprüft. Dabei wurde festgestellt, dass das Verhältnis von Ergebnissen aus unterschiedlichen Verfahren immer (forschungs-)situationsspezifisch geklärt werden muss. Es ist letztlich eine Frage der verwendeten Theorien. Hier sind nicht nur die expliziten Theorien zu berücksichtigen, sondern vor allem die den jeweiligen Methoden impliziten Theorien (vgl. Kapitel 4.2.2).

Die Untersuchung erfolgte in drei empirischen Zugriffen: einer Verlaufsanalyse, einer Regressionsanalyse und einer qualitativ-rekonstruktiven Analyse. Die empirische Ausgangsbasis bildete direkt bzw. indirekt das DJI-Übergangspanel (vgl. Kapitel 5.1).

Die Besonderheit dieses Panels besteht darin, dass nur Jugendliche von Hauptschulen bzw. Hauptschulzügen von Gesamtschulen, welche 2004 das letzte Jahr ihrer Pflichtschulzeit absolvierten, befragt wurden. Dies bot für die verfolgte Forschungsfrage den Vorteil, gezielter migrationsbezogene Disparitäten untersuchen zu können. Da die Gruppe der Hauptschüler/innen von einer hohen sozioökonomischen Homogenität geprägt ist, war es möglich, trotz des hohen Grades der Unterschichtung von Menschen mit Migrationshintergrund (vgl. Kapitel 2.4) migrationsbezogene Disparitäten von sozioökonomischer Ungleichheit zu trennen.

Die Verlaufsanalyse legte offen, dass der Zeitraum nach der Pflichtschulzeit für Hauptschüler/innen bzw. Schüler/innen von Hauptschulzügen durch eine Parallelität von Homogenität und Heterogenität gekennzeichnet ist. Ein nach wie vor großer Teil der Jugendlichen weist Übergangswege auf, die von keinen bzw. geringen Friktionen betroffen sind. Parallel war aber ebenso eine Gruppe zu identifizieren (28,74%), die neben dem Einstieg in den Übergang zwei bis zu sechs Brüche innerhalb eines Beobachtungszeitraumes von ca. 1½ Jahren zu be- bzw. verarbeiten hatte. Vor allem die Jugendlichen mit Migrations- hintergrund - Aussiedler/innen wie auch Jugendliche mit anderem Migrations- hintergrund - waren in der zweiten Gruppe verstärkt vertreten. Sie waren statistisch häufiger von Brüchen und Friktionen betroffen als Jugendliche ohne Migrationshintergrund.

Besonders direkt im Anschluss an die Pflichtschulzeit zeigten sich deutliche migrationsbezogene Disparitäten. Sowohl die Gruppe der Aussiedler/innen als auch die Gruppe der Jugendlichen mit anderem Migrationshintergrund haben deutlich geringere Übergangsraten in eine Ausbildung/Lehre als die Jugendlichen ohne Migrationshintergrund. Im Übergangsmuster 9 - direkter Einstieg und anhaltender Verbleib in Ausbildung/Lehre - sind die Jugendlichen ohne Migrationshintergrund fast doppelt so häufig vertreten als ihre Altersgenossen mit Migrationshintergrund (vgl. Abbildung 5-9).

Während zu Beginn des Übergangszeitraums keine Unterschiede zwischen den Jugendlichen mit Migrationshintergrund - Aussiedler/innen *und* Jugendliche mit anderem Migrationshintergrund - festzustellen waren, veränderte sich dies nach ca. einem Jahr. Obwohl nach ca. 12 Monaten bei allen Gruppen eine Steigerung der Übergangsraten in Ausbildung zu verzeichnen war, stiegen die Übergangsraten in Ausbildung/Lehre der Aussiedler/innen überproportional (vgl. Abbildung 5-3).

Anhand einer Sequenzmusteranalyse und daran anschließender bivariater Analysen konnte herausgearbeitet werden, dass den gestiegenen Übergangsraten der Aussiedler/innen in eine Ausbildung nach ca. einem Jahr entweder ein weiteres Jahr allgemeinbildende Schule (Muster 3) oder eine Maßnahme des Übergangssystems (Muster 10) vorausging. Inwiefern diese Besuche ursächlich für die gesteigerten Übergangsraten sind, bleibt dabei fraglich. Denn parallel zeigte sich, dass in den Übergangsmustern bei denen zwar ebenfalls ein weiteres Jahr allgemeinbildende Schule (Muster 2) oder eine einjährige Maßnahme des Übergangssystems (Muster 12) an die Pflichtschulzeit anschloss, aber danach *kein* Übergang in eine Ausbildung folgte, die Aussiedler/innen ebenfalls verstärkt vertreten waren.

Aussiedler/innen sind somit nicht einfach pauschal erfolgreicher, wenn sie ein weiteres Jahr Schule oder eine Maßnahme des Übergangssystems besuchen, denn dann müssten ihre Anteilswerte in den Mustern 2 und 12 bedeutend geringer ausfallen. Das tun sie jedoch nicht. Vielmehr ist hier eine Migrationsgruppenspezifik hinsichtlich der Art und Weise der Kompensation der negativen Übergangsraten direkt in Ausbildung im Anschluss an die Pflichtschulzeit zu vermuten. Werden die vier Übergangsmuster (3, 10; 2; 12) zusammengefasst, zeigt sich, dass insgesamt 39,4% der Aussiedler/innen, 30,9% der Jugendlichen mit anderem Migrationshintergrund und 29,4% ohne Migrationshintergrund einen dieser Übergangswege gingen.

In vertiefenden bi- und multivariaten Analysen wurde der Versuch unternommen, anhand der aus der Literatur bekannten Erklärungsansätze (vgl. Kapitel 3) die Befunde der Verlaufsanalyse weiter aufzuklären.

Zunächst wurde geprüft, ob unterschiedliche Präferenzen für die unterschiedlichen Übergangsraten in Ausbildung verantwortlich gemacht werden können. Dafür ließen sich keine Hinweise finden. Es zeigte sich, dass vor allem die Aussiedlerjugendlichen ähnlich stark an einer Ausbildung/Lehre orientiert waren wie die Jugendlichen ohne Migrationshintergrund (vgl. Abbildung 5-14).

Eine weitere Vermutung war, dass die erhöhte Steigerungsrate nach 12 Monaten eine Folge von systematischer Kanalisierung in eine nichtbetriebliche Ausbildung ist. Aber auch hierfür konnten keine Belege gefunden werden (vgl. Tabelle 5-12; Tabelle 5-13; Tabelle 5-14).

In einem nächsten Schritt wurde in multivariaten Regressionsanalysen geprüft, ob sich unter Kontrolle individueller, soziokultureller, schulischer und regionaler Merkmale die schlechteren Übergangsraten in Ausbildung/Lehre direkt im Anschluss an die Pflichtschulzeit erklären lassen. Neben dem Ziel der statistischen Aufklärung der starken negativen Effekte, die mit den Merkmalen Aussiedlerstatus bzw. anderer Migrationshintergrund verbunden sind, wurde der Frage nachgegangen, ob die Steigerungsraten der Aussiedler/innen auf eine Defizitkompensation zurückzuführen sind. Der Hintergrund der These der Defizitkompensation ist, dass die Gruppe der Aussiedler/innen diejenige mit dem größten Anteil an Zugewanderten nach den Zeitpunkt der Grundschulzeit ist. Aufgrund dieses Umstandes ist von einem erhöhten Akkulturationsstress auszugehen, der sich in schlechteren schulischen Leistungsmerkmalen niederschlägt. Die so entstandenen Defizite in den Leistungsmerkmalen werden durch ein weiteres Jahr Schule bzw. eine Maßnahme des Übergangssystems kompensiert.

Implizit ist dieser Defizitkompensationsthese, dass die Gruppe der Aussiedler/innen insgesamt weniger von Ausgrenzungsrisiken betroffen ist als andere Migrantengruppen, was wiederum auf die rechtlich privilegierte Stellung der Aussiedler/innen zurückzuführen wäre (vgl. Kapitel 2.1). Die gleich geringen Übergangsraten in Ausbildung /Lehre direkt nach der Pflichtschulzeit resultieren nach dieser Defizitkompensationsthese nicht aus parallelen Problemlagen, sondern aus einem Kompositionseffekt. Mit der Kompensation der verstärkten Defizite löst sich dieser Kompositionseffekt auf und die Aussiedler/innen können wieder von der privilegierten Stellung im Sozialgefüge - zumindest gegenüber anderen Migranten/innen - profitieren. Für diese Vermutung sprach die in vielen Untersuchungen identifizierte Zwischenstellung der Gruppe der Aussiedler/innen zwischen der Gruppe ohne Migrationshintergrund und anderen Migrantengruppen.

Diese Defizitkompensationsthese konnte eindeutig zurückgewiesen werden, da sich unter Kontrolle der Leistungsmerkmale die Koeffizienten der Merkmale Aussiedler/innen und der Jugendlichen mit anderem Migrationshintergrund hätten verändern müssen. Dies war jedoch nicht feststellbar. Auch die Kontrolle anderer Aspekte - z. B. Bewerbungsverhalten; sozioökonomischer und soziokultureller Hintergrund; schulische und regionale Kontextmerkmale - führte nicht zu einer nennenswerten Veränderung in den Koeffizienten und schon gar nicht zu einer statistischen Auflösung des negativen Resteffekts, der mit dem jeweiligen Migrationshintergrund verbunden ist. Lediglich der Koeffizient der Gruppe der weiblichen Aussiedlerinnen erreichte in einigen Modellen statistische Insignifikanz. Aufgrund des Umstandes, dass der Koeffizient dennoch eindeutig im negativen Bereich verbleibt, ist die Insignifikanz wohl eher auf die geringe Stichprobengröße zurückzuführen.

Nachdem die Defizitkompensationshypothese ausgeschlossen werden konnte, wurde geprüft, ob die überproportionalen Steigerungen der Übergangsraten der Aussiedler/innen in Ausbildung/Lehre nach einem Jahr nach der Pflichtschulzeit aus einer subgruppenspezifischen überproportionalen Steigerung der Leistungsmerkmale resultieren. Das heißt, es werden keine Defizite kompensiert, sondern die Leistungsmerkmale überproportional gesteigert, anhand derer Ausbildungsplatzanbieter Bewerber/innen um Ausbildungsplätze auswählen. Aber auch diese Hypothese fand keine Bestätigung. Anhand von Fixed-Effects-Logistic-Modellen für den Zwei-Perioden-Fall wurde geprüft, ob unter Kontrolle des Merkmals *verbesserter Schulabschluss* der signifikante Effekt, der mit dem Aussiedlerstatus verbunden ist, verschwindet oder nicht. Es zeigte sich, dass nachgeholte- bzw. verbesserte Abschlüsse zwar signifikante Einflüsse auf die Übergangsraten in Ausbildung/Lehre nach einem Jahr nach der Pflichtschulzeit haben, aber dass dieser Effekt erstens nicht den Effekt des Migrationshintergrundes aufhebt:

Aussiedler/innen haben auch unter Kontrolle der Verbesserung einen fünfmal so hohen Faktor als Jugendliche ohne Migrationshintergrund. Zweitens dokumentierte sich, dass der Effekt des nachgeholten bzw. verbesserten Abschlusses zwischen den Gruppen stark variiert und zwar dergestalt, dass eine Verbesserung bzw. Nachholung für Jugendliche mit Migrationshintergrund - Aussiedler/innen und Jugendliche mit anderem Migrationshintergrund - deutlich geringer ausfällt als für die Jugendlichen ohne Migrationshintergrund.

Es sind somit andere Faktoren für die gesteigerten Übergangsraten der Aussiedler/innen verantwortlich zu machen. Da weder von einer prinzipiellen Veränderung einer eventuellen Diskriminierungsstruktur wie auch von einer prinzipiellen Veränderung der sozialen Ungleichheitsstruktur während eines Jahres auszugehen ist, wurde vermutet, dass die gesteigerten Übergangsraten eher auf der individuellen Seite zu suchen sind.

Um ethnisierende Ad-hoc-Hypothesen zu vermeiden, wurde in einem dritten empirischen Zugriff anhand von narrativ-angelegten Leitfadeninterviews, die mittels der rekonstruktiven Dokumentarischen Methode (vgl. Kapitel 7.1.3) ausgewertet wurden, dieser Frage nachgegangen. Die Sampleauswahl erfolgte anhand der vier Übergangsmuster, in denen die Aussiedler/innen überrepräsentiert sind (Übergangsmuster 3, 10; 2; 12). Es konnten gezielt elf Jugendliche aus diesen vier Übergangsmustern angesprochen und interviewt werden.

Die Rekonstruktion der Textpassagen, die sich auf die einzelnen Zustandswechsel im Zeitraum von 1½ Jahren nach der Pflichtschulzeit beziehen, ergab vier Übergangstypen: die *ausbildungsmarktorientierte Optionserweiterung*, die *ausbildungsmarktorientierte Flexibilisierung, die schulorientierte Flexibilisierung* und die *ausbildungsmarktbezogene Distanzierung*.

Das Kennzeichen des Typs der *ausbildungsmarktorientierten Optionserweiterung* ist die Vermittlung von antizipierten Ansprüchen des Ausbildungsmarktes bzw. der Ausbildungsplatzanbieter und den ganz persönlichen berufsbezogenen Präferenzen. Die individuellen berufsbezogenen Präferenzen werden auch bei negativen Erfahrungen weitgehend aufrechterhalten. Die Handlungsstrategie dieser Jugendlichen besteht vor allem in einer Optimierung und Steigerung der individuellen Marktsignale wie den Erwerb zusätzlicher oder verbesserter Bildungszertifikate.

Beim Typ der *ausbildungsmarktbezogenen Flexibilisierung* steht der Aspekt der Sicherheit bzw. der Risikoabwendung dominant im Vordergrund. Bei diesen Jugendlichen geht es nicht (mehr) darum, eine Balance zwischen beruflicher Integration und Selbstentfaltung zu finden, sondern ‚lediglich' um eine Strategie der Existenzsicherung. Hierfür wird ebenfalls das Spektrum der Anforderungen des Ausbildungsmarktes antizipiert und das eigene Handeln daran ausgerichtet. Der Unterschied zum ersten Typus besteht nun darin, dass die individuellen berufsbezogenen Präferenzen maximal flexibilisiert werden. Ziel ist eine Ausbildungsstelle, egal welche. Dennoch weisen diese Jugendlichen ein erhöhtes Engagement (Praktika, Bewerbungen usw.) auf. Dies ist aber nicht auf eine Verbesserung von Zertifikaten ausgerichtet, sondern auf sogenannte „Klebeeffekte" (vgl. Solga u.a. 2010; Gaupp/Lex/Reißig 2008) gerichtet. Die Maßnahme des Übergangssystems z. B. wird vor allem als Möglichkeit gesehen, Praktika zu absolvieren. Dabei geht es besonders um die Möglichkeit, über einen persönlichen Zugang die Chancen zu verbessern, in den jeweiligen Unternehmen „kleben zu bleiben".

Bei der *schulorientierten Flexibilisierung* steht analog zur *ausbildungs-marktbezogenen Flexibilisierung* der Aspekt der Sicherheit bzw. der Risikominimierung zentral im positiven Vergleichshorizont. Auch bei diesen Jugendlichen geht es nicht (mehr) um eine Vermittlung von individuellen berufsbezogenen Präferenzen und Sicherheit, sondern lediglich um eine Ausbildung an sich, die unabhängig von fachspezifischen Inhalten die formalen Voraussetzungen einer anerkannten Berufsausbildung erfüllt. Der Unterschied besteht aber darin, welches Handlungswissen für die Bearbeitung aktualisiert wird. Dies sind nicht primär antizipierte Anforderungen des Ausbildungsmarktes, sondern ein starker Schulbezug. Alternative Wege zur Schule - wie z. B. über Praktika oder Maßnahmen des Übergangs-systems - werden nicht artikuliert. Die Jugendlichen diesen Typs haben somit bei ausbleibendem Erfolg lediglich die Möglichkeit, sich selbst zu transformieren, indem der eigene Anspruch abgesenkt bzw. maximal flexibilisiert wird.

Der vierte Typ ist der der *ausbildungsmarktbezogenen Distanzierung*. Dieser unterscheidet sich von den anderen Typen vor allem dadurch, dass negative Erfahrungen zu einer kompletten Abwendung von einer ursprünglich präferierten praktischen Ausbildung führen. Verfolgt wird eine problemvermeidende Bewältigungsstrategie, indem sich weiteren potenziellen Negativerfahrungen entzogen wird. Jegliche bildungs- und berufsbezogene Aktivität wird eingestellt. Bei diesem Typus werden dann z. B. Perspektiven wie die Bundeswehr angestrebt. Maßnahmen des Übergangssystems werden als Zwang erlebt.

Auch wenn die Erhebung und Analyse auf eine sinngenetische Typenbildung abzielte und somit keine Aussagen über die Soziogenese getroffen werden konnten, zeigte ein Vergleich mit der Arbeit von Katrin Schittenhelm, dass es sich nicht um spezifische Übergangstypen von

Aussiedler/inne/n zu handeln scheint. Katrin Schittenhelm gelangte anhand von Gruppendiskussionen und Einzelinterviews bezüglich der Übergänge von der Schule in den Beruf mit Jugendlichen ohne und mit anderem Migrationshintergrund zu analogen bzw. vergleichbaren Übergangstypen (vgl. Schittenhelm 2005b; vgl. Kapitel 7.3).

Dies legt die Vermutung nahe, dass es sich bei den qualitativen Übergangstypen um ein generelles Phänomen handelt und nicht um ein aussiedler/innen/spezifisches. Vor diesem Hintergrund kann auch vermutet werden, dass das verstärkte Auftreten des qualitativen Übergangstyps *ausbildungsmarktorientierte Optionserweiterung* im qualitativen Sample nicht auf eine Aussiedler/innen/spezifik zurückzuführen ist, sondern aus dem Sampling selbst resultiert. Ob nach einer Maßnahme des Übergangssystems oder einem weiteren Jahr allgemeinbildende Schule in eine Ausbildung übergewechselt wird oder nicht, ist nicht nur eine Frage der individuellen Orientierung, sondern auch immer eine Frage der Strukturiertheit von Chancen und Möglichkeiten in der sozialökologischen Umwelt. Übergänge sind nicht nur Resultate von rationalen Kalkülen oder des Habitus, sondern immer auch eine Frage der Gelegenheitsstrukturen.[46] Dies legt den Schluss nahe, dass die Jugendlichen in den vier Übergangsmustern eher von Gemeinsamkeiten geprägt sind als von Unterschieden. Somit wäre ein allgemeiner Zusammenhang zwischen den vier Übergangsmustern und dem Übergangstyp *ausbildungsmarktorientierte Optionserweiterung* zu vermuten.

Von diesen Überlegungen unberührt bleibt aber der Umstand, dass Aussiedler/innen - wie es die quantitative Untersuchung gezeigt hat - überproportional in allen vier Übergangsmustern vertreten sind. Auch wenn, wie eben vermutet, dass verstärkte Auftreten des Typs *ausbildungsmarktorientierte Optionserweiterung* auf das Sampling selbst zurückzuführen ist, bleibt die Frage offen, warum Aussiedler/innen verstärkt in diesen Übergangsmustern vertreten sind.

Hier deuten sich migrationsbezogene Disparitäten an, die nicht direkter, sondern indirekter Natur sind. Auf diese Unterscheidung von kulturellen Effekten hat bereits Katrin Schittenhelm hingewiesen. [47] Als *direkte Effekte* „kultureller Orientierung" bezeichnet sie Effekte, „die unmittelbar das handlungsleitende Orientierungswissen eines Bildungs- und Berufswahl-

---

[46] Dieser Umstand dokumentiert sich nicht zuletzt im eigenständigen Effekt der betrieblichen Angebots-Nachfrage-Relation nach Ausbildung/Lehre (vgl. Kapitel 6.1.2.7).

[47] Katrin Schittenhelm verwendet die Termini *primäre* und *sekundäre Effekte* (Schittenhelm 2005a, S. 691). Aufgrund des Umstandes, dass die Verwendung der Termini *primäre* und *sekundäre Effekte* stark an die Unterscheidung zwischen primären und sekundären Effekten der sozialen Schicht in den Konzeptionen der Rational-Choice-Modelle erinnert, soll hier von direkten und indirekten Effekten gesprochen werden, um Verwechslungen zu vermeiden.

verhaltens [...] beeinflussen" (Schittenhelm 2005a, S. 697). Davon sind *indirekte Effekte* zu unterscheiden, „die erst vermittelt über die gesellschaftliche Bewertung und Sanktion einer kulturellen Praxis die Bildungs- und Berufslaufbahn regulieren" (Schittenhelm 2005a, S. 697). Während die direkten Effekte einer kulturellen Orientierung für die schlechteren Übergangschancen in eine Ausbildung bei Jugendlichen mit Migrationshintergrund auch in dieser Studie weitestgehend ausgeschlossen werden konnten (vgl. Aspiration, Bewerbungsverhalten usw.), deuten sich in der Gesamtschau der Ergebnisse migrationsbezogene Disparitäten in Bezug auf indirekte Effekte an.

Die sozioökologische Umwelt stellt Handlungsanforderungen, auf die das Individuum reagieren muss. Im vorliegenden Fall wäre es die Bearbeitung des Übergangs von der allgemeinbildenden Schule in eine berufliche Ausbildung. Mit den Handlungsanforderungen sind mehr oder weniger vorstrukturierte Mittel und Wege für deren Bearbeitung prädisponiert. Die Varianz unterschiedlicher Handlungsanforderungen und der damit einhergehenden Vorstrukturierung und Bereitstellung von Wegen und Mitteln - und somit auch deren Kontingenz - zeigt nicht zuletzt die international vergleichende Forschung (vgl. Allmendinger/Hinz 1997; Dommermuth 2008).

> In der Bundesrepublik Deutschland z. B. besteht „mit dem dominierenden Lehrlingssystem eine klare Trennung zwischen der allgemeinbildenden und der beruflichen Ausbildung [...]. In [...] Schweden wird die berufliche Ausbildung hauptsächlich in berufsbildenden Schulen erworben [...] und in Italien [...] treten viele Berufsanfänger direkt von den schulischen Ausbildungsgängen in das Erwerbsleben ein, wo sie durch On-the-job-Training am Arbeitsplatz berufliche Qualifikation erwerben" (Blossfeld 1993, S. 24).

Je nach System ergeben sich unterschiedliche Bearbeitungsaufgaben und - möglichkeiten. Vor diesem Hintergrund ist es nicht mehr verwunderlich, dass sowohl die quantitativen Übergangsmuster als auch die qualitativen Übergangstypen sich *nicht* entlang migrationsbezogener Differenzierungslinien *distinktiv* - das heißt trennscharf - scheiden lassen. Beides - Bearbeitungsaufgaben und Bearbeitungsmöglichkeiten - sind Aspekte *ein und desselben* sozialstrukturell verfassten Übergangsregimes, das Möglichkeiten und Handlungsoptionen prädisponiert. Dies dokumentierte sich in der vorliegenden Untersuchung nicht zuletzt in dem Befund, dass alle Migrationsgruppen in allen Übergangsmustern vertreten sind. Die Art und Weise der Problembearbeitung ist somit nicht einfach direkt auf die jeweilige Gruppe zurückzuführen, sondern ist immer im Kontext der Bearbeitungsanforderung, die sich aus der sozialökologischen Umwelt - bzw. aus der sozialstrukturellen Problemlage (Böhnisch 2005, S. 1119) - ergibt, zu betrachten.

Sehr deutlich dokumentierte sich dies bei Toscha (vgl. Kapitel 7.2.1.3). Er antizipierte die an ihn gestellten Ansprüche, entwickelte seine eigene Theorie über die Funktionsweise des Ausbildungsmarktes und verhielt sich entsprechend. Dies ist aber kein Wissen oder Verhalten, welches unmittelbar aus der Herkunftskultur resultiert. Diese Bearbeitungsform ist ein Resultat eines Konstruktionsprozesses, in dem die Bearbeitungsanforderungen maßgeblich den Konstruktionsprozess mitgestalten bzw. prädisponieren.

Dennoch ist die spezifische individuelle Bearbeitung der Bearbeitungsanforderung mit Freiheitsgraden versehen, wie die qualitative Analyse deutlich gezeigt hat. Die Ausgestaltung der Bearbeitung erfolgt dabei mit Rückgriff auf vorhandene Ressourcen und Erfahrungen, die (herkunfts-) kulturell geprägt sind bzw. sein können. Dies dokumentiert sich in dem Befund, dass obwohl Aussiedler/innen und Jugendliche mit anderem Migrationshintergrund analoge Problemlagen beim Übergang in eine Ausbildung/Lehre direkt nach der Pflichtschulzeit aufweisen - wie sich eindrücklich in den multivariaten Analysen gezeigt hat -, sich dennoch differenzielle migrationsbezogene Effekte bezüglich der Bearbeitung dieser Problemlagen vermuten lassen, was sich wiederum in den überproportional gestiegenen Übergangsraten in eine Ausbildung/Lehre der Aussiedler/innen nach einem Jahr nach der Pflichtschulzeit dokumentiert. Andere Erklärungen wie z. B. differenzielle Grade von Diskriminierung oder Effekte der privilegierten Positionen aufgrund des spezifischen Zuwanderungsmodus der Aussiedler/innen sind - wie bereits erwähnt - nach vorliegender Datenlage unplausibel. Es kann nicht davon ausgegangen werden, dass sich derartige Einflussgrößen innerhalb eines Zeitraumes von 1½ Jahren grundlegend ändern.

Insgesamt zeichnet sich hier ein Bild ab, welches am ehesten mit dem Begriff der Figuration gefasst werden kann. Figurationen sind „Interdependenzgeflechte, die die einzelnen Menschen und ihre Motive aneinander binden und sie dazu bringen, in einer ganz spezifischen Weise zu handeln, in einer Weise, in der sie vielleicht nicht handeln würden, wenn sie völlig frei (von sozialen Abhängigkeiten) wären" (Baumgart/Eichener 1991, S. 103). Vor dem Hintergrund der Ergebnisse der Studie ist aber nicht nur von einer „Außenseiter-Etablierten-Figuration" (vgl. Kapitel 3.2.2.2) - die sich lediglich auf das Verhältnis von Allochtonen und Autochthonen bezieht - auszugehen, sondern von verschiedenen, migrationsgruppendifferenziellen Figurationen.

Die Spezifik der Figuration der Aussiedler/innen im Übergang von der allgemeinbildenden Schule in die berufliche Ausbildung kann folgendermaßen umrissen werden: Aussiedler/innen weisen parallele Problemlagen direkt im Anschluss auf die Pflichtschulzeit wie Jugendliche mit anderem Migrations-

hintergrund auf. Sie scheinen aber tendenziell andere Kompensations-
strategien - die sozialstrukturell prädisponiert sind - zu präferieren als
Jugendliche mit anderem Migrationshintergrund. Wird eine Homologie
zwischen den Übergangsmustern und den Übergangstypen angenommen - die
vorliegenden Indizien sprechen dafür - scheinen die Aussiedler/innen eher eine
ausbildungsmarktorientierte Optionserweiterung zu verfolgen.

Worauf diese indirekten migrationsbezogenen Disparitäten letztlich
beruhen, konnte nicht abschließend geklärt werden. Klar ist jedoch, dass
simplifizierende Erklärungen, wie differenzielle Sprachkompetenzen oder
migrationsbezogene Differenzen in den schulischen Leistungen, hierfür
zurückzuweisen sind. Auch die sozialräumlichen Merkmale der Schulumwelt
oder der regionalen Zugehörigkeit zeigten sich nicht erklärungsmächtig für die
schlechteren Übergangschancen im Anschluss an die Pflichtschulzeit. Ebenso
greift der simplifizierende Verweis auf unterschiedliche Präferenzen zu kurz.
Vordergründig zeigten sich deutliche Unterschiede zwischen den Jugendlichen
mit anderem Migrationshintergrund und den Aussiedler/innen bei den Angaben
auf die Frage: „Was sind deine Pläne für die Zeit nach der Schule?" (vgl.
Abbildung 5-14). Jugendliche mit anderem Migrationshintergrund gaben hier
deutlich häufiger den Weiterbesuch einer allgemeinbildenden Schule als
Wunsch an. Wenn aber diese Präferenzen allein für die unterschiedlichen
Übergangsraten verantwortlich wären, hätte dies dazu führen müssen, dass sich
der negative Effekt - der mit dem Merkmal „anderer Migrationshintergrund"
verbunden ist - in den multivariaten Modellen, bei denen nur die Jugendlichen
berücksichtigt wurden, die die Schule verlassen haben, auflöst.

Diese individualisierenden Erklärungen verkennen den Konstruktions-
charakter des Übergangs. Vor allem die Seite der Ausbildungsplatzanbieter, die
bis auf wenige Ausnahmen (vgl. Imdorf 2011) bisher kaum selbst zum
Untersuchungsgegenstand geworden ist, ist auch in der vorliegenden
Untersuchung datenbedingt deutlich unterbelichtet und muss künftig stärker
(mit) in den Blick genommen werden. Die bedeutende Rolle der Ausbildungsplatzanbieter bei der prozessualen Entwicklung von Übergangsfigurationen
dokumentiert sich nicht zuletzt in den Interviews der Jugendlichen. In allen
qualitativen Interviews lassen sich Passagen finden, in denen die Jugendlichen
die antizipierten Ansprüche der Ausbildungsplatzanbieter in ihre Überlegungen
und Strategien einbinden. Inwiefern die Antizipationen treffend sind oder nicht,
kann nur beantwortet werden, wenn die Perspektive der Anbieter in künftigen
Forschungen berücksichtigt wird. Der Verweis auf reine Kosten-Nutzen-
Kalküle als Auswahlkriterium der Anbieter ist unzureichend und somit ebenfalls
zurückzuweisen.

Unabhängig davon, ob die Antizipationen der Jugendlichen bezüglich der Anforderungen der Ausbildungsplatzgeber treffend sind oder nicht, dokumentierte sich eindrücklich, wie kreativ die Jugendlichen mit ihren Erfahrungen und Ressourcen der Bearbeitungsanforderung des Übergangs begegnen. Dies ist vor allem aus pädagogischer Sicht wesentlich. Das Merkmal des Migrationshintergrundes ist nach vorliegender Datenlage nicht mit Defiziten im substanziellen Sinne - z. B. im Sinne des Fehlens von Kompetenzen - verbunden. Die Indizien sprechen eher dafür, dass erst durch negative Zuschreibungen im Konstruktionsprozess dieses Merkmal negativ (um)gedeutet wird.

Die Pädagogik sollte sich demnach nicht (nur) auf die Kompensation eventueller Defizite konzentrieren, sondern vor allem an den individuellen Kompetenzen und Bedürfnissen der Jugendlichen ansetzen. Dies ist besonders wesentlich in Bezug auf den Umgang mit Kinder und Jugendlichen, die nicht reibungslos in die institutionellen Bahnen und deren spezifischen Logiken (vgl. Tabelle 3-3) passen. Wird Migration als Modernisierungsprozess (vgl. Apitzsch 2010; Hamburger 2009) verstanden, sind Spannungen nicht nur erwartbar, sondern auch wünschenswert, da gerade dadurch Innovationspotenziale entstehen. Nichtpassungen sind somit nicht zu nivellieren, sondern konstruktiv aufzunehmen und pädagogisch zu wenden. Akkulturation ist kein Prozess, der nur Aufgabe der Zugewanderten und deren Nachfahren ist, sondern es ist ein Interdependenzprozess, der auch die Aufnahmegesellschaft einbezieht. Somit stellt sich nicht nur die Frage, was Migrant/inn/en und deren Nachfahren für die Integration leisten (müssen), sondern ebenso, was die Aufnahmegesellschaft leistet bzw. leisten muss.

An dieser Stelle muss noch einmal ausdrücklich erwähnt werden, dass die Überlegungen zu differenziellen Übergangsfigurationen eher der Abduktion als der Deduktion entspringen. Es bleibt künftiger Forschung überlassen, den sich hier andeutenden Weg weiter zu beschreiten. Vor allem der Versuch der Übersetzung von Erkenntnissen aus qualitativen, rekonstruktiven Verfahren in standardisierte Erhebungsinstrumente und deren Berücksichtigung in längsschnittlichen, quantitativen Untersuchungen deutet sich als vielversprechend an. Es ist nicht ausreichend, nur nach den individuellen Zielen zu fragen, da diese bereits ein Resultat des Transaktionsprozesses zwischen Individuum und sozialökologischer Umwelt sind. Es müssen Forschungsstrategien entwickelt werden, die näher an den interdependenten Konstruktionsprozess der Übergangsfiguration heranreichen. Dies ist m. E. nur mittels Triangulation möglich und zwar in Form eines zirkulären Forschungsprozesses, in welchem rekonstruktive, qualitative Verfahren, die den

Untersuchungsgegenstand heuristisch aufschließen können, nicht fehlen dürfen. Vor allem die Verbindung der Dokumentarischen Methode mit quantitativen Verfahren scheint gangbar, da mit beiden Verfahrenstypen Aspekte der Sozialstruktur analysierbar sind und somit ein gemeinsamer Bezugspunkt für die Interpretation der Ergebnisse aus den unterschiedlichen Verfahren gegeben ist.[48]

Hierfür ist aber neben einer rein methodischen Triangulation eine vertiefende theoretische Integration der grundlagentheoretischen Positionen nötig. In dieser Arbeit konnten nur Ansätze aufgezeigt werden, die erheblicher Erweiterung und vor allem Vertiefung bedürfen.

---

[48] Dies soll natürlich nicht heißen, dass dies kein ambitioniertes Unternehmen wäre. Die Dokumentarische Methode fokussiert stärker auf das „Wie" als auf das „Was" (vgl. Bohnsack/Nentwig-Gesemann/Nohl 2007b, S. 12). Auch wenn es mehr als schwierig sein dürfte, Fragen nach dem „Wie" in einem standardisierten Erhebungsinstrument zu operationalisieren, sollte m. E. zumindest der Versuch unternommen werden. Denn ob dieser Weg fruchtbar ist oder nicht, ist letztlich eine empirische Frage.

Literaturverzeichnis

Abbott, A./ Hrycak, A. (1990): Measuring Resemblance in Sequence Data. An Optimal Matching Analysis of Musicians' Careers. In: American Journal of Sociology. 96, S. 144-185.

Aisenbrey, S. (2000): Optimal Matching Analyse. Anwendungen in den Sozialwissenschaften. Opladen.

Akaike, H. (1998): Information Theory and an Extension of the Maximum Likelihood Principle. In: Parzen, E./ Tanabe, K./ Kitagawa, G. (Hrsg.): Selected Papers of Hirotugu Akaike. New York/ Berlin/ Heidelberg, S. 199-215.

Alba, R. D./ Handl, J./ Müller, W. (1994): Ethnische Ungleichheit im deutschen Bildungssystem. In: Kölner Zeitschrift für Soziologie und Sozialpsychologie. 46, S. 209-237.

Allison, P. D. (2004): Event History Analysis. In: Hardy, M./ Bryman, A. (Hrsg.): Handbook of Data Analysis. London/ Thousand Oaks/ New Delhi, S. 369-385.

Allison, P. D. (2009): Fixed Effects Regression Models. Los Angeles u.a.

Allmendinger, J./ Hinz, T. (1997): Mobilität und Lebensverlauf. Deutschland, Großbritannien und Schweden im Vergleich. In: Hradil, S./ Immerfall, S. (Hrsg.): Die westeuropäischen Gesellschaften im Vergleich. Opladen, S. 247-285.

Apitzsch, U. (2006): Die Migrationsfamilie. Hort der Tradition oder Raum der Entwicklung interkultureller biografischer Reflexivität? In: Badawia, T./ Luckas, H./ Müller, H. (Hrsg.): Das Soziale gestalten. Über Mögliches und Unmögliches der Sozialpädagogik. Wiesbaden, S. 249-264.

Apitzsch, U. (2010): Ausländische Kinder und Jugendliche. In: Krüger, H.-H./ Grunert, C. (Hrsg.): Handbuch Kindheits- und Jugendforschung. Wiesbaden, S. 935-956.

Arrow, K. J. (1998): What Has Economics to Say About Racial Discrimination? In: The Journal of Economic Perspectives. 12, S. 91-100.

Autorengruppe Bildungsberichterstattung (2010): Bildung in Deutschland 2010. Ein indikatorengestützter Bericht mit einer Analyse zu Perspektiven des Bildungswesens im demografischen Wandel. Bielefeld.

Baacke, D. (1993): Sozialökologische Ansätze in der Jugendforschung. In: Krüger, H.-H. (Hrsg.): Handbuch der Jugendforschung. Opladen, S. 135-158.

Baas, M. u.a. (2011): „Kleben bleiben?" Der Übergang von Hauptschüler/innen in eine berufliche Ausbildung. Eine vergleichende Analyse von „Praxisklassen" in Bayern und „Berufsstarterklassen" in Niedersachsen. München.

Bade, K. J./ Oltmer, J. (1999): Einführung. Aussiedlerzuwanderung und Aussiedlerintegration. Historische Entwicklung und aktuelle Probleme. In: Bade, K. J./ Oltmer, J. (Hrsg.): Aussiedler. Deutsche Einwanderer aus Osteuropa. Osnabrück, S. 9-54.

Baethge, M. (1974): Qualifikation - Qualifikationsstruktur. In: Wulf, C. (Hrsg.): Wörterbuch der Erziehung. München/ Zürich, S. 478-484.

Baethge, M. (2010): Neue soziale Segmentationsmuster in der beruflichen Bildung. In: Krüger, H.-H. u.a. (Hrsg.): Bildungsungleichheit revisited. Wiesbaden, S. 275-298.

Baethge, M./ Solga, H./ Wieck, M. (2007): Berufsbildung im Umbruch. Signale eines überfälligen Aufbruchs. Berlin.

Baumert, J./ Stanat, P./ Watermann, R. (2006) (Hrsg.): Herkunftsbedingte Disparitäten im Bildungswesen. Differenzielle Bildungsprozesse und Probleme der Verteilungsgerechtigkeit. Vertiefende Analysen im Rahmen von PISA 2000. Wiesbaden.

Baumert, J./ Watermann, R./ Schümer, G. (2003): Disparitäten der Bildungsbeteiligung und des Kompetenzerwerbs. In: Zeitschrift für Erziehungswissenschaft. 6, S. 46-71.

Baumgart, R./ Eichener, V. (1991): Norbert Elias. Zur Einführung. Hamburg.

Beauftragte der Bundesregierung für Migration Flüchtlinge und Integration (2010) (Hrsg.): 8. Bericht der Beauftragten der Bundesregierung für Migration, Flüchtlinge und Integration über die Lage der Ausländerinnen und Ausländer in Deutschland. Berlin.

Becker, G. S. (1971): The economics of discrimination. Chicago.

Becker, G. S. (1993): Human Capital. A Theoretical and Empirical Analysis with Special Reference to Education. Chicago/ London.

Becker, R. (2007): Soziale Ungleichheit von Bildungschancen und Chancengerechtigkeit. In: Becker, R./ Lauterbach, W. (Hrsg.): Bildung als Privileg. Erklärungen und Befunde zu den Ursachen der Bildugsungleichheit. Wiesbaden, S. 157-185.

Bednarz-Braun, I./ Hess-Meining, U. (2004): Migration, Ethnie und Geschlecht. Theorieansätze - Forschungsstand - Forschungsperspektiven. Wiesbaden.

Behrens, J./ Rabe-Kleberg, U. (2000): Gatekeeping im Lebensverlauf - Wer wacht an Statuspassagen? In: Hoerning, E. M. (Hrsg.): Biographische Sozialisation. Stuttgart, S. 101-136.

Beicht, U. (2009): Verbesserung der Ausbildungschancen oder sinnlose Warteschleife? Zur Bedeutung und Wirksamkeit von Bildungsgängen am Übergang Schule - Berufsausbildung. In: BIBB-Report. Forschungs- und Arbeitsergebnisse aus dem Bundesinstitut für Berufsbildung. 11, S. 1-16.

Beicht, U./ Friedrich, M. (2008): Anlage und Methode der BIBB-Bewerberstudie. In: Beicht, U./ Friedrich, M./ Ulrich, J. G. (Hrsg.): Ausbildungschancen und Verbleib von Schulabsolventen. Bielefeld, S. 79-99.

Beicht, U./ Ulrich, J. G. (2008a): Ergebnisse der BIBB-Übergangsstudie. In: Beicht, U./ Friedrich, M./ Ulrich, J. G. (Hrsg.): Ausbildungschancen und Verbleib von Schulabsolventen. Bonn, S. 101-294.

Beicht, U./ Ulrich, J. G. (2008b): Welche Jugendlichen bleiben ohne Berufsausbildung? Analyse wichtiger Einflussfaktoren unter besonderer Berücksichtigung der Bildungsbiografie. In: BIBB-Report. Forschungs- und Arbeitsergebnisse aus dem Bundesinstitut für Berufsbildung. 6, S. 1-16.

Bell, D. (1972): On meritocracy and equality. In: Public Interest. 29, S. 29-68.

Berry, J. W. (1996): Acculturation and Psychological Adaptation. In: Bade, K. J. (Hrsg.): Migration – Ethnizität – Konflikt. Systemfragen und Fallstudien. Osnabrück, S. 171-186.

Berry, J. W. (1997): Immigration, acculturation and adaption. In: Applied Psychology. An International Review. 46, S. 5-34.

Berry, J. W. (2006): Acculturative Stress. In: Wong, P. T. P./ Wong, L. C. J. (Hrsg.): Handbook of Multicultural Perspektives on Stress and Coping. New York, S. 287-298.

Berry, J. W./ Georgas, J. (2009): An Ecocultural Perspective on Cultural Transmission. The Family across Cultures Cultural Transmission. In: Schönpflug, U. (Hrsg.): Cultural Transmission. Psychological, Developmental, Social, and Methodological Aspects. Cambridge u.a., S.

Blossfeld, H.-P. (1988): Sensible Phasen im Bildungsverlauf. Eine Längsschnittanalyse über die Prägung von Bildungskarrieren durch den gesellschaftlichen Wandel. In: Zeitschrift für Pädagogik. 34, S. 45-63.

Blossfeld, H.-P. (1993): Die berufliche Erstausbildung Jugendlicher im internationalen Vergleich. In: Zeitschrift für Berufs- und Wirtschaftspädagogik. 11, S. 23-40.

Blossfeld, H.-P. (2006): Globalisierung, wachsende Unsicherheit und die Veränderung der Chancen der jungen Generationen in modernen Gesellschaften. Ausgewählte Ergebnisse des GLOBALIFE-Projekts. In: Arbeit - Zeitschrift für Arbeitsforschung, Arbeitsgestaltung und Arbeitspolitik. 15, S. 151-166.

Blossfeld, H.-P. u.a. (2005) (Hrsg.): Globalization, Uncertainty and Youth in Society. The Losers in a Globalizing World. London/ New York.

Blossfeld, H.-P./ Mayer, K. U. (1988): Arbeitsmarktsegmentation in der Bundesrepublik Deutschland. In: Kölner Zeitschrift für Soziologie und Sozialpsychologie. 40, S. 262-283.

Blossfeld, H.-P./ Shavit, Y. (1993): Dauerhafte Ungleichheiten. In: Zeitschrift für Pädagogik. 39, S. 25-52.

Böhnisch, L. (2005): Lebensbewältigung. In: Otto, H.-U./ Thiersch, H. (Hrsg.): Handbuch Sozialarbeit/ Sozialpädagogik. Neuwied, S. 1119-1121.

Böhnisch, L./ Lenz, K./ Schröer, W. (2009): Sozialisation und Bewältigung. Eine Einführung in die Sozialisationstheorie der zweiten Moderne. Weinheim/ München.

Bohnsack, R. (1989): Generation, Milieu und Geschlecht. Ergebnisse aus Gruppendiskussionen mit Jugendlichen. Opladen.

Bohnsack, R. (1997): „Orientierungsmuster". Ein Grundbegriff qualitativer Sozialforschung. In: Schmidt, F. (Hrsg.): Methodische Probleme der empirischen Erziehungswissenschaft. Baltmannsweiler, S. 49-61.

Bohnsack, R. (2003): Dokumentarische Methode und sozialwissenschaftliche Hermeneutik. In: Zeitschrift für Erziehungswissenschaft. 6, S. 550-570.

Bohnsack, R. (2006a): Dokumentarische Methode. In: Bohnsack, R./ Marotzki, W./ Meuser, M. (Hrsg.): Hauptbegriffe Qualitativer Sozialforschung. Opladen/ Farington Hills, S. 40-44.

Bohnsack, R. (2006b): Orientierungsmuster. In: Bohnsack, R./ Marotzki, W./ Meuser, M. (Hrsg.): Hauptbegriffe Qualitativer Sozialforschung. Opladen/ Farington Hills, S. 132-133.

Bohnsack, R. (2007a): Rekonstruktive Sozialforschung. Einführung in qualitative Methoden. Opladen/ Farmington Hills.

Bohnsack, R. (2007b): Typenbildung, Generalisierung und komparative Analyse. Grundprinzipien der dokumentarischen Methode. In: Bohnsack, R./ Nentwig-Gesemann, I./ Nohl, A.-M. (Hrsg.): Die dokumentarische Methode und ihre Forschungspraxis. Grundlagen qualitativer Sozialforschung. Wiesbaden, S. 225-253.

Bohnsack, R./ Nentwig-Gesemann, I./ Nohl, A.-M. (2007a) (Hrsg.): Die dokumentarische Methode und ihre Forschungspraxis. Grundlagen qualitativer Sozialforschung. Wiesbaden.

Bohnsack, R./ Nentwig-Gesemann, I./ Nohl, A.-M. (2007b): Einleitung: Die dokumentarische Methode und ihre Forschungspraxis. In: Bohnsack, R./ Nentwig-Gesemann, I./ Nohl, A.-M. (Hrsg.): Die dokumentarische Methode und ihre Forschungspraxis. Grundlagen qualitativer Sozialforschung. Wiesbaden, S. 9-27.

Bohnsack, R./ Netwig-Gesemann, I. (2006): Typenbildung. In: Bohnsack, R./ Marotzki, W./ Meuser, M. (Hrsg.): Hauptbegriffe Qualitativer Sozialforschung. Opladen/ Farington Hills, S. 162-166.

Bohnsack, R./ Nohl, A.-M. (2007): Exemplarische Textinterpretation. Die Sequenzanalyse der dokumentarischen Methode. In: Bohnsack, R./ Nentwig-Gesemann, I./ Nohl, A.-M. (Hrsg.): Die dokumentarische Methode und ihre Forschungspraxis. Grundlagen qualitativer Sozialforschung. Wiesbaden, S. 303-307.

Bonin, H. u.a. (2007): Zukunft von Bildung und Arbeit. Perspektiven von Arbeitskräftebedarf und -angebot bis 2020. In: IZA Research Report. 9, S. 1-223.

Boos-Nünning, U. (2006): Berufliche Bildung von Migrantinnen und Migranten. Ein vernachlässigtes Potenzial für Wirtschaft und Gesellschaft. In: Friedrich-Ebert-Stiftung (Hrsg.): Kompetenzen stärken, Qualifikationen verbessern, Potenziale nutzen. Berufliche Bildung von Jugendlichen und Erwachsenen mit Migrationshintergrund. Bonn, S. 6-29.

Boos-Nünning, U. (2011): Blinde Flecken? Bedarf von Forschung und Praxis vor dem Spiegel der Migrationsforschung. In: Granato, M./ Weiß, R./ Münk, D. (Hrsg.): Migration als Chance. Ein Beitrag der beruflichen Bildung. Bonn, S. 239-258.

Boos-Nünning, U./ Granato, M. (2008): Integration junger Menschen mit Migrationshintergrund. Ausbildungschancen und Ausbildungsorientierung. Forschungsergebnisse und offene Fragen. In: Bade, K. J./ Bommes, M./ Oltmer, J. (Hrsg.): Nachholende Integrationspolitik - Problemfelder und Forschungsfragen. Osnabrück, S. 57-90.

Boudon, R. (1974): Education, opportunity and social inequality. Changing prospects in western society. New York.

Bourdieu, P. (1982): Die feinen Unterschiede. Kritik der gesellschaftlichen Urteilskraft. Frankfurt a.M.

Bourdieu, P. (1983): Ökonomisches Kapital, kulturelles Kapital, soziales Kapital. In: Kreckel, R. (Hrsg.): Soziale Ungleichheiten. Göttingen, S. 183-198.

Bourdieu, P. (1993): Sozialer Sinn. Kritik der theoretischen Vernunft. Frankfurt a.M.

Bourdieu, P. (1999): Die feinen Unterschiede. Kritik der gesellschaftlichen Urteilskraft. Frankfurt a.M.

Bourdieu, P./ Wacquant, L. J. D. (1996): Reflexive Antrophologie. Frankfurt a.M.

Brandtstädter, J. (2007a): Entwicklungspsychologie der Lebensspanne. Leitvorstellungen und paradigmatische Orientierungen. In: Brandtstädter, J./ Lindenberger, U. (Hrsg.): Entwicklungspsychologie der Lebensspanne. Ein Lehrbuch. Stuttgart, S. 34-66.

Brandtstädter, J. (2007b): Hartnäckige Zielverfolgung und flexible Zielanpassung als Entwicklungsressourcen. Das Modell assimilativer und akkommodativer Prozesse. In: Brandtstädter, J./ Lindenberger, U. (Hrsg.): Entwicklungspsychologie der Lebensspanne. Ein Lehrbuch. Stuttgart, S. 413-445.

Braun, K.-H./ Wetzel, K. (2010): Die kultursoziologisch-dokumentarische Methode von Karl Mannheim als Ausgangskonzept der Sozialreportage. In: Braun, K.-H./ Wetzel, K. (Hrsg.): Sozialreportage. Einführung in eine Handlungs- und Forschungsmethode der Sozialen Arbeit. Weinheim, S. 50-73.

Brinkmann, U. u.a. (2006): Prekäre Arbeit. Ursachen, Ausmaß, soziale Folgen und subjektive Verarbeitungsformen unsicherer Beschäftigungsverhältnisse. Bonn.

Bronfenbrenner, U. (1990): Ökologische Sozialisationsforschung. In: Kruse, L./ Graumann, C.-F./ Lantermann, E.-D. (Hrsg.): Ökologische Psychologie. Ein Handbuch in Schlüsselbegriffen. München, S. 76-79.

Bronfenbrenner, U. (1993): Die Ökologie der menschlichen Entwicklung. Natürliche und geplante Experimente. Stuttgart.

Bronfenbrenner, U. (2000): Ein Bezugsrahmen für ökologische Sozialisationsforschung. In: Grundmann, M./ Lüscher, K. (Hrsg.): Sozialökologische Sozialisationsforschung. Konstanz, S. 79-90.

Brosius, F. (2006): SPSS 14. Heidelberg.

Brück-Klingberg, A. u.a. (2007): Verkehrte Welt. Spätaussiedler mit höherer Bildung sind öfter arbeitslos. In: IAB Kurzbericht. 8, S. 1-6.

Brüderl, J. (2010): Kausalanalyse mit Paneldaten. In: Wolf, C./ Best, H. (Hrsg.): Handbuch der sozialwissenschaftlichen Datenanalyse. Wiesbaden, S. 963-994.

Brüderl, J./ Scherer, S. (2006): Methoden zur Analyse von Sequenzdaten. In: Diekmann, A. (Hrsg.): Methoden der Sozialforschung. Wiesbaden, S. 330-347.

Brzinsky-Fay, C./ Kohler, U./ Luniak, M. (2006): Sequence analysis with Stata. In: Stata Journal. 4, S. 435-460.

Buhr, P./ Müller, R. (2008): Wege in die Berufsausbildung. In: Reißig, B./ Gaupp, N./ Lex, T. (Hrsg.): Hauptschüler auf dem Weg von der Schule in die Arbeitswelt. München, S. 118-135.

Bundesministerium des Inneren (2005) (Hrsg.): Migrationsbericht des Bundesamtes für Migration und Flüchtlinge im Auftrag der Bundesregierung. Migrationsbericht 2005. Berlin.

Bundesministerium für Bildung und Forschung (2006) (Hrsg.): Berufsbildungsbericht 2006. Berlin/ Bonn.

Bundesministerium für Bildung und Forschung (2007) (Hrsg.): Berufsbildungsbericht 2007. Berlin/ Bonn.

Bundesministerium für Bildung und Forschung (2010) (Hrsg.): Berufsbildungsbericht 2010. Bonn/ Berlin.

Chalmers, A. F./ Altstötter-Gleich, C./ Bergemann, N. (2007): Wege der Wissenschaft. Einführung in die Wissenschaftstheorie. Berlin/ Heidelberg.

Chatterjee, S./ Hadi, A. S. (2006): Regression Analysis by Example. Hoboken.

Christe, G. (2009): Der Übergang Schule - Beruf. Arbeitsmarkt und Dropout-Risiko bei Jugendlichen. In: Ricking, H./ Schulze, G./ Wittrock, M. (Hrsg.): Schulabsentismus und Dropout. Erscheinungsformen - Erklärungsansätze - Intervention. Paderborn, S. 75-94.

Cicourel, A. V. (1974): Methode und Messung in der Soziologie. Frankfurt a.M.

Clark, B. R. (1960): The „Cooling-Out" Function in Higher Education. In: The American Journal of Sociology. 65, S. 569-576.

Degele, N./ Winker, G. (2007): Intersektionalität als Mehrebenenanalyse. Harburg, url: www.tuharburg.de/agentec/winker/pdf/Intersektionalitaet_Mehrebenen.pdf, Download am 28.04.2008.

Demmerling, C. (1995): Kuhn, Thomas Samuel. In: Lutz, B. (Hrsg.): Metzler Philosophen Lexikon. Von den Vorsokratikern bis zu den Neuen Philosophen. Stuttgart/ Weimar, S. 475-480.

Denzin, N. K. (2009): The Research Act. A theoretical introduction to sociological methods. Chicago.

Diefenbach, H. (2010a): Bildungschancen und Bildungs(miss)erfolg von ausländischen Schülern oder Schülern aus Migrantenfamilien im System schulischer Bildung. In: Becker, R./ Lauterbach, W. (Hrsg.): Bildung als Privileg. Weinheim, S. 221-245.

Diefenbach, H. (2010b): Kinder und Jugendliche aus Migrantenfamilien im deutschen Bildungssystem. Erklärungen und empirische Befunde. Wiesbaden.

Diehl, C./ Friedrich, M./ Hall, A. (2009): Jugendliche ausländischer Herkunft beim Übergang in die Berufsausbildung. Vom Wollen, Können und Dürfen. In: Zeitschrift für Soziologie. 38, S. 48-67.

Diekmann, A. (2009): Empirische Sozialforschung. Grundlagen, Methoden, Anwendungen. Reinbeck b.H.

Diekmann, A./ Voss, T. (2004) (Hrsg.): Rational-Choice-Theorie in den Sozialwissenschaften. Anwendungen und Probleme. München.

Dietz, B. (2003): Jugendliche Aussiedler in Deutschland. Risiken und Chancen der Integration. In: Bade, K. J./ Oltmer, J. (Hrsg.): Aussiedler. Deutsche Einwanderer aus Osteuropa. Osnabrück, S. 153-176.

Dietz, B. (2004): Ursachen der Aussiedlermigration, Integrationsbarrieren und konzeptionelle Ansätze. In: Bündnis 90/ Grünen im Landtag NRW (Hrsg.): Jugendliche Spätaussiedler - Was tun vor Ort? Dokumentation eines Fachgespräches vom 27. Juni 2003. Düsseldorf, S. 6-13.

Dietz, B./ Roll, H. (1998): Jugendliche Aussiedler. Porträt einer Zuwanderergeneration. Frankurt a.M./ New York.

Dilthey, W. (2004): Die Entstehung der Hermeneutik. In: Strübing, J./ Schnettler, B. (Hrsg.): Methodologie interpretativer Sozialforschung. Klassische Grundlagentexte. Konstanz, S. 19-42.

Dippelhofer-Stiem, B. (1995): Sozialisation in ökologischer Perspektive. Eine Standortbestimmung am Beispiel der frühen Kindheit. Opladen.

Ditton, H. (1992): Ungleichheit und Mobilität durch Bildung. Theorie und empirische Untersuchung über sozialräumliche Aspekte von Bildungsentscheidungen. Weinheim.

Ditton, H. (1998): Mehrebenenanalyse. Grundlagen und Anwendungen des hierarchischen linearen Modells. Weinheim/ München.

Dommermuth, L. (2008): Wege ins Erwachsenenalter in Europa. Italien, Westdeutschland und Schweden im Vergleich. Wiesbaden.

Dreher, E./ Dreher, M. (1985): Entwicklungsaufgaben im Jugendalter. Bedeutsamkeit und Bewältigungskonzepte. In: Liepmann, D./ Stiksrud, H.-A. (Hrsg.): Entwicklungsaufgaben und Bewältigungsprobleme in der Adoleszenz. Göttigen, S. 56-70.

du Bois-Reymond, M. (2000): Jugendkulturelles Kapital in Wissensgesellschaften. In: Krüger, H.-H./ Wenzel, H. (Hrsg.): Schule zwischen Effektivität und sozialer Verantwortung. Opladen, S. 235-254.

Eberhard, V./ Ulrich, J. G. (2010): Übergänge zwischen Schule und Berufsausbildung. In: Bosch, G./ Krone, S./ Langer, D. (Hrsg.): Das Berufsbildungssystem in Deutschland. Wiesbaden, S. 133-164.

Eberhard, V./ Ulrich, J. G. (2011): „Ausbildungsreif" und dennoch ein Fall für das Übergangssystem? Institutionelle Determinanten des Verbleibs von Ausbildungsstellenbewerbern in teilqualifizierenden Bildungsgängen. In: Krekel, E./ Lex, T. (Hrsg.): Neue Jugend? Neue Ausbildung? Beiträge aus der Jugend- und Bildungsforschung. Bielefeld, S. 97-112.

Ehmke, T./ Jude, N. (2010): Soziale Herkunft und Kompetenzerwerb. In: Klieme, E. u.a. (Hrsg.): PISA 2009. Bilanz nach einem Jahrzehnt. Münster, S. 231-254.

Elder, G. H. (2000): Lebensverlaufs- und Sozialisationsforschung. In: Grundmann, M./ Lüscher, K. (Hrsg.): Sozialökologische Sozialisationsforschung. Konstanz, S. 167-199.

Elias, N. (1991): Die Gesellschaft der Individuen. Frankfurt a.M.

Elias, N. (1998): Figuration. In: Schäfers, B. (Hrsg.): Grundbegriffe der Soziologie. Opladen, S. 87-90.

Elias, N./ Scotson, J. L. (1993): Etablierte und Außenseiter. Frankfurt a.M.

Elwert, G. (2007): Ethnizität und Nation. In: Joas, H. (Hrsg.): Lehrbuch der Soziologie. Frankfurt a.M., S. 267-286.

Engelbert, A./ Herlth, A. (2010): Sozialökologische Ansätze. In: Krüger, H.-H./ Grunert, C. (Hrsg.): Handbuch Kindheits- und Jugendforschung. Wiesbaden, S. 103-123.

England, P. (1992): Comparable worth. Theories and evidence. New York.

Erzberger, C. (2001): Sequenzmusteranalyse als fallorientierte Analysestrategie. In: Säckmann, R./ Wingens, M. (Hrsg.): Strukturen des Lebenslaufs. Übergang - Sequenz - Verlauf. Weinheim/ München, S. 135-162.

Erzberger, C./ Prein, G. (1997): Optimal-Matching-Technik. Ein Analyseverfahren zur Vergleichbarkeit und Ordnung individuell differenter Lebensverläufe. In: ZUMA-Nachrichten. 40, S. 52-81.

Esser, H. (2000): Soziologie. Spezielle Grundlagen 5. Institutionen. Frankfurt a.M.

Esser, H. (2001): Integration und ethnische Schichtung. In: Arbeitspapiere - Mannheimer Zentrum für Europäische Sozialforschung. 40, S. 1-82.

Esser, H. (2006): Migration, Sprache und Integration. AKI-Forschungsbilanz 4. Berlin.

Fenstermaker, S./ West, C. (2001): „Doing Difference" Revisited. In: Heintz, B. (Hrsg.): Geschlechtersoziologie. Wiesbaden, S. 236-249.

Filipp, S.-H. (2007): Kritische Lebensereignisse. In: Brandtstädter, J./ Lindenberger, U. (Hrsg.): Entwicklungspsychologie der Lebensspanne. Ein Lehrbuch. Stuttgart, S. 337-366.

Flick, U. (1996): Psychologie des technisierten Alltags. Soziale Konstruktion und Repräsentation technischen Wandels. Opladen.

Flick, U. (2006): Qualitative Sozialforschung. Eine Einführung. Reinbeck b.H.

Flick, U. (2008): Triangulation. Eine Einführung. Wiesbaden.

Flick, U./ Kardorff, E. v./ Steinke, I. (2007) (Hrsg.): Qualitative Forschung. Ein Handbuch. Reinbeck b.H.

Frick, J. R. (2004): Gutachten zur „Integration von Migranten in Deutschland auf Basis national und international vergleichbarer Mikrodaten" im Auftrag des Sachverständigenrats für Zuwanderung und Immigration. Berlin.

Friedrichs, J. (1990): Methoden empirischer Sozialforschung. Opladen.

Fuchs-Heinritz, W. (2000): Zukunftsorientierungen und Verhältnis zu den Eltern. In: Shell, D. (Hrsg.): Jugend 2000. Bd. 1. Opladen, S. 23-92.

Fuchs-Heinritz, W./ Krüger, H.-H. (1991): Feste Fahrpläne durch die Jugendphase? Jugendbiographien heute. Opladen.

Fuchs, M. (2003): Rezension: Strobl, R./ Kühnel, W.: Dazugehörig und ausgegrenzt. Analysen zu Integrationschancen junger Aussiedler. Weinheim/ München 2000. In: Kölner Zeitschrift für Soziologie und Sozialpsychologie. 1, S. 174-176.

Fuchs, M./ Sixt, M. (2008): Die Bildungschancen von Aussiedlerkindern. In: SOEPpapers. 105, S. 1-23.

Ganzeboom, H. B. G./ Treiman, D. J. (2003): Three Internationally Standardised Measures for Comparative Research on Occupational Status. In: Hoffmeyer-Zlotnik, J. H. P./ Wolf, C. (Hrsg.): Advances in Cross-National Comparison. A European Working Book for Demographic and Socio-Economic Variables. New York u.a, S. 159-193.

Gaupp, N./ Lex, T./ Reißig, B. (2008): Ohne Schulabschluss in die Berufsausbildung. Ergebnisse einer Längsschnittuntersuchung. In: Zeitschrift für Erziehungswissenschaft. 11, S. 388-405.

Gaupp, N. u.a. (2008): Von der Hauptschule in Ausbildung und Erwerbsarbeit. Ergebnisse des DJI-Übergangspanels. Bonn/ Berlin.

Geißler, R. (1996): Kein Abschied von Klasse und Schicht. Gefahren der deutschen Sozialstrukturanalyse. In: Kölner Zeitschrift für Soziologie und Sozialpsychologie. 48, S. 319-338.

Geißler, R./ Weber-Menges, S. (2008): Migrantenkinder im Bildungssystem. Doppelt benachteiligt. In: Aus Politik und Zeitgeschichte. 49, S. 14-22.

Georg, W. (2006) (Hrsg.): Soziale Ungleichheit im Bildungssystem. Eine empirisch-theoretische Bestandsaufnahme. Konstanz.

Giesecke, J./ Heisig, J. P. (2010): Höheres Risiko für Geringqualifizierte. Wie sich die berufliche Mobilität in Deutschland verändert hat. In: WZBrief Arbeit. 07, S. 1-6.

Glaser, B. G./ Strauss, A. L. (2010): Status Passage. Piscataway.

Glenn, E. N. (1999): The Social Construction and Institutionalization of Gender and Race. An Integrative Framework. In: Ferree, M. M./ Lober, J./ Hess, B. B. (Hrsg.): Revisioning Gender. Thousand Oaks/ London/ New Delhi, S. 3-43.

Gogolin, I. (2000): Minderheiten, Migration und Forschung. Ergebnisse des DFG-Schwerpunktprogramms FABER. In: Gogolin, I./ Nauck, B. (Hrsg.): Migration, gesellschaftliche Differenzierung, Bildung. Opladen, S. 15-36.

Gogolin, I. (2009): Interkulturelle Bildungsforschung. In: Tippelt, R./ Schmidt, B. (Hrsg.): Handbuch Bildungsforschung. Wiesbaden, S. 297-315.

Goldthorpe, J. H. (2000): On sociology. Numbers, narratives, and the integration of research and theory. Oxford.

Gomolla, M./ Radtke, F.-O. (2009): Institutionelle Diskriminierung. Die Herstellung ethnischer Differenz in der Schule. Wiesbaden.

Granato, M. (2011): Bildungsungleichheit im Übergang Schule – Ausbildung. In: Marschke, B./ Brinkmann, H. U. (Hrsg.): Handbuch Migrationsarbeit. Wiesbaden, S. 143-155.

Granato, M. u.a. (2010): Ausbildungschancen von Jugendlichen mit Migrationshintergrund. Zwischenbericht. Bonn.

Granato, M./ Ulrich, J. G. (2006): Berufliche Chancen und Entwicklung von jungen Leuten. Befragung von jungen Leuten, die ihre Lehre beendet haben. url: http://www.bibb.de/de/7169.htm, Download am 15.11.2011.

Granato, N. (2003): Ethnische Ungleichheit auf dem deutschen Arbeitsmarkt. Opladen.

Granovetter, M. S. (1973): The Strength of Weak Ties. In: American Journal of Sociology. 78, S. 1360-1380.

Granovetter, M. S. (1983): The Strength of Weak Ties. A network theory revisited. In: Sociological Theory. 1, S. 201-233.

Greif, S./ Gedinga, G./ Janikowski, A. (2003): Erwerbslosigkeit und beruflicher Abstieg von Aussiedlerinnen und Aussiedlern. In: Bade, K. J./ Oltmer, J. (Hrsg.): Aussiedler. Deutsche Einwanderer aus Osteuropa. Osnabrück, S. 81-106.

Gresch, C./ Kristen, C. (2011): Staatsbürgerschaft oder Migrationshintergrund? Ein Vergleich unterschiedlicher Operationalisierungsweisen am Beispiel der Bildungsbeteiligung. In: Zeitschrift für Soziologie. 40, S. 208-227.

Greuel, F. (2009): Ethnozentrismus bei Aussiedlerjugendlichen. Eine explorative, qualitative Studie in Thüringen. Hamburg.

Grönemeyer, A. (2003): Kulturelle Differenz, ethnische Identität und die Ethnisierung von Alltagskonflikten – Ein Überblick sozialwissenschaftlicher Thematisierungen. In: Grönemeyer, A./ Mansel, J. (Hrsg.): Die Ethnisierung von Alltagskonflikten. Opladen, S. 11-46.

Grundmann, M. (1998): Milieuspezifische Einflüsse familialer Sozialisation. In: Klocke, A./ Hurrelmann, K. (Hrsg.): Kinder und Jugendliche in Armut. Umfang, Auswirkungen und Konsequenzen. Opladen, S. 161-182.

Grundmann, M./ Fuss, D./ Suckow, J. (2000): Sozialökologische Sozialisationsforschung. Entwicklung, Gegenstand und Anwendungsbereiche. In: Grundmann, M./ Lüscher, K. (Hrsg.): Sozialökologische Sozialisationsforschung. Konstanz, S. 17-76.

Grundmann, M./ Kunze, I. (2008): Systematische Sozialraumforschung. Urie Bronfenbrenners Ökologie der menschlichen Entwicklung und die Modellierung mikrosozialer Raumgestaltung. In: Kessl, F./ Reutlinger, C. (Hrsg.): Schlüsselwerke der Sozialraumforschung. Traditionslinien in Text und Kontexten. Wiesbaden, S. 172-188.

Haas, A./ Damelang, A. (2007): Labour market entry of migrants in Germany. Does cultural diversity matter? In: IAB DiscussionPaper. 18, S. 1-37.

Hadjar, A. (2008): Meritokratie als Legitimationsprinzip. Die Entwicklung der Akzeptanz sozialer Ungleichheit im Zuge der Bildungsexpansion. Wiesbaden.

Haeberlin, U./ Imdorf, C./ Kronig, W. (2005): Verzerrte Chancen auf dem Lehrstellenmarkt. Untersuchungen zu Benachteiligungen von ausländischen und von weiblichen Jugendlichen bei der Suche nach beruflichen Ausbildungsplätzen in der Schweiz. In: Zeitschrift für Pädagogik. 51, S. 116-134.

Halpin, B. (2010): Optimal Matching Analysis and Life-Course Data. The Importance of Duration. In: Sociological Methods & Research. 38, S. 365-388.

Hamburger, F. (2005a): Der Kampf um Bildung und Erfolg. Eine einleitende Feldbeschreibung. In: Hamburger, F./ Badawia, T./ Hummrich, M. (Hrsg.): Migration und Bildung. Über das Verhältnis von Anerkennung und Zumutung in der Einwanderungsgesellschaft. Wiesbaden, S. 7-24.

Hamburger, F. (2005b): Migration. In: Otto, H.-U./ Thiersch, H. (Hrsg.): Handbuch Sozialarbeit/ Sozialpädagogik. Neuwied, S. 1211-1222.

Hamburger, F. (2009): Abschied von der interkulturellen Pädagogik. Plädoyer für einen Wandel sozialpädagogischer Konzepte. Weinheim/ München.

Havighurst, R. J. (1961): Human development and education. New York.

Heinz, W. R. (2001): Statuspassagen und Lebenslauf. Weinheim u.a.

Helsper, W./ Böhme, J. (2002): Jugend und Schule. In: Krüger, H.-H./ Grunert, C. (Hrsg.): Handbuch Kindheits- und Jugendforschung. Opladen, S. 567-596.

Helsper, W. u.a. (2006): Unpolitische Jugend? Eine Studie zum Verhältnis von Schule, Anerkennung und Politik. Wiesbaden.

Hennig, C. (2011): Ein konstruktivistischer Blick auf mathematische Modelle. In: Zeitschrift für systemische Therapie. 19, S. 147-159.

Herwartz-Emden, L. (2005): Migrant/-innen im deutschen Bildungssystem. In: Bundesministerium für Bildung und Forschung (Hrsg.): Migrationshintergrund von Kindern und Jugendlichen. Wege zur Weiterentwicklung der amtlichen Statistik. Bonn/ Berlin, S. 7-24.

Herwartz-Emden, L./ Westphal, M. (1997): Die fremden Deutschen. Einwanderung und Eingliederung von Aussiedlern in Niedersachsen. In: Bade, K. J. (Hrsg.): Fremde im Land. Zuwanderung und Eingliederung im Raum Niedersachsen seit dem Zweiten Weltkrieg. Osnabrück, S. 167-212.

Hesselberger, D. (2000): Das Grundgesetz. Kommentar für die politische Bildung. Neuwied.

Hillmert, S. (2007): Soziale Ungleichheit im Bildungsverlauf. Zum Verhältnis von Bildungsinstitutionen und Entscheidungen. In: Becker, R./ Lauterbach, W. (Hrsg.): Bildung als Privileg. Erklärungen und Befunde zu den Ursachen der Bildungsungleichheit. Wiesbaden, S. 71-98.

Hinz, T. (2009): Mehrebenenanalyse. In: Kühl, S./ Strodtholz, P./ Taffertshofer, A. (Hrsg.): Handbuch Methoden der Organisationsforschung. Wiesbaden, S. 648-667.

Hinz, T./ Abraham, M. (2008): Theorien des Arbeitsmarktes. Ein Überblick. In: Abraham, M./ Hinz, T. (Hrsg.): Arbeitsmarktsoziologie. Wiesbaden, S. 17-68.

Hofmann, W. (1996): Karl Mannheim zur Einführung. Hamburg.

Hollstein, B./ Ullrich, C. G. (2003): Einheit trotz Vielfalt? Zum konstitutiven Kern qualitativer Forschung. In: Soziologie. Forum der deutschen Gesellschaft für Soziologie. 4, S. 29-43.

Hox, J. (2002): Multilevel Analysis. Techniques and Applications. Mahwah/ London.

Hradil, S. (2005): Soziale Ungleichheit in Deutschland. Wiesbaden.

Hügli, A./ Lübcke, P. (1997): Philosophielexikon. Personen und Begriffe der abendländischen Philosophie von der Antike bis zur Gegenwart. Reinbeck b.H.

Hummrich, M. (2002): Bildungserfolg trotz Schule. Über pädagogische Erfahrungen junger Migrantinnen. In: Liegle, L./ Treptow, R. (Hrsg.): Welten der Bildung in der Pädagogik der frühen Kindheit und in der Sozialpädagogik. Freiburg i.B., S. 140-153.

Hummrich, M. (2009): Bildungserfolg und Migration. Biografien junger Frauen in der Einwanderungsgesellschaft. Wiesbaden.

Hurrelmann, K. (2006): Einführung in die Sozialisationstheorie. Weinheim/ Basel.

Hurrelmann, K./ Grundmann, M./ Walper, S. (2008a) (Hrsg.): Handbuch Sozialisationsforschung. Weinheim/ Basel.

Hurrelmann, K./ Grundmann, M./ Walper, S. (2008b): Zum Stand der Sozialisationsforschung. In: Hurrelmann, K./ Grundmann, M./ Walper, S. (Hrsg.): Handbuch Sozialisationsforschung. Weinheim/ Basel, S. 14-31.

Imdorf, C. (2005): Schulqualifikation und Berufsfindung. Wie Geschlecht und nationale Herkunft den Übergang in die Berufsbildung strukturieren. Wiesbaden.

Imdorf, C. (2007): Die relative Bedeutsamkeit von Schulqualifikationen bei der Lehrstellenvergabe in kleineren Betrieben. In: Eckert, T. (Hrsg.): Übergänge im Bildungssystem. Münster, S. 183-197.

Imdorf, C. (2008): Der Ausschluss „ausländischer" Jugendlicher bei der Lehrlingsauswahl - ein Fall von institutioneller Diskriminierung? In: Rehberg, K.-S. (Hrsg.): Die Natur der Gesellschaft. Verhandlungen des 33. Kongresses der Deutschen Gesellschaft für Soziologie in Kassel 2006. Teilbd. 2. Frankfurt a.M., S. 2048-2058.

Imdorf, C. (2011): Wie Ausbildungsbetriebe soziale Ungleichheit reproduzieren. Der Ausschluss von Migrantenjugendlichen bei der Lehrlingsselektion. In: Krüger, H.-H. u.a. (Hrsg.): Bildungsungleichheit revisited. Bildung und soziale Ungleichheit vom Kindergarten bis zur Hochschule. Wiesbaden, S. 261-276.

Janikowski, A. (1999): Berufliche Integration der Aussiedler und Aussiedlerinnen. In: Silbereisen, R. K./ Lantermann, E.-D./ Schmitt-Rodermund, E. (Hrsg.): Aussiedler in Deutschland. Opladen, S. 113-142.

Kaas, L./ Manger, C. (2010): Ethnic Discrimination in Germany's Labour Market. A Field Experiment. In: IAZ Discussion Paper. 4741, S. 1-22.

Kalina, T. (2005): Beschäftigung von gering Qualifizierten. In: Hierming, B. u.a. (Hrsg.): Stellenbesetzungsprozesse im Bereich ‚einfacher' Dienstleistungen. Berlin, S. 15-85.

Kallmeyer, W./ Schütze, F. (1977): Zur Konstitution von Kommunikationsschemata der Sachverhaltsdarstellung. Dargestellt am Beispiel von Erzählungen und Beschreibungen. In: Wegner, D. (Hrsg.): Gesprächsanalysen. Hamburg, S. 159-274.

Kalter, F. (2006a): Auf der Suche nach einer Erklärung für die spezifischen Arbeitsmarktnachteile von Jugendlichen türkischer Herkunft. Zugleich eine Replik auf den Beitrag von Holger Seibert und Heike Solga „Gleiche Chancen dank einer abgeschlossenen Ausbildung?" (ZfS 5/2005). In: Zeitschrift für Soziologie. 35, S. 144-160.

Kalter, F. (2006b): Die Suche muss immer weitergehen, die Frage ist nur „wo und wie?" Anmerkungen zu den Kommentaren von Holger Seibert und Heike Solga. In: Zeitschrift für Soziologie. 35, S. 418-420.

Kalter, F. (2008): Ethnische Ungleichheit auf dem Arbeitsmarkt. In: Abraham, M./ Hinz, T. (Hrsg.): Arbeitsmarktsoziologie. Wiesbaden, S. 303-332.

Kelle, U. (2007): Die Integration qualitativer und quantitativer Methoden in der empirischen Sozialforschung. Theoretische Grundlagen und methodologische Konzepte. Wiesbaden.

Kelle, U./ Erzberger, C. (2007): Qualitative und quantitative Methoden. Kein Gegensatz. In: Flick, U./ Kardorff, E. v./ Steinke, I. (Hrsg.): Qualitative Forschung. Reinbeck b.H., S. 299-309.

Kleemann, F./ Krähnke, U./ Matuschek, I. (2009): Interpretative Sozialforschung. Eine praxisorientierte Einführung. Wiesbaden.

Klinger, C./ Knapp, G.-A. (2005): Achsen der Ungleichheit - Achsen der Differenz. Verhältnisbestimmungen von Klasse, Geschlecht, »Rasse«/ Ethnizität. url: http://www.iwm.at/index.php?option=com_content&task=view&id=232&Itemid=230, Download am 29.04.2008.

Knapp, G.-A. (2006): „Intersectionality". Feministische Perspektiven auf Ungleichheit und Differenz im gesellschaftlichen Transformationsprozeß. Vortragsmanuskript. Wien, url: http://www.univie.ac.at/gender/fileadmin/user_upload/gender/abstracts_ringvorlesung/K napp.doc, Download am 29.04.2008.

Knoblauch, H. (2005): Wissenssoziologie. Konstanz.

Köckeis-Stangl, E. (1980): Methoden der Sozialisationsforschung. In: Hurrelmann, K./ Ulich, D. (Hrsg.): Handbuch der Sozialisationsforschung. Weinheim/ Basel, S. 321-370.

Kohler, U./ Kreuter, F. (2006): Datenanalyse mit Stata. Allgemeine Konzepte der Datenanalyse und ihre praktische Anwendung. München/ Wien.

Kohli, M. (1985): Die Institutionalisierung des Lebenslaufs. Historische Befunde und theoretische Argumente. In: Kölner Zeitschrift für Soziologie und Sozialpsychologie. 37, S. 1-29.

Kohli, M. (2003): Der institutionalisierte Lebenslauf. Ein Blick zurück und nach vorn. In: Allmendinger, J. (Hrsg.): Entstaatlichung und soziale Sicherheit. Verhandlungen des 31. Kongresses der Deutschen Gesellschaft für Soziologie in Leipzig 2002. Opladen, S. 525-545.

Koller, B. (1993): Aussiedler nach dem Deutschkurs. Welche Gruppen kommen rasch in Arbeit? In: Mitteilungen aus der Arbeitsmarkt- und Berufsforschung. 26, S. 207-221.

Konietzka, D. (2007): Berufliche Ausbildung und der Übergang in den Arbeitsmarkt. In: Becker, R./ Lauterbach, W. (Hrsg.): Bildung als Privileg. Wiesbaden, S. 273-302.

Konietzka, D./ Kreyenfeld, M. (2001): Die Verwertbarkeit ausländischer Ausbildungsabschlüsse. Das Beispiel der Aussiedler auf dem deutschen Arbeitsmarkt. In: Zeitschrift für Soziologie. 4, S. 267-282.

Konsortium Bildungsberichterstattung (2006) (Hrsg.): Bildung in Deutschland. Ein indikatorengestützter Bericht mit einer Analyse zu Bildung und Migration. Bielefeld.

Körber, K. (2011): Minderheitenpolitik im Spannungsfeld von Diaspora und Nationalstaat. In: Amos, S. K./ Meseth, W./ Proske, M. (Hrsg.): Öffentliche Erziehung revisited. Wiesbaden, S. 137-155.

Kramer, R.-T. u.a. (2009): Selektion und Schulkarriere. Kindliche Orientierungsrahmen beim Übergang in die Sekundarstufe I. Wiesbaden.

Kreckel, R. (2005): Soziale Ungleichheit. In: Otto, H.-U./ Thiersch, H. (Hrsg.): Handbuch Sozialarbeit/ Sozialpädagogik. Neuwied, S. 1729-1735.

Kristen, C. (2002): Hauptschule, Realschule oder Gymnasium? In: KZfSS Kölner Zeitschrift für Soziologie und Sozialpsychologie. 54, S. 534-552.

Krüger, H.-H. (2006a): Einführung in Theorien und Methoden der Erziehungswissenschaft. Opladen/ Farmington Hills.

Krüger, H.-H. (2006b): Entwicklungslinien, Forschungsfelder und Perspektiven der erziehungswissenschaftlichen Biographieforschung. In: Krüger, H.-H./ Marotzki, W. (Hrsg.): Handbuch erziehungswissenschaftliche Biographieforschung. Wiesbaden, S. 13-33.

Krüger, H.-H./ Pfaff, N. (2008): Triangulation quantitativer und qualitativer Zugänge in der Schulforschung. In: Helsper, W./ Böhme, J. (Hrsg.): Handbuch der Schulforschung. Wiesbaden, S. 157-180.

Krüger, M. (1981): Wissenssoziologie. Stuttgart u.a.

Kuhn, T. S. (1974): Bemerkungen zu meinen Kritikern. In: Lakatos, I./ Musgrave, A. (Hrsg.): Kritik und Erkenntnisfortschritt. Braunschweig, S. 223-270.

Kuhn, T. S. (1976): Die Struktur wissenschaftlicher Revolutionen. Frankfurt a.M.

Kuhnke, R. (2008): Stichprobenausschöpfung und Panelmortalität. In: Reißig, B./ Gaupp, N./ Lex, T. (Hrsg.): Hauptschüler auf dem Weg von der Schule in die Arbeitswelt. München, S. 199-225.

Kuhnke, R./ Lex, T./ Reißig, B. (2008): Hauptschüler. Restschüler oder heterogene Gruppe? In: Reißig, B./ Gaupp, N./ Lex, T. (Hrsg.): Hauptschüler auf dem Weg von der Schule in die Arbeitswelt. München, S. 34-56.

Kuhnke, R./ Schreiber, E. (o.J.): Zwischenbericht. Projekt „Inklusionsstrategien für jugendliche Aussiedler im Übergang Schule - Beruf". Halle.

Kutscha, G. (1991): Übergangsforschung - Zu einem neuen Forschungsbereich. In: Beck, K./ Kell, A. (Hrsg.): Bilanz der Bildungsforschung. Stand und Zukunftsperspektiven. Weinheim, S. 113-155.

Lamnek, S. (1990): Theorien abweichenden Verhaltens. Eine Einführung für Soziologen, Psychologen, Pädagogen, Juristen, Politologen, Kommunikationswissenschaftler und Sozialarbeiter. München.

Lamnek, S. (2005): Qualitative Sozialforschung. Weinheim/ Basel.

Langer, W. (2004): Mehrebenenanalysen. Eine Einführung für Forschung und Praxis. Wiesbaden.

Lehmann, R. H. u.a. (2005): ULME I. Untersuchung der Leistungen, Motivation und Einstellungen zu Beginn der beruflichen Ausbildung. Hamburg.

Leiprecht, R./ Lutz, H. (2009): Rassismus - Sexismus - Intersektionalität. In: Melter, C./ Mecheril, P. (Hrsg.): Rassismuskritik. Rassismustheorie und -forschung. Bad Schwalbach, S. 179–198.

252   Literaturverzeichnis

Leszczensky, M. u.a. (2009): Bildung und Qualifikation als Grundlage der technologischen Leistungsfähigkeit Deutschlands. Bericht des Konsortiums „Bildungsindikatoren und technologische Leistungsfähigkeit". Hannover.

Levenshtein, V. I. (1966): Binary codes capable of correcting deletions, insertions and reversals. In: Soviet Physics Doklady. 8, S. 707-710.

Lex, T. (1997): Berufswege Jugendlicher zwischen Integration und Ausgrenzung. München.

Lex, T./ Geier, B. (2010): Übergangssystem in der beruflichen Bildung. Wahrnehmung einer zweiten Chance oder Risiken des Ausstiegs? In: Bosch, G./ Krone, S./ Langer, D. (Hrsg.): Das Berufsbildungssystem in Deutschland. Wiesbaden, S. 165-187.

Linssen, R./ Leven, I./ Hurrelmann, K. (2003): Wachsende Ungleichheit der Zukunftschancen? Familie, Schule und Freizeit als jugendliche Lebenswelten. In: Shell, D. (Hrsg.): Jugend 2002. Zwischen pragmatischem Idealismus und robustem Materialismus. Opladen, S. 53-90.

Lutz, B./ Sengenberger, W. (1974): Arbeitsmarktstrukturen und öffentliche Arbeitsmarktpolitik. Eine kritische Analyse von Zielen und Instrumenten. Göttingen.

Maaz, K./ Baumert, J./ Trautwein, U. (2010): Genese sozialer Ungleichheit im institutionellen Kontext der Schule. Wo entsteht und vergrößert sich soziale Ungleichheit? In: Baumert, J./ Maaz, K./ Trautwein, U. (Hrsg.): Bildungsentscheidungen. Wiesbaden, S. 11-46.

Maaz, K./ Neumann, M./ Trautwein, U. (2009): Schulsysteme im deutschsprachigen Raum. In: Blömeke, S. u.a. (Hrsg.): Handbuch Schule. Stuttgart, S. 171-178.

Macindoe, H./ Abbott, A. (2004): Sequence Analysis and Optimal Matching Techniques for Social Science Data. In: Hardy, M./ Bryman, A. (Hrsg.): Handbook of Data Analysis. London/ Thousand Oaks/ New Delhi, S. 387-406.

Mannheim, K. (1931): Wissenssoziologie. In: Vierkandt, A. (Hrsg.): Handwörterbuch der Soziologie. Stuttgart, S. 659-680.

Mannheim, K. (1964a): Beiträge zur Theorie der Weltanschauungs-Interpretation. In: Wolff, K. H. (Hrsg.): Wissenssoziologie. Berlin/ Neuwied, S. 91-154.

Mannheim, K. (1964b): Zur Problematik der Soziologie in Deutschland. In: Wolff, K. H. (Hrsg.): Wissenssoziologie. Berlin/ Neuwied, S. 614-624.

Mannheim, K. (1980): Strukturen des Denkens. Frankfurt a.M.

Mannheim, K. (1984): Konservatismus. Ein Beitrag zur Soziologie des Wissens. Frankfurt a.M.

Mannheim, K. (1995): Ideologie und Utopie. Frankfurt a.M.

Marx, K. (1969): Deutsche Ideologie. In: Marx - Engels - Werke, Band 3. Berlin.

Masterman, M. (1974): Die Natur eines Paradigmas. In: Lakatos, I./ Musgrave, A. (Hrsg.): Kritik und Erkenntnisfortschritt. Braunschweig, S. 59-88.

Mertens, D. (1976): Beziehungen zwischen Qualifikation und Arbeitsmarkt. In: Schlaffke, W. (Hrsg.): Jugendarbeitslosigkeit. Unlösbare Aufgabe für das Bildungs- und Beschäftigungssystem. Köln, S. 68-117.

Meyen, M. u.a. (2011): Qualitative Forschung in der Kommunikationswissenschaft. Eine praxisorientierte Einführung. Wiesbaden.

Mowitz-Lambert, J. (2001): Übergangsmuster in der Statuspassage von beruflicher Ausbildung in die Erwerbstätigkeit. In: Sackmann, R./ Wingens, M. (Hrsg.): Strukturen des Lebenslaufs. Übergang - Sequenz - Verlauf. Weinheim/ München, S. 199-217.

Müller, W./ Pollak, R. (2007): Weshalb gibt es so wenige Arbeiterkinder in Deutschlands Universitäten? In: Becker, R./ Lauterbach, W. (Hrsg.): Bildung als Privileg. Erklärungen und Befunde zu den Ursachen der Bildungsungleichheit. Wiesbaden, S. 303-342.

Müller, W./ Shavit, Y. (1998): The institutional embeddedness of the stratification process. A comparative study of qualifications and occupations in thirteen countries. In: Shavit, Y./ Müller, W. (Hrsg.): From School to Work. A Comparative Study of Educational Qualifications and Occupational Destinations. Oxford, S. 1-48.

Naderer, G./ Balzer, E. (2007) (Hrsg.): Qualitative Marktforschung in Theorie und Praxis. Grundlagen, Methoden und Anwendungen. Wiesbaden.

Neckel, S./ Körber, K. (1997): Last exit ethnicity? Zur politischen Konstruktion von Ethnizität in den USA und Deutschland. In: Hettlage, R. (Hrsg.): Kollektive Identität in Krisen. Ethnizität in Region, Nation, Europa. Opladen, S. 310-320.

Needleman, S. B./ Wunsch, C. D. (1970): A general method applicable to the search for similarities in the amino acid sequence of two proteins. In: Journal of Molecular Biology. 48, S. 443-453.

Nohl, A.-M. (2006): Bildung und Spontanität. Phasen biografischer Wandlungsprozesse in drei Lebensaltern. Empirische Rekonstruktionen und pragmatistische Reflexionen. Opladen.

Nohl, A.-M. (2009): Interview und dokumentarische Methode. Anleitungen für die Forschungspraxis. Wiesbaden.

Noll, H.-H./ Weick, S. (2011): Zuwanderer mit türkischem Migrationshintergrund schlechter integriert. Indikatoren und Analysen zur Integration von Migranten in Deutschland. In: Informationsdienst Soziale Indikatoren. 46, S. 1-6.

Oelkers, J. (2006): Öffentliche Bildung und die Chancen, sie wahrzunehmen. In: Otto, H.-U./ Oelkers, J. (Hrsg.): Zeitgemäße Bildung. Herausforderung für Erziehungswissenschaft und Bildungspolitik. München, S. 238-246.

Oevermann, U. (2002): Klinische Soziologie auf der Basis der Methodologie der objektiven Hermeneutik - Manifest der objektiv hermeneutischen Sozialforschung. url: http://www.ihsk.de/publikationen/Ulrich_Oevermann-Manifest_der_objektiv_hermeneutischen_Sozialforschung.pdf, Download am 03.08.2008.

Peduzzi, P. u.a. (1996): A simulation study of the number of events per variable in logistic regression analysis. In: Journal of Clinical Epidemiology. 49, S. 1373-1379.

Peirce, C. S. (2004): Aus den Pragmatismus-Vorlesungen. In: Strübing, J./ Schnettler, B. (Hrsg.): Methodologie interpretativer Sozialforschung. Klassische Grundlagentexte. Stuttgart, S. 199-222.

Pepels, W. (1997): Lexikon der Marktforschung. München.

Phelps, E. S. (1972): The Statistical Theory of Racism and Sexism. In: The American Economic Review. 62, S. 659-661.

Piaget, J. (1973): Der Aufbau der Wirklichkeit im Kinde. Stuttgart.

Plessner, H. (2003): Macht und menschliche Natur. Frankfurt a.M.

Popp, U. (2009): Sozialisationsforschung als gemeinsame Perspektive von (Jugend-) Soziologie und Erziehungswissenschaft? In: Diskurs Kindheits- und Jugendforschung. 03, S. 347-363.

Popper, K. R. (1980): Die Wissensoziologie. In: Popper, K. R. (Hrsg.): Die Offene Gesellschaft und ihre Feinde II. Falsche Propheten. Tübingen, S. 260-274.

Popper, K. R. (2002): Logik der Forschung. Tübingen.

Prengel, A./ Friebertshäuser, B./ Langer, A. (2010): Perspektiven qualitativer Forschung in der Erziehungswissenschaft - eine Einführung. In: Friebertshäuser, B./ Langer, A./ Prengel, A. (Hrsg.): Handbuch qualitativer Forschungsmethoden in der Erziehungswissenschaft. Weinheim/ München, S. 17-42.

Przyborski, A./ Wohlrab-Sahr, M. (2008): Qualitative Sozialforschung. Ein Arbeitsbuch. München.

Purschke, P. (2007): „Hauptsache eine Ausbildung" – Hilfewahrnehmung Berliner Jugendlicher mit Migrationshintergrund im Übergang von Schule in Ausbildung. Eine qualitative Fallstudie auf der Grundlage von Leitfadeninterviews. Halle/ München.

Rabe, U. (2005): Spätaussiedlerjugendliche. In: Deinet, U./ Sturzenhecker, B. (Hrsg.): Handbuch Offene Kinder-und Jugendarbeit. Wiesbaden, S. 124-131.

Redfield, R./ Linton, R./ Herskovits, M. J. (1936): Memorandum for the Study of Acculturation. In: American Anthropologist. 38, S. 149-152.

Reichertz, J. (2007): Abduktion, Deduktion und Induktion in der qualitativen Forschung. In: Flick, U./ Kardorff, E. v./ Steinke, I. (Hrsg.): Qualitative Forschung. Ein Handbuch. Reinbeck b.H., S. 276-285.

Reinberg, A./ Hummel, M. (2003): Geringqualifizierte. In der Krise verdrängt, sogar im Boom vergessen. Entwicklung der qualifikationsspezifischen Arbeitslosenquoten im Konjunkturverlauf bis 2002. In: IAB-Kurzbericht. 19, S. 1-7.

Reinberg, A./ Hummel, M. (2007a): Qualifikationsspezifische Arbeitslosigkeit im Jahr 2005 und die Einführung der Hartz-IV-Reform. Empirische Befunde und methodische Probleme. In: IAB-Forschungsbericht. 9, S. 1-45.

Reinberg, A./ Hummel, M. (2007b): Schwierige Fortschreibung. Der Trend bleibt - Geringqualifizierte sind häufiger arbeitslos. In: IAB-Kurzbericht. 18, S. 1-6.

Reißig, B./ Braun, F. (2006): Ganz anders und total normal. Lebensumstände und Zukunftspläne türkischer Hauptschülerinnen und Hauptschüler sowie junger Aussiedlerinnen und Aussiedler. In: DJI Bulletin. 76, S. 12-13.

Reißig, B. u.a. (2006): Schule - und dann? Schwierige Übergänge von der Schule in die Berufsausbildung. München/ Halle.

Reißig, B./ Gaupp, N./ Lex, T. (2004): Hoffnungen und Ängste. Jugendliche aus Zuwandererfamilien an der Schwelle zur Arbeitswelt. In: DJI-Bulletin. 69, S. 4-7.

Reißig, B./ Gaupp, N./ Lex, T. (2008): Übergangswege von Hauptschulabsolventinnen und -absolventen aus der Schule in Ausbildung. In: Reißig, B./ Gaupp, N./ Lex, T. (Hrsg.): Hauptschüler auf dem Weg von der Schule in die Arbeitswelt. München, S. 58-81.

Rese, M. (2000): Logistische Regression. In: Backhaus, K. u.a. (Hrsg.): Multivariate Analysemethoden. Eine anwendungsorientierte Einführung. Berlin, S. 105-143.

Rohwer, G./ Pötter, U. (2002): Methoden sozialwissenschaftlicher Datenkonstruktion. Weinheim/ München.

Rothe, T./ Tinter, S. (2007): Jugendliche auf dem Arbeitsmarkt. Eine Analyse von Beständen und Bewegungen. IAB-Forschungsbericht Nr.4. Nürnberg.

Rudolf, M./ Müller, J. (2004): Multivariate Verfahren. Eine praxisorientierte Einführung mit Anwendungsbeispielen in SPSS. Göttingen u.a.

Ryle, G. (2002): Der Begriff des Geistes. Stuttgart.

Sachverständigenrat für Zuwanderung und Integration (2004) (Hrsg.): Migrationsbericht. Berlin/ Bonn.

Schatzman, L./ Strauss, A. L. (1973): Field research. Strategies for a natural sociology. Englewood Cliffs.

Schaub, G. (1991): Betriebliche Rekrutierungsstrategien und Selektionsmechanismen für die Ausbildung und Beschäftigung junger Ausländer. Berlin/ Bonn.

Schelle, C. (2005): Migration als Entwicklungsaufgabe in der Schule und im Unterricht. In: Hamburger, F./ Badawia, T./ Hummrich, M. (Hrsg.): Migration und Bildung. Über das Verhältnis von Anerkennung und Zumutung in der Einwanderungsgesellschaft. Wiesbaden, S. 41-53.

Scherer, S./ Brüderl, J. (2010): Sequenzdatenanalyse. In: Wolf, C./ Best, H. (Hrsg.): Handbuch der sozialwissenschaftlichen Datenanalyse. Wiesbaden, S. 1017-1053.

Scherr, A. (2010): Diskriminierung und soziale Ungleichheiten. Erfordernisse und Perspektiven einer ungleichheitsanalytischen Fundierung von Diskriminierungsforschung und Antidiskriminierungsstrategien. In: Hormel, U./ Scherr, A. (Hrsg.): Diskriminierung. Grundlagen und Forschungsergebnisse. Wiesbaden, S. 35-60.

Schittenhelm, K. (2005a): Primäre und sekundäre Effekte kultureller Praktiken. In: Kölner Zeitschrift für Soziologie und Sozialpsychologie. 57, S. 691-713.

Schittenhelm, K. (2005b): Soziale Lagen im Übergang. Junge Migrantinnen und Einheimische zwischen Schule und Berufsausbildung. Wiesbaden.

Schittenhelm, K. (2008): Statuspassagen junger Frauen zwischen Schule und Berufsausbildung im interkulturellen Vergleich. In: Schlemmer, E./ Gerstberger, H. (Hrsg.): Ausbildungsfähigkeit im Spannungsfeld zwischen Wissenschaft, Politik und Praxis. Wiesbaden, S. 55-68.

Schmidt-Salomon, M. (2001): Das „Münchhausentrilemma" oder: Ist es möglich, sich am eigenen Schopfe aus dem Sumpf zu ziehen? In: Sonderheft der Zeitschrift Aufklärung und Kritik. 8, S. 42-51.

Schmitt-Rodermund, E. (1999): Zur Geschichte der Deutschen in den Ländern des ehemaligen Ostblocks. In: Silbereisen, R. K./ Lantermann, E.-D./ Schmitt-Rodermund, E. (Hrsg.): Aussiedler in Deutschland. Akkulturation von Persönlichkeit und Verhalten. Opladen, S. 49-66.

Schmitt-Rodermund, E./ Silbereisen, R. K. (2002): Akkulturation und Entwicklung. Jugendliche Immigranten. In: Oerter, R./ Montada, L. (Hrsg.): Entwicklungspsychologie. Weinheim, S. 893-906.

Schneekloth, U./ Leven, I. (2007): Familie als Zentrum. Nicht für alle gleich verlässlich. In: World Vision Deutschland e.V. (Hrsg.): Kinder in Deutschland 2007. 1. World Vision Kinderstudie. Frankfurt a.M., S. 65-110.

Schuleri-Hartje, U.-K./ Reimann, B./ Floeting, H. (2004): Ethnische Ökonomie. Integrationsfaktor und Integrationsmaßstab (Expertise). Berlin.

Schütze, F. (1983): Biographieforschung und narratives Interview. In: Neue Praxis. 13, S. 283-293.

Seeber, S. (2011): Einmündungschancen von Jugendlichen in eine berufliche Ausbildung. Zum Einfluss von Zertifikat, Kompetenzen und sozioökonomischem Hintergrund. In: Granato, M./ Weiß, R./ Münk, D. (Hrsg.): Migration als Chance. Ein Beitrag der beruflichen Bildung. Bonn, S. 55-78.

Seibert, H./ Solga, H. (2005): Gleiche Chancen dank einer abgeschlossenen Ausbildung? Zum Signalwert von Ausbildungsabschlüssen bei ausländischen und deutschen jungen Erwachsenen. In: Zeitschrift für Soziologie. 34, S. 364-382.

Seibert, H./ Solga, H. (2006): Die Suche geht weiter ... Kommentare zu „Auf der Suche nach einer Erklärung für die spezifischen Arbeitsmarktnachteile von Jugendlichen türkischer Herkunft" von Frank Kalter (ZfS 2/2006). In: Zeitschrift für Soziologie. 35, S. 413–417.

Sengenberger, W. (1978): Einführung. Die Segmentation des Arbeitsmarkts als politisches und wissenschaftliches Problem. In: Sengenberger, W. (Hrsg.): Der gespaltene Arbeitsmarkt. Probleme der Arbeitsmarktsegmentation. Frankfurt a.M., S. 15-43.

Sengenberger, W. (1987): Struktur und Funktionsweise von Arbeitsmärkten. Die Bundesrepublik Deutschland im internationalen Vergleich. Frankfurt a.M.

Sesselmeier, W./ Somaggio, G. (2009): Funktionswandel der Arbeitsmarktpolitik. In: Aus Politik und Zeitgeschichte. 27, S. 9-14.

Shell Deutschland Holding (2006) (Hrsg.): Jugend 2006. Eine pragmatische Generation unter Druck. Frankfurt a.M.

Shils, E. (1957): Primordial, Personal, Sacred and Civil Ties: Some Particular Observations on the Relationships of Sociological Research and Theory. In: The British Journal of Sociology. 8, S. 130-145.

Silbereisen, R. K./ Lantermann, E.-D./ Schmitt-Rodermund, E. (1999) (Hrsg.): Aussiedler in Deutschland. Akkulturation von Persönlichkeit und Verhalten. Opladen.

Skrobanek, J. (2007): Wahrgenommene Diskriminierung und (Re)Ethnisierung bei jugendlichen Zuwanderern. Second Report. Halle.

Skrobanek, J. (2009): Migrationsspezifische Disparitäten im Übergang von der Schule in den Beruf. München.

Smith, A. (2004): Reichtum der Nationen. Paderborn.

Snijders, T. A./ Bosker, R. J. (2004): Multilevel analysis. An introduction to basic and advanced multilevel modeling. London/ Thousand Oaks/ New Delhi.

Soeffner, H.-G. (1989): Auslegung des Alltags – Der Alltag der Auslegung. Zur wissenschaftlichen Konzeption einer sozialwissenschaftlichen Hermeneutik. Frankfurt a.M.

Soeffner, H.-G. (2007): Sozialwissenschaftliche Hermeutik. In: Flick, U./ Kardorff, E. v./ Steinke, I. (Hrsg.): Qualitative Forschung. Reinbeck b.H., S. 164-175.

Solga, H. (2005): Ohne Abschluss in der Bildungsgesellschaft. Die Erwerbschancen gering qualifizierter Personen aus soziologischer und ökonomischer Perspektive. Opladen.

Solga, H. (2008): Meritokratie - die moderene Legitimation ungleicher Bildungschancen. In: Berger, P. A./ Kahlert, H. (Hrsg.): Institutionalisierte Ungleichheiten. Wie das Bildungswesen Chancen blockiert. Weinheim/ München, S. 19-38.

Solga, H. u.a. (2010): Evaluation des Projekts „Abschlussquote erhöhen - Berufsfähigkeit steigern". Nürnberg.

Solga, H./ Wagner, S. (2007): Die Zurückgelassenen - die soziale Verarmung der Lernumwelt von Hauptschülerinnen und Hauptschülern. In: Becker, R./ Lauterbach, W. (Hrsg.): Bildung als Privileg. Erklärungen und Befunde zu den Ursachen der Bildugsungleichheit. Wiesbaden, S. 187-215.

Spence, M. (1973): Job Market Signaling. In: The Quarterly Journal of Economics. 87, S. 355-374.

Spence, M. (2002): Signaling in Retrospect and the Informational Structure of Markets. In: The American Economic Review. 3, S. 434-459.

Stanat, P. (2006): Schulleistungen von Jugendlichen mit Migrationshintergrund. Die Rolle der Zusammensetzung der Schülerschaft. In: Baumert, J./ Stanat, P./ Watermann, R. (Hrsg.): Herkunftsbedingte Disparitäten im Bildungswesen. Differenzielle Bildungsprozesse und Probleme der Verteilungsgerechtigkeit. Vertiefende Analysen im Rahmen von PISA 2000. Wiesbaden, S. 189-219.

Statistisches Bundesamt (2009): Bevölkerung und Erwerbstätigkeit. Bevölkerung mit Migrationshintergrund. Ergebnisse des Mikrozensus 2005. Wiesbaden.

Statistisches Bundesamt (2010): Bevölkerung und Erwerbstätigkeit. Bevölkerung mit Migrationshintergrund. Ergebnisse des Mikrozensus 2009. Wiesbaden.

Stauber, B./ Walther, A. (2000): Selektion und Cooling-Out durch das Benachteiligungsprinzip. Biografische Risiken durch institutionelle Strukturen und ihre ideologischen Grundlagen. In: Pohl, A./ Schneider, S. (Hrsg.): Sackgassen, Umleitungen, Überholspuren? Ausgrenzungsrisiken und neue Perspektiven im Übergang in die Arbeit. Tübingen, S. 17-34.

Stecher, L. (1996): Schulhabitus und soziales Kapital in der Familie. In: Zinnecker, J./ Silbereisen, R. K. (Hrsg.): Kindheit in Deutschland. Aktueller Survey über Kinder und ihre Eltern. Weinheim/ München, S. 267-290.

Stein, P./ Noack, M. (2007): Ereignisanalyse. Duisburg.

Steinbach, A. (2004): Solidarpotenziale in Migrantenfamilien. In: Krüger-Potratz, M. (Hrsg.): Familien in der Einwanderungsgesellschaft. Göttingen, S. 39-48.

Strauss, A. L. (1998): Grundlagen qualitativer Sozialforschung. München.

Strauss, A. L. (2007): Anselm Strauss im Interview mit Heiner Legewie und Barbara Schervier-Legewie. Forschung ist harte Arbeit, es ist immer ein Stück Leiden damit verbunden. Deshalb muss es auf der anderen Seite Spaß machen. In: Mey, G./ Mruck, K. (Hrsg.): Grounded Theory Reader (HSR-Supplement No. 19). Köln, S. 69-79.

Strobl, R. (2006): Chancen und Probleme der Integration junger Aussiedler aus der früheren Sowjetunion. In: Ipsen-Peitzmeier, S./ Kaiser, M. (Hrsg.): Zuhause fremd. Russlanddeutsche zwischen Russland und Deutschland. Bielefeld, S. 87-108.

Strobl, R./ Kühnel, W. (2000): Dazugehörig und ausgegrenzt. Analysen zu Integrationschancen junger Aussiedler. Weinheim u.a.

Strübing, J. (2004): Grounded Theory. Zur sozialtheoretischen und epistemologischen Fundierung des Verfahrens der empirisch begründeten Theoriebildung. Wiesbaden.

Thurow, L. C. (1978): Die Arbeitskräfteschlange und das Modell des Arbeitsplatzwettbewerbs. In: Sengenberger, W. (Hrsg.): Der gespaltene Arbeitsmarkt. Probleme der Arbeitsmarktsegmentation. Frankfurt a.M., S. 117-138.

Tillmann, K.-J. u.a. (2000): Schülergewalt als Schulproblem. Verursachende Bedingungen, Erscheinungsformen und pädagogische Handlungsperspektiven. Weinheim/ München.

Trautwein, U./ Baumert, J./ Maaz, K. (2007): Hauptschulen = Problemschulen? In: Aus Politik und Zeitgeschichte. 28, S. 3-9.

Ulrich, J. G. (2005): Ausbildungschancen von Jugendlichen mit Migrationshintergrund. Ergebnisse aus der BIBB-Berufsbildungsforschung. In: INBAS (Hrsg.): Werkstattberichte. Frankfurt a.M./ Berlin, S. 1-26.

Ulrich, J. G. (2006): Wie groß ist die „Lehrstellenlücke" wirklich? Vorschlag für einen alternativen Berechnungsmodus. In: Berufsbildung in Wissenschaft und Praxis. 35, S. 12-16.

Ulrich, J. G. (2011): Institutionelle Mechanismen der (Re-)Produktion von Ausbildungslosigkeit. In: Siebholz, S. u.a. (Hrsg.): Prozesse sozialer Ungleichheit. Wiesbaden, S. (im Erscheinen).

Ulrich, J. G./ Eberhard, V. (2008): Die Entwicklung des Ausbildungsmarktes in Deutschland seit der Wiedervereinigung. In: Beicht, U./ Friedrich, M./ Ulrich, J. G. (Hrsg.): Ausbildungschancen und Verbleib von Schulabsolventen. Bielefeld, S. 13-57.

Vester, M. (2006): Die ständische Kanalisierung der Bildungschancen. Bildung und soziale Ungleichheit zwischen Boudon und Bourdieu. In: Georg, W. (Hrsg.): Soziale Ungleichheit im Bildungssystem. Eine empirisch-theoretische Bestandsaufnahme. Konstanz, S. 13-54.

Volken, T. (2004): Wohlfahrtsstaat, Ungleichheit und Konfliktwahrnehmung. Vortrag auf der Tagung: Erosion oder Transformation des Sozialstaates? des Forschungskomitees Wirtschaftssoziologie und Soziale Probleme der Schweizerischen Gesellschaft für Soziologie und der Arbeitsgruppe Sozialpolitik der Schweizerischen Vereinigung der politischen Wissenschaften 15./16. Oktober 2004. Fribourg, url: http://www.suz.unizh.ch/volken/ThomasVolken/pdfs/SGSPaper2004.pdf, Download am 16.05.2007.

Walgenbach, K. (2011): Intersektionalität als Analyseparadigma kultureller und sozialer Ungleichheiten. Kulturelle Differenzen und Globalisierung. In: Bilstein, J./ Ecarius, J./ Keiner, E. (Hrsg.): Kulturelle Differenzen und Globalisierung. Herausforderungen für Erziehung und Bildung. Wiesbaden, S. 113-130.

West, C./ Zimmerman, D. H. (1998): Doing Gender. In: Myers, K. A./ Anderson, C. D./ Risman, B. J. (Hrsg.): Feminist Foundations. Toward Transforming Sociology. Thousand Oaks/ London/ New Delhi, S. 167-190.

Wiedenbeck, M./ Züll, C. (2001): Klassifikation mit Clusteranalyse. Grundlegende Techniken hierarchischer und K-means-Verfahren. In: ZUMA, How-to-Reihe. 10, S. 1-18.

Willems, H. (2008): Figurationen, Felder, Habitus und Kapitaltypen. In: Willems, H. (Hrsg.): Lehr(er)buch Soziologie. Für die pädagogischen und soziologischen Studiengänge. Band 1. Wiesbaden, S. 67-87.

Windelband, W. (1907): Präludien. Aufsätze und Reden zur Einleitung in die Philosophie. Tübingen.

Wohlrab-Sahr, M. (2006): Objektive Hermeneutik. In: Bohnsack, R./ Marotzki, W./ Meuser, M. (Hrsg.): Hauptbegriffe Qualitativer Sozialforschung. Opladen/ Farington Hills, S. 123-128.

Wolf, B. (1995): Brunswik und ökologische Perspektiven in der Psychologie. Weinheim.

Transkriptionsregeln

L	schneller Sprecherwechsel, Personen sprechen gleichzeitig
(.)	kurze Pause
(3)	3 Sekunden Pause
<u>nein</u>	betont gesprochen
<u>nicht</u>	gestottert gesprochen aufgrund eines Sprachfehlers
nein	laut gesprochen
°nein°	leise gesprochen
? bzw. ,	stark bzw. schwach steigende Intonation
. bzw. ;	stark bzw. schwach sinkende Intonation
viel-	Abbruch eines Wortes
[ ]	Anmerkung des Transkribienten
ja-ja	schnell hintereinander gesprochen
jaaaa	Dehnung, je mehr Vokale desto stärker die Dehnung
(Pause, 5)	5 Sekunden Pause
(….)	nicht verständlich
(Wort, Wortgruppe)	halb verstanden
☺	Lachen
☺(3)☺	Dauer des Lachens
☺nein☺	Text wird lachend gesprochen
[holt tief Luft]	nonverbale Äußerungen
hm	Zustimmung (einfach)
hmm	Zustimmung
mhhhh	überlegend
mh-mh	negativ
mm-h	überraschend

Interkulturelle Pädagogik

Georg Auernheimer (Hrsg.)
Interkulturelle Kompetenz und pädagogische Professionalität
3. Aufl. 2010. 262 S. (Interkulturelle Studien Bd. 13) Br. EUR 24,95
ISBN 978-3-531-17463-1

Ingrid Gogolin | Ursula Neumann (Hrsg.)
Streitfall Zweisprachigkeit – The Bilingualism Controversy
2009. 338 S. Br. EUR 29,90
ISBN 978-3-531-15886-0

Sara Fürstenau | Mechtild Gomolla (Hrsg.)
Migration und schulischer Wandel: Elternbeteiligung
2009. 182 S. Br. EUR 16,90
ISBN 978-3-531-15378-0

Sara Fürstenau / Mechtild Gomolla (Hrsg.)
Migration und schulischer Wandel: Unterricht
2009. 174 S. Br. EUR 16,90
ISBN 978-3-531-15376-6

Sara Fürstenau | Mechtild Gomolla
Migration und schulischer Wandel: Mehrsprachigkeit
2011. 216 S. Br. EUR 19,95
ISBN 978-3-531-15381-0

Sara Fürstenau | Mechtild Gomolla
Migration und schulischer Wandel: Leistungsbeurteilung
2012. ca. 180 S. mit 3 Abb. u. 2 Tab. Br. EUR 16,95
ISBN 978-3-531-15380-3

Sara Fürstenau
Interkulturelle Pädagogik und Sprachliche Bildung
Herausforderungen für die Lehrerbildung
2012. 250 S. Br. ca. EUR 24,95
ISBN 978-3-531-17937-7

Paul Mecheril | Susanne Arens | Claus Melter | Oscar Thomas-Olalde | Elisabeth Romaner
Migrationsforschung als Kritik?
Kontur einer Forschungsperspektive
2012. ca. 200 S. Br. ca. EUR 24,95
ISBN 978-3-531-18622-1

Paul Mecheril | Susanne Arens | Claus Melter | Oscar Thomas-Olalde | Elisabeth Romaner
Migrationsforschung als Kritik?
Spielräume kritischer Migrationsforschung
2012. ca. 200 S. mit 10 Abb. u. 10 Tab. Br. ca. EUR 24,95
ISBN 978-3-531-18621-4

Springer VS

The manufacturer's authorised representative in the EU is Springer
Nature Customer Service Centre GmbH, Europaplatz 3, 69115 Heidelberg,
Germany. If you have any concerns regarding our products, please
contact ProductSafety@springernature.com

Printed and bound by CPI Group (UK) Ltd, Croydon, CR0 4YY

01/05/2026

02101002-0005